Heiner Geißler, geboren 1930 in Oberndorf/Neckar, Dr. jur., war langjähriger Generalsekretär der CDU und ist heute Mitglied des Präsidiums seiner Partei sowie stellvertretender Vorsitzender der CDU/CSU-Bundestagsfraktion.

Gunter Hofmann, geboren 1942 in Oberwernersdorf im heutigen Tschechien, Dr. phil., Autor eines politisch-biographischen Essays über Willy Brandt, ist Korrespondent der »Zeit« in Bonn.

Werner A. Perger, geboren 1942 in Wien, Dr. jur., ist Korrespondent der »Zeit« in Bonn.

Dieses Buch wurde auf chlor- und säurefreiem Papier
gedruckt.

Vollständige Taschenbuchausgabe September 1994
Droemersche Verlagsanstalt Th. Knaur Nachf., München
© 1993 Vito von Eichborn GmbH & Co Verlag KG,
Frankfurt am Main
Umschlaggestaltung: Adolf Bachmann, Reischach
Umschlagfoto: action press, Hamburg
Druck und Bindung: Elsnerdruck, Berlin
Printed in Germany
ISBN 3-426-80054-3

2 4 5 3 1

Heiner Geißler
im Gespräch mit
Gunter Hofmann und
Werner A. Perger

Inhalt

Vorwort zur Taschenbuchausgabe
von Heiner Geißler I

Vorwort: Der Himmel über Gleisweiler 9

Die Welt zwischen alter und neuer Ordnung 13

Revolution von 1989 14 · Verlust öffentlicher Moral 16 · Fehlendes Weltethos 18 · Krise der deutschen Politik 19 · Für und Wider Große Koalition 20 · Innerparteiliche Plebiszite 22 · Kampf um die Mitte 23 · Die nationalistische Gefahr 24

Zur Sache mit der Nation –
Die Paten des neuen Deutschland
dürfen nicht Wilhelm und Bismarck heißen 26

Die Ziele der Revolution 1989 28 · Nationale Schlagseite der Vereinigung 32 · Konservativ gegen nationalistisch 33 · Preußen 35 · Scheitern des Bismarckreiches 37 · »Verfassungspatriotismus« 40 · Maastricht 43 · Europäische Parteien und Regionen 46 · Kontinuität der deutschen Außenpolitik 48 · Bundeswehreinsätze 49 · Moralkodex in der Außenpolitik 50 · Nationalstaat und deutsches Geschichtsbild 52 · Preußen und Österreich 55 · Westbindung 59 · Nationalismus deutscher Intellektueller 61 · Xenophobie und Antisemitismus 62 · Wiederkehr des Chauvinismus 67 · Nation und Heimat 69 · Europa und die Nationalstaaten 72 · »deutsch« 73 · Deutsche Stämme und Landschaften 75 · Die Konsequenzen aus Auschwitz 78 · Antifaschismus oder Antitotalitarismus 79 · Kollektive Emotionen und politische Symbolik 80 · Nationalistische Publizistik 86 · Mentalitätsunterschiede zwischen West und Ost 89

Vom Westen und Osten –
Noch ist die innere Einheit nicht verloren 94

Soziale Marktwirtschaft im Osten 94 · CDU und Wirtschaftspolitik 95 · Steuererhöhungen? 96 · Ideologie des reinen Marktes 97 · Das wirtschaftspolitische Diktat der FDP 98 · Erfolge und Fehler des Einigungsprozesses 100 · Zukunft der Arbeitsteilung 104 · Treuhand 106 · Einigungsvertrag 107 · Volkskammerwahlen 109 · Verfassungsdebatte 112 · Machbarkeit der Politik 113 · Zerfall des Sowjetimperialismus 115 · Gewalt in Deutschland 116 · Rolle des Parlaments und der CDU 117 · Reaktionäre Hinterlassenschaft der SED 120 · 1989 und 1968 126 · Harmoniesucht in Medien und Gesellschaft 128 · Antiparteienressentiment 131

Das Wu-Wei-Syndrom –
Vom Handeln und Nichthandeln in der Politik 133

Politikverdrossenheit 133 · Kompetenzverlust der Politik 140 · Vertrauensverlust 146 · Politik als »schmutziges Geschäft« 150 · Dogmen statt Diskurs 154 · Rangfolge der Loyalität 155 · Toskana gegen Südpfalz 156 · Volkspartei und Kanzlerdemokratie 157 · Rechtswende der CDU? 168 · Wählerverhalten 170 · Politikerrekrutierung 173 · Vorbilder 175 · Elend des Politikerdaseins 177 · Wechselwähler 180 · Mehrheitswahlrecht 183 · Politik und Medien 185 · Talkshows 190 · Rundfunkpolitik 192 · Privatfernsehen und Öffentlich-rechtliche Medien 193

Die CDU und die politische Mitte –
Wer nach rechts rückt, wird links regiert 198

Bilanz der Wende 1982 199 · Politik der Mitte 200 · Rechtskonservatismus 201 · Die Reps und die CDU 204 · »Feindbild Geißler« 206 · CSU und Vierte Partei 209 · Kampf gegen rechts 212 · Schwarz-grüne Koalition 213 · »Rechts und links« 218 · Christliches Menschenbild 221 · Bonn ist nicht Weimar 224 · Eigentum und Mittelstand 224 · Vereinigung ein Erfolg Kohls 227 · Deutschlandpolitik der CDU 229 · Ostpolitik 233 · Neutralisierung gegen Westorientierung 234 · Der »dritte Weg« 235 · Ethische Begründungen der Politik 239 · Sieg der Ideen 241 · Bosnien 242 · Ost- und Westeuropa 245 · Ende des Kommunismus 246 · Rolle der Religion 248 · Mutlangen 251 · Weltethos 252 · Frauen- und Menschenrechte 253 · Weltreligionen 258

Ein deutsches Mißverständnis – Politik als Harmonieanstalt Von Pazifisten, Freunden und Gegnern 259

Pazifismus und Friedensbewegung 260 · Nachrüstung 263 · Pazifismus und Auschwitz 266 · Generalsekretär der CDU 267 · Das Konrad-Adenauer-Haus 273 · Interessenkonflikte Bund-Länder 275 · Blüm und Süßmuth 278 · Modernitätswettstreit 279 · Wackersdorf 280 · Tschernobyl 281 · Bundestagswahl 1987 283 · Straußens Binnenwahlkampf 284 · »Linksruck« 285 · Devise Machterhalt 289 · Wahrheit in der Politik 291 · Ausscheiden als Generalsekretär 293

Vom Norden und Süden – Die Neue soziale Frage wird global – die alte wieder national 295

Neue soziale Frage 295 · Alterspyramide 297 · Aktive Gerechtigkeit 300 · Energiesteuern 304 · Sozialpolitische Leitsätze 305 · Umbau des Sozialstaats 307 · Grundsatzfragen der Sozialpolitik 307 · Thatcherismus 313 · »Zweidrittel-Gesellschaft« 317 · Pflegeversicherung 319 · CDU-Sozialausschüsse 323

Deutschland nicht nur den Deutschen – Von vermeidbarer Migration, wünschenswerter Zuwanderung und multikultureller Zukunft 324

Definition der multikulturellen Gesellschaft 325 · Falsche Interpretationen 327 · Einwanderungsland? 329 · Ein Migrationskonzept 330 · Globale Bevölkerungsexplosion 336 · Neue internationale soziale Frage 337 · Weltregierung und Weltinnenpolitik 339 · Festung Deutschland 341 · Asylbewerber 342 · Festung Europa 344 · Arbeitsmigration 350 · Schüren der Angst 355 · Brand- und Mordanschläge 356 · Ressentiments und Medien 358 · Fremdenfeindlichkeit und Rechtsradikale 360 · Ausländer, Asylbewerber und Nationalismus 362 · Rostock, Mölln und Solingen 364 · Lichterketten 367 · Ausländer in der DDR 370 · Zunehmende Gewaltbereitschaft 372 · Konfliktdemokratie 376 · Lehren aus der US-amerikanischen Entwicklung 378 · »Deutschland den Deutschen?« 382 · Kajetan, der Jugendfreund 384

Ein persönlicher Fragebogen –
Über Konflikte, Extreme,
Jesuiten, Gott, Abstürze
und die absolute Freiheit des Bergsteigers 386

Bergsteigen 386 · Freude am Abenteuer 388 · Berge als Zuflucht 390 · Natursport 391 · Interessenkonflikte zwischen Natursport und Naturschutz 393 · Alpen 396 · Bergwanderer und Gleitschirmflieger 399 · Unfall mit Gleitschirm 400 · Verhältnis zur Religion 401 · »Gott nach Auschwitz« 402 · Jesuiten 403 · Nazizeit 406 · Erste politische Aktivitäten 409 · Katholische Kirche 410 · Katholische Soziallehre 413

Heiner Geißler
Biographische Daten 415

Personenregister 418

Sachregister 423

Vorwort zur Taschenbuchausgabe

von Heiner Geißler

I.

Zwischen dem Erscheinen der gebundenen Ausgabe von *Heiner Geißler im Gespräch mit Gunter Hofmann und Werner A. Perger* und dem jetzt vorliegenden Taschenbuch ist ziemlich genau ein Jahr vergangen. Sehr vieles hat sich in diesem Zeitraum ereignet, aber die großen und wichtigen Themen, die ich mit den beiden *Zeit*-Redakteuren, die zu den kritischsten Journalisten in Deutschland gehören, diskutiert und besprochen habe, sind nach wie vor brandaktuell und stehen im Mittelpunkt der großen politischen Auseinandersetzungen zwischen den Politikern und Parteien, in Stiftungen, an Akademien und in der Wissenschaft, aber auch in Leitartikeln und Leserbriefen, intellektuellen Zirkeln und Stammtischgesprächen: die Zukunft der Volksparteien und ihre Wahlchancen, die Bedeutung des Nationalen, die innere Einheit Deutschlands, der Richtungskampf in und zwischen den politischen Parteien, die Außen- und Europapolitik, das Zusammenleben mit sieben Millionen Ausländern in der Bundesrepublik und die sich immer mehr zuspitzende soziale Frage.

Ich hätte der Veröffentlichung dieses Taschenbuches nicht zugestimmt, wenn ich der Auffassung gewesen wäre, das Buch sei nicht mehr aktuell. Ich glaube, das

Gegenteil ist der Fall. Von den damaligen Analysen, Aussagen und Urteilen muß ich nichts zurücknehmen, ich kann zu ihnen stehen und freue mich darüber, daß sie bis heute Bestand haben, weil sie so ganz falsch dann doch nicht gewesen sein können.

II.

Die Union hat sich in den vergangenen Monaten aus ihrem Tief des Jahres 1993 etwas herausarbeiten können, während die Sozialdemokraten ihren anfänglichen demoskopischen Höhenflug mit einer Bruchlandung bei den Europawahlen zumindest vorübergehend beendet haben. Es hat sich die alte Weisheit bestätigt, daß man im Wahlkampf keine Fehler machen darf. Scharping und sein Bundesgeschäftsführer Verheugen hatten eine Wahlkampagne gemacht, die die Wahlchancen der SPD alles andere als optimiert hatte, und der Kommentator der *Kölnischen Rundschau* überschrieb seinen Artikel nicht zu Unrecht mit »Pleiten, Pech und Pannen«, offensichtlich nach der von Max Schautzer moderierten gleichnamigen Fernsehsendung, in der sich die Zuschauer über lustige Begebenheiten aus dem ganz normalen Alltag in Amateurvideoaufnahmen amüsieren können: Scharping verwechselte die Einkommensgrenze bei der von der SPD vorgeschlagenen Ergänzungsabgabe, im Streit um die Einführung eines Tempolimits verließ der SPD-Verkehrsexperte Zöpel die Programmkommission, Scharping geriet in Auseinandersetzungen mit dem Präsidenten des Deutschen Industrie- und Handelstages, Hans-Peter Stihl, und dem Trainer der deutschen Fußballnationalmannschaft, Berti Vogts, erwies sich nach der Wahl

Roman Herzogs zum Bundespräsidenten als schlechter Verlierer und schaffte es gleichzeitig, der FDP wegen ihres Wahlverhaltens in der Bundesversammlung die Existenzberechtigung abzusprechen, obwohl er sie als offiziellen Koalitionspartner nicht ausschließt und in Mainz mit ihr zusammen regiert. Das waren die Pannen, und, wie der schwäbische Humorist Thaddäus Troll gesagt hätte: Die Liste ist unvollständig.

Nach der verlorenen Europawahl beeilte sich der niedersächsische Ministerpräsident Gerhard Schröder, Scharping den Ratschlag zu geben, daß die Gegner der SPD nicht Hans-Peter Stihl, Berti Vogts oder Roman Herzog hießen, sondern daß Helmut Kohl der Gegner sei – eine aus SPD-Sicht wohl zutreffende Feststellung. Scharpings eigentliches Problem ist jedoch, daß er in der SPD keine inhaltliche Mehrheit hat. Bei der Mitgliederbefragung zur Wahl des neuen SPD-Parteivorsitzenden erhielt er zwar die meisten Stimmen, aber Gerhard Schröder und Heidemarie Wieczorek-Zeul, die beide seit langem offen für die rotgrüne Koalition auf Bundesebene plädieren, konnten zusammengenommen 60 Prozent der wählenden SPD-Mitglieder hinter sich bringen.

Ein weiterer schwerer Fehler der Sozialdemokraten vor der Europawahl war ihre Wahlkampagne. Die Scharpingsche und Verheugensche Strategie der Christdemokratisierung der SPD, die ich vor einem Jahr erstmals im Gespräch mit Gunter Hofmann und Werner A. Perger erörtert hatte, also der Versuch, mit Positionen der Mitte um Wähler der Mitte zu werben, wurde fast extrem übersteigert. Plakatslogans der SPD wie »Die Mafia zerschlagen« (darunter braune Hände in Handschellen) oder »Die deutschen Interessen in Europa besser vertreten« wären im Bundesvorstand der CDU einstimmig abgelehnt worden. Es hat sich eine Wahrheit dieses Buches bestätigt: Wahlen können mit rechten Themen nicht gewonnen werden, eine Erfahrung, die die Union schon mehrmals und die SPD nun nach der Bürgerschaftswahl in Bremen 1991 zum zweiten Mal hat machen müssen. Zudem war die Euro-Kampagne der Sozialdemokraten auch widersprüchlich, denn gleich neben dem Handschellenplakat tauchten dann Poster auf, die die Aufschrift »Sicherheit statt Angst« trugen und einen in einem Boot liegenden schlafenden Mann mit einem Kind auf seinem Bauch zeigten. Zur gleichen Zeit lehnte die SPD-Mehrheit im Bundesrat das Verbrechensbekämpfungsgesetz wegen der vorgesehenen erweiterten Ermittlungsrechte des Bundesnachrichtendienstes ab. Die Wahlkampagne der SPD mündete in die Pleite bei der Europawahl. Und das Pech? Das Pech hatte Rudolf Scharping, der mit einer ungeschickten Formulierung am Montag nach der Europawahl den Journalisten das lieferte, was sie mit eigenen Worten niemals so treffend hätten ausdrücken können: »Das ist in der ersten Runde eine Niederlage. Es kommen aber weitere.« Das erinnerte an die Geschichte mit dem Bürgermeister, auf dessen Gemarkung die Tollwut ausgebrochen war. Er gab daraufhin folgendes bekannt: »Wer seinen Hund frei herumlaufen läßt, der wird erschossen.« Der Gemeinderat kritisierte bei der nächsten Sitzung diese mißverständliche Formulierung, schlug allerdings keine bessere vor. Am Tag darauf brütete der Bürgermeister eine Korrektur aus. Der Satz erhielt die neue Fassung: »Wer seinen Hund frei herumlaufen läßt, der wird erschossen, der Hund.«

III.

Bei der Europawahl hatte die CDU/CSU gegenüber dem Ergebnis von 1989 1,1 Prozentpunkte hinzugewinnen und 38,8 Prozent erreichen können. Das Sensationelle waren nicht diese Gewinne, sondern die Verluste der SPD von fünf Prozent bei einem Gesamtergebnis von 32,2 Prozent. Aber: Um die Bundestagswahl *sicher* zu gewinnen, müssen CDU und CSU vom Tag der Europawahl aus gerechnet monatlich zwei Prozentpunkte zulegen. Unterhalb von 44 Prozent ist alles Vabanque, und die FDP muß auch über fünf Prozent kommen – aus eigener Kraft.

Im Vorfeld und mit dem Ausgang der Europawahl haben sich die Aussichten von CDU und CSU, auch die Bundestagswahl erfolgreich zu bestehen, verbessert. Die Zufriedenheit mit ihrer Politik hat zugenommen und insbesondere bei der Frage, wem die Bürger am ehesten die Lösung der Probleme zutrauen, hat die Union ihren Vorsprung vor der SPD ausbauen können. Auch in der Wirtschaftskompetenz liegt die Union wieder vorne.

Daß sich die Union aus dem 32- und 33-Prozent-Bereich heraus wieder nach oben hat schaffen können, lag aber nicht allein an Fehlern der Sozialdemokratischen Partei, sondern vor allem daran, daß sie trotz einiger rechter Versuchungen ihren Kurs der Mitte gehalten hat. Dies war auch das Ergebnis des Hamburger CDU-Parteitages im Februar 1994. Exemplarisch war die Debatte über das neue Grundsatzprogramm der CDU. Der Parteitag bekräftigte ausdrücklich die Gleichrangigkeit der Grundwerte Freiheit, Solidarität und Gerechtigkeit. Ein Streit darüber, ob nicht dem Grundwert der Freiheit ein Vorrang eingeräumt werden solle, wie er 1978 auf dem Ludwigshafener Grundsatzprogrammparteitag geführt worden war, brach erst gar nicht aus. Mit großer Mehrheit bekannten sich die Delegierten auch zu einem modernen ökologischen Konzept, begrifflich zusammengefaßt in der Erweiterung des Begriffs Soziale Marktwirtschaft zur Ökologischen und Sozialen Marktwirtschaft. Auch das fast einstimmige Bekenntnis der CDU zur bundesstaatlichen Ordnung des zukünftigen Europa, eine klare Absage an nationale und nationalistische Parolen, hat den Kurs der Mitte bestätigt. Versuche einzelner, die bundesstaatliche Ordnung Europas aus dem CDU-Grundsatzprogramm heraus und dafür die Formulierung „Deutschland als moderner Nationalstaat" hineinzubringen, sind damit eindeutig gescheitert. In der Rede, die ich auf dem Hamburger CDU-Parteitag gehalten und für die ich viel Zustimmung bekommen habe, habe ich in kürzerer Form und mit anderen Worten einiges von dem gesagt, was sich auch in diesem Buch wiederfindet. Vor allem ging es mir darum, den Delegierten zu zeigen, wie es der CDU gelingen kann, auch in Zukunft Wahlen zu gewinnen: nämlich durch eine richtige Analyse der eigenen Situation, das Festhalten am christlichen Menschenbild und damit auch ihrer glaubwürdigen Präsentation als moderne und offene Volkspartei. Ich glaube, daß meine Rede ein Beleg dafür war, daß kritische Selbstbetrachtung auch vor über 20 laufenden Fernsehkameras und vielen hundert Journalisten auf positive Resonanz in der Partei stoßen kann. In jeder Partei gibt es den Wunsch nach Einigkeit, aber viel stärker ist der Wunsch, das Richtige zu tun, es richtig zu begründen und auch richtig darzustellen. Auch davon handelt dieses Buch.

IV.

Richtungsstreit in Parteien ist nichts Ungewöhnliches, er entzündet sich in der Regel aber weniger an Personen als vielmehr an einzelnen Sachthemen. Ein Beispiel für einen Richtungsstreit, der sich an einer Person entzündete, waren die Auseinandersetzungen um die Nominierung des sächsischen Justizministers Heitmann als Kandidat von CDU und CSU für das Amt des Bundespräsidenten. Es war damals nicht gelungen, für den ersten gesamtdeutschen Bundespräsidenten parteiübergreifend einen Vorschlag zu machen. Dafür trug auch die SPD Verantwortung, da sie auf Johannes Rau als ihrem Kandidaten bestand und ihn im Sommer 1993 auf einem Parteitag auf den Schild hob. Die Union hatte im Gegensatz zu 1979 und 1984 keine absolute Mehrheit in der Bundesversammlung. Um die Wahl eines Unionskandidaten zu sichern, wäre es also richtig gewesen, sich mit der FDP zu einigen. Da die FDP Steffen Heitmann als Bundespräsidenten ablehnte, war eine Mehrheit für ihn auch im dritten Wahlgang, in dem die relative Mehrheit der Stimmen genügt hätte, mehr als fraglich. Deshalb, aber auch wegen einiger fragwürdiger Äußerungen des damaligen Kandidaten zur Ausländer- und Frauenpolitik sowie zur historischen Bewertung des Nationalsozialismus, regte sich Widerstand in der Union. Friedbert Pflüger hatte mit einem Artikel in der *Zeit* den ohnehin absehbaren unionsinternen Hauskrach mit meiner Unterstützung begonnen. Ich selbst hatte vor der entscheidenden Sitzung der CDU/CSU-Bundestagsfraktion vom Krankenhaus aus an alle Abgeordneten der Union einen Brief geschrieben und meine Bedenken gegen die Nominierung Heitmanns begründet.
Steffen Heitmann trat wenige Wochen später zurück. Die

Union nominierte daraufhin Roman Herzog. Er wurde am 23. Mai 1994 von der Bundesversammlung mit der Mehrheit der Stimmen von CDU, CSU und FDP zum Bundespräsidenten gewählt. In den darauffolgenden Tagen wurde seine Wahl in vielen Zeitungen und Rundfunkstationen als Beleg für den Zusammenhalt der Bonner Regierungskoalition, als Erfolg für den Bundeskanzler und gute Voraussetzung für ein positives Abschneiden der Unionsparteien bei der bevorstehenden Europawahl gewertet, und das zu Recht. Dieses Ergebnis kam allerdings nur dadurch zustande, daß einige die Courage hatten, den Richtungskampf in der Union aufzunehmen und Kritik an der Nominierung Steffen Heitmanns zu äußern. Loyalität darf eben in einer demokratischen Partei nicht mit Gehorsam verwechselt werden.

V.

Nachdem die Freien Demokraten bei allen vier Wahlen auf Bundes- oder Landesebene im ersten Halbjahr 1994 an der Fünf-Prozent-Klausel gescheitert sind, geht bei den Liberalen die Angst um. Daß die FDP um ihr parlamentarisches Überleben auf Bundesebene zittern muß, ist historisch gesehen nichts Außergewöhnliches; die Liberalen sind schon mehrmals Gefahr gelaufen – das letzte Mal 1983 –, den Wiedereinzug in den Deutschen Bundestag nicht mehr zu schaffen und zur außerparlamentarischen Oppositionspartei zu werden. Aktuell gesehen muß man sich über die Schwäche der FDP eher wundern, da sie über viele Möglichkeiten verfügt, in der Öffentlichkeit ein eigenständiges Profil deutlich zu machen. Von den sechs klassischen Ministerien in der

Bundesrepublik verfügt die FDP allein über drei, also mehr als jede andere Regierungspartei: Sie stellt den Außenminister, den Wirtschaftsminister und die Justizministerin. Darüber hinaus hat sie mit Hans-Dietrich Genscher den nach wie vor populärsten Politiker der Bundesrepublik in ihren Reihen und ist in einer ganzen Reihe von Bundesländern in Koalitionsregierungen vertreten. In den Medien ist der FDP schon von daher ein überproportional großer Aufmerksamkeitsgrad garantiert. Die Frage ist lediglich, ob die FDP diesen Spielraum nutzen kann, um sich als notwendige politische Kraft in der Parteienlandschaft der Bundesrepublik darzustellen. Im ersten Halbjahr 1994 ist ihr dies nicht gelungen.

Einige Leute haben vermutet, die Festlegung der FDP auf eine Fortführung der Koalition mit den Unionsparteien im Bund sei der eigentliche Grund für die Wahlniederlagen der Liberalen. Diese Koalitionsaussage wurde jedoch erst nach den Landtagswahlen in Hamburg und Niedersachsen, bei denen die FDP schon unter fünf Prozent geblieben war, beschlossen.

Ein Problem, das die FDP ganz besonders betrifft, besteht in der größer gewordenen Aufsplitterung des Parteiensystems der Bundesrepublik, also insbesondere auch darin, daß es den beiden großen Parteien seit längerem nicht mehr wie früher gelungen ist, zusammen 80 bis 90 Prozent der Wählerstimmen auf sich zu vereinigen, wodurch die FDP lange Zeit hindurch praktisch automatisch in die Rolle des Mehrheitsbeschaffers schlüpfen konnte. Mit den Erfolgen der Grünen, der PDS im Osten Deutschlands und dem Einzug rechtsradikaler bzw. rechtsextremistischer Gruppierungen in einzelne Länderparlamente ist es für die FDP schwerer geworden, diese Rolle auch tatsächlich einzunehmen. Darüber hinaus regiert sie in einzelnen Bundesländern in verschiedenen Konstellationen mit, in Rheinland-Pfalz und in Brandenburg in sozialliberalen Koalitionen, in Bonn, Schwerin und Erfurt mit der CDU. Sich mit der Politik der Sozialdemokratie und der Union kritisch auseinanderzusetzen, fällt natürlich schwerer, wenn man als kleinerer Partner sowohl in sozialdemokratisch als auch christlichdemokratisch geführten Regierungen vertreten ist.

Abgesehen von diesen strukturellen Verschiebungen hat die FDP im Laufe des Europawahlkampfes allerdings auch einen gravierenden Fehler begangen, indem sie die Formulierung »Wir sind die Partei der Besserverdienenden« in ihr Bundestagswahlprogramm aufnehmen wollte. Dies wurde zwar noch korrigiert, aber es war bereits zu spät. In der Öffentlichkeit war der Eindruck entstanden, die FDP wolle sich vor allem um Wähler kümmern, die vom Einkommen her gesehen die Durchschnittsverdiener deutlich hinter sich lassen. Wie solche Aussagen auf den größeren Teil der für die FDP erreichbaren Wählerschaft wirken müssen, zum Beispiel die Menschen in Ostdeutschland, die sich zu 99 Prozent nicht zu den Besserverdienern rechnen, aber beispielsweise die Rolle Hans-Dietrich Genschers beim Zustandekommen der deutschen Einheit zum Anlaß genommen hatten, der FDP ihre Stimme zu geben, kann man sich leicht ausmalen. Otto Graf Lambsdorff hat in einem Gespräch mit der *Mitteldeutschen Zeitung* das Selbstverständnis der FDP einmal so charakterisiert: »Wir sind keine Volkspartei und wollen es auf keinen Fall werden.« Die FDP, so Lambsdorff damals, könne mit ihrem Programm 20 Prozent der Wähler erreichen. Und weiter: »Wenn man diese 20 Prozent anspricht, kann man profilierter, populärer und rücksichtsloser gegenüber den restlichen 80 Prozent auftreten.« Rücksichtslos? Wer rücksichtslos mit der Mehrheit der Menschen umgehen zu

können glaubt, mit dem gehen die Wählerinnen und Wähler entsprechend rücksichtslos um. Wie man in den Wald hineinruft, so schallt es auch heraus.
Viele in der FDP, aber auch manche in der Union, lehnen die Verwendung des Begriffs »Besserverdiener« grundsätzlich ab und reden statt dessen von »Leistungsträgern«. Aber auch dieser Begriff ist nicht besser, weil er alle diskriminiert, die auch Leistung bringen und nicht soviel verdienen.

VI.

Ein Kapitel dieses Buches befaßt sich mit den Schwierigkeiten, Problemen und Erfolgen der Vereinigungspolitik. Es ist überschrieben »Vom Westen und Osten – Noch ist die innere Einheit nicht verloren«. Vielleicht hätte ich etwas positiver formulieren sollen: Noch ist die innere Einheit nicht vollendet. Wenn man nicht alles nur in Mark und Pfennig ausdrücken will, dann wird einem schnell klar, daß die Ostdeutschen von der Vereinigung sehr viel einschneidender betroffen sind als die Westdeutschen. Ihre Lebenswirklichkeit hat sich völlig verändert, sie leben heute in einem Land, in dem sich nicht jeder, der praktisch nur Erfahrungen mit dem Sozialismus gemacht hat, sofort und ohne größere Probleme zurechtfinden kann. Und wenn einem vieles fremd erscheint, gewinnt man relativ schnell den Eindruck, selbst ein Fremder zu sein. Richard von Weizsäcker wußte, was er sagte, als er davon sprach, daß es um Zusammenwachsen und nicht Zusammenwuchern ginge.
Wie schwer wir uns – nicht nur in Westdeutschland – mit der inneren Einheit nach wie vor tun, zeigen die Reaktio-

nen auf die Wahlerfolge der PDS in den neuen Bundesländern und die Frage nach dem richtigen Umgang mit dieser Partei und ihrer Wählerschaft. Die Vorgänge in Magdeburg nach der Landtagswahl in Sachsen-Anhalt Ende Juni 1994 sind dafür nur ein Beispiel. Überlegungen, eine rot-grüne Koalition zu bilden, die von der PDS toleriert und von Fall zu Fall unterstützt wird, also die Formierung einer »rot-grün-roten stillen Koalition«, wie ich sie einmal genannt habe, spielen auch in Bonn – je nach Wahlausgang – eine Rolle. Solange sich die PDS als Nachfolgepartei der SED versteht oder Mitglieder der »Kommunistischen Plattform« in ihrem Vorstand duldet, um nur einige Beispiele zu nennen, kann sie eigentlich für eine demokratische Partei als Koalitionspartner nicht in Frage kommen. Nachdem Millionen unter dem nationalsozialistischen und kommunistischen Unrechtsregime gelitten haben, müßte es Konsens unter den demokratischen Parteien sein, dafür zu sorgen, daß Links- und Rechtsradikale nie mehr politische Herrschaft über Menschen bekommen. Es ist auch nicht gerade einleuchtend, warum die SPD nicht mit der CDU zusammenarbeitet, die im Osten den Karren aus dem Dreck zieht, sondern lieber mit denen, die den Karren in den Dreck gefahren haben. In Westdeutschland wird, wie viele Diskussionen auf Veranstaltungen beweisen, die Bereitschaft vieler Steuer- und Beitragszahler nicht gerade wachsen, mit Transferleistungen von weit mehr als 100 Milliarden Mark den Aufbau im Osten mit zu finanzieren, wenn die geistigen und politischen Urheber der Finanz- und Wirtschaftsmisere politisch wieder das Sagen bekommen.
Richard von Weizsäcker hat aber auch recht, wenn er die demokratischen Parteien auffordert, wie er es in den letzten Tagen seiner Amtszeit als Bundespräsident getan hat, vor allem nach den Ursachen der Wahlerfolge der PDS

zu forschen und bei ihren Wählerinnen und Wählern die Motive ihrer Stimmabgabe für die Nachfolgepartei der SED zu ergründen.

Wie mir bei einer Diskussion in Schwedt Anfang Juli ein Teilnehmer sagte, sei vor allem die Verletzung des Selbstwertgefühls für viele Ostdeutsche ein Hauptmotiv, die PDS zu wählen. Das ist bei weitem nicht nur eine Frage der Arbeitsplätze, sondern zum Beispiel auch eine Frage des Umgangs mit Menschen, die fast alle auf die eine oder andere Weise mit dem SED-Regime in Kontakt gekommen sind und versucht haben, aus solchen Kontakten keine Konflikte werden zu lassen, die ihr Leben unnötig erschwert hätten. Es zeugt nicht gerade von Feingefühl, wenn früheren Offizieren der Nationalen Volksarmee (NVA), die sich jetzt im Ruhestand befinden, verboten wird, die Bezeichnung »Hauptmann a. D.« oder »Major a. D.« hinter ihrem Namen zu führen. Auch die Glasbläser in Thüringen, die seit über vier Jahren darauf warten, in die Handwerksrolle der Bundesrepublik Deutschland aufgenommen zu werden, Datschen-Besitzer, ehemalige Professoren mit gekürzter Rente und von der Kündigung bedrohte Mieter zählen möglicherweise zu denen, die von der Wahlforschung als »Einheitsverlierer« bezeichnet werden und entweder nicht zur Wahl gehen oder PDS wählen.

Auch früheren Kommunisten muß die Chance eingeräumt werden, ihre Meinung zu ändern, in der Demokratie und in den demokratischen politischen Parteien mitzuarbeiten. Das betrifft nicht diejenigen, die sich schuldig gemacht haben, die andere Menschen gequält, zu Unrecht eingesperrt und die Schießbefehle gegeben haben, wohl aber diejenigen, die sich dem Zugriff der kommunistischen Machthaber nur dadurch entziehen konnten, daß sie Kompromisse eingegangen sind.

Daß der SPD-Ministerpräsident Manfred Stolpe im Osten zu den populärsten Politikern gehört, obwohl er mit der Stasi verstrickt war, oder daß ein Kandidat der PDS und früherer Inoffizieller Mitarbeiter der DDR-Staatssicherheit fast Oberbürgermeister von Potsdam geworden wäre, auf dessen Wahlkampfplakaten die Parole »Meine Biographie beginnt nicht erst 1989« abgedruckt war, muß nachdenklich machen. In über 40 Jahren SED-Diktatur ist fast niemand darum herumgekommen, auf die eine oder andere Weise mit dem kommunistischen Regime seinen Frieden zu machen, um so unbehelligt wie möglich leben zu können. Die SED hatte 2,3 Millionen Mitglieder, aber wie viele Millionen Menschen mehr waren organisiert in der FDJ, im FDGB, in Betriebskampfgruppen und vielen ähnlichen Einrichtungen? Nur die wenigsten konnten sich der Allgegenwart des fast allmächtigen Spitzelsystems entziehen, und niemand konnte es offen tun, ohne mit schweren Konsequenzen für Leib und sogar Leben rechnen zu müssen. Fast jeder hat einmal in seinem Leben mit dem Fähnchen geschwenkt, das FDJ-Hemd getragen oder Appelle unterschrieben, um ansonsten in Ruhe gelassen zu werden. Dies soll kein Freibrief für die wirklichen Verbrecher sein, und ich habe viel Verständnis für Regimekritiker wie Rainer Eppelmann, Arnold Vaatz oder Heinz Eggert, die meiner Partei angehören und wichtige und unverzichtbare Leute sind. Ich kann sehr gut nachvollziehen, daß sie, die persönlich unter dem SED-Regime sehr gelitten haben, sich schwer tun, zum Beispiel einem früheren SED-Mitglied die Möglichkeit einer Mitgliedschaft in der Christlich-Demokratischen Union zu eröffnen.
Eine Vergangenheit wie die der DDR kann man nicht einfach auslöschen, sondern nur demokratisch überwinden.

Die Verbrecher dürfen nicht entlastet, aber die Wehr- und Mutlosen auch nicht zu Tätern gemacht werden.

VII.

Wenn die Union auch in Zukunft die erfolgreichste Volkspartei in Europa bleiben will, muß sie an ihrer Position der Mitte und dem christlichen Menschenbild festhalten. Dies ist einer der Grundgedanken, der sich durch das ganze Gespräch zieht, das ich mit Gunter Hofmann und Werner A. Perger geführt habe. Mit »rechten Themen« läßt sich zwar – wie gesagt – Profil gewinnen, aber keine Bundestagswahl. Wenn es dafür eines Beweises bedurft hätte, so hat ihn die Europawahl erbracht. Die Union hat allen angeblichen Stimmungen gegen Europa zum Trotz ganz klar an der europäischen Idee festgehalten, den Vertrag von Maastricht offensiv verteidigt und für eine gemeinsame Außen- und Sicherheitspolitik der europäischen Staaten plädiert. Etwas anderes hätten ihr die Wählerinnen und Wähler schon wegen des pro-europäischen Engagements von Helmut Kohl über die zwölf Jahre seiner Kanzlerschaft hinaus auch gar nicht abgenommen.

Und die Rechten und die Rechtsradikalen? Die Europawahl war eine klare Absage an die Rechtsaußen. Der selbsternannte Retter der Deutschen Mark, Manfred Brunner, ist mitsamt seinem »Bund freier Bürger« nicht nur mit seiner Klage gegen Maastricht vor dem Bundesverfassungsgericht, sondern auch bei den Wählerinnen und Wählern durchgefallen, trotz teurer Anzeigenkampagnen und weithin sichtbarer Plakatierung. Die »Republikaner«, im Europäischen Parlament infolge einer Abspaltung nach der anderen ohnehin nur noch mit ihrem Vorsitzenden Schönhuber vertreten, sind eindeutig an der Fünf-Prozent-Klausel gescheitert und als Partei an den Rand der politischen Bedeutungslosigkeit geraten. Das ist auch gut so. Die Europawahl war für die Rechten, trotz einer geringen Wahlbeteiligung, ein Debakel.

Der Rechtsradikalismus in Deutschland ist angeschlagen, aber noch nicht tot. Im Gegensatz zu früheren Zeiten verfügt er über eine gefestigtere organisatorische und publizistische Basis, die kurzfristig mobilisierbar ist. Aber Rechtsradikalismus beschränkt sich eben nicht eindeutig auf rechtsradikale Organisationen allein, sondern die Übergänge sind fließend. Rechtsradikalismus ist deutschnational, autoritär, reaktionär, voll romantisierender Rückwärtsgewandtheit, Beschwörung der heilen Welt und Illiberalität. Rechtsradikale Positionen sind meistens Antipositionen gegen die Moderne, gegen den Individualismus und Pluralismus, gegen die Gleichberechtigung der Frauen, für autoritäre Erziehung, für Gewaltanwendung in der Erziehung, gegen Europa, gegen internationale und supranationale Einbindung überhaupt und gegen alles Fremde oder die angebliche »Überfremdung«. Wenn man Rechtsradikalismus inhaltlich so umschreibt, ist leicht erkennbar, daß diese Inhalte nicht beschränkt sind auf einzelne Parteien und Organisationen, die man als rechtsradikal bezeichnet, sondern daß diese Inhalte eine breitere Basis haben. Deswegen bleibt die inhaltliche Auseinandersetzung mit dem Rechtsradikalismus auf der politischen Tagesordnung.

VIII.

Die Debatte um das Nationale, so heißt es an einer Stelle dieses Buches, ist in vollem Gange. Und diese Auseinandersetzung ist bis zum heutigen Tag auf Touren geblieben und wird uns noch einige Zeit begleiten. Ob am Ende der Identitätssucherei, der Beschwörung des Nationalgefühls, des teilweisen Rückgriffs auf schwarmgeisterische Traditionen auch ein in der ganzen Gesellschaft akzeptiertes Ergebnis steht, ist sehr unwahrscheinlich. Daß einige in der Union versuchen, sich in der Debatte über die nationale Identität an die Spitze der Bewegung zu stellen, ist nicht verwunderlich und vor dem Hintergrund, daß manche die Befürchtung haben, die Rechtsaußen-Parteien könnten das Thema Nation für sich monopolisieren, auch legitim. Ich glaube aber nicht, wie ich es in diesem Buch auch ausführlich begründe, daß Nationalgefühl als Grundlage für Gemeinsinn in unserer Gesellschaft, in unserem Land, sehr viel hergibt. Kollektive Emotionen sind zu irrational, zu wandlungsfähig, als daß sie eine solide und dauerhafte Basis für ein Gemeinwesen bilden könnten. Wenn man sich dagegen an den Grundwerten Freiheit, Solidarität und Gerechtigkeit orientiert, kann man sich ohne weiteres als Deutscher, Europäer und Weltbürger verstehen, ohne die eigene Nation aufzugeben oder in nationale Stumpfsinnigkeit abzugleiten, zum europäischen Illusionisten oder Gralshüter des Internationalismus zu werden. Entscheidend bleibt auch hier das christliche Menschenbild, die unantastbare und unteilbare Würde des Menschen. Solidarität in einer Gemeinschaft von der Familie über die Nation bis zur gesamten Menschheit begründet sich nicht in der Liebe zum Volk oder irgendeinem Kollektiv, sondern in der Liebe zum Nächsten.

Gleisweiler, im Juli 1994

Der Himmel über Gleisweiler

Vom Anfang in Deutschland nach 1989 handelt das Gesprächsbuch mit Richard von Weizsäcker, das im Juni 1992 erschien. Es war gedacht als Auftakt zu einem kleinen Projekt, nämlich Gespräche über das eigene Land, über politische Optionen und eine Standortvergewisserung nach der großen Zäsur in Europa. Ganz zentral verknüpft sich das mit der Hoffnung, sich zugleich damit bestimmten Tendenzen widersetzen zu können: einer allzu engen Fixiertheit auf Deutschland, einer Renaissance des Nationalen, einem Gefühl der Alternativlosigkeit in der Politik. In diesem Sinne haben wir das Gespräch mit Heiner Geißler geführt.

»Wenn es aber Wirklichkeitssinn gibt, und niemand wird bezweifeln, daß er seine Daseinsberechtigung hat, dann muß es auch etwas geben, das man Möglichkeitssinn nennen kann«, schrieb der Österreicher Robert Musil in seinem *Mann ohne Eigenschaften*. Solcher Möglichkeitssinn ist in der Politik selten, vermutlich reflektiert sich darin auch etwas von der Gesamtverfassung der Bundesrepublik und ihrer liberalen Öffentlichkeit. Der Euphorie nach dem Mauerbruch folgte Ernüchterung in Europa und in Deutschland, dann eine gewisse Melancholie, weil man sich vielleicht zu Tode gesiegt habe, schließlich das Erschrecken über die Wiederkehr alter Gespenster. Auch im eigenen Land sind sie zu besichtigen. Mölln, Rostock, Solingen sind dafür Stichworte. Ein verdeckter Nationalismus, alltägliche Xenophobie, schleichender Rassismus. Daß in solchen Zeiten Möglichkeitssinn gebraucht wird, um die Realitäten vorurteilsfrei zur Kenntnis zu nehmen und daraus auch Schlüsse zu ziehen, liegt gewiß nahe; allerdings ist das keine leichte Sache im politischen Alltagsgeschäft mit seinen Gewohnheiten, Besitzstandsinteressen, praktischen Handlungszwängen und Widersprüchen, die objektiv nicht immer aufzulösen sind. Dagegen helfen nicht Anklägerposen.

In der Welt der Politik ist Heiner Geißler im Laufe der Jahre so etwas wie eine öffentliche Institution geworden. Und das, wie es scheint, weil er diesen Möglichkeitssinn mitbringt. »Tathandlung des Denkens« nennt der Soziologe Ulrich Beck das mit anderen Worten. Er meint gar, eine »Erfindung des Politischen« sei in diesen Zeiten wieder notwendig geworden. Als aktiver Politiker würde Geißler nicht das Politische noch einmal neu erfinden wollen, sondern zunächst einmal einfach wieder in Gang setzen. Mit viel Eigensinn und ungewöhnlicher Zuversicht. Diese Mischung teilt der Politiker mit dem Theoretiker. Moderne Politik müsse neu konzipiert werden, hat Beck geschrieben, wenn man nicht von den »Nachtseiten der Moderne« eingeholt werden solle. Mit Heiner Geißler darüber zu sprechen hat schon deshalb einen besonderen Reiz, weil ihm von Kritikern in seiner Partei oft vorgeworfen wurde, dem Zeitgeist zu folgen.

Er zählte, zumal als langjähriger Generalsekretär der CDU, aber auch heute im Präsidium seiner Partei und in der Führungsspitze der Unionsfraktion, zu den streitbarsten und daher auch umstrittensten Politikern. Er spaltete oft in Lager. Willy Brandt empörte sich gelegentlich über ihn noch viel mehr als, sagen wir, Helmut Kohl. In manchen Fragen war der Dissens zu Geißler groß, vor allem dann, wenn er ganz und gar als Parteimann auftrat, aber auch wieder in der eigenen Partei, wenn er Grundsätze bedroht sah. Sogar dann zählte er allerdings zu denjenigen, die sich im Gespräch dabei selber über die Schulter zu sehen vermögen, die argumentationslustig, neugierig und undogmatisch sind. Das hat ihm viel Resonanz verschafft, auch wenn es ihn für manche zum schwierigen Partner machte.

Die zahlreichen Gespräche begannen im November 1992, sie endeten im Juli 1993. Gesprächsbücher sind ein Prozeß, der parallel verläuft zum Politikprozeß. Und dort ist derzeit besonders viel in der Schwebe, Vertrautes unterliegt der Veränderung, die Ungewißheiten nehmen zu. Gesprochen haben wir meist in Gleisweiler, Geißlers Wohnort in seinem pfälzischen Wahlkreis. Er hatte eine kleine Atempause dazu gewonnen, allerdings unfreiwillig. Heiner Geißler war mit dem Gleitschirm abgestürzt, mußte sich einer komplizierten Operation unterziehen und dachte nun – stundenlang am Rücken liegend – über die Weltläufte, den Tatort Bonn, über Freunde und Gegner nach. Und über sich.

Der Tonfall: Immer noch und trotz allem grundoptimistisch. Politik ist nicht zur Tatenlosigkeit verurteilt! Manchmal mag er zornig darüber gewesen sein, von seinem Unfall in eine so hilflose Lage gezwungen worden zu sein. Ein Stück Distanz hat es allerdings gewiß auch verschafft. Nachdenken über die Politik und die Zeitverhältnisse – über sich das Gebälk der Wohnzimmerdecke, draußen der eigene kleine Weinberg, die Anna-Kapelle oben im Wald, die oft sein Zielpunkt beim Joggen und ebenso oft Ziel für die Kriegsspiele der Tiefflieger ist, die südpfälzische Landschaft vor Augen und ganz in der Ferne bei klarem Himmel den Kaiserdom von

Speyer, die Kühltürme des Kernkraftwerks Philippsburg aber auch.

»Ebenso wie in der griechischen Antike die Formen der lokalen, im achtzehnten und neunzehnten Jahrhundert die Formen der nationalen, müssen heute die Formen der globalen Demokratie neu erfunden werden. Diese Aufgabe kann sich allerdings kein Buch, kein Autor bei Sinnen stellen, eher schon die: diese Aufgabe freizuargumentieren und ins allgemeine Bewußtsein zu heben, also den Begriff des Politischen für die Herausforderungen der globalen Industriezivilisation an der Wende ins 21. Jahrhundert zu öffnen.« So weit noch einmal Beck.

Heiner Geißler möchte nicht den Begriff, sondern die Politik selbst »freiargumentieren«. Ganz unmodisch, nimmt er dabei nicht Abschied vom Prinzipiellen, sondern beharrt im Gegenteil auf Grundsätzen und Normen. Er hält dem Zeitgeist Widerworte entgegen. Er nimmt überhaupt nicht Abschied, auch nicht von der aktiven und praktischen Politik, so jedenfalls haben wir die Gespräche verstanden.

Die Republik laboriert noch an der großen Veränderung, und manchmal sieht es so aus, als würde ihre Dimension erst jetzt richtig begriffen. Desorientiert erscheint besonders die bürgerliche Mitte. Ein schwieriges Wahljahr steht bevor. Auf all das blickt Geißler mit Unabhängigkeit, mit langjährig erworbener Autorität und mit etwas sehr seltenem – Politiklust. Sein Standort: mitten in der Welt der großen Verwirrung.

Bonn, Ende Juli 1993   G. H. / W. A. P.

Die Welt zwischen alter und neuer Ordnung

Wie dramatisch sich die Verhältnisse verändern würden, war in den ersten Monaten nach dem November 1989 schwer zu begreifen, in den politischen Auswirkungen wohl auch schwer abzuschätzen. Im Jahr 1993 aber geben die Schlagzeilen jeden Tages darüber Auskunft, und es ist nicht zu sehen, wie sich das 1994 und später ändern sollte. Diese Schlagzeilen handeln von Parteienkritik und Morden an Fremden in Deutschland, von Rezession und Arbeitslosigkeit, von Bedrohungen für den Sozialstaat, von Rufen nach Law and Order, nach alten Werten, populistischen Antworten und starker Hand. Eine Art intellektueller Restauration findet statt, ein neu eingekleideter Nationalismus zeigt sich, die Blicke richten sich zunehmend enger auf Deutschland. Rollenunsicherheiten, was die Außenpolitik angeht, kommen hinzu, wie der Streit um Bundeswehreinsätze in aller Welt zeigt. Kurzum, man gewinnt das Bild einer Republik, die unsicher ist und nach rechts treibt. Hat die Politik noch eine Chance, gegenzusteuern, wenn sie denn will, ja vielleicht gar sich mit einem Projekt für das eigene Land, oder besser: im eigenen Land, attraktiv zu machen?

Einige Symptome, die Sie schildern, sind leicht erklärbar und nicht bedrohlich, andere auch erklärbar, aber gefährlich. Daß nach zehn Jahren konjunkturellen Aufschwungs wieder ein Abschwung folgt, ist eigentlich keiner Erwähnung wert. Daß aber die Arbeitslosigkeit, vor allem im Osten, zu einer Dauererscheinung wird, das wäre gefährlich und Fremdenmord, Neonationalismus, Antiparlamentarismus und Entsolidarisierung, vor allem zwischen West und Ost, um die negativen Ansätze unserer gesellschaftlichen Entwicklung zu nennen, sind noch bedrohlicher; sie haben einen gemeinsamen Nenner: Unsicherheit und Orientierungslosigkeit.

Ich glaube, daß die wenigsten Menschen bei uns sich darüber im klaren sind, daß wir die Zeitzeugen des größten Umbruchs sind, der seit 2000 Jahren der Menschheitsgeschichte stattgefunden hat. Die Völkerwanderung vor 1500 Jahren erfaßte das westliche Asien und Teile Europas. Die Revolution – es handelte sich ja um keine »Wende«, wie verzerrt und herabwürdigend die Ereignisse des Jahres 1989 im allgemeinen Sprachgebrauch bezeichnet werden –, diese Revolution hatte globalen Charakter. Ein Imperium war in sich zusammengebrochen, und diese Revolution ereignete sich nicht auf einem fernen Kontinent, sondern auch mitten in Deutschland. Ich bin auf dem Dresdner Parteitag der CDU 1991 im Dezember von einem Redakteur der »Entscheidung«, der Zeitschrift der Jungen Union, gefragt worden, welches für mich das bemerkenswerteste Ereignis des ablaufenden Jahres gewesen sei. Ich erwiderte das, was mir spontan einfiel: daß die Leningrader in einer geheimen und freien Abstimmung ihre Stadt wieder in Sankt Petersburg umbenannt hatten. Es war sicher nicht das bedeutendste historische Ereignis, aber ein Symbol für das, was sich in jenen Zeiten, in jenen Monaten ereignet hatte.

Jeden Abend jagen sich die Bilder, die die Ereignisse

aus der ganzen Welt vereinfacht und zum Teil monströs über das Fernsehen in das Blickfeld der Menschen rücken. So ist es auch mit den Schlagzeilen am anderen Morgen. Was geschehen ist und was geschieht, wird nicht reflektiert. Die Zusammenhänge gehen den Menschen verloren, weil ihnen die Grundlagen und Ziele der Politik nicht erklärt werden.

Erklären Sie! möchte man dazwischenrufen, denn das von Ihnen beobachtete Defizit ist ja Motiv für unser Gespräch. Wie stellt sich dieses Puzzle, das neu zusammengesetzt werden muß nach der großen Revolution, für Sie dar?

Es fehlt die moralische Ordnung. Ich beginne mit einer kurzen Geschichte, die ich von der Journalistin Josefin Adler gehört habe. Eine Iranerin fuhr verbotenerweise im gleichen Auto zur Schule wie ihre männlichen Arbeitskollegen und wurde vor ihren Schülern ausgepeitscht. Sie verlor dabei ein Auge. Sie flüchtete nach Deutschland. Der Asylantrag wurde von einem deutschen Gericht mit der Begründung abgelehnt, die Auspeitschung stelle keine individuelle Verfolgung im Sinne des Grundgesetzes dar, es handele sich um eine Strafe, die zur Aufrechterhaltung der islamischen Ordnung jede Person getroffen hätte, die eines vergleichbaren Vergehens beschuldigt worden wäre. Im Falle einer muslimischen Frau in Bosnien hatte die zuständige Behörde festgestellt, Vergewaltigungen seien nicht politisch motiviert und daher kein Grund, betroffene Frauen nicht in ihre Heimatländer zurückzuschicken. Wir wissen, daß die Bewohnerinnen der Bürgerkriegsgebiete Ex-Jugoslawiens täglich vergewaltigt oder gar abgeschlachtet worden sind. Josefin Adler zitiert einen Soldaten: »Ich weiß nur noch, daß ich der zwanzigste war, daß sie ekelerregend und voller Sperma war und daß ich sie am Ende getötet habe.«

Was ist schlimmer? Die Moral- und Rechtsblindheit von Behörden und Gerichten oder die Untat selber? Der Verfall der öffentlichen Moral ist offensichtlich nicht auf Bosnien beschränkt.

Die Menschen sehen im Fernsehen Bilder von unvorstellbarer Armut und Grausamkeit. Gegen den Irak und wegen des Öls wird ein blutiger und technisch perfektionistischer Krieg geführt. Gleichzeitig schlagen sich die serbischen Generale vor Lachen auf die Schenkel, weil dieselben industriellen Supermächte dem Abschlachten in Bosnien-Herzegowina tatenlos zusehen. Die Klimakatastrophe rückt näher, und das eigene Land droht bald im Verkehrsinfarkt zu ersticken. Die ersten Vorboten einer neuen weltweiten Völkerwanderung klopfen an die Türen unserer Sozialämter. Die innere Einheit Deutschlands ist noch nicht vollendet. Rußland droht auseinanderzubrechen, und der islamische Fundamentalismus errichtet seine Gottesstaaten.

Da die geschichtlichen Prozesse in ihren Zusammenhängen nicht erklärt, überzeugende Antworten nicht gegeben werden und das Nichthandeln oder Zuspäthandeln geradezu als Maxime der Politik erscheint, breitet sich nicht nur Unsicherheit, sondern auch die Neigung aus, in simple Lösungen und Reaktionen zu flüchten: Individualisierung, nationale Abschottung, Fremdenhaß und die Weigerung, an argumentativen, diskursiven, das heißt demokratischen Lösungen, mitzuwirken.

Dabei wäre es so einfach, den Menschen Orientierung zu bieten, wenn man die wirklichen Ziele der Revolution ernst nähme und bei den Grundsätzen bliebe, die in Westdeutschland seit 1949 der Politik einen festen Halt gegeben haben: dem christlichen und humanistischen Menschenbild, das auch unsere Verfassung, wie die Verfassungsväter noch wußten, in ihren Grundwerten geprägt hat. Fleiß, Leistungsbereitschaft, Ordnungsliebe sind wichtige Tugenden. Aber vorrangig und ausschlaggebend für eine humane Gesellschaft sind Nächstenliebe, Gerechtigkeit, Achtung der Menschenwürde, Zivilcourage: die modernen Kardinaltugenden. Daß die Menschenwürde unteilbar ist, unabhängig davon, ob jemand Mann oder Frau, jung oder alt, krank oder gesund, voll leistungsfähig oder behindert, aber auch unabhängig davon, ob jemand Deutscher oder Ausländer, Schwarzer oder Weißer, Christ oder Buddhist ist: Beherrscht dieses Menschenbild wirklich das Denken und Reden der Verantwortlichen in Staat und Gesellschaft?

Oder andersherum gefragt: Werfen uns Angehörige anderer Kulturen, denen der Westen immer weniger als Vorbild gilt, nicht zu Recht vor, einer doppelten Moral – siehe Bosnien – zu huldigen, den Zerfall der Familie tatenlos hinzunehmen, mit einer gigantischen Staatsverschuldung in allen westlichen Ländern die kommenden Generationen bedenkenlos zu belasten, um in der Gegenwart den Egoismus kultivieren zu können? Und haben sie nicht recht, wenn sie sagen, daß zu den individuellen Menschenrechten auch die sozialen gehören?

Nirgendwo macht sich das Fehlen eines Weltethos, das Hans Küng fordert, drastischer bemerkbar als im Verhältnis des Westens zum Rest der Welt.

Führen Sie darauf die teils resignierte, teils weinerliche oder zynische Stimmung zurück, auf die man bei Regie-

renden und Regierten häufig stößt, und welchen Rat halten Sie auch Ihren Kollegen entgegen?

Mitte Juni 1993 nahm ich an einem Symposion der Bertelsmann-Stiftung in Wittenberg teil. Hans Küng hielt auf der Kanzel der Stadtkirche von Wittenberg, auf der schon Luther gepredigt hatte, eine Vorlesung über das Thema »Eine Welt, eine Menschheit, ein Ethos« und begründete seine These, daß die großen Religionen heute schon in fünf Maximen elementarer Menschlichkeit übereinstimmten und ohne ein solches Weltethos es weder eine bessere Weltordnung noch einen Weltfrieden geben könne. In der anschließenden Podiumsdiskussion wurde er von Andrzej Sczcypiorski und mir lebhaft unterstützt, während Erhard Eppler, für mich nicht überraschend, erklärte, seine politische Lebenserfahrung erlaube ihm nur eine Antwort auf die Herausforderung der Zukunft: den Zynismus. Das ist in der Tat die Alternative. Ich würde in unserem Gespräch gerne begründen, warum ich den anderen Weg für richtig halte, nämlich den Glauben an die geistige und moralische Kraft des Menschen, auch die vor uns liegenden Herausforderungen bestehen zu können.

Können Sie einige Antworten vorab skizzieren?

Gerechte Preise für die Nutzung natürlicher Ressourcen, multikulturelle Gesellschaft im Rahmen der verfassungsmäßigen Ordnung, aktive Gerechtigkeit, die den Leistungsfähigen in die Pflicht nimmt, Solidarität gegenüber den Schwachen, europäischer Dialog mit der islamischen Welt, Partnerschaft statt Nationalitätenkampf, Vereinigte Staaten von Europa statt revisionistischer und neonationalistischer Versuche, im dritten Anlauf beherrschender Nationalstaat in der Mitte des Kontinents zu werden, Föderalismus als globales Ordnungsprinzip, Menschenrechte als Element westlicher Außenpolitik, sanktionenbewehrte Ächtung der Folter, neue Energieträger und ethisch verantwortete Gentechnologie, Kodifizierung eines Weltethos und Organisation einer Weltpolizei im Rahmen der UNO – das können Richtwerte und Ziele sein, für die es sich zu kämpfen lohnt. Die Krise des Politischen und der politischen Parteien ist keine Frage der Organisation, sondern der politischen Inhalte.

Sagen wir es konkret: Bewegt sich die Regierung und mit ihr die Volkspartei CDU zu starr in vertrauten Gleisen, fehlt es einfach an Politik, oder fehlt eine große politische Alternative?

Die SPD des Jahres 1993 tut sich schwer als Alternative. Geistige Führung, Entwerfen von Visionen oder wenigstens Perspektiven, Beachten der im christlichen Menschenbild begründeten Grundwerte in allen wichtigen Tagesentscheidungen, das alles muß auch von der CDU als Partei erwartet und geleistet werden. Die CDU hat die Chance, die Mehrheit der Menschen für sich zu gewinnen, wenn sie wieder zu einer geistigen und moralischen Kraft wird, die die politische und kulturelle Auseinandersetzung in unserem Staat und in unserer Gesellschaft entscheidend bestimmt. Dazu gehört, daß sie den Mut hat, Streit anzufangen über den richtigen Weg in die Zukunft, und zum Beispiel den öffentlichen Kampf aufnimmt gegen eine neue nationalistische Front von Augstein über einzelne Herausgeber der *»Frankfurter*

Allgemeinen Zeitung« bis zu Gauweiler und den Republikanern, um eine der großen Visionen der Christlich Demokratischen Union seit Konrad Adenauer durchzusetzen, nämlich die Vereinigten Staaten von Europa.

Angesichts der Fülle von Problemen in Gesellschaft und Politik, den Unsicherheitsgefühlen in der Mitte, den wankenden Riesen namens Volkspartei *– wie müßten sich da die politischen Kräfte formieren? Wäre eine Große Koalition aus Ihrer Sicht für die kommenden Herausforderungen der beste Weg?*

Es gibt heute schon eine De-Facto-Große-Koalition. Vom Solidarpakt bis zur Bestellung des Generalbundesanwaltes kann nichts mehr entschieden werden ohne die Zustimmung der SPD. Dies hängt mit den Mehrheitsverhältnissen im Bundesrat zusammen, eine Folge der Wahlniederlagen der CDU in den Ländern seit 1989. In wichtigen Fragen ist bereits ein Grundkonsens zwischen den beiden großen Volksparteien vorhanden, der in der jetzigen Zeit angesichts der wachsenden Problemlagen ein wertvolles Gut darstellt: Die Asylfrage, Rentenversicherung, Pflegeversicherung, Gesundheitsreform, Sparprogramme werden gemeinsam beurteilt und entschieden.

Beides, Bundesrat und die ungewöhnlichen Herausforderungen vier Jahre nach der zweiten großen europäischen Revolution, legen den Gedanken nahe, aus der faktisch weitgehenden Zusammenarbeit auch eine offizielle Koalition de jure zu machen. Die Hindernisse liegen bei der SPD weniger in der Finanz- und Wirtschaftspolitik als vielmehr in der Außenpolitik. Die SPD hat sich bis heute noch nicht von ihrem historischen Fehler, nämlich dem Bündnis mit dem Gesinnungspazifismus zu Beginn der achtziger Jahre, verabschiedet und erweist sich infolgedessen nach wie vor als unfähig, eine erweiterte, ich sage nicht *neue*, sondern *erweiterte* Verantwortung der deutschen Außen- und Sicherheitspolitik mitzutragen. Solange die SPD vor dem Bundesverfassungsgericht dagegen klagt, daß ein deutscher Zerstörer auf der Adria herumfährt, um das Embargo im Auftrage der UNO gegenüber Restjugoslawien zu überwachen, ist eine Große Koalition nicht möglich.

Entscheidende Impulse für die Reform der Parteiendemokratie könnten – wenn auch aus Not geboren – von der beinahe plebiszitären Wahl des SPD-Vorsitzenden Rudolf Scharping ausgehen. Sollte sich die CDU in der Ära nach Kohl ihren Parteivorsitzenden oder auch Kanzlerkandidaten ebenfalls auf diese Weise auswählen?

Wenn es sich um klare Alternativen handelt, warum nicht. Dies ist dann der Fall, wenn sich mehrere Personen zur Wahl stellen. Auch die Aufstellung von Bundestags- und Landtagskandidaten sollte unter Einbeziehung der Mitglieder erfolgen. Dies ist im übrigen heute schon in einer Reihe von Landesverbänden der Fall, in denen die Kandidaten in Mitgliederversammlungen nominiert werden müssen.

Wären Sie noch Generalsekretär, wenn es die Möglichkeit einer Urwahl gegeben hätte?

Wenn es 1989 eine Urwahl gegeben hätte, wäre ich Generalsekretär geblieben. Dasselbe Ergebnis wäre herausgekommen, wenn der Parteitag hätte abstimmen können.

Können Sie sich Plebiszite in der Union über inhaltliche Fragen vorstellen? Oder wäre das das Ende der traditionellen Volksparteien und der Anfang des amerikanischen Weges?

Nein. Die Problematik der Politik besteht heute vor allem auch darin, daß die Probleme komplizierter werden und infolgedessen auch differenzierte Antworten verlangen. Alle einfachen Antworten auf komplexe Probleme wie »Lieber rot als tot«, »Raketen sind Magneten«, »Freiheit statt Sozialismus«, »Das Boot ist voll« und »Deutschland den Deutschen« sind zu simpel, als daß sie richtig sein könnten. Von wenigen Ausnahmen abgesehen, können Sie komplexe politische Probleme nicht in einer Urwahl zur Entscheidung bringen. Die Urwahl des neuen Parteivorsitzenden der SPD war eine – allerdings geglückte – Verlegenheitslösung, voller Risiko und damit von erheblicher Werbewirksamkeit. Und die Wahl von Rudolf Scharping war auch eine für die Union nicht ungefährliche Richtungsentscheidung. Im Gegensatz zu Gerhard Schröder als rot-grüner Alternative will der neue SPD-Parteivorsitzende die CDU ganz offensichtlich aus der politischen Mitte heraus- und nach rechts abdrängen. Anders sind seine politischen Aussagen zur inneren Sicherheit, zum Einsatz der Bundeswehr, zum Asylkompromiß und zum Solidarpakt nicht zu verstehen. Dies ist eine erhebliche Herausforderung für die CDU und ein Beweis dafür, daß die SPD erkannt hat, im Gegensatz zu einigen rechtskonservativen Glaubensboten in der Union, daß die Wahlen nicht an den Rändern, sondern in der Mitte gewonnen werden. Die Folge eines Rechtsrucks der CDU wäre eine linke Regierung. Wer in der Mitte Platz macht, wird anschließend links regiert.

1994 geht es um die Machtverteilung in der Bundesrepublik (in vielen Wahlen, einschließlich der Bundestagswahl und der Präsidentenwahl), damit aber auch um eine Politik für die nächsten Jahre. Was sollte im Vordergrund der Auseinandersetzung stehen, gemessen an den Problemlagen, nicht den Parteiinteressen?

Im Vordergrund muß stehen, daß die CDU dem eigenen Volk die Wahrheit sagt, die Wahrheit über die Größe der Herausforderungen, daß der Fehler des Jahres 1990, keine Solidarität einzufordern, nicht wiederholt wird, daß die Ausländerfrage nicht zum Gegenstand der Auseinandersetzung mit der SPD gemacht und die Ökologie nicht ausgeklammert wird. Die europäische Einigung sollte als Perspektive und Vision ein Mittelpunkt der Wahlkampfauseinandersetzungen sein. Die Sicherung der Arbeitsplätze, d. h. die Wirtschaftspolitik, werden das zentrale innenpolitische Thema werden, ebenso die Sicherheit der Renten; und es wäre auch ein Fehler, wenn die Christlich Demokratische Union über die Probleme der Mehrheit der Bevölkerung hinwegginge, nämlich der Frauen. Beim Thema »innere Sicherheit« fürchte ich, daß es der CDU genauso geht wie beim Asylthema: Es wird zum großen Streitpunkt gemacht, eine Verringerung der Kriminalität wird aber nicht erkennbar sein, und die Union wird sich den Vorwurf gefallen lassen müssen, daß sich die Zunahme der Verbrechen in den letzten Jahren gesteigert habe.

Entscheidend ist die Erkenntnis, daß die nächste Bundestagswahl nicht mit »rechter« Thematik gewonnen werden kann, sondern nur durch die glaubhafte Repräsentation der CDU als moderner Volkspartei. Das würde der Union im übrigen auch bei den Ostdeutschen helfen, die von nationaler Thematik genug, aber um so mehr Sehnsucht nach Arbeitsplätzen und sozialer Gerechtigkeit haben.

Sind Sie besorgt um die Zukunft der Republik?

Eine beachtliche Minderheit bejaht in den Umfragen den Satz: »Deutschland den Deutschen«; Rudolf Augstein schreibt im »Spiegel«, die Deutschen würden in Jerusalem beschimpft, während Israel gleichzeitig in Bonn die Hand aufhalte; der Zeitgeschichtler Baring empfiehlt der CSU eine Koalition mit einer rechtsradikalen, ausländerfeindlichen Partei; die FAZ charakterisiert Asylbewerber als »fremdartig« – zum Fremdkörper, den es zu entfernen gilt, ist dann nicht mehr weit –; Gauweiler schwadroniert gegen den eigenen Parteivorsitzenden vom »Esperanto-Geld«; Frau Seebacher-Brandt fühlt sich angesichts von Lichterketten gegen ausländerfeindliche Gewalt an Fackelzüge der Nazis erinnert; ein früherer Landesminister heiligt nach den Krawallen in Rostock den »berechtigten Volkszorn«.

Der Bundesverband der deutschen Industrie nennt die Pflegeversicherung für zwei Millionen der Hilflosesten in unserer Gesellschaft, die die deutsche Wirtschaft wegen der vorgesehenen Kompensation nichts kostet, eine »Kriegserklärung«; der Historikerstreit schwelt weiter, in dem manche nach dem Motto argumentieren, »Auschwitz war kein einzigartiges Verbrechen, denn die anderen haben auch gemordet«; – wenn diese verqueren Ideen Allgemeingut würden, der Nationalismus sich durchsetzen und Europa scheitern würde: Ja – und dann auch für die CDU. Eine solche Kleingeisterei wäre das Ende einer großen Partei.

Zur Sache mit der Nation –
Die Paten des neuen Deutschland dürfen nicht Wilhelm und Bismarck heißen

Herr Geißler, wenn Sie auf den schwierigen Prozeß der Vereinigung seit 1989 aus etwas Distanz zurückblicken, ist das nach Ihrem Urteil so abgelaufen, wie es sollte? Oder glauben Sie, daß durch die politischen Vorgaben oder auch durch nicht steuerbare Entwicklungen die Vereinigung in eine Richtung gegangen ist, die Sie sich politisch so nicht vorgestellt, vielleicht auch nicht gewünscht haben?

Im Ausland kann man schon hören: Schwarz-Weiß-Rot verdrängt Schwarz-Rot-Gold. Das ist sicher übertrieben. Aber die Ziele der Revolution von 1989 sind nicht vollständig erreicht worden, und etwas Sekundäres, das Nationale, schiebt und drängt sich in den Vordergrund. 1990 hatte sich relativ rasch die Meinung verfestigt, die Deutschen in Ostdeutschland hätten die Ketten des Kommunismus um der deutschen Einheit willen abgeschüttelt. In Wirklichkeit wollten die Menschen zuerst Freiheit und Gerechtigkeit.

Lag demnach dem Vereinigungsprozeß eine falsche Analyse zugrunde?

Die deutsche Revolution im Oktober und November 1989 hatte nicht in erster Linie die staatliche Einheit zum

Inhalt, sondern die alten, ewig jungen Ziele der ersten europäischen Revolution, nämlich der französischen. Und, ich wiederhole es, es war eine Revolution, keine Wende. Wolfgang Schäuble nennt sie unvollendet, weil sie unblutig war. Sie ist eher unvollendet, weil ihre Ziele noch nicht erreicht sind. Die Leute wollten frei und Bürgerinnen und Bürger eines Staates sein, in dem alle vor dem Gesetz gleich sind, also ohne Privilegien, Nomenklatura und Stasi. Und sie wollten in einem gerechten Staat leben, auch die D-Mark haben mit allen wirtschaftlichen und sozialen Folgen. Das waren die drei Ziele: Freiheit, Gleichheit, Brüderlichkeit. Es ging nicht um den Nationalstaat. Deswegen haben sie ja auch am Anfang alle gerufen: »Wir sind das Volk!« Das war ein demokratischer Urschrei, geboren aus einer angestauten Sehnsucht nach Demokratie. Dieser Schrei der vierzig Jahre vom DDR-Sozialismus unterdrückten Deutschen beschämte nicht nur die Bequemlichkeit und Feigheit mancher Demokraten in der Bundesrepublik Deutschland. Er entlarvte auch das Ignorieren des realsozialistischen Stalinismus durch westliche Kreise, wie zum Beispiel durch Jean-Paul Sartre und Norman Mailer bis hin zum Nobelpreiskomitee in Oslo, das den Friedensnobelpreis 1985 an die internationale Organisation »Ärzte gegen den Atomkrieg« verliehen und an deren Co-Präsidenten Jewgeni Tschasow ausgehändigt hatte, der ein Mann des KGB und als Minister verantwortlich für die in der Sowjetunion verbindlichen Richtlinien zur psychiatrischen Behandlung von Dissidenten gewesen war. Dieser Schrei decouvrierte solches Verhalten als das, was es war, nämlich eine jahrelange Kynesis vor der totalitären Drohkulisse des Kommunismus, die einen geistigen Prozeß einleitete, an dessen Ende diese Leute nicht mehr wußten oder wissen wollten, von welcher Seite eigentlich die Mauer gebaut worden war.

Natürlich steckte hinter dieser »Kynesis« der quälende Wunsch, einen »Sozialismus mit menschlichem Gesicht« zu retten. Der im Marxismus begründete Glaube an eine humane Revision des real existierenden Kommunismus verbietet es auch, diesen auf eine Stufe mit dem Nationalsozialismus zu stellen.

»Nationalsozialismus mit menschlichem Gesicht« – eine contradictio in adjecto. Aber die Revolutionäre des Jahres 1989 wischten alle diese Distinktionen vom Tisch. Sie wollten die Freiheit und die Demokratie.

Ich möchte nicht, daß das alles durch schwarz-rot-goldene Fahnen zugeweht wird. Als der Kanzler in Dresden mit Modrow vor der Frauenkirche die große Kundgebung hatte, gab es plötzlich den Slogan: »Wir sind ein Volk!«. Ich hatte diesen Satz zum ersten Mal im Dezember 1989 bei uns im Konrad-Adenauer-Haus gehört und gesehen. Die Bundesgeschäftsstelle hatte einen Aufkleber mit diesem Satz drucken lassen. Ich weiß noch, daß ich dagegen protestiert habe. Ich hatte den Eindruck, daß auch Helmut Kohl damals Schwierigkeiten mit dem Spruch hatte, ganz im Gegensatz zu Alfred Dregger, der das gut fand. Der Spruch erinnerte mich an »ein Volk, ein Reich, ein Führer«! Glücklicherweise hat diese Assoziation später weder im In- noch im Ausland eine Rolle gespielt.

Somit war »Wir sind ein Volk« ein Slogan, der aus dem Westen kam. Er wirkte aber wie ein spontaner Aufschrei aus dem Volk.

»Wir sind das Volk«, das war zuerst da. Das andere kam hinterher, auch mit Hilfe der CDU.

Flächendeckend wurde er demnach also erst mit Hilfe des CDU-Apparates?

Die CDU hat ihn jedenfalls verbreitet. Mit Erfolg. Der Spruch »Deutschland, einig Vaterland« war eher ein originäres Produkt der Ostdeutschen, ein Slogan, den man in Dresden auch auf den Transparenten schon lesen konnte. Das waren nicht die Slogans der Bürgerrechtler, also der zivilcouragierten Vorkämpfer der Revolution, die zu einem großen Teil ausdrücklich keinen neuen Nationalstaat wollten. Es gibt ja heute den Vorwurf, die Union habe damals diese nationalpopulistische Richtung forciert, um die liberaldemokratischen Ideale und Ziele der Urrevolutionäre, nämlich der Bürgerrechtler, im Keim zu ersticken. Dieser Vorwurf ist falsch und ungerecht, aber das nationale Thema kam den großen Parteien, vor allem der Union, zugute und drängte die Bürgerrechtler am Runden Tisch in den Hintergrund und an den Abgrund.

Ich erzähle diese Geschichte nicht, um zu sagen, die Deutschen im Osten hätten die Einheit nicht gewollt. Nein. Sie wollten die Einheit auch, aber – und insoweit entsprach das »Wir sind ein Volk!« ihren Wünschen und Gefühlen – als Garantie dafür, daß ihre Revolution nicht mehr niedergeschlagen werden konnte. Die Einheit war der Schutz für den Bestand der großen Freiheitsrechte und Grundwerte, für die sie die Revolution gemacht hatten. Und es war eben eine Revolution, keine »Wende«, als ob es sich um einen Regierungswechsel gehandelt hätte. Eine Diktatur wurde beseitigt, allerdings friedlich und unblutig. Freiheit und Demokratie markieren im übrigen auch die Scheidelinie zwischen Neo-Nationalisten wie Nolte, Hillgruber, Augstein auf der einen Seite und den Bürgerrechtlern wie Reich, Bohley, Schorlemmer, Eppelmann auf der anderen Seite, die gegen die Ost- und Deutschlandpolitik der siebziger und achtziger Jahre – sie wurde als Status-quo-Politik gebrandmarkt – Front gemacht hatten: Den einen war diese Politik zu wenig national und den anderen zu wenig freiheitlich.

Wir sind noch beim Rückblick, aber an einem zentralen, neuralgischen und folgenreichen Punkt. Diese frühe Instrumentalisierung der demokratischen Revolution für nationale Ziele hat im Ansatz verhindert, daß man über den besten Weg zur Vereinigung unbefangen diskutieren konnte. »Wir sind ein Volk!« stand für die nationale Schlagseite der Vereinigungsdebatte, sagen Sie. Jeder politische Alternativ-Vorschlag, etwa zum Beitritt nach Artikel 23, wurde so verstanden, als sei er gegen die Vereinigung selbst gerichtet.

Ja, aber auch zu Recht. Denn schnell ging es nur über den Artikel 23. Schon im Herbst 1990, das kann man im nachhinein sagen, wäre die Vereinbarung, die im Kaukasus zwischen Kohl und Gorbatschow getroffen wurde, nicht mehr möglich gewesen.

Der Bundeskanzler sagt, Dresden sei für ihn, was den Willen der Ostdeutschen zur Einheit angeht, eine Art Schlüsselerlebnis gewesen. Betrachtet man den Anteil des Adenauer-Hauses an dieser ersten großen nationalen Manifestation des deutschen Herbstes '89, fragt man sich, ob dieses Schlüsselerlebnis nicht zum Teil künstlich geschaffen wurde oder ob der Kanzler gar einer von der CDU mitgeschaffenen Illusion erlegen ist.

Helmut Kohl hat in Dresden eine sehr moderate Rede gehalten und übertriebene nationale Töne vermieden. Die Dresdner Kundgebung ist nicht nationalistisch vom Adenauer-Haus gesteuert worden. Die Dresdener wollten auch damals schon die nationale Einheit. Aber offenkundig eben in dem Sinne, wie ich es vorhin beschrieben habe, damit Modrow – er war in Dresden ja noch dabei –, die SED und die Rote Armee endgültig verschwinden.

Nachdem die Vereinigung außenpolitisch abgesichert, im Kaukasus abgeklärt war, waren mit der Einführung der Währungs-, Wirtschafts- und Sozialunion am 1. Juli 1990 und mit der Festsetzung des Einigungstermins 3. Oktober 1990 zwei Dinge erreicht worden. Die Deutschen waren alle frei. Die Einheit hatten sie auch. Und weil die beiden Ziele erreicht waren und verdrängt wurde, warum die Leute überhaupt auf die Straße gegangen waren, gerieten die anderen Ziele ins Abseits. Stasi, Eigentumsfragen, fremde Rechtsnormen, Etablierung der alten Seilschaften, die Praxis der Treuhandanstalt, die Lohnabstände zum Westen bei gleichzeitigem Westniveau der Preise, Massenarbeitslosigkeit, westdeutsche Arroganz, Mauerschützenprozesse und die Gerichtsfarce um Honecker – das alles bewirkte, daß viele Ostdeutsche bald nicht mehr glauben konnten, in einer gerechten und solidarischen neuen Gesellschaft zu leben. Im Sozialismus wird der Mensch durch den Menschen ausgebeutet. Das hatten sie am eigenen Leib erfahren. Und jetzt bekamen viele den Eindruck: Im Kapitalismus ist es nur umgekehrt.

Der Hungerstreik von Bischofferode ist psychologisch nur so erklärbar: Das ursprüngliche Transparent wurde wieder hochgehalten: Wir sind das Volk. Das war die Folge des ordnungspolitischen Stumpfsinns, der sich

Mitte 1990 durchgesetzt hatte: Jetzt läuft es von selber, der Markt wird das schon richten, alles wird privatisiert, dann gibt es automatisch ein zweites Wirtschaftswunder. Diese falsche Bewertung der Revolution erklärt auch die Schwierigkeiten, die in den neuen Ländern entstanden sind, vor allem die verhängnisvolle Konzeptionslosigkeit und Passivität in der Wirtschaftspolitik.

Wer war denn dafür verantwortlich?

Es rächte sich, daß die CDU die politische Verantwortung für die Wirtschaftspolitik den Liberalen überlassen mußte. Daß in dieser einmaligen historischen Phase deutscher Geschichte achtenswerte, meinetwegen auch trickreiche, aber jedenfalls phantasielose Leute die Ressortkompetenz für den schwierigsten Teil der Einheit besaßen, ist – auch für Helmut Kohl – fast tragisch zu nennen.

Auf die nationale Schlagseite und zum Teil bewußte Verfälschung dieser Revolution haben damals nur wenige hingewiesen. Sie gehörten dazu, in der SPD war es Peter Glotz. Aber in beiden großen Volksparteien blieben die Warner und Mahner Randfiguren.

Das nationale Argument hätte man nicht beiseite schieben, jedoch die anderen Ziele phantasie- und kraftvoll anstreben müssen. Das Nationale – daß die Deutschen ihre Einheit wollten – ist ja nicht zu beanstanden. Aber daß es schon ganz früh alles andere zu dominieren begann, war verhängnisvoll. Möglich wurde das aber erst dadurch, daß es keine Gesamtkonzeption für die Gestaltung der Einheit gab, die das Nationale domestiziert hätte, seinen instrumentellen Charakter, nämlich die eigentlichen Inhalte der Revolution realisierbar zu machen und auf Dauer zu gewährleisten, deutlich gemacht hätte. Darüber sprachen wir vorhin. Als ursprüngliches Ziel der Revolution kann man das Nationale nicht nennen, genausowenig wie es je ein Grundwert sein kann oder je ein Grundwert hätte sein können. Das Nationale als Grundwert, das ist der große Irrtum deutscher Geschichtsschreibung und dieser neuen nationalen Front, die ich vorhin schon charakterisiert habe. Grundwerte sind immer gültig. Das Nationale ist austauschbar und kann sich mit jeder Ideologie und jeder Barbarei verbinden. National waren die Nazis und die Kommunisten, aber sie konnten nicht freiheitlich gesinnt und gerecht sein. Das Nationale ist ein politisches Ziel, das man anstreben kann oder auch nicht, gehört aber nicht zum politischen Sittengesetz einer Gesellschaft, zu den Grundwerten, innerhalb derer eine Gesellschaft leben muß, wenn sie die Menschenwürde achten und zivilisiert sein will.

Damit verlassen Sie den Boden des mainstream *der Volksparteien.*

Das wäre schlimm. Man muß es in aller Klarheit und Härte immer wieder ausdiskutieren. Manche, die das Nationale in den Vordergrund schieben, nennen sich konservativ. Der wahre Konservative klebt aber nicht an dem, was gestern war, sondern lebt aus dem, was immer gilt. Wer Europa als Bundesstaat ablehnt, am Nationalstaat festhält, ist kein Konservativer. Denn er hängt am Gestrigen, das nicht mehr restauriert werden kann. Das gilt auch für diejenigen, die von Auschwitz nichts mehr hören wollen.

Martin Walser, der sich zu Deutschland bekennt, hat geschrieben, daß Auschwitz für ihn etwas sei, das »kein Ende« nehme. Auch Auschwitz gehört zur deutschen Geschichte und prägt das nationale Bild. Der geistige Hintergrund, der zu Auschwitz geführt hat – nämlich die Verbindung von deutschem Nationalismus und Rassismus –, gehört aber mit Sicherheit nicht zu dem, »was immer gilt«. Nach den Ereignissen dieses Jahrhunderts muß jede Überhöhung des Nationalen verdächtig bleiben. Die Auseinandersetzung um das Nationale ist in vollem Gange. Manche – und das ist nicht auf Schönhuber und Konsorten beschränkt – können es schon nicht mehr ertragen, wenn man die Naziverbrechen einmalig und den 8. Mai 1945, wie der Bundespräsident, einen Akt der Befreiung nennt. Anfang Juli 1993 war die Frage aufgetaucht, ob Helmut Kohl am 50. Jahrestag der Landung der Alliierten in der Normandie teilnehmen sollte. Der Regierungssprecher Vogel erklärte dazu, wohl nicht sehr überlegt, daß doch niemand glauben könne, daß der Bundeskanzler an einem Gedenktag teilnähme, der an die Niederlagen deutscher Soldaten erinnerte. Wenn er gesagt hätte: der an den Tod vieler deutscher Soldaten erinnerte, wäre es tragbar gewesen. Die Niederlagen als solche waren aber die erste notwendige Stufe zur Befreiung auch der Deutschen von der Diktatur.

Glauben Sie, daß die nationalen Inszenierungen zum Beispiel am Brandenburger Tor in Berlin aufgesetzt waren? Entsprach diese Symbolik nicht auch im Westen einer breiten Stimmung?

An dem Freudenfest am Brandenburger Tor habe ich mich selber beteiligt. Aber die Freude wäre ehrlicher und dauerhafter gewesen, wenn die Freudenfeste mit dem Appell an die Opferbereitschaft verbunden worden wären. Die Freude an der Einheit kann wieder einkehren, wenn die Arbeitslosigkeit und die Wohnungsnot in Ostdeutschland zurückgehen und wenn Industriepolitik mit der Folge gemacht wird, daß nach über 12.000 Firmenprivatisierungen durch die Treuhand der erhaltenswerte Rest saniert wird. Ich habe weder etwas gegen den Feiertag, noch habe ich etwas gegen Feiern am Brandenburger Tor. Ich habe jedoch etwas dagegen, daß man in Berlin das Hohenzollern-Schloß wiederaufbaut. Das hätte einen fatalen Symbolcharakter. Ich habe für Berlin als Regierungs- und Parlamentssitz gestimmt. Aber ich will nicht, daß mit der Entscheidung für Berlin plötzlich Preußen wiederersteht. Die Paten des neuen Deutschland dürfen nicht Wilhelm I., II. und Bismarck heißen, sondern Konrad Adenauer, Willy Brandt, Richard von Weizsäcker und Helmut Kohl, wobei ich mir gewünscht hätte, daß bei der Überführung der Gebeine Friedrichs II. nach Sanssouci irgendeiner wenigstens einmal gesagt hätte, daß derselbe zwar preußischer König war, aber die *deutsche* Kaiserin damals Maria Theresia hieß, mit der er Krieg geführt hatte.

In dieser kritischen Bilanz hat auch die Debatte Bonn – Berlin einen Platz.

Natürlich. Ich habe, wie gesagt, für Berlin gestimmt. Aber viele haben gemeint, ich hätte eigentlich auf die andere Seite gehört. Ich war aus menschlichen und politischen Gründen für Berlin. Ich stellte mir vor, was die

Leute in Magdeburg, in Potsdam und Schwerin wohl für einen Eindruck und für ein Gefühl gehabt hätten, wenn das deutsche Parlament in der Hauptstadtfrage sich gegen sie entschieden hätte. Eine Entscheidung für Bonn wäre von vielen Ostdeutschen als eine politische Entscheidung gegen sie selber aufgefaßt worden. Das war für mich der Punkt. Und insofern war das auch eine politische, aber eben keine historische Entscheidung. Es war für mich auch ein Dank an die Berliner für ihren Kampf um Freiheit und Demokratie in vier schweren Jahrzehnten. Dies ist das Vermächtnis Berlins für das neue Deutschland und nicht Militarismus und Preußens Gloria. Deshalb hätte man auf das Eiserne Kreuz in der Quadriga gut und gern verzichten können und sollten die Generalsdenkmäler an der Neuen Wache nicht wieder aufgestellt werden.

Warum machen Sie sich darüber solche Gedanken?

Preußen nach 1815 war kein guter Zeitabschnitt für Deutschland. Spätestens seit 1866 und erst recht seit 1870/71 war Preußen ein Verhängnis, ein Unglücksfall für Deutschland. Das neue vereinigte Deutschland darf niemals in der Nachfolge und Kontinuität des Bismarckstaates, des wilhelminischen Kaiserreiches stehen. Mit der Bildung des Nationalstaates 1871 begann das Verhängnis für die Deutschen, das in einem katastrophalen verbrecherischen Kataklysma endete. Wer die Geschichte der deutschen Nation mit dem Jahr 1871 beginnen läßt, hat nicht nur das Gedächtnis, sondern auch den Verstand verloren, im übrigen auch das richtige Verständnis von der Nation.

In meinem Wahlkreis, der Südpfalz, gibt es zwischen

den Dörfern Edesheim und Hainfeld eine kleine Erhebung. Von dort aus kann man im Westen die alte Stauferburg Trifels sehen, in der während der Stauferzeit die Reichskleinodien aufbewahrt wurden, die heute in der Wiener Hofburg liegen. Im Osten erkennt man die Türme des Speyerer Doms, in dem sechs deutsche Kaiser ruhen, und im Nordwesten erblickt man das Hambacher Schloß. Diese Monumente haben mit den Hohenzollern nichts zu tun. Aber sie gehören mit größerer Berechtigung zu der deutschen Geschichte und zur deutschen Nation als die Siegessäule in Berlin, das Monument der ersten deutschen Teilung.

Wir geraten gleich in eine Preußendebatte.

Warum keine Preußendebatte? Golo Mann nennt das von Preußen dominierte, von Fürsten ohne das Volk geschaffene, vom Kulturkampf, den Sozialistengesetzen und einer erstickenden Militarisierung geprägte Kaiserreich eine Mißgeburt. Ich darf ihn einmal zitieren: »Es war auch kein echter Nationalstaat, insofern ein beträchtlicher Teil der Nation außerhalb blieb und nach dem Willen des Gründers für immer außerhalb bleiben sollte.« Die erste deutsche Spaltung ereignete sich nicht 1945, sondern 1866.

Max Weber hat 1918 gesagt, Bismarcks Reich sei zu Ende, es sei gescheitert. Dieses Kaiserreich wurde 1871 in einem Anflug von Größenwahn mitten im Herzen des besiegten Landes, nämlich im Spiegelsaal von Versailles gegründet, und zwar nicht vom Volke aus, sondern als Fürstendiktat.

In der aktuellen Debatte hat man eher den Eindruck, daß viele, was ihr Nationalbewußtsein angeht, sehr stark an den nationalen Gedanken von Bismarck anknüpfen.

Genau das will ich sagen. Und das ist der falsche Anknüpfungspunkt. Das war ein kurzes Kaiserreich, es hat 47 Jahre gedauert. Für ein Kaiserreich ist das nicht sehr lange. Alles was hinterher kam, war die logische Folge dieses kleindeutschen Nationalstaates, den Bismarck eigentlich im Widerspruch zu der bis damals gewachsenen deutschen Geschichte erzwungen hat. Das ist die heutige Gefahr: daß die Deutschen sich wieder geistig auf den Nationalstaat Bismarck'scher Prägung reduzieren.

Aber Sie kennen sicherlich den Einwand, daß beispielsweise der Anteil von Preußen in der Führung des Widerstandes gegen Hitler relativ hoch war, der Anteil der Preußen in der Führungsclique um Hitler demgegenüber verschwindend gering.

Sie haben Recht. Der Anteil preußischer Offiziere am Widerstand gegen Hitler war nicht gering. Dabei geht es nicht nur um den 20. Juli 1944. Das Münchner Abkommen von 1938 hat ja nicht nur die Tschechoslowakei an Hitler ausgeliefert, sondern auch den geplanten Putsch der Wehrmacht unter Führung des Generalobersten Beck verhindert. Aber der von ihnen beschriebene hohe Preußenanteil hat eine plausible Erklärung. Bis zur alten Reichswehr konnten im wesentlichen nur Preußen oder Adlige Generale und Offiziere werden. Infolgedessen waren sie auch überproportional vertreten. Katholiken aus dem Rheinland oder aus Vechta und Arbeiter aus dem Ruhrgebiet und aus Schlesien hatten es da schon schwerer. Die waren auch beim Widerstand. Eine mächtige Widerstandsbewegung gegen den Nationalsozialismus bildeten die katholische Kirche und die Katholiken. Es gab keine größeren Gegner der Nazis als normale katholische Pfarrer.

Über die innere Distanz oder auch die Widerstandskraft katholischer Pfarrer im Nazi-Reich streiten wir nicht. Aber ohne das vertiefen zu wollen: Was den Widerstand der katholischen Kirche als Institution angeht, haben wir unsere Zweifel.

Ich habe es persönlich anders erlebt. Die katholische Kirche war für unsere Familie in der Zeit der Naziverfolgung ein starker Rückhalt. Das waren nicht nur Pfarrer, sondern auch Bischöfe, wie zum Beispiel Sproll und Kardinal Galen.

Noch einmal zur Verschiebung oder sogar Umkehrung der Prioritäten des Jahres 1989, vom Streben nach Freiheit, Gleichheit und Gerechtigkeit zur Debatte um Einheit, Patriotismus und eine neue »Rolle Deutschlands in der Welt«. Jürgen Habermas schreibt dazu in einem Aufsatz: »Wer vorpolitische Größen wie Nationalität nicht streng in Einklang hält mit dem universalistischen Geist der Bürgerrechte, erzeugt gefährliche Kollisionen.« Es geht ihm nicht um Antinationales, sondern um die Balance, die gefunden werden müßte.

Dem will ich nicht widersprechen. Das war schon immer so. Das Aufklärerische, die Freiheits- und die Gleichheitsideale sind in Deutschland nach der Französischen Revolution schließlich erstickt worden. Das war so im Deutschen Bund beim Rückfall in die Restauration und erst recht im Kaiserreich. Die Franzosen haben das Erbe der Französischen Revolution gerettet. Und heute ist es endlich auch bei uns im Grundgesetz verankert. Insofern macht der nationalstaatliche Rahmen noch einen vorläufigen Sinn, nämlich als Garantie für die rechtliche Durchsetzbarkeit der Grundwerte, also der Menschenrechte, der Freiheit, der Gleichheit und der sozialen Gerechtigkeit. Unser Grundgesetz, eine fast ideale Verfassung, gilt nun einmal zunächst nur in Deutschland. Es kann leider Gottes noch niemand die Verletzung der Verfassung oder die Verletzung seiner Grundrechte in Paris oder in Madrid einklagen.

In eingeschränktem Maße in Straßburg...

Ich will nur sagen: Diese aufklärerischen Ziele, die Freiheit, die Grundrechte, die Habermas meint, bedürfen einer Institution. Das ist im Moment die Verfassung, und die Verfassung wird realisiert innerhalb des deutschen Staates. Ihn kann man dann in Frage stellen, wenn ein anderes verfassungspolitisches Gebäude an seine Stelle tritt, zum Beispiel die Vereinigten Staaten von Europa als Garant der Verfassung und der Bürgerrechte.

Habermas spricht von »Verfassungspatriotismus«, ein Begriff, den er von Dolf Sternberger aufnimmt. Er registriert kritisch, daß die Entwicklung in Deutschland nach zwei, drei Jahren dazu geführt habe, »daß die nationale Frage wieder einmal in Gegensatz gerät zu Fragen republikanischer Gleichheit und sozialer Gerechtigkeit«. Soweit hat die Politik es gebracht. Dagegen klagt er die Verfassung ein und sagt: Nation ist eigentlich eine vorpolitische Größe, Verfassung ist die wirkliche Größe.

Das ist auch meine Meinung. Aber der Gegensatz ist aufhebbar. Das Nationale muß nicht im Gegensatz zur Gleichheit und Gerechtigkeit stehen. In den neuen Ländern haben wir kein verfassungsrechtliches Problem – das Grundgesetz gilt –, sondern ein realpolitisches: Die Massenarbeitslosigkeit und die Wohnungsnot sind für mich die eigentliche innerdeutsche Herausforderung der nächsten Jahre.

Im Nachlaß Immanuel Kants fand man eine handschriftliche Notiz, in der er – nicht verwunderlich bei ihm – über die Bedeutung der Vernunft schrieb. Sie verhindere, daß wir unseren Instinkten und damit auch unseren nationalen Instinkten zu sehr nachgeben. Dann heißt es weiter: »Um deswillen ist dieser Nationalwahn auszurotten, an dessen Stelle patriotism und cosmopolitism treten muß.«
  Das ist ein Nationalbegriff, der einem gut gefallen kann und ein Verständnis von Nation hat, mit dem wir gut leben könnten. Aber die Entwicklung in Deutschland – so scheint uns – geht in eine andere Richtung.

Um mit Friedrich Nietzsche zu reden: Er kennzeichnet eben die Deutschen, daß die Frage, »Was ist deutsch« niemals ausstirbt. Die Deutschen suchen wieder einmal nach ihrer Identität. Ich glaube, im Moment besteht die Gefahr, daß durch das vereinigte Deutschland alte Denkstrukturen und auch Staatsmodelle wieder hervorgeholt werden, fast so, als sollten sie als Leitbilder dienen. Man hört häufiger folgende Argumentation: Die Westdeutschen hätten über vierzig Jahre hindurch keine Identität gefunden, vielmehr hätten sie sich in der von den Westmächten gestützten Nische der Weltgeschichte breitgemacht und wohl gefühlt, und jetzt sei die geschichtliche Entwicklung über sie hinweggerollt. Heute, nach dem Zusammenbruch des Ost-West-Konfliktes, seien sie plötzlich auf sich selbst gestellt. Sie seien wiedervereinigt, aber wenn das gut gehen solle, dann müßten sie zu einer eigenen Identität finden. »Europa« sei eine »Schimäre«, heißt es da, es werde nie zustande kommen, und deswegen müßten sich die Deutschen wieder auf das Nationale besinnen und Deutschland sich als Nationalstaat verstehen. Arnulf Baring fordert eine »große nationale Debatte«, wohl nicht mit dem Ziel, eine – wie Bracher sagt – »postnationale Identität« zu finden. Mit der größeren Verantwortung, die die Deutschen nach der Einheit bekommen hätten, wird nicht nur die Rehabilitation des Nationalstaates, sondern auch eine Rehabilitation der Macht als Mittel der Außenpolitik verbunden. Sogar die Konrad-Adenauer-Stiftung fabuliert von »militärischer Macht als Instrument der Außenpolitik«, gerade so, als müsse man sich wieder auf die fatalen Bismarcksprüche besinnen, daß nämlich nicht durch Reden und Majoritätsbeschlüsse die großen Fragen der Zeit entschieden würden, sondern durch Blut und Eisen. Die Machtpolitik wird bewußt in Gegensatz gesetzt zu der Verantwortungspolitik, die die außenpolitische Maxime der Bundesregierung in den ganzen achtziger Jahren gewesen ist, so daß man sich nicht zu wundern braucht, daß im Ausland bereits wieder das Schreckensbild einer deutschen »Vorherrschaft zwischen Weichsel, Bug, Dnjepr und Don« an die Wand gemalt wird.

Harte Außenpolitik gegen weiche Außenpolitik? Das

ist eine merkwürdig statische und rückwärts gewandte Überlegung. Alte Strukturkategorien und Denkmuster werden da als Ersatzstücke für etwas hervorgeholt, was eigentlich neu definiert werden müßte, gerade für Deutschland, das – auch ohne ehemalige Ostgebiete – seine alte geographische und geopolitische Situation wiederbekommen hat, mit offenen Grenzen zwischen Ost und West.

Vor allem müßte es um die europäische Einbettung gehen, darum geht es aber offenbar immer weniger.

Michael Stürmer hat an die Adresse der europäischen Staaten sinngemäß gesagt: Es gehe entweder um mehr Deutschland oder mehr Europa. Das ist in der Tat die Alternative. Die Bundesregierung und Helmut Kohl haben sich für mehr Europa entschieden. Helmut Kohl soll zu Francois Mitterrand einmal gesagt haben, er sei der letzte deutsche Kanzler, mit dem man Europa machen könne. Ich glaube, daß seine Sorge begründet ist, daß sich die Neonationalisten wieder des vereinigten Deutschlands bemächtigen und Europa verhindern. Deswegen sollte ja der Prozeß der europäischen Einigung »unumkehrbar« gemacht werden. Das ist die zentrale Frage der gegenwärtigen Außenpolitik, aber auch der Zukunft der Deutschen. Der Maastrichter Vertrag muß deshalb verabschiedet werden, mit allen seinen Mängeln.

Worin besteht für Sie dies Faszinosum »Europa«? Als bürokratisches Monstrum ist die EG schließlich arg in Mißkredit geraten. Ist es für Sie ein Kontrapunkt gegen die neue Deutschland-Fixiertheit?

Die ökonomische, kulturelle und politische Chance, die in Europa liegt, ist einzigartig. Es wird immer mehr ausgebildete und motivierte junge Menschen geben, die eine berufliche Tätigkeit in den europäischen Ländern als Anregung und als Herausforderung begreifen, die sie gerne nutzen und bestehen wollen. Der Schüler-, Studenten- und Wissenschaftleraustausch wird intensiver werden. Nicht nur zwischen Studenten, sondern auch zwischen Arbeitnehmern, die mit ihren Managern und Technikern in das EG-Ausland gehen, wird es zu unzähligen menschlichen Begegnungen kommen. Umberto Eco hat in glühenden Farben die Zehntausende von europäischen Mischehen beschrieben, und er schwärmte davon, daß innerhalb von dreißig Jahren die europäische Elite dann europäisch im echten Sinne des Wortes sein werde. Für unsere Kinder, auch für meine, ist das eine faszinierende Entwicklung. Man wird in Deutschland geboren, studiert in Großbritannien, arbeitet später wieder in der Heimat oder in Frankreich und kann dann vielleicht in Italien sein »aktives Alter« verbringen. Der Nachbar kann Belgier, der Arbeitskollege Türke, die Schwiegertochter Dänin und der Vereinskamerad Spanier oder Ungar sein. Wir erleben heute schon eine Europäisierung, ja sogar Internationalisierung unseres Lebens, des Essens und des Trinkens, der Literatur, der Musik und der Malerei, was wir schon seit Jahrhunderten für die Oberschichten haben, eine Internationalisierung und Europäisierung der Wissenschaft und der Forschung, der Mode, des Designs, und das alles – und das ist das Neue – wird ein Massenerlebnis des Alltags werden, ja ist es heute schon.

Amerikaner sprechen davon, daß das nächste Jahrhundert das europäische Jahrhundert sein werde. In der Tat bilden 340 Millionen gut ausgebildete Bürger in Westeuropa wirtschaftlich verflochten mit 300 Millionen Osteuropäern, die ebenfalls ein relativ hohes Ausbildungsniveau haben, ein Potential ohnegleichen für die zukünftige ökonomische Entwicklung. Noch nie hat es für junge Menschen eine Zeit mit so großen Chancen gegeben. Aber statt einer Chancendiskussion leisten wir uns eine Risikodiskussion. Nachdem Mitterrand und Kohl die europäische Stagnation Anfang der 80er Jahre überwunden haben, beherrschen jetzt wieder die Skeptiker, Aporetiker und Zetetiker das Feld.

Wir wissen leider nicht genau, was diese – lateinische? pfälzische? – Kategorie, die auf Anhieb einleuchtend klingt, wirklich bedeutet.

Zetetiker? Das ist eine Politikerpopulation, die uns in unserem Gespräch noch öfter begegnen wird, nämlich die Zweifler, die Prüfer, die Untersucher, die untersuchen und nur die Erbsen zählen. Die Oberzetetiker sitzen beim *Spiegel*, in der *FAZ*, in der Bayerischen Staatskanzlei und im House of Lords in London. Und leider haben sie einige Argumente für sich. Die vier großen europäischen Freiheiten drohen wieder an nationalen Egoismen zu scheitern. In Belgrad hat man für die EG derzeit nur noch Hohn und Spott übrig, und die Europäer sitzen bei den Nahost-Friedensverhandlungen, obwohl es sich eigentlich um ihre Sache handelt, am Katzentisch, weil wir zwar einen europäischen Markt, aber keinen europäischen Staat haben. Vom Verbot von Holzschutzmitteln, dem innereuropäischen LKW-Verkehr bis zur Intervention in Restjugoslawien können sich die EG-Länder nach wie vor gegenseitig blockieren. Es gibt eigentlich nur noch europäische Innenpolitik, aber die Auflösung der Gegensätze soll nach wie vor mit den Instrumenten der internationalen Diplomatie geschafft werden. Das muß schiefgehen.

Und welches europäische Leitbild – in einem ängstlicher und egoistischer werdenden Westeuropa – setzen Sie dem entgegen?

Die Lösung ist der europäische Bundesstaat. Ich weiß, daß die kleinen EG-Länder fürchten, in einem großen europäischen Parlament mit echten Kompetenzen überstimmt zu werden. Wir brauchen daher eine Partei-Politisierung Europas.

Das klingt eher unzeitgemäß, wenn man die Krise der Großparteien – nicht nur hierzulande – betrachtet. Aber dennoch, was heißt das?

Christliche Demokraten, Sozialisten, Liberale müssen sich über die Grenzen der Länder hinweg zu politischen Gemeinschaften und Fraktionen zusammenschließen. Die Entscheidungen werden dann – wie im Bundesrat – nicht mehr in erster Linie nach Länderinteressen, sondern nach den politischen Richtungen gefällt. Dann bekommen wir auch eine europäische Politik, die jeder begreifen kann. Nur so kann Europa zu einer positiven Kraft der Weltpolitik werden. Nur so kommen wir aus der Zetetiker-Sackgasse der Dummheit und des Versagens heraus.

Eine gescheite Idee ist auch das Europa der Regionen, das der belgische Bierbrauer Fredy Heineken propagiert: So schlecht wie sein Bier, so gut ist diese Perspektive. Die Leute um Bayonne sind den Basken in Spanien mehr verbunden als den Franzosen aus dem Kohlebecken von Lille. Und so ist es auch im Verhältnis von Pfälzern, Badenern, Elsässern und ihren Beziehungen zu den Pommern oder den Bretonen, und die Mecklenburger haben möglicherweise mehr Affinitäten zu Dänemark als zu Trier und Luxemburg.

Sie sprechen von einem Teil Europas, der lange ein schönes Leitbild abgab, sich aber heute eher zur »Festung Westeuropa« ausbaut – während doch erstmals Ost-West-Europa zusammenzudenken wäre.

Die osteuropäischen Staaten müssen so rasch wie möglich in die EG. Auch hier ist die Alternative mehr Europa oder mehr Rußland, mehr Slowakei und Ungarn. Es hängt von Westeuropa ab, ob in Osteuropa Nationalismus und eine Raub- und Bandenkultur in den Händen entwurzelter Größen der ehemaligen Nomenklatura die demokratische Entwicklung und die Chancen einer osteuropäischen Sozialen Marktwirtschaft vernichten können. Leider hat sich unter der Überschrift der Marktwirtschaft ein übler Wirtschaftsnationalismus der EG-Länder entwickelt. Der *Spiegel* hat darüber in einer längeren Recherche berichtet: Die »befreiten« osteuropäischen Länder lernen die westliche Wirtschaftsordnung zunächst in der Gestalt von Spekulanten, Kriminellen, Glücksrittern, EG-Bürokraten und Zollbeamten kennen. Schottische Himbeerzüchter machen erfolgreich Front in Brüssel gegen die Polen. Tschechische Glühlampen, slowakische Elektromotoren, polnische Enten, bulgarische Pflaumen und ungarische Textilien haben bisher innerhalb der EG so wenig Chancen wie polnische Kartoffeln und Kohlen in Deutschland. Die

EG-Staaten sind drauf und dran, die demokratischen Chancen in Osteuropa zu zerstören in einer europäischen Region, die die alte Ostblockordnung verloren und noch keine Neuordnung gefunden hat. Die Deutschen spielen dabei eine entscheidende Rolle.

Wir dürfen uns nicht länger hinter der eigenen Vergangenheit verstecken, heißt eine populäre Parole, in die sich eine Menge nationale Untertöne mischen. Diese Grundfrage – wozu in der Außenpolitik verpflichtet uns unsere Vergangenheit; zu besonderer Zurückhaltung oder zu einem besonderen weltpolitischen Engagement? – möchten wir auch Ihnen stellen, im Blick auf dieses von neuen Konflikten durchzogene Gesamteuropa, das nach Einmischung aus Not oft geradezu schreit.

Adenauer hat einmal gesagt, in den ersten fünfzig Jahren dieses Jahrhunderts seien die Deutschen Hochstapler gewesen, sie sollten die nächsten fünfzig Jahre lieber tiefstapeln. Es ist nun wirklich wahr: Wir brauchen unsere außenpolitische Rolle nicht nach dem Motto zu definieren: Wir sind wieder wer. Das ist die Gefahr: Man sagt, Deutschland ist ein souveräner Staat, jetzt brauchen wir einen Sitz im Sicherheitsrat und wir können in der Zukunft alles tun, genauso wie die Franzosen und die Engländer. Dabei befinden sich die Deutschen in einem echten Dilemma. Führen sie sich auf wie die Franzosen und die Engländer, erscheinen sie sofort als die neue Supermacht, halten sie sich raus, gelten sie international als Drückeberger, die mit weltfremder Gesinnungspolitik dem Krämergeist erliegen, statt der Verantwortung gerecht zu werden. So wurde seit dem Golfkrieg, wie Willy Brandt einmal gesagt hat, aus dem geldspendenden Liebling ein bekrittelter Armleuchter.

Kann man der Verdrängung widersprechen, was die eigene Vergangenheit angeht, sich der Neigung zum Deutschnationalen widersetzen und dennoch für ein Ende der außenpolitischen Zurückhaltung sein?

Um aus diesem Dilemma herauszukommen, darf man sich nicht von Adolf Hitler wieder einholen lassen, sondern man muß erkennen, wohin es führt, wenn sich die Außen- und Sicherheitspolitik nicht an bleibenden Werten orientiert. Insoweit muß das vereinigte Deutschland die alte Bonner Republik bleiben. Ich bestreite, daß sich durch das vereinte Deutschland »etwas qualitativ Neues gebildet hat«, wovon Wolfgang Schäuble an einer Stelle seines Buches »Der Vertrag« wohl ausgeht. Dann hätte man die Verfassung grundlegend ändern müssen. Aber gerade das ist von der Union in der Verfassungskommission mit guten Gründen abgelehnt worden, und Schäuble selber schreibt an einer anderen Stelle seines Berichtes über den Einigungsvertrag, daß er mehrfach seine ostdeutschen Vertragspartner über seine Auffassung nicht im unklaren gelassen habe, daß es sich um einen Beitritt der DDR zur Bundesrepublik handele und »nicht um die umgekehrte Veranstaltung«. Hier finde nicht die Vereinigung zweier gleicher Staaten statt. Natürlich hat sich die Lebenswirklichkeit für die Deutschen im Westen und im Osten durch die Vereinigung qualitativ verändert. Unverändert geblieben ist jedoch das Gesamtgut der Ideen und Grundwerte, die die Bundesrepublik Deutschland bis 1989 getragen haben. Die Bundeswehr war nie eine Nationalarmee – der Begriff Nationale Volksarmee wäre in Westdeutschland undenkbar gewesen – und die NATO kein Sammelsurium von Nationalstaaten. Sie war von Anfang an eine demokratische Wertegemeinschaft mit dem Ziel, Freiheit und Demokratie zu schützen. So hatte auch die Bundeswehr ihre Berechtigung nur in dem Auftrag, Freiheit und Menschenrechte zu verteidigen. Ihr Aktionsradius ist größer geworden. Ihr Auftrag hat nicht mehr allein regionalen, sondern auch globalen Charakter, was nicht bedeutet, daß wir uns bei jeder Menschenrechtsverletzung in Timor einmischen dürften. Ein solcher Auftrag kann nicht allein, sondern nur innerhalb eines kollektiven Sicherheitssystems erfüllt werden. Die verfassungsrechtliche Diskussion führt uns nicht weiter. Wir brauchen ein politisches Konzept mit klaren Vorgaben und einer ethischen Begründung. Deutsche Interessen sind heute nicht mehr identisch mit isolierten nationalen Interessen, sondern dann am besten gewährleistet, wenn wir international denken und gleichzeitig immer auch die Interessen der Nachbarn um uns herum berücksichtigen.

Und wie stehen Sie zum Einsatz militärischer Macht als Instrument der Außenpolitik?

Es gibt keine Außenpolitik mehr im Sinne souveräner Nationalstaaten. Sie ist heute eingeordnet und begrenzt durch kollektive Vertragssysteme und Entscheidungen der UNO. Außenpolitik ist nicht nur Europa-, sondern auch Weltinnenpolitik geworden. Das souveräne Recht, im eigenen Interesse Krieg zu führen, wird abgelöst durch die Pflicht, Kriege zu vermeiden. Das Problem legitimer Gewaltanwendung ist eine zentrale Frage des Verhältnisses von Ethik und Politik. Die Staaten brauchen im Grunde genommen einen verbindlichen Moralkodex zur Regelung der Gewaltanwendung.

Im Blick auf den Krieg vor der Tür, das Morden, das Leiden am Balkan – in Bosnien könnten die Europäer sogar ihr eigenes Palästinenserproblem bekommen –, müßten Sie mögliche Normen dieser Art einmal konkretisieren.

Es gibt die berühmte Diskussion um die Berechtigung des Tyrannenmordes. Tyrannen, mit der Berufsbezeichnung »Staatsoberhaupt« noch vor kurzer Zeit bejubelt und im Ausland mit allen Ehren begrüßt, werden abgesetzt, sind auf der Flucht, im Gefängnis oder in Rente in Chile. Ob Staatsführer, Präsidenten, Könige, Kanzler, Minister und Generale umgebracht werden dürfen, ob gegen sie Gewalt angewendet werden darf, ob überhaupt gegen den Staat Gewalt erlaubt ist, die Beantwortung dieser Frage kann uns auch einen Hinweis geben auf den Inhalt des moralischen Dekalogs der modernen Außenpolitik. Schon im 17. Jahrhundert hatte der Jesuit Mariana eine Monographie über das Thema Tyrannenmord geschrieben. Er kam zu dem Ergebnis, daß unter bestimmten Umständen die Ermordung eines Tyrannen erlaubt sein müsse. Diese Weisheit mußte der Jesuitenorden bitter büßen. Er wurde 1773 auf Druck der Bourbonen vom Papst verboten. Vor allem aber in Lateinamerika sind diese Ideen als »Theologie der Befreiung« wieder virulent geworden. Ob Tyrannenmord im 17. Jahrhundert, ob Intervention gegen Noriega in Panama, ob Golfkrieg gegen Saddam Hussein, ob Hinrichtung von Ceaucescu, ob Luftangriff gegen serbische Artillerie – allen solchen Gewalt-Aktionen muß eine Rechtfertigung zugrunde liegen, die gleichzeitig auch die Maßstäbe für das politische Handeln aufweist: Die Aktion muß sich gegen Staaten oder Regierungen richten, die sich schwerer Verbrechen gegen die Menschlichkeit schuldig gemacht haben. Die Gewaltanwendung muß die Ultima ratio sein: Eine Ablösung des Unrechtsregimes mit anderen, friedlichen Mitteln, wie zum Beispiel Embargo, ist nicht zu erreichen. Und es muß eine begründete Erwartung geben, daß sich nach dem Sturz des Regimes die Lage für die Menschen verbessert.

Die verfassungsrechtliche Blockade, die wir zur Zeit in Deutschland wegen des Einsatzes der Bundeswehr erleben, könnte am leichtesten dadurch überwunden werden, daß sich die Parteien über einen solchen ethischen Kodex einigen und auf dessen Basis die Verfassung ändern. Jedenfalls hat die Blut- und Eisendoktrin Bismarcks endgültig ausgedient.

Ich schlage daher auch vor, daß wir uns zur Definition der Außenpolitik auf die gesamte Geschichte, also auch auf die vor 1871, und auf die Grundwerte besinnen, deretwegen die westdeutsche Republik gegründet und zu deren Schutz die Bundeswehr geschaffen wurde und wir in das westliche Bündnis eingetreten sind. Golo Mann hat in seiner »Geschichte des 19. und 20. Jahrhunderts« auch über das alte Reich geschrieben, über das man viel zuwenig redet, wenn man über Deutschland, über die Nation und das Nationale spricht.

Das Reich vor 1871?

Vor 1871, oder noch besser: vor 1806, also das Heilige Römische Reich Deutscher Nation, das bei dieser hektischen Identitätssuche merkwürdigerweise völlig aus den Überlegungen ausscheidet. Darüber ist bisher noch nicht richtig diskutiert worden.

Golo Mann hat einige Grundtatsachen des alten, des ersten deutschen Reiches beschrieben. Als erste Grundtatsache der Geschichte und der Politik nennt er die

Lage Deutschlands zwischen Romanen und Slawen. Eine zweite Grundtatsache war nach Golo Mann der Reichsgedanke. Dieser war universal, nicht national, er war völkerumfassend, und er war christlich. Als dritte Grundtatsache bezeichnet Golo Mann die Reformation.

Wenn wir in der deutschen Geschichte Strukturen suchen, die ein Modell für uns sein könnten, dann sollten wir die ganze Geschichte ins Auge fassen, das Negative des alten Reiches beiseite lassen und die Grundgedanken wieder herausarbeiten, nämlich daß dieses erste deutsche Reich, wie Golo Mann das analysiert hat, in der Tat universellen Charakter hatte und völkerumfassend war. Das sind die Kriterien, die wir für die deutsche Zukunft brauchen. Ich meine das natürlich nicht in dem Sinne, daß Deutschland völkerumfassend wie die Habsburger Monarchie sein sollte, aber daß wir uns dazu entschließen, den europäischen Gedanken des alten Reiches zu verwirklichen, daß wir uns als europäischer Teilstamm begreifen, so wie das die alten Deutschen auch getan haben, und endlich vom Bismarck-Reich lassen. Zugegeben, geographisch ähneln wir jetzt mehr dem Bismarck-Reich. Das ist richtig. Aber daraus dürfen nicht die falschen politischen Konsequenzen gezogen werden. Dieser kleindeutsche Nationalstaat ist nicht identisch mit der deutschen Nation.

Das ist aber die Suggestion des Grundgesetzes, das die Territorial-Frage deswegen offenläßt.

Das Grundgesetz entstand 1948/49, da waren die damals neuen politischen Strukturen Europas bereits erkennbar; also die des Kalten Krieges. Deswegen machte das Grundgesetz natürlich eine Aussage zugunsten der siebzehn Millionen Deutschen, die auf der anderen Seite der europäischen Demarkationslinie in der Unfreiheit lebten. Ich habe diese Passage des Grundgesetzes immer als eine Option für Demokratie und Freiheit zugunsten der siebzehn Millionen aufgefaßt: »Das gesamte deutsche Volk bleibt aufgefordert, in freier Selbstbestimmung die Einheit und Freiheit Deutschlands zu vollenden«.

Dennoch spüren wir heute wieder eine fast dumpfe Hinwendung zum Nationalstaat.

Das hat etwas mit der Geschichtsschreibung in Deutschland zu tun. Über Jahrzehnte hin sind die meisten Geschichtslehrer und damit wir alle einer sehr einseitigen Geschichtsschreibung gefolgt, von der sich viele anstecken ließen. Die Geschichte ist im letzten Jahrhundert, seit 1815, auf sehr eigenartige Weise verzerrt worden, von Leopold von Ranke, Treitschke und anderen, die den deutschen Mythos fabriziert haben. Später, im zweiten Reich, wurde die Geschichte in einer fast lächerlichen Weise verengt, indem man zum Beispiel aus Arminius dem Cherusker und der Schlacht im Teutoburger Wald einen historischen Mythos gemacht hat. Friedrich der Große ist ein weiteres Beispiel. Oder Martin Luther, von dem Thomas Mann allerdings gesagt hat, er habe den deutschen Dualismus von kühnster Spekulation und politischer Unmündigkeit teils begünstigt, teils geschaffen. Der Gipfelpunkt dieser komischen Geschichtsschreibung ist der Kaiser Barbarossa im Kyffhäuser. Das sind vier Gestalten der deutschen Geschichte, die eine bemerkenswerte nationalistische Metamorphose erfahren haben. Andere sind hingegen völlig unterschlagen worden. Karl der Große spielt in der Geschichtsschreibung eher als Feind der Deutschen eine Rolle. Prinz Eugen von Savoyen, ein kaiserlicher Feldherr, der die Türken besiegte, die historisch wichtige Habsburger Kaiserin Maria Theresia oder auch Wallenstein: alles geschichtliche Persönlichkeiten, die in der kleinstaatlich orientierten Nationalgeschichtsschreibung keinen Platz bekamen. Sie entsprachen nicht dem Welt- und dem Selbstbild des kleindeutschen Bürgertums und seiner Historiker. Man lese den Artikel von Hermann Hesse in der *Neuen Zürcher Zeitung* vom November 1914: »O Freunde, nicht diese Töne« oder Thomas Manns »Betrachtungen eines Unpolitischen«.

Dieses falsche oder verkürzte Geschichtsbild kehrt Ihrer Meinung nach jetzt als Problem wieder?

Ja, weil es in den Köpfen drin war, nicht erst seit der Nazi-Zeit, sondern eben schon davor. Mehrere Historiker- und Schülergenerationen haben im deutschen Geschichtsunterricht im Grunde nichts anderes gehört.

Darauf baute dann die »Wiedervereinigung« auf, wie sie als Idee zwischen 1949 und 1989 gepredigt wurde – als Anknüpfen an den deutschen Nationalstaat vor 1933. Zwar hat Willy Brandt dagegen gehalten und gesagt: Das ist nicht »Wiedervereinigung«, das ist Vereinigung, ein neuer Staat und nicht ein Anknüpfen an Gewesenes. Aber aufgewachsen ist die Nachkriegsgeneration in dem Bewußtsein, der wirklich deutsche Staat sei der Staat vor 1933.

Das ist im Prinzip richtig. Für meine Generation will ich allerdings eine Einschränkung machen: Sie hat die

Vereinigung immer relativiert. Das kann man jedenfalls von der CDU insgesamt sagen. Die Einheit spielte zwar eine große Rolle, wir haben jedoch gleichzeitig gesagt: Einheit in Freiheit. Die Einheit allein hätten wir rascher haben können. Für uns war Einheit immer mit dem Grundwert der Freiheit verbunden. Das gilt für Adenauer allemal. Aber richtig ist: Wenn man von der Einheit geredet hat, dann gingen die Meinungen weit auseinander. Da gab es dann eben auch die nationale Position, die an Bismarcks Reichsidee anknüpfte. Wir hatten, wie Sie sich erinnern werden, einen interessanten Streit innerhalb der CDU, ob sich dieses Deutschland in den Grenzen von 19xy, wie ich einmal gesagt habe, vollziehen solle oder in den Grenzen von 1937. Der Streit war symbolisch, denn es ging um die Besinnung darauf, daß die deutsche Nation mehr ist als Deutschland in seinen aktuellen Grenzen. Darum verweise ich immer einmal auf Maria Theresia und auf die Tatsache, daß Mozart und Schubert zu der Zeit, in der sie gelebt haben, zur deutschen Nation gehört haben und zum damaligen Reich. Sie waren Deutsche wie Goethe und Schiller. Der Text des Deutschlandliedes wird zur Melodie des zweiten Satzes des C-Dur-Streichquartetts von Josef Haydn gesungen, der Kaiserhymne »Gott erhalte Franz den Kaiser«.

Damals gab es aber auch nicht diese Identitätsdebatten wie heute.

Aber es ist gut, wenn man sich daran erinnert. Ich plädiere ja nicht für den »Anschluß« Österreichs an Deutschland. Wir kommen darauf überhaupt nur deshalb, weil jetzt wieder etwas aus der Geschichte hervorgekramt wird, was einem angst macht: ein echtes Gespenst, nämlich die staatliche Organisation der Deutschen im schlechtesten Abschnitt ihrer Geschichte. Und wer ein Gespenst großzieht, den bringt es um, das wußte schon Theodor Fontane.

Das Preußen-Deutschland der Bismarck-Ära, das im totalen Gegensatz zum friederizianischen, liberalen, multikulturellen und multikonfessionellen Preußen stand, erlebt fröhliche Urständ, als ob das eine Periode des Friedens, der Freiheit und des Glücks für die Deutschen gewesen wäre. Es war die schlimmste, zum Teil widerwärtigste Periode der deutschen Geschichte, bis einschließlich der Weimarer Republik. Das war eine unglückselige Zeit.

Das zweite Kaiserreich von 1871 bis 1918 mit dem dort vorherrschenden Militarismus war im Grunde genommen eine groteske Veranstaltung.

Mit Preußen verknüpft die Erinnerung nicht nur Militarismus oder Kadavergehorsam. Das hat auch mit den preußischen Freiherren Stein und Hardenberg zu tun und auch mit einer Phase der Toleranz, die allerdings vor 1870 liegt. Der Begriff der »preußischen Tugend« ist viel älter als das Bismarck-Reich.

Das ist richtig. Friedrich der Große entzieht sich dieser nationalen Kleinstaaterei. Er ließ Moscheen bauen und holte die verbotenen Jesuiten als Lehrer nach Schlesien und der große Kurfürst die Hugenotten. Sie waren nur Preußen. Was sie taten, war für Preußen. Mit Deutschland hatte Friedrich II. wenig im Sinn.

Auch die Preußen während der napoleonischen Kriege wird man in diese negative Charakteristik nicht einbeziehen können, obwohl erste Ansätze vorhanden waren. Denken Sie nur an Turnvater Jahn, Ernst Moritz Arndt, Heinrich von Kleist und viele andere, die den Nationalhaß geschürt haben. Sicher, das war auch eine Reaktion auf die französische Invasion. Aber es gibt einen Unterschied. Die Franzosen waren sicherlich national gesinnt. Aber sie haben das Nationale immer eher als eine Verteidigung der Republik verstanden.

Nehmen Sie als Beispiel die Dreyfus-Affäre in Frankreich Ende des letzten Jahrhunderts. Da gab es prominente Leute, die sich zu Dreyfus bekannt haben, die *dreyfusards*, wie man sie nannte: Emile Zola, Jean Jaurès, George Clemenceau und andere. In dem Streit zwischen dem nationalistischen Militär und dem jüdischen Hauptmann Dreyfus stellten sie sich gegen die Generalität auf die Seite des Juden. Sie setzten sich durch und gewannen. Man muß sich einmal dieselbe Situation in Preußen-Deutschland vorstellen. Wie wäre die Affäre da wohl ausgegangen?

In Deutschland sind eben die Aufklärung und die Grundwerte der Französischen Revolution dem nationalen Prinzip stets untergeordnet worden. Das heißt, die Aufklärung endete an der Priorität des Nationalstaates.

Denjenigen, die in den deutschlandpolitischen Debatten der alten Bundesrepublik so argumentierten, wie Sie das hier tun, ist immer vorgeworfen worden, sie seien unhistorisch, vielleicht sogar unpatriotisch. Wie konnte das kommen? Allein am falschen Geschichtsunterricht kann das nicht gelegen haben. Es hatte sich doch andererseits eine Art neues bundesrepublikanisches »Nationalgefühl« herausgebildet, das eigentlich mit dem Nationalstaat weniger zu tun hat als mit seiner demokratischen Verfassung, vielleicht auch mit dem Wohlergehen und dem Wohlstand, die dadurch auch garantiert wurden. Die Renaissance der alten Vorstellungen war also nicht zwingend.

Ich bin nicht der Meinung, daß Westdeutschland vor der Vereinigung, sagen wir mal 1990, sich nur als Wohlstandsgesellschaft begriffen hat. Westdeutschland beruhte im Sinne Golo Manns auf einer Grundtatsache, die von der des alten Reiches, nämlich der Lage in der Mitte zwischen Slawen und Romanen, deutlich verschieden war. Das waren die Integration in den Westen und die Option für die Demokratie: die Westbindung. Das muß auch entscheidend sein für alle künftigen Diskussionen über den politischen Weg Deutschlands.

Diese Grundtatsache Westdeutschlands war in den einundvierzig Jahren bis zur Vereinigung ein Identitätsfaktor der Deutschen. Die Westdeutschen haben sich in ihrer großen Mehrheit dem Westen zugehörig gefühlt. Die SPD wurde erst mehrheits- und regierungsfähig, als sie dies erkannt hatte.

Zu den republikanischen Rechten gehört auch das Recht auf Selbstbestimmung. Das ist gerade im Kontext deutsche Einheit oft zitiert worden. Sobald dieses Recht rein ethnisch-national verstanden wird – Beispiel Jugoslawien –, entsteht ein Problem. Das Selbstbestimmungsrecht in seiner aktuellen Anwendung in Europa fördert Nationalismus, Sezessionen und Gewalt.

Das Selbstbestimmungsrecht hat sich erst in den letzten Jahren und Jahrzehnten zu einem nationalen Recht entwickelt. Ursprünglich diente es dem Schutz von Minderheiten. Der Grundgedanke war, daß Minderheiten, die in einen größeren Staatsverband hineingezwungen und unterdrückt waren, selber bestimmen können sollten, was sie wollen. Die siebzehn Millionen Deutschen in der DDR waren eine solche Minderheit innerhalb des Sowjetimperiums. Insoweit galt das Selbstbestimmungsrecht im ursprünglichen Sinne auch für die siebzehn Millionen Deutschen.

Es wurde aber auch national verstanden: Als Selbstbestimmungsrecht der über siebzig Millionen Deutschen in den beiden Staaten, in West und Ost, und zwar im Sinne eines Rechtsanspruchs auf die staatliche Vereinigung.

Das Grundgesetz hat dieses Recht als Recht aller Deutschen auf Freiheit verstanden. Adenauer und die CDU, im übrigen auch Strauß, wären mit der Teilung einverstanden gewesen, wenn die Ostdeutschen die Freiheit bekommen hätten. Noch im deutschlandpolitischen Beschluß des Wiesbadener Parteitages 1988 heißt es: »Freiheit ist Bedingung der Einheit, und nicht ihr Preis.« Aber ich kann das Selbstbestimmungsrecht nicht in ein Recht umfälschen, in dem die Mehrheit sich selber dadurch bestimmt, daß sie verkündet, als Ergebnis der »Selbstbestimmung« hätten Minderheiten nichts zu melden. Das Selbstbestimmungsrecht ist ein Minderheitenrecht gegen die Mehrheit und nicht umgekehrt ein Recht der Mehrheit gegenüber der Minderheit. So wird es aber heute zum großen Teil verstanden. Das ist eine freiheitsfeindliche Perversion des Begriffs. Die moslemischen Bosnier haben ein Selbstbestimmungsrecht, denn sie werden unterdrückt, ob von Kroaten oder von Serben. Aber ich kann nicht den Serben ein Selbstbestimmungsrecht geben mit dem Ziel, daß wieder ein großserbisches Reich errichtet wird und die Albaner und die Bosnier dann Helotenvölker sind, weil die Mehrheit es so bestimmt. Wenn man so will, ist das Selbstbestimmungsrecht eine Korrektur des Mehrheitswillens in einem Verband, eine Einschränkung der Mehrheitsdemokratie – eine Art Vetorecht zugunsten der Menschenwürde, zugunsten der Freiheitsrechte von Minderheiten. Nationalismus als Ergebnis des Selbstbestimmungsrechts entspringt einer bizarren Verwirrung der Geister, ist eine Schändung des ursprünglichen Sinns dieses schwer umkämpften Freiheitsrechts.

Man könnte eine ganze Liste von Intellektuellen und von Politikern aufzählen, die inzwischen die Sache mit der Nation für sich entdecken. Es müssen gar nicht Leute wie Arnulf Baring sein, bei denen uns das weniger überrascht. Aber da ist beispielsweise Christian Meier, eigentlich ein liberaler, eher anationaler Historiker in München, oder Ralf Dahrendorf, der nun wirklich ein entschiedener Europäer ist und in Großbritannien lebt. Es ist, als beginne in Deutschland ein Wettlauf, wer zuerst ankommt bei den Bekenntnissen zur Nation. Wir suchen immer noch nach den Erklärungen, wie dieser Wettlauf zustande kam. Allen, die »postnationales« Denken empfehlen, hält Dahrendorf zum Beispiel entgegen, die »Sache mit der Nation« nicht ernst genug zu nehmen, das müßten auch die Intellektuellen lernen. Europäisch, ja weltbürgerlich zu denken, gründe auf einem Nationalbewußtsein oder auf Patriotismus. Meier spottet über die Intelligenz, die sich »auf dem Anstand« befinde und warte, »daß der deutsche Nationalismus auf der Lichtung erscheint«. Er fährt fort: »Unbeschäftigt, wie sie dabei sind, könnten sie sich doch einmal die Frage vorlegen, ob Nationalismus die einzige Form ist, in der ein Volk Dummheiten begeht.« Und dann empfiehlt er, das Land müsse endlich heraus aus der machtpolitischen Nische.

Keiner ist so verrückt, daß er nicht einen noch Verrückteren fände, der ihm zustimmt. Jedenfalls für das Europa seit 1871 kann die Meiersche Frage mit einem klaren Ja beantwortet werden. Das gilt für die Flotten- und Kolonialpolitik Wilhelms II. genauso wie umgekehrt für die Urheber des Versailler Vertrages. Es ist meine Überzeugung, daß die Deutschen in ihrer Mehrheit keine Rassisten waren und sind. Aber, so Dieter Oberndörfer, sie waren Nationalisten, und mit dem Nationalismus hat Hitler die Deutschen verführt. Und dieser Nationalismus ist der fette Nährboden für Mölln und Solingen.

Betrifft: Xenophobie

Namhafte Biologen, wie zum Beispiel Gabriele Haug-Schnabel, sagen völlig zu Recht, daß das Verhalten des Menschen weder ausschließlich erlernt noch völlig angeboren sei. Was im Genom verankert ist, gilt als angeboren. Aber das muß nicht heißen, daß es nicht durch Lernprozesse veränderbar wäre. Und es gibt die freie Assoziation von Informationen, ein Grundvorgang jeder Intelligenzleistung, und die Fähigkeit, Gedächtnisinhalte kombinieren und spontan verwirklichen zu können. Einfacher ausgedrückt: Im Gegensatz zum Tier verfügt der Mensch über Phantasie und Kreativität. Er ist nicht genetisch total programmiert, sondern er kann lernen, Informationen aufnehmen und verarbeiten, intelligenter werden als seine Vorfahren, kann dichten, komponieren, Bücher schreiben, moralisch handeln und politisch gestalten.

Nun werden Verhaltensforscher wie z. B. Irenäus Eibl-Eibesfeldt das nicht bestreiten. Aber Fremdenliebe gefährde die ethnische Identität, behauptet er, und so landet er wieder bei der Xenophobie, ohne zu begründen, warum jemand als Deutscher eigentlich seine Identität verlieren muß, wenn sieben Millionen Ausländer hier leben, und ohne den Gedanken zu erwägen, daß die Identität eines Menschen sich nicht darin erschöpfen kann, Mitglied eines nationalen Kollektivs zu sein. Christ sein, Demokrat sein, ist für viele, auch für mich, wichtiger als Deutscher zu sein.

Sicher sind Leute wie Eibl-Eibesfeldt keine Rassisten. Aber ihre Argumente und Begriffe sind Munition für die Rechtsradikalen. Auch wenn er es nicht meint und will, seine Mensch-Tier-Vergleiche und Auslese-Theorien sind von einer fatalen Mißverständlichkeit. Landsäugetiere sicherten sich Territorien, die sie einzeln oder als Gruppe abgrenzten und verteidigten. Dementsprechend sei wie beim Tier die Angst des Menschen vor dem Mitmenschen eine anthropologische Konstante. Kleinkinder reagierten nach der Hypothese, Fremde seien potentiell gefährlich, so Eibl-Eibesfeldt 1990 in »Chancen einer multiethnischen Gesellschaft aus der Sicht eines Ethnologen«.

Nun kann man den Menschen sicher als Landsäuger, auch als geselligen Säuger bezeichnen. Er ist aber erwiesenermaßen kein Braunbär und als erwachsener Mensch kein Säugling. Wo bleibt bei diesen ethnologischen Erkenntnissen die Entwicklung des Menschen zum Homo sapiens, wo bleiben die Aufklärung und der Glaube an die geistige und moralische Kraft des Menschen? Und, einmal umgekehrt gefragt, würden die Tiere selbst sich als Verwandte des Menschen bezeichnen lassen, wenn sie alles von uns wüßten?

Konrad Lorenz, der akademische Lehrer von Eibl-Eibesfeldt, nennt die Fließbandhaltung von Tieren eines der dunkelsten, schandhaftesten Kapitel der menschlichen Kultur: »Wenn Sie jemals vor einer Tiermastanstalt gestanden und gehört haben, wie Hunderte von Kälbern 'Mamaaaah' schreien, wenn Sie den Notruf des Kalbes verstehen, dann haben Sie genug vom Menschen.«

Auch hapert es bekanntlich in der Tierwelt mit der Folter. Auf welche Grundmuster und archaischen Strukturen sind dann Elektroschocks, Daumenschrauben und Gehirnwäsche, Massenvergewaltigungen und KZ-Greuel, überhaupt die Kategorie des

Bösen zurückzuführen? Ist das tierisch oder menschlich? Böses und Gutes bewußt tun zu können, das kennzeichnet den Qualitätssprung vom Tier zum Menschen.

In der *Süddeutschen Zeitung* schrieb Eibl-Eibesfeldt, Individuen und Populationen konkurrierten miteinander um begrenzte Güter, und ihre Bewährung (»Eignung«) werde an der Fähigkeit gemessen, in eigenen Nachkommen zu überleben. Beim Menschen spiele sich die Auslese auf zwei Beinen ab. Das heißt aber nichts anderes, als daß diejenigen, die sich nicht bewähren, untergehen und in die negative Auslese fallen. Das Recht des Stärkeren, das ethisch gesehen das stärkste Unrecht ist (Johannes Rau), wird so wissenschaftlich begründet. »Mein Kampf« ist allgegenwärtig: »Der Stärkste an Mut und Fleiß erhält dann als der Natur liebstes Kind das Herrenrecht des Daseins zugesprochen.« Hitler schwärmt von den »gnadenlosen Auslesegrundsätzen der freien Wildbahn«. Die »sogenannte Humanität« des Menschen sei nur die Dienerin seiner Schwäche und damit in Wahrheit die grausamste Vernichterin seiner Existenz.

Ein wichtiges Glied in der Argumentationskette der Verhaltensforschung zur Begründung der Xenophobie ist die Überbevölkerung, von der auch der europäische Kontinent betroffen sei. In Wirklichkeit sind fast alle europäischen Völker sterbende und gleichzeitig vergreisende Völker. Dies widerlegt auch die These, die Überbevölkerung lasse aus der Fremdenfurcht Fremdenhaß werden. Heute leben in der Bundesrepublik trotz der starken Einwanderung in den letzten 20 Jahren nicht wesentlich mehr Menschen als früher. Hat der neu aufgeflammte Antisemitismus etwas mit Überbevölkerung zu tun? Es gibt nur 40.000 Juden bei uns. Es gäbe Antisemitismus in Europa und in Deutschland auch ohne einen einzigen Juden. Die Juden wurden im Dritten Reich verfolgt, ohne daß damals jedes Jahr 100.000 oder 200.000 Einwanderer ins Land gekommen sind, und die Pogrome gegen die Schwarzen und die Indianer in den Vereinigten Staaten fanden in einem fast menschenleeren Kontinent statt.

Das alles hat fast nichts mit angeborenem Verhalten zu tun, dafür um so mehr mit Habsucht, Neid, falscher Information, verquerer Bildung und Verwirrung der Geister. Nicht die Taten bewegen die Menschen, sondern die Worte über die Taten, sagt Aristoteles.

Es ist ja ein schreckliches Bild, das Europa für den Außenstehenden bieten muß. Völkermordende, vergewaltigende Armeen, Konzentrationslager, faschistische Banden, Verbrecherfiguren wie Milosevic, Mladic, Karadzic, Chauvinisten wie Istvan Csurka, Jean Marie LePen, Schönhuber, Chasbulatow und ihnen gegenüber die modernen Chamberlains und Daladiers wie Mitterrand, Major und Clinton – die Geschichte scheint sich zu wiederholen mit ihrer unheilvollen Konstellation von Pazifismus, Nationalismus und Rassismus. Diese Epidemie des ultranationalistischen Wahnsinns, wie Jacques Delors die Lage beschrieben hat, beweist augenscheinlich, daß der von der FAZ propagierte »aufgeklärte Nationalismus« (Hefty) gescheitert ist. Nationalismus ist wie religiöser Fundamentalismus, Rassismus, Faschismus, Kommunismus eine ideologische Pest, die man nicht durch Cholera austreiben, sondern nur durch politische Antibiotika vernichten kann. Es gibt keinen moderaten Mittelweg.

Ich glaube allerdings nicht, daß in Deutschland bereits ein Stimmungsumschwung zugunsten der nationalen Mode stattgefunden hat. Wir haben eine energische publizitätsmächtige nationalistische Minderheit, die das betreibt und versucht, die Richtung zu beeinflussen. Aber wenn ich an junge Leute denke, habe ich nicht den Eindruck, daß es eine Mehrheit für den Nationalismus gibt in Deutschland. Manche meinen vielleicht im Osten, aber dann nicht im schlechten Sinne des Begriffs. Eher so, daß den Ostdeutschen Bonn halt näher ist als Brüssel, das Hemd näher als der Rock oder auch, um Heitmann oder Vaatz zu nennen, im Sinne einer kulturellen deutschen Identität, die es noch nachzuholen gelte.

Sie sprachen recht optimistisch, wie uns scheint, von der Kontinuität der demokratischen Westbindung auch der erweiterten Bundesrepublik. Aber könnten damit nicht die Vorstellungen von einer eigenen deutschen Identität kollidieren, die nun aus dem Osten in die Debatte eingebracht werden? Sie nennen zwei Namen, für die so etwas wie Westbindung vielleicht keine unstrittige »Grundtatsache« ist. Und uns fällt auch Ihr Parteifreund de Maizière ein, der davon gesprochen hat, daß Deutschland mit der Vereinigung östlicher und protestantischer geworden sei, vielleicht sogar preußischer, obwohl die Sachsen da protestieren würden. Verändert sich nicht das Verhältnis zwischen Verfassungspatriotismus und Nationalpatriotismus?

Die Gefahr ist vorhanden. Deswegen brauchen wir die öffentliche Auseinandersetzung. Dieses Gefühl der Westbindung und das gewachsene Bewußtsein, daß die Deutschen zu den westlichen Demokratien gehören, beruhen auf der Erkenntnis, daß wir Mitglieder einer Wertegemeinschaft sind. Das gilt für die NATO und für die Europäische Gemeinschaft. Die autoritären Regime in Portugal und Spanien haben sich zum Beispiel im engeren und weiteren Rahmen dieser Wertegemeinschaft nicht halten können. Dies ist auch die Antwort auf die vorhin erörterte Machtfrage.

Wenn ich an die Gefährdungen und Konfliktmöglichkeiten der Zukunft denke, dann sehe ich überhaupt nur eine Strategie, mit der sich Deutschland gegen eine Wiederholung der negativen Seiten seiner Geschichte sichern kann: daß diese Grundtatsache westdeutscher Politik seit 1949, die Westintegration, nicht aufgegeben wird. Wenn das erhalten bleibt, dann glaube ich, kann man alles andere positiv annehmen und bejahen; auch die Mittellage und die politischen Konsequenzen daraus, nämlich eine besondere Verantwortung für Osteuropa. Aber nur dann. Wenn die Mittelposition eine Loslösung vom Westen und eine Renationalisierung des Landes bedeutete, dann wäre das fast ein Grund zum Auswandern. Das kann nur schiefgehen.

Was würde Sie persönlich denn auswandern lassen aus Deutschland?

Wenn wir eine Diktatur bekämen, wenn sich hier Nationalismus und Rassismus durchsetzten.
 Ob ich auswandern würde? Ich ließe meine Familie nicht im Stich, das ist klar, aber wanderte vielleicht innerlich aus. Ich möchte in keinem nationalistischen Deutschland leben, voll Rassismus und Fremdenhaß, auch wenn es formal eine Demokratie wäre. Wer seinen Hund liebt, muß nicht auch seine Flöhe lieben.

Das heißt, Heimat ist für Sie mehr als Weinberge und die gleiche Sprache?

Ja, viel mehr.

Was ist Heimat?

Heimat ist die Landschaft hier in Gleisweiler oder in Hainfeld oder in Landau. Dazu gehört, daß ich sonntags nach der Kirche ein politisches Frühschoppengespräch machen und dort sagen kann, was ich will, ohne Angst zu haben, daß mir hinterher die Scheiben eingeschmissen werden. Das gehört für mich auch zur Heimat. Wo die Freiheit wohnt, da ist mein Vaterland, sagt John Milton.

Noch einmal: Wozu brauchen wir eigentlich den Rückgriff auf eine sogenannte deutsche »Identität«? Könnte nicht eine der positiven Erfahrungen seit 1945 sein, daß man das nicht braucht? Viele unserer Jugendlichen denken vielleicht europäisch oder haben einen politischen Standort, ein ausgeprägtes Wertesystem, zugleich empfinden sie aber keinerlei Sehnsucht nach einer ausdefinierten historischen Identität. Ist das nicht eine angenehme Entwicklung?

Ich sehe es auch so. Die deutschen Identitätssucher wie Baring, Dahrendorf, Fack, Fromme, Augstein gehören durchweg zu den älteren Semestern und finden keinen großen Anklang bei jungen Leuten. Das sind meine Erfahrungen bei Gesprächen nicht mit der politischen und journalistischen Klasse, sondern mit Leuten bei den Versammlungen, in den Gesprächen bei Vereinsfesten, nach der Kirche. Nun ist die Südpfalz vielleicht ein Paradebeispiel, von dem andere lernen können. Das ist eine Gegend, die von der sogenannten Erbfeindschaft zwischen Deutschen und Franzosen stark geprägt war und in der man genau weiß, wohin es führt, wenn man einem solchen Wahnsinn huldigt.

Aber Sie selbst, obwohl sie nicht ethnisch oder völkisch denken, möchten den Begriff der Nation für sich nicht opfern. Wie kommt das?

Weil ich die Mauern dieses Verfassungsgebäudes nicht

schleifen kann, wenn ich nicht dasselbe Haus in Europa bekomme. Deswegen drängen viele meiner Freunde und ich darauf, daß das nächste Europäische Parlament endlich die Kompetenz haben muß, eine europäische Verfassung zu erarbeiten und zu verabschieden in Weiterführung dessen, was schon im Europarat erarbeitet worden ist. Deswegen drängen die vernünftigen Europäer darauf, daß wir die politische Union bekommen. Sie muß auf dem Fundament der Grundwerte stehen, die inzwischen Eigentum aller westlichen Demokratien geworden sind.

Ich muß allerdings noch eine Einschränkung machen: Die Verfassung unterscheidet zwischen nationalen Bürgerrechten und Menschenrechten. Damit kommt die Verfassung in Schwierigkeiten, wenn wir jetzt das europäische Wahlrecht haben. Der Gesetzgeber wird handeln müssen. Ich kann nicht das Unionswahlrecht für die EG-Angehörigen, also für die Bürger der Europäischen Union gesetzlich festschreiben, aber gleichzeitig Versammlungsfreiheit, Freizügigkeit und Vereinigungsfreiheit nur den Deutschen vorbehalten. Dann habe ich keine Wahlfreiheit mehr. Ich möchte den staatlichen Rahmen unserer Republik als etwas Transitorisches ansehen, als etwas, das weiterführt in eine größere verfassungspolitische Gemeinschaft.

So gesehen bräuchte der Patriotismus nicht unbedingt eine Patria, um ein Weizsäcker-Wort zu zitieren. Gleiche Grundwerte und Verfassungsideen genügen?

Wenn Europa ein Verfassungsgebäude errichtet, in dem ich mich politisch genauso zu Hause fühlen kann wie in der jetzigen deutschen Verfassung, ist es mir recht. Dann fühle ich mich nicht politisch heimatlos. Ganz im

Gegenteil. Heimat sind ja nicht nur Wälder und Wiesen, Flüsse, Berge und Täler. Zur Heimat gehört, daß man sich wohl fühlt, und man fühlt sich zunächst wohl, wenn man keinen Hunger, keinen Durst, ein Dach über dem Kopf hat. Aber richtig wohl fühlen kann man sich eigentlich nur, wenn es auch politisch stimmt, wenn man in einer Gemeinschaft lebt, in der man ein freier Mensch ist. Sonst kann man keine Heimat finden. Dann würde man in einem Kernbereich des Menschlichen heimatlos sein.

Unter dem Etikett »Europa der Vaterländer« erleben wir derzeit eher eine Renaissance des Nationalstaats-Bewußtseins, der harte Wettbewerb unter den Nachbarn nimmt unter ökonomischem Druck wieder zu – und in Deutschland predigen manche besonders laut die »Nation«, um eine Klammer für die beiden disparaten Gesellschaften zu haben. Die Realität sieht also mehr nach einem Comeback des Nationalstaates aus.

Der Nationalstaat im Sinne des letzten Jahrhunderts wird in der Zukunft überhaupt keine Rolle mehr spielen. Er ist ein Anachronismus, wie Jürgen Busche einmal geschrieben hat: Er vermag wenig gegen das Veränderungspotential in Wissenschaft und Wirtschaft. Und: Moderne Staaten sind komplizierte Leistungssysteme, deren Effizienz wesentlich von dem selbständigen Funktionieren ihrer Elemente – Erziehungs- und Bildungssystem, Sozial- und Krankenversicherung, Freiheit der Forschung, Freiheit des Marktes – abhängt. Man kann das Ensemble der in diesem System tätigen Leistungsträger auch als Nation bezeichnen. Das hat dann mit Herkunft und Zukunft der Bürger nichts zu tun. Das heißt aber nichts anderes, daß heute die Existenz einer Nation von internationalen Potentialen abhängig ist. Mit dem Nationalen in der Nation ist das ein bißchen anders. Es gibt eben die deutsche Sprache, und ich gehöre zu denen, die diese Sprache, die Sprache Goethes und Schillers und Lessings und Martin Luthers, sprechen. Das ist zweifellos ein Identifizierungsmerkmal, das mich von einem Italiener oder einem Franzosen unterscheidet. Die gemeinsame Geschichte kann man auch nicht einfach abtun. Ich betrachte das als Unterscheidungsmerkmal gegenüber anderen in Europa oder auf der Welt. Insofern ist das Nationale etwas Unverwechselbares, dem kann ich gar nicht ausweichen.

Die Frage ist nur, ob es Ihnen wichtig ist? Was es Ihnen bedeutet, sagen zu können: Ich bin Deutscher?

Jedenfalls nicht, Angehöriger einer Blutsgemeinschaft oder einer Schicksalsgemeinschaft zu sein, wie neuerdings die deutsche Staatsbürgerschaft unter anderem begründet wird. Der Begriff Schicksal ist in seinem fatalistischen Sinn und seiner mißverständlichen Amorphität ein unglückliches und geschichtlich böses Wort, um das zu umschreiben, was unser Volk sein soll. Versager, Glücksritter und Diktatoren sprechen von Schicksal und Vorsehung, wenn sie nicht mehr weiter wissen. Für Christliche Demokraten sollte klar sein, daß es kein Jüngstes Gericht für Kollektive gibt. Wenn schon, dann ist der Staat eine Rechts- und Verantwortungsgemeinschaft.

Deutscher zu sein bedeutet für mich, Angehöriger eines Volkes zu sein, das in der Mitte Europas lebt, das die meisten Nachbarn hat, das ein europäischer Teilstamm ist und in dessen Geschichte Auschwitz stattgefunden hat. Deswegen bedeutet Deutscher zu sein zunächst einmal die Verpflichtung, mich für dieses Land und seine Demokratie so zu engagieren, daß nie mehr Krieg und Diktatur von ihm ausgehen und mich dafür einzusetzen, daß dieses Land und seine Menschen auf Dauer in einem vereinten Europa ihren friedlichen Platz finden. Es bedeutet für mich aber auch, Mitglied eines Volkes zu sein, zu dem ich gerne gehöre, weil ich seine Kultur, vor allem seine Musik und Dichtung, aber auch seine Dome und Landschaften liebe.

Mir bedeutet die deutsche Sprache sehr viel. Es ist eine sehr schöne Sprache, finde ich, auch wenn sie kompliziert ist. Vielleicht gerade deswegen. Deutsch ist eine sehr reiche Sprache, mit einer unglaublichen Gestaltungsmöglichkeit. Aber »deutsch« ist auch eine geographische Größe. Die deutsche Landschaft gehört dazu. Das habe ich gerade gesagt. Das Rheintal, der Pfälzer Wald, die Schwäbische Alb, das Donautal, der Spreewald, den ich von meiner Frau Susanne kenne, die Berlinerin ist. Aber ich liebe auch die französischen Alpen oder die Dolomiten. Das Nationale oder die Nation ist größer und weiter als das, was gerade in das nationalstaatliche Gehäuse in den jeweiligen Grenzen hineinpaßt. Was ist denn eigentlich mit den Deutschen in Schlesien, mit den Südtirolern? Müssen Sie in einem Europa ohne Grenzen zu Polen und Italienern werden?

Haben Sie die Nordtiroler vergessen? Von den Wienern einmal ganz abgesehen.

Kann ich gar nicht vergessen. Meine Vorfahren stammen aus dem Ziller- und dem Grödnertal. Dort stehen die

Geislerspitzen, und im Zillertal sind die Geißlers eine
bekannte Population. Was ich sagen will: Als was haben
diese Menschen sich denn eigentlich gefühlt? Was war
für sie das Nationale? Je nachdem, wie gerade die Weltgeschichte die Grenzen verrückt hatte, waren sie mal Deutsche, mal wieder keine Deutschen. Das wäre eine sehr
merkwürdige und willkürliche Definition, wenn ich das
Nationale abhängig machen wollte davon, wie gerade
die geopolitischen Grenzen verlaufen. Das ist mir zu
wenig.

*Grenzen spielen für Sie offenbar die geringste Rolle. Das
empfinden wir ähnlich. Aber steckt in diesem überwiegend kulturellen Verständnis andererseits nicht auch eine
gewisse Gefahr? Wir denken nicht nur an manche aggressive Propaganda der Schlesier. Das »deutsche Südtirol«
zum Beispiel war die Ideologie des antiitalienischen Terro-
rismus der fünfziger Jahre, und heute hat das für italienische Ohren angesichts der separatistischen Bestrebungen
anderer Regionen einen bedrohlichen Unterton – »von
der Etsch bis an den Belt«.*

*Haben staatliche Grenzen insofern nicht auch etwas
Schützendes gegenüber einem idyllisierenden Heimatbe-
griff, dem möglichen Mißbrauch eines grenzübergreifen-
den Kulturbegriffs, der auch im Gewande eines ethnischen
Selbstbestimmungsrechtes auftreten kann, wie im zerfal-
lenden Jugoslawien?*

Dies wäre eine Perversion des Selbstbestimmungsrechts,
über das wir schon diskutiert haben. Die Südtiroler
dagegen sind eine vom italienischen Nationalismus, früher vom italienischen Faschismus bedrohte Minderheit,
die sich zu Recht auf das Selbstbestimmungsrecht beru-

fen. Die Grenzen müssen dort ihre Abwehrfunktion behalten, wo sie Demokratie und Diktatur trennen.

Sehen Sie selbst sich als »Verfassungspatriot«?

Ja. Die Grenzen und das, was man früher unter Nationalstaat verstanden hat, sind für mich sekundäre Dinge. In einem europäischen Bundesstaat brauche ich beides nicht mehr. Das Nationale im guten Sinne ist damit nicht weg. Wahrscheinlich fühlen sich die Leute auch nur insoweit eher deutsch, als sie zunächst einmal Pfälzer und Schwaben und Bayern sind...

... und Sachsen...

... und Sachsen. Sie wissen, daß sie als Pfälzer und Schwaben und Bayern und Sachsen zu Deutschland gehören. Als Deutsche empfinden sie sich dann fast nur auf mittelbare Weise.

Das Nationale ist insoweit gut und schön, als es einem erlaubt, sich rückzubesinnen auf das Land, aus dem man kommt, das man am besten kennt, wo man am längsten gelebt hat. Gut und schön ist kulturell, landschaftlich, geistig, menschlich. Schönes und Gutes, das es in der Form anders und anderswo nicht gibt, die Landschaft und die Sprache.

Das Nationale ist schlecht und negativ und muß abgelehnt werden, wo es überheblich wird und sagt: Das Deutsche ist besser als das Türkische, Polnische, Serbische, Deutschland ist schöner und größer als... Die ersten neun Worte der ersten Strophe des Deutschlandliedes zum Beispiel: Das ist das falsche Nationale. Das ist allerdings auch ein Teil der deutschen Geschichte.

Für die deutsche Geschichtsschreibung – auch schon während des zweiten Reiches – waren die Deutschen immer edel, klug, treu und ehrlich. Dieter Oberndörfer hat das einmal sehr schön beschrieben. Der Franzose war lasziv und verkommen, der Italiener doof und faul. Das sind die Klischees, die in Deutschland propagiert worden sind. Das alles schwingt auch heute noch mit, aber es ist auch die Angst vor Fremdbestimmung, das Gefühl des Verlustes geopolitischer ethnisch-kultureller Autonomie und Homogenität. Das ist aber eine irrwitzige Befürchtung. Die vierundsiebzig Millionen Deutschen verlieren ihre Identität ja nicht dadurch, daß sie mit sieben Millionen Ausländern zusammenleben, die mehrheitlich Inländer, Einheimische nur ohne deutschen Paß sind. Außerdem gibt es kein Land der Welt mehr, das völlig autonom seine Politik gestalten könnte, und von den einhundertachtzig Staaten der UNO haben nur noch zwölf eine sprachlich und ethnisch homogene Bevölkerung. Im übrigen: Auch in Frankreich diskutiert man inzwischen den blutrünstigen Text der Marseillaise.

Müßte man da nicht sagen: Das Üble ist, daß ein vorpolitischer Begriff wieder zum politischen Begriff gemacht wird?

Richtig, und zwar immer dann, wenn das Nationale mit dem Glauben verbunden ist, besser zu sein als andere. Gerade deshalb muß das Nationale relativiert werden. Denn wir dürfen nicht aus Konkurrenzmotiven oder Überlegenheitsstreben Nationalstaat gegen Nationalstaat stellen, Deutsche gegen Franzosen, Franzosen gegen Engländer und so weiter.

Wie weit spielt für Sie bei diesen Definitionen die deutsche Geschichte eine Rolle? Für einen beträchtlichen Teil der Nachkriegsgeneration war sie ein entscheidendes Moment für ihr politisches Bewußtsein, Stichwort 1968. Von daher kommt das Argument – und die Warnung –, die deutsche Geschichte als Geschichte der Selbstüberheblichkeit dürfe nicht an den Punkt zurückkehren, von wo aus der Weg nach Auschwitz führte.

Ich halte nichts davon zu sagen, ich bin 1960 oder 1950 geboren, daher geht mich das nichts an. Auschwitz ist Bestandteil der deutschen Geschichte, nicht der französischen und nicht der englischen. Und das bleibt es auch. Mit der deutschen Geschichte bleibt immer das schrecklichste Massenverbrechen, das Menschen je begangen haben, verbunden. Sicherlich gibt es einzelne Verbrechen, die gemessen an individuellen Taten in Auschwitz ebenso schlimm waren. Doch das läßt sich gar nicht mehr in der Graduierung abwägen. Auschwitz steht für das schlimmste Verbrechen der Menschheitsgeschichte, eines vom Staat industriell organisierten millionenfachen Massenmordes, und ist und bleibt Bestandteil der deutschen Geschichte.

Daraus muß man die richtigen Konsequenzen ziehen. Die können nicht darin bestehen, daß die Deutschen in den kommenden Jahrhunderten ständig tiefgebeugt und schuldbeladen herumlaufen. Das wird man von ihnen nicht verlangen können, und das wäre auch nicht berechtigt. Aber man muß von den Deutschen verlangen, daß sie sich an Auschwitz und die Ursachen von Auschwitz erinnern. Das Holocaust-Museum hätten besser die Deutschen selber in Berlin statt die Amerikaner in Washington errichtet. Die notwendige Konsequenz daraus muß sein, daß nie mehr in Deutschland aus fundamentalistischen Gründen heraus – der Nationalismus und der Rassismus sind Fundamentalismen – die staatliche Ordnung bestimmt werden darf.

Gestatten Sie einen kurzen Exkurs in die jüngste deutsche Geschichte. Die SPD hatte anläßlich des vierzigsten Jahrestages der deutschen Kapitulation, am 8. Mai 1985, alle Oberbürgermeister der von den Nazis im Zweiten Weltkrieg bombardierten Städte nach Nürnberg eingeladen, allerdings den von Stuttgart nicht und den von Berlin auch nicht, die waren bei der CDU, aber die von Dresden und Leipzig, die in der SED waren. Willy Brandt, der damalige SPD-Vorsitzende, hatte sie unter der Überschrift eines Satzes von Kurt Schumacher eingeladen: »Nie wieder Krieg von deutschem Boden.« Daß er dabei die zweite Hälfte dieses Schumacherschen Satzes weggelassen hatte – »nie wieder Diktatur auf deutschem Boden« –, das war für mich unbegreiflich. Als ich ihm dies in einer Presseerklärung vorhielt und daran die Vermutung knüpfte, daß er ansonsten die Bürgermeister von Dresden und Leipzig nicht hätte einladen dürfen, hat er mich im Fernsehen nach der hessischen Landtagswahl den »schlimmsten Hetzer seit Goebbels« genannt. Antifaschismus war ihm wichtiger als Antitotalitarismus, um es in der Sprache der 68er zu sagen.

An die Äußerung erinnern wir uns gut. Sie stand allerdings in einem größeren innenpolitischen Zusammenhang und war von Brandt gewiß nicht als Priorität für Antifaschismus gemeint.

Doch, denn die politische Konsequenz von Auschwitz hieß Antitotalitarismus, nicht Pazifismus gegenüber Diktatoren, und heute bedeutet Auschwitz: Nie wieder Rassismus, nie wieder Nationalismus.

Die Verfassung habe langsam Leben gewonnen, hat Dolf Sternberger in seinem berühmten Aufsatz über den »Verfassungspatriotismus« geschrieben, unmerklich habe sich ein »zweiter Patriotismus« gebildet, der sich auf die Verfassung gründe. »Das Nationalgefühl bleibt vermindert, wir leben nicht im ganzen Deutschland. Aber wir leben in einer ganzen Verfassung, in einem ganzen Verfassungsstaat, auch der ist selbst eine Art von Vaterland.« Sternberger hat damit offengelassen, ob man dann, wenn wir wieder im »ganzen Deutschland« leben, nicht auch zu einem »ersten Patriotismus« zurückkehren solle oder müsse. Soll man oder soll man nicht? Die Einheit ist ja jetzt da.

Mit Kollektivgefühlen und Massenemotionen habe ich immer Schwierigkeiten. Der Begriff Nationalgefühl ist – mit Verlaub gesagt – eben eine emotionale Kollektiv-Kategorie. Nationalgefühl, das bedeutet immer auch die Idee, sich hinreißen und mitreißen zu lassen. Das bedeutet die Bereitschaft, daß man mitläuft, daß man Fahnen schwenkt, daß man besonders stolz ist auf das Kollektiv. Das Nationale im Sinne eines Kollektivempfindens ist etwas, das ich für mich nicht akzeptiere. Ich wünsche auch meinen Zeitgenossen nicht, daß es wieder überhandnimmt. Ein französischer Demokrat wie Philip Noire, der Oberbürgermeister von Lyon, steht mir näher als ein deutscher Schönhuber.

Als Mitglied des Deutschen Alpenvereins oder des Pfälzer Waldvereins habe ich auch Emotionen, wenn ich auf dem Orensfels stehe, ins Queichtal hinüberschaue, diese wirklich zauberhafte Landschaft sehe, bis hin zum Trifels und Asselstein. Dann bin ich emotional berührt. Und das andere Mitglied des Pfälzer Waldvereines neben mir, das da vielleicht mitläuft, oder meine Gleitschirmflieger, mit denen ich da oben bin, wo wir unseren Startplatz haben, die sind auch emotional bewegt und freuen sich. Aber sie freuen sich nicht, weil sie Mitglieder des Pfälzer Waldvereins sind. Sie freuen sich an der Blume, an dem Baum und an dem Berg. Da entsteht kein kollektiver Enthusiasmus, der in der Gemeinschaft begründet ist, sondern höchstens darin, daß man sich gemeinsam über etwas freut. Die Ursache der Freude ist nicht die Gemeinschaft, sondern das Schöne, das alle gemeinsam sehen. So würde ich auch das Nationale gerne positiv empfinden: nicht deswegen, weil sich andere über die Loreley freuen oder den Kölner Dom oder das Ulmer Münster oder die Burg Trifels und weil ich mit diesen anderen derselben Nation angehöre, sondern weil das alles Dinge sind, die ich ganz persönlich schön finde und die für mich meine Heimat symbolisieren. Daß es anderen genauso geht, ist wunderbar. Aber es ist höchstens ein zusätzlicher Grund der Freude, nicht die eigentliche Ursache.

Nationalgefühl ist kollektive Emotion. Und zwar völlig unabhängig davon, ob dieses Gefühl sich nur auf die jeweilige geschichtliche Situation gründet oder nicht. Als Deutschland Krieg geführt hat, die Wehrmacht vor Stalingrad lag und in Auschwitz der Völkermord stattfand, hätte man eigentlich kein Nationalgefühl haben dürfen. Es gab nichts, worüber man sich freuen konnte. Gar nichts. Ganz im Gegenteil. Und doch wurde ans Nationalgefühl appelliert. Ich glaube, das erklärt ganz gut den Unterschied zwischen den guten und den bösen Seiten des Nationalen. Das ist leicht auseinanderzuhalten.

Das Kollektive, der kollektive Zwang, der kollektive Rausch, die kollektive Emotion, das ist das, was das Nationale gefährlich macht. Denn mit dem nationalen Rausch und der nationalen Emotion sind die Überheblichkeit und der Wunsch, über andere zu herrschen, verbunden. Das ist eine logische Folge. Ich kann nicht gleichzeitig zwei oder drei Nationalräusche haben. Ich kann nicht berauscht sein von der deutschen Nation und gleichzeitig berauscht sein von Frankreich und von Italien. Das geht schlecht. Also berausche ich mich an der eigenen nationalen Größe und das ist das Gefährliche.

Ich kann auf einen Rausch überhaupt verzichten. Nationale Freude jedoch ist etwas ganz anderes. Wenn man sich freut, zum Beispiel an der märkischen Heide, dann kann man sich aber gleichzeitig auch über die Toskana freuen – das Beispiel lassen wir lieber weg, das ist anderen vorbehalten – ...

Keine Sorge, die »Toskana-Fraktion« ist unserer Kenntnis nach eine offene Gesellschaft.

Aber keine sehr solidarische.

Ganz in diesem Sinne sagt ja auch Karl Kraus, schlimmer noch als der Haß auf die Fremden ist die Liebe zum eigenen Volk. Daraus vor allem wächst das Unheil. Nun gibt es aber das Argument, mit dem auch Sie gewiß schon konfrontiert wurden, daß Ihr und unser verfassungspatriotischer Zugang zur Heimat und zum eigenen Land...

Das ist ein ganz humaner Zugang, noch nicht einmal verfassungsrechtlich oder -politisch...

... daß jedenfalls dieser bewußt anationale Zugang zu

wenig Anschauung gibt für »das Volk«. Immer wieder hört man, die Verfassung sei nichts zum Anfassen, die Menschen brauchten etwas, womit sie sich identifizieren können, und sei es ersatzweise. Daher prangt seit ungefähr acht bis zehn Jahren im Zimmer des Bundeskanzlers neben dem Aquarium auch die deutsche Fahne, natürlich auch bei den Ministern, beim Regierungssprecher. Die Fahne spielt überhaupt eine neue Rolle in der öffentlichen Selbstdarstellung des Staates. Und sogar in der Diskussion der deutschen Intellektuellen hört man nun häufiger, dieser Verfassungspatriotismus sei eine Art Kopfgeburt, das sei hochmütig gegenüber dem Symbolismusbedarf der – sagen wir einmal – einfacheren Menschen und sei damit selbst eine Gefahr.

Ich kann gut verstehen, wenn Sie Vorbehalte gegen das Symbol der Fahne haben. Sie ist wohl das am meisten diskreditierte und mißbrauchte Symbol. Mit der Fahne voran wurden junge Männer in den Tod geschickt, ich denke an Langemarck im ersten Weltkrieg. Wenn die Fahne fliegt, ist der Verstand in der Trompete, sagt ein ukrainisches Sprichwort. In meinem Bonner Büro habe ich keine große Fahne, auf dem Schreibtisch steht aber immer eine kleine Flagge. Sie ist grün und hat auf diesem grünen Tuch einen stilisierten Fisch.

Und worum handelt es sich bei diesem Kleinod?

Das ist die Parteifahne der Christlichen Demokraten von Nicaragua. Das Fähnchen habe ich aus Überzeugung dahin gestellt, weil dieses Zeichen den Kampf gegen die Diktatur symbolisierte. In Ländern mit hohen Analphabetismusraten hat ein solches Symbol einen besonderen

Identifikationswert. Ich glaube nicht, daß ein aufgeklärtes Volk wie die Deutschen, die alle lesen und schreiben können und ein über den Durchschnitt der Weltbevölkerung hinausgehendes Maß an Bildung haben, unbedingt auf analphabetische Symbole angewiesen sind, um sich mit etwas identifizieren zu können. Deswegen muß eine Fahne noch nichts Schlechtes sein. Aber mit der Fahne wurde und wird Mißbrauch getrieben. Im Fernsehen konnte man sehen, daß serbische Soldaten ihre Fahne küßten, bevor sie zum Abschlachten der Bosnier loszogen. Die Fahne kann die Köpfe verdrehen, die Geister verwirren und zur Legitimierung von Verbrechen benutzt werden. Zu den nationalen Symbolen muß man eine innere Distanz bewahren, und in einer Demokratie dürfen sie nicht als sakrosankte Heiligtümer bewertet werden. Aber das ist alles nichts Neues und nicht erst seit 1989 entstanden. Das war das Bestreben, es den Amerikanern nachzumachen. Ich erinnere mich, wie Kolleginnen und Kollegen aus dem Bundestag beeindruckt aus Washington zurückkamen, wo sie gesehen hatten, daß hinter dem Schreibtisch ab einer bestimmten Stufe in der amerikanischen Beamtenhierarchie eine Fahne steht. Das Sternenbanner beim Präsidenten, beim Außenminister, beim Verteidigungsminister, bei den Senatoren und wo die Leute sonst überall hingekommen sind, hat ihnen schwer imponiert. Das hat nichts mit der Einheit zu tun.

Aber jetzt fügt es sich symbolisch in die schreckliche Normalisierungsthese. Als hätte die Westrepublik vierzig falsche, unehrliche, zu korrigierende Jahre des Versteckens hinter sich. Das macht jeder, und wenn wir normal sein wollen, müssen wir auch Flagge zeigen. Das war in den siebziger Jahren alles nicht so wichtig. Die Symbole haben heute eine ungleich größere Bedeutung. Wieso?

Ich finde, es hält sich in Grenzen, von den Fahnen hinter den Schreibtischen einmal abgesehen. Da sehe ich noch keine Gefahr. Was einige rechtsradikale Gruppierungen mit der Reichskriegsflagge treiben, ist eine Beleidigung für die Flagge. Sogar in der ersten Verhandlungsrunde zum Einheitsvertrag hat, wie Wolfgang Schäuble berichtet, Lothar de Maizière die Staatssymbole zu einem wichtigen Thema gemacht. Die Fragen nach den Farben der Fahne und dem Text der Nationalhymne wurden ausgiebig diskutiert. Bei der Lektüre dieser Passage habe ich etwas Neues erfahren, daß nämlich Lothar de Maizière als erste Strophe des Deutschlandliedes den Wortlaut der DDR-Hymne von Johannes R. Becher »Auferstanden aus Ruinen« vorgeschlagen hatte. Das Überraschende ist, daß man diesen Text tatsächlich zur Melodie von Josef Haydn singen kann.

In der Öffentlichkeit hat sich seit 1989 nicht so viel geändert. Bei Parteitagen oder bei irgendwelchen Feierlichkeiten, auch auf kommunaler Ebene, hing schon immer die Landesfahne oder die Bundesfahne auf der Bühne und dazu irgendwo auch die örtliche Fahne, meistens auch, je nachdem, eine Vereinsfahne, aber mehr als Orientierungszeichen: Die Leute sollen von Anfang an wissen, wo sie sich befinden. Das war aber schon vor zehn oder zwanzig Jahren so. Und noch früher zeigten die Landsknechte ihre Fähnlein, damit Freund und Feind nicht verwechselt werden konnte.

Nehmen Sie ein anderes Symbol: Der Adler hing schon immer an der Stirnwand des Plenarsaals. Er ziert jedes Geldstück, die deutsche Ähre und die deutsche Eiche auch – auf den Fünfpfennig-Stücken. Es gab genügend germanisch-deutsche Symbole, die wir in Westdeutschland immer schon munter verwendet haben. Aber mehr als Differenzierungs- denn als Identifizierungsinstrumente.

Nationalistische Gefahren kommen heute nicht von den Symbolen, sondern aus einer anderen Ecke.

Wo sehen Sie die?

In einer Reihe von Zeitungen, in einzelnen Meinungsartikeln der *FAZ*, im Programm des Ullstein-Verlags und auch im *Spiegel*. Aus einer Umfrage des Instituts für Demoskopie in Allensbach bei 671 Spitzenkräften der deutschen Wirtschaft, die im Auftrag des Wirtschaftsmagazins *Capital* durchgeführt wurde, ergab sich, daß über die Hälfte der Befragten den Maastrichter Vertrag für eine Europäische Politische Union für überholt halten und daß das »Meinungsklima gegen Kohl«, wie Frau Noelle-Neumann ein anderes Ergebnis dieser Umfrage charakterisierte, auch darauf zurückzuführen ist, daß der Einsatz des Bundeskanzlers für Europa »nunmehr von einer klaren Mehrheit von Managern abgelehnt« werde. Ein solcher Stimmungsumschwung ist ohne die Meinungsbildung von Zeitungen, die in Wirtschaftskreisen am meisten gelesen werden, nicht erklärbar. Der *Spiegel*-Herausgeber Augstein, sicher einer der bedeutendsten Publizisten Nachkriegsdeutschlands, war von Anfang an ein nationaler Linker oder, wie man will, ein linker Nationalist. Der Kampf, den Augstein und andere gegen Konrad Adenauer geführt hatten, war nicht die Reaktion aufrechter Demokraten gegen einen angeblich rechtskonservativen autoritären Kanzler im pseudo-demokratischen Gewande, sondern der Ausdruck des Hasses der

Neo-Deutschnationalen gegen die Integrations-, Europa- und Westbindungspolitik der CDU unter Konrad Adenauer. Es war eine nationalistische Wut, die über Jahrzehnte andauerte. Auch die SPD war damals aus nationalen Gründen gegen die Westpolitik Adenauers. Augstein gehörte zu den wichtigsten Inspiratoren dieser Geisteshaltung. Und siehe da, kaum war die Einheit geschaffen, unter Federführung von Helmut Kohl, gab es vom Herausgeber des deutschen Nachrichtenmagazins nur noch hirtenbriefähnliche Kommentare zur Tätigkeit der Bundesregierung. Die deutsche Einheit war da und Augstein mit sich, der Regierung und der Welt versöhnt.

Nationalist war er immer gewesen. Stets gegen die Amerikaner, gegen den Westen, neuerdings besonders gegen die Franzosen und gegen Europa. Er hätte die Westbindung verkauft für die deutsche Einheit. Egon Bahr übrigens auch. Bahr war kein Verfassungspatriot, er war und ist ein linker Deutschnationaler. Der wäre für die Einheit weit gegangen, ganz weit ...

Da tun Sie zumindest Egon Bahr Unrecht. Die Demokratie als Prinzip ist ihm wichtig.

Etwas weniger Freiheit und ziemlich viel Sozialismus – das wäre ihm und Hermann Axen die deutsche Einheit schon wert gewesen.

Da sind wir entschieden anderer Ansicht. Wie auch immer: Für das Flaggschiff der nationalen Gesinnungspublizistik halten wir die FAZ. Das Nationale muß sich in Deutschland ja nicht als Nationalismus militanter Art äußern. Das geht sehr gut auch ökonomisch, und da ist das

Blatt federführend, besonders im Streit um Maastricht und die D-Mark. Das war das Thema dieser nationalen Zeitung. Wir sehen da eine besondere Einbruchstelle für altes nationales Denken.

Es gibt eine breite nationalkonservative Front, länderübergreifend. Die haben wir bei einem Teil der britischen Konservativen und der französischen Gaullisten. In Deutschland gehören dazu einige Herausgeber der FAZ, längst nicht alle Redakteure. Da Leitartikel der FAZ oft meinungsbildend wirken über ihre Leser hinaus, ist die Wirkung nicht zu unterschätzen.

Zumal es einen deutschnationalen Flügel auch in der Union gab und gibt. Der ist ja nicht mit 1989 verschwunden.

Ich würde nicht sagen deutschnational im Sinne Hugenbergs. Das wäre übertrieben. Aber es gab schon Bemühungen, wie man an diesen rechtskonservativen Kreisen sieht, die sich innerhalb der CDU bilden, das Nationalkonservative zu einem Grundwert in der CDU zu machen. Das stünde im Widerspruch zum Grundsatzprogramm, auch zu dem Entwurf für ein neues Grundsatzprogramm. Bemerkenswert war, daß zunächst mit Mühen, dann aber doch mit klaren Mehrheiten verhindert wurde, einen neuen Begriff ins Grundsatzprogramm aufzunehmen: »Deutschland als *moderner Nationalstaat*«.

Dieser Begriff »moderner Nationalstaat« konnte allerdings nur dadurch verhindert werden, daß man auf einen anderen Begriff verzichtete, nämlich auf den Begriff »europäischer Bundesstaat«. Er wurde ersetzt durch »europäische politische Union«. Das soll etwas Neues sein, das verfassungspolitisch dazwischen liegt. Es berechtigt zu Hoffnungen, daß die Delegierten des Düsseldorfer Parteitages 1992 der CDU den neuen Begriff »europäische politische Union« im Leitantrag nicht durchgehen ließen und dafür gestimmt haben, das Europa der Zukunft weiter am bundesstaatlichen Modell zu orientieren. Das ist eine gute Entscheidung, weil sie klar ist und das europäische Ziel der CDU nicht durch einen schwammigen Begriff kaschiert.

Herr Geißler, einmal unabhängig von den historischen Fehlern und Mängeln zu Beginn der Vereinigung: Was ist denn in der sozialen Wirklichkeit der Gesellschaft geschehen? Man hat manchmal das Gefühl, die Deutschen sind durch die Vereinigung irgendwie deutscher geworden. Oder es zeigt sich deutlicher. Die gewiß unverdächtigen Professoren Weidenfeld und Korte schreiben in einer Studie, in der seit dem Krieg sehr viel demokratischer gewordenen Westgesellschaft gebe es autoritäre Restbestände, die sich nun mit den autoritären Erbschaften aus dem Osten verbinden. Dementsprechend sei es noch ungewiß, ob die deutsche Gesellschaft sich weiterhin demokratisch entwickeln und ihre Liberalität ausbauen wird oder ob sie in einem kritischen Sinne »deutscher« werde, indem sie stärker an diese alten, autoritären Traditionen und Reste anknüpft.

Daß die Deutschen insgesamt nationaler geworden sind, wird man wohl sagen können. Gefährlich würde diese Entwicklung, wenn eine politische Partei mit einem potenten politischen Führer das nationale Thema in exzessiver Weise besetzte und mit einem anderen Thema verbände, zum Beispiel mit der Ausländerfrage.

Dazu fehlt eigentlich nur noch ein nationaler Demagoge vom Schlag des Österreichers Jörg Haider.

Dann könnte die Sache gefährlich werden. Und deswegen darf man kein solches Thema hochkommen lassen, das sich in negativer Weise mit dem nationalen verhängnisvoll verbinden könnte. Das war die Gefahr bei der ganzen Ausländerdiskussion, in der sich alle Parteien schuldig gemacht haben. Zu einem solchen Thema könnte aber auch die ungelöste soziale Problematik werden, wenn also das eine große Ziel der ostdeutschen Revolution, nämlich die soziale Gerechtigkeit, die Solidarität, die Brüderlichkeit, auf die Dauer verfehlt würde. Das ist aber auch ein Westproblem. In Verbindung mit sozialen Defiziten oder mit Fremdenhaß kann das Nationale wirklich zu einer Bedrohung werden. Für sich allein genommen nicht. Es sei denn, Medien oder Politiker schöben es stark in den Vordergrund. Das ist bisher nicht der Fall. Das liegt an den führenden Leuten bei uns, an der Person des Bundespräsidenten, aber auch am Bundeskanzler. Helmut Kohl kann man alles mögliche nachsagen, auch wünschen, daß er das eine oder andere anders oder besser macht: Aber daß er ein Nationalist wäre, kann man ihm nicht vorwerfen. Er wendet sich ja bei jeder Gelegenheit gegen den Nationalismus. Er hat auch mal Passagen in seinen Reden, wo dieser Eindruck ein bißchen flackert, das ist richtig. Aber ich weiß, daß er eine tiefsitzende Abneigung gegen jede Form des Nationalismus hat, und er ist die treibende Kraft für Europa. Das ist sehr bedeutsam. Europa ist heute die einzige intakte politische Konzeption, ich würde fast sagen: die einzige Vision. Wenn die jetzt auch noch verwässert und reduziert würde auf eine rein ökonomische und fiskalische Größe, wäre das ein Verhängnis. Dann verbände sich das Nationale mit dem Ökonomischen und verselbständigte sich.

Beschreiben Sie nicht genau das, was gegenwärtig passiert?

Nein, das ist noch nicht so weit. Aber es steckt als Möglichkeit in der Vorstellung »Nationalstaat«. Der Nationalstaat muß sich per definitionem zunächst einmal von anderen unterscheiden. Ein Nationalstaat hat Grenzen. Das bedeutet, sollte dieser Nationalstaat, zumal als homogener Staat, auf sich allein gestellt sein, ohne Einbindung in andere Verpflichtungen oder Institutionen, dann würde er, wie das schon immer war, zum Rivalen anderer Nationalstaaten, und in dem Moment, in dem das Ökonomische eine entscheidende Rolle übernimmt, kann die Verbindung wirtschaftlicher Stärke mit nationalen Emotionen zu Aggressionen führen, auf jeden Fall von den Nachbarn als Bedrohung empfunden werden. Der europäische Bundesstaat kann deshalb gar nicht schnell genug kommen. Er darf nicht beim Ökonomischen stehenbleiben. Wenn die EG auf das Wirtschaftliche reduziert bleibt, wachsen die Rivalitäten. Dann bekommen wir wieder, wie zum Beispiel in Großbritannien, diese gehässigen Schlagzeilen. Dann wird sich das verstärken und wiederholen. Dann gibt es in England nach Thatcher Number One Thatcher Nummer Zwei und Nummer Drei, und bei uns mutieren die Gauweilers zu Schönhubers. Die neunziger Jahre des vergangenen Jahrhunderts, das Hochschaukeln zwischen dem wilhelminischen Reich und England, dürfen sich nicht wiederholen. Der europäische Streit um die »Vorherrschaft der D-Mark«, um die Leitzinsen, den »Imperialismus der Bundesbank«, den Sitz der europäischen Zentralbank hat schon genug geschadet.

Mit der Frage, wie »deutsch« die Deutschen werden, meinen wir mehr als das Nationalstaatliche. Wir meinen damit eben auch die Wiederkehr alter »deutscher« Traditionen und Denkmuster. Ein Beispiel: Auf dem FDP-Parteitag sagte einer der Ostliberalen, dieser Grundgesetz-Artikel 16 ist eure westdeutsche Altlast, die ihr eingebracht habt. Rostocks Ministerpräsident Seite klagte, im Widerstand gegen die gesetzliche Ermöglichung von Lauschoperationen in Privaträumen zeige sich, daß der liberale Rechtsstaat seit zwanzig Jahren unterhöhlt worden sei. Es gehe darum, daß wieder Recht und Ordnung einzögen in Deutschland. Das läßt aufhorchen, die Melodie kennen wir. Muß man diesen Aspekt des Obrigkeitsstaates nicht dazuzählen, wenn wir über das »Nationale« im neuen Deutschland reden?

Ich sehe das auch so. Wenn man das Thema erweitert, muß man sich aber hüten, in eine zu kritische Position gegenüber Ostdeutschland zu geraten. In der ostdeutschen Befindlichkeit gibt es ein paar besondere Phänomene. Viele Leute dort sagen, wenn es Schwierigkeiten gibt: Die da oben sollen das mal regeln. Subsidiarität, Tarifautonomie, föderale Struktur, Rechtswegegarantie, Eigenverantwortung erfordern ein völlig neues Denken, das zunächst einmal dem entgegensteht, was in 57 Jahren Diktatur gewachsen ist. Was danach kam, war ja ein totaler Umbruch. Die Leute verloren zum Teil ihre Orientierung. Das kann man am wichtigsten und aktuellsten Problem sehen. Arbeitslosigkeit zum Beispiel ist im Osten mehr eine Mentalitätsfrage als im Westen. Im Westen ist es eine Versicherungsfrage. Die Leute sind versichert gegen Arbeitslosigkeit. Und zwei Drittel der Arbeitslosen in Westdeutschland finden innerhalb eines Jahres wieder einen Job. Die parken sozusagen beim

Arbeitsamt, und dann kriegen sie wieder einen neuen Arbeitsplatz. In Ostdeutschland dagegen rührt die Arbeitslosigkeit an etwas Existentielles, an das Selbstwertgefühl, die Selbstachtung. So sind die Menschen dort auch erzogen worden. Daß es angeblich keine Arbeitslosigkeit in der alten DDR gegeben hat, – die verdeckte Arbeitslosigkeit in Form unrentabler Arbeit wurde wegmanipuliert –, war ja eine der sogenannten sozialistischen Errungenschaften, die man den Leuten immer eingepaukt hat: der gewaltige Vorteil gegenüber dem kapitalistischen Westen. Und nun sind plötzlich über eine Million Menschen arbeitslos und weitere eineinhalb Millionen nur deshalb nicht, weil sie Kurzarbeitergeld beziehen und in AB-Maßnahmen und im Vorruhestand sind – fast jede Familie ist betroffen.

Das ist keine künstliche Problematik, sondern eine sehr reale, das schlimmste Problem in Ostdeutschand. Es betrifft das kollektive Selbstwertgefühl der Ostdeutschen. Wenn sie in ihrer Gesamtheit unter dem Entzug des Gefühls leiden, leistungsfähig zu sein, als Menschen, die sich auch noch dafür rechtfertigen sollen, warum sie vierzig Jahre lang keinen Aufstand gemacht haben gegen die Diktatur, warum die allermeisten von ihnen schlecht und recht mitgemacht und sich angepaßt haben, dann ist das eine schlimme psychologische Erfahrung. Das zu überwinden, ist die Aufgabe der innerdeutschen Politik.

Vom Westen und Osten –
Noch ist die innere Einheit nicht verloren

Im Rückblick sieht es so aus, als sei der politische Neubeginn in Deutschland 1989 und 1990 ökonomisch unter dem Eindruck sehr traditioneller marktwirtschaftlicher Theorien gestanden. Insofern war für staatliche Konzepte kein Platz und die Konzeptionslosigkeit, von der Sie sprechen, offenkundig gewollt.

Für diese einmalige historische Situation gab es gewiß keine Vorlagen, keine Muster und keine Modelle. Neues war gefragt, allerdings auf der Basis der Sozialen Marktwirtschaft. Die Wirtschaftsminister waren aber eher neoliberale Marktfetischisten.

Die Politik hatte sich offensichtlich in ihren eigenen Argumenten verfangen, die schon vor der Vereinigung eine stärkere Wirkung entfaltet hatten, nicht zuletzt unter dem Druck der FDP, wenn auch nicht alleine. Diese ideologische Renaissance des Wirtschaftsliberalismus in der Westrepublik kam zum falschesten Moment, der überhaupt denkbar sein konnte...

...und war ein Rückfall hinter Müller-Armack. Nicht mehr Ludwig Erhard war maßgeblich, sondern der Wirtschaftsteil einiger überregionaler Zeitungen. Walter

Eucken, der Kopf der Freiburger Schule, hatte schon vor fünf Jahrzehnten das Problem auf den Punkt gebracht: »Eine Wirtschaftsordnung muß nicht nur effizient, sie muß auch menschenwürdig sein.« Ich habe das auch als Minister und Generalsekretär erlebt. Um die soziale Komponente mußte man immer sehr hart kämpfen. Die Soziale Marktwirtschaft ist ein integriertes Konzept. Viele sehen in dem Sozialen aber nur einen Appendix, einen Verteilungsmechanismus, der sich nur auswirken darf, wenn die Kuh Milch im Überfluß gibt. Als wäre die Soziale Marktwirtschaft eine Veranstaltung nur für die fetten Jahre, und das Soziale beschränkte sich auf das Verteilen und umfaßte nicht die staatliche Verantwortung für geordneten Wettbewerb und die Vollbeschäftigung.

Die westdeutsche ökonomische Debatte handelt von Überbürokratisierung, Deregulierung, Privatisierung....

Das muß ja nun nicht falsch sein. Das hat mit Marktwirtschaft zu tun, daß man deregulliert. Aber alles dem Markt anzuvertrauen ist Kapitalismus und nicht Soziale Marktwirtschaft, zu der eben auch Kartellgesetz, Kartellamt und Fusionskontrolle gehören. Erhard hat nicht von einer »freien Marktwirtschaft« geredet. Das Wort hat er nie in den Mund genommen. Er ging immer von einem geordneten Wettbewerb aus, den viele in den neuen Ländern vermißt haben.

Wie konnte es geschehen, daß man, trotz eines gewachsenen Problembewußtseins auch in der CDU, in der praktischen Politik von diesem Konzept abrückte? Wie ist das passiert?

Der Begriff Industriepolitik zum Beispiel samt Inhalt wurde im Wirtschaftsministerium als sozialistisches Gedankengut angeprangert und verdächtigt, er durfte in der Koalition lange Zeit nicht in den Mund genommen werden. Jetzt steht er im Solidarpakt. Die Arroganz der sogenannten Ordnungspolitiker war schon immer so schwer zu ertragen wie die Besserwisserei der Linken.

Warum haben wir uns 1990 so schwer getan mit der Frage, ob für das vereinigte Vaterland Opfer gebracht, also die Steuern erhöht werden sollten? Auch das war das Ergebnis ideologisch fixierter Ordnungspolitik. Es gab genügend Leute, die im Bundesvorstand der CDU und in der Fraktion davor gewarnt hatten, vor der Bundestagswahl Steuererhöhungen auszuschließen, weil sie die verheerenden Folgen eines Wortbruchs nach der Wahl auf die gesamte Union zukommen sahen. Dazu gehörten Lothar Späth, Kurt Biedenkopf, Wolfgang Schäuble, Volker Rühe, Dietmar Kansy, ich selbst und noch eine Reihe anderer. Aber die Steuererhöhungen waren im Wirtschaftsministerium und im Finanzministerium, vor allem von den Koalitionspartnern zu einem »ordnungspolitischen« Tabu erklärt worden, obwohl sie für die Konjunktur damals unschädlich gewesen wären.

Außerdem brauchte man das Geld dringend. Der damalige DDR-Finanzminister unter Lothar de Maizière, Walter Romberg, hatte ein dreistelliges Milliardenrisiko der geplanten Währungs-, Wirtschafts- und Sozialunion errechnet. Das hätte man im Bonner Finanzministerium auch herausfinden können. Nachdem der CDU-Bundesvorstand im Frühjahr 1991 einen Solidaritätszuschlag für vier Jahre beschlossen hatte, reduzierten die Koalitionspartner anschließend die Laufzeit dieser Steuer auf ein Jahr. Der Verzicht auf 70 Milliarden Mark wurde damit begründet, Steuererhöhungen verminderten den Zwang zum Sparen. Wenn dieses Argument richtig gewesen wäre, hätte man weder die Mehrwertsteuer, noch die Mineralölsteuer Tabaksteuer und Versicherungssteuer erhöhen dürfen. Da das Geld jetzt dennoch nicht reicht, muß die Neuverschuldung dramatisch erhöht werden und müssen die Bundesanstalt für Arbeit und die Rentenversicherungsträger auch 1993 wieder rund 50 Milliarden Mark vom Westen in den Osten transferieren und werden Arbeitslosengeld und Arbeitslosenhilfe gekürzt. Beamte, Selbständige, Abgeordnete und Minister sind daran nicht beteiligt, weil sie keine Beitragszahler sind. Hätte man den Solidaritätszuschlag rechtzeitig eingeführt und bestehen lassen, könnten die Lohnnebenkosten deutlich geringer sein, als sie es heute sind, und die Gerechtigkeitslücke gäbe es nicht. Aber alles »hätte« und »könnte« und alles »aber« und »wenn« nützen nichts mehr – wenn ein Pferd eine Katze wäre, könnte man die Bäume hochreiten. Der heilige Zorn kann einen packen, wenn man daran denkt, daß Wirtschaftstheoretiker und Marktideologen zu Lasten der CDU diese Chance der Solidarität verhindert haben.

Zur Ideologie des puren Marktes, der auch in der CDU gehuldigt wird, gesellte sich doch offenkundig die Angst, den Leuten die Wahrheit zu sagen oder eine realistische Einschätzung zu geben, weil es zugleich auch um Wählermarktanteile ging.

Die Sache wäre vielleicht anders gelaufen, hätten wir nicht das politische Unglück gehabt, daß der Einigungsprozeß ausgerechnet in ein Bundestagswahljahr fiel. Der 3. Oktober stand im Schatten des 2. Dezember. Also wurden die politischen Entscheidungen nicht in erster

Linie geprägt von den großen verfassungspolitischen Aufgaben dieser historischen Phase, sondern von parteipolitischen Prioritäten des Wahljahres. Das ist normalerweise in einer Demokratie kein Fehler. Aber zu diesem historischen Zeitpunkt hätten eben die verfassungspolitischen Prioritäten entscheidend sein müssen. Die Absage an Steuererhöhungen zur Finanzierung der Einheit hatte auch wahlpolitische Gründe. Helmut Kohl hatte eine üble Erfahrung aus dem Wahlkampf 1987 nicht vergessen; ich als damaliger Generalsekretär auch nicht. Damals, 1986/87, war zwischen CDU und CSU eine klare Wahlkampfstrategie abgesprochen worden. Schwerpunkt sollte die Wirtschaftspolitik sein. »Weiter so, Deutschland« war die Parole: mit wirtschaftlichem Wachstum nach vier Jahren Regierung Helmut Kohl, Preisstabilität, dem Sieg über die Inflation, Schuldenabbau. Den Deutschen ging es wieder besser als 1982, die Mark war stabil und hart, die ersten Erfolge der Steuerreform konnten vorgezeigt werden, das Erziehungsgeld und der Erziehungsurlaub waren eingeführt worden. Also eine Kombination von wirtschaftspolitischen Erfolgen und sozialpolitischen Weichenstellungen.

Im Dezember 1986, einen Monat vor der Bundestagswahl, lag die FDP in den Umfragen bei 5 Prozent und die Union bei 48 Prozent. Wie ein Blitz aus heiterem Himmel eröffnete die CSU jedoch Anfang Januar innerhalb der Koalition einen Binnenwahlkampf um die Entspannungspolitik Genschers. Angesichts der politischen Revolution, die in Ost- und Mitteleuropa inzwischen stattgefunden hat, war dies im nachhinein eine gespenstisch anmutende Debatte. Die Person von Hans-Dietrich Genscher, dem der Streit offensichtlich höchst willkommen war und der einen richtigen Krach daraus machte, rückte in den Vordergrund. Nun ging es gar nicht mehr um die Frage, ob Helmut Kohl weiterregieren, sondern wer Außenminister werden sollte: Strauß oder Genscher. Das Ergebnis war beeindruckend. Die CDU/CSU erhielt am Wahlsonntag Ende Januar gerade noch 44,3 Prozent und die FDP 9 Prozent.

Dieses Mal, also 1990, so die Sorge der CDU-Führung, drohte nun eine ähnliche Gefahr statt von weiß-blau von gelb-blau, nämlich ein Binnenwahlkampf der FDP gegen die Union. Das hatte die FDP auch angedroht. Der FDP-Bundesvorsitzende Graf Lambsdorff hatte öffentlich erklärt, wenn die Union die Steuern erhöhen wolle, sei sie im Wahlkampf für die FDP die Steuererhöhungspartei. Bei einem Vergleich mit früheren ähnlich historisch zu nennenden Ereignissen fällt einem die Geschichts- und Verantwortungslosigkeit einer solchen Argumentation besonders auf. Solon hat vor 2500 Jahren klassisch das formuliert, was eigentlich heute den Westdeutschen abverlangt wird: Auf die Frage, wie man Unrecht verhindere, antwortete Solon: »... indem sich die Unbetroffenen ebenso betroffen fühlen wie die Geschädigten.«

Das ist die Antwort auf die Frage nach dem Warum?

Die Furcht vor einem Binnenwahlkampf und die finanzpolitischen Ideologen haben verhindert, was eigentlich politisch die große Chance des Bundeskanzlers und der Union im Jahre 1990 gewesen wäre.

Für die »Steuerlüge« war doch nicht zuletzt entscheidend, daß der Bundeskanzler und Parteivorsitzende die Bereitschaft der Westdeutschen, höhere Steuern zur Finanzierung der Einheit zu akzeptieren, sehr skeptisch beurteilte. Hatte er damit unrecht?

Das war eine nachträgliche Entschuldigung Helmut Kohls. Ich kann nicht annehmen, daß er im Oktober 1990 wirklich geglaubt hat, daß die Deutschen zu Opfern nicht bereit seien.

Wenn das aber nicht der Grund war, daß Helmut Kohl den Westdeutschen und ihrer Opferbereitschaft aus einer gewissen pragmatischen Skepsis her mißtraute, weshalb dann dieses Täuschungsmanöver?

Der Vorwurf der Täuschung geht zu weit. Niemand konnte so genau wissen, daß zum Beispiel die Ostmärkte 1991 zusammenbrechen würden. Aber man hätte politisch ausdiskutieren müssen, was ohnehin alle ahnten: Ohne Steuererhöhungen geht es nicht. In jeder Wahlversammlung konnte man es hören. Das haben auch Umfrageergebnisse bewiesen. Die Leute sagten sogar: Wir sind bereit dazu. Das heißt, das Jahr 1990 hätte nicht nur das Jahr der nationalen Einheit, sondern auch das Jahr der nationalen Solidarität werden können. Das wäre der Zeitpunkt für die »Blut-, Schweiß- und Tränen«-Rede gewesen. Und für eine bewußte Absage an Seminarweisheiten in einer einmaligen, noch nie dagewesenen historischen Situation.

Richard Strauß hat einmal bei Proben zu Salome zu den Orchestermusikern gesagt: »Nur Mut, meine Herren, je falscher es klingt, desto richtiger ist es.« Aber es ist eben eine große Kunst, intelligente »Fehler« zu machen. Mit Phantasie und Mut hat die Regierung die deutsche Einheit geschaffen. In der Finanz- und Wirtschaftspolitik haben uns Mut und Phantasie verlassen.

Was Sie da beschreiben, wäre eine Komödie, wenn es nicht so tragisch wäre.

Es war vor allem tragisch für die CDU, besonders wenn ich an Hessen und Rheinland-Pfalz denke.

Die tragische Seite an der Sache ist, daß die Folgen dieser Fehler zum Teil irreparabel sind. Dieser versäumte Anfang läßt sich nicht nachholen.

Zumindest haben wir Zeit verloren. Der damit verbundene Vertrauensverlust wird irgendwann mal korrigiert werden. Aber die Erfahrungen der letzten Jahre seit der Einheit haben gezeigt, daß eine simple Fortschreibung bisheriger Entscheidungskriterien nicht mehr möglich ist. Man muß aus eingefahrenen Gleisen herauskommen und neue Wege gehen, man braucht mutige und phantasievolle Leute, nicht indische Schamanen, die in eine Art Starre fallen, wenn sie etwas Neues hören. »Gefährlich für eine lebendige Demokratie ist nicht der Wandel, sondern die Erstarrung«, sagt Jürgen Rüttgers in seinem Buch »Dinosaurier der Demokratie«. In der Sozialpolitik haben wir mit dem Umbau des Sozialstaates einen Neuanfang gemacht. Das sollte fortgesetzt werden durch die Beteiligung der Arbeitnehmer an der durch Lohn- und Einkommenssteuer finanzierten Vermögensakkumulation, vor allem in Ostdeutschland. Für unsere wirtschaftliche Zukunft wird auch entscheidend sein, ob wir die Kraft haben, einen ökologischen Generationenvertrag mit umweltverträglicher Kreislaufwirtschaft zu schließen und statt der Erhöhung der Einkommens- und Lohnsteuer und der Lohnnebenkosten umwelt- und energiebezogene Steuern durchzusetzen, Bildung und

Kreativität als Produktionsfaktoren der Zukunft und gesteuerte Zuwanderung zu fördern, um den drohenden Generationenkonflikt der Zukunft zu verhindern.

Und wie oft wird aus solchen Vorschlägen, denen ja viele Nachdenkliche in allen Parteien zustimmen, praktische Politik gemacht?

Ich habe vorhin von der Phantasie gesprochen. Albert Einstein hat einmal gesagt, Phantasie ist wichtiger als Wissen. Das Wissen sei begrenzt, aber die Phantasie umfasse das ganze Universum. Was wir in dieser historischen Situation brauchen, sind Frauen und Männer mit Phantasie, mit Mut und mit der Sehnsucht nach einer besseren Weltordnung. Als junger Mann habe ich, wie viele andere auch, Antoine de Saint-Exupéry gelesen. Ein Satz von ihm hat mich schon damals besonders berührt: »Wenn Du ein Schiff bauen willst, dann trommle nicht Männer zusammen, um Holz zu beschaffen und Arbeiten einzuteilen, sondern lehre die Männer die Sehnsucht nach dem weiten, endlosen Meer.« Heute müßte man sagen: Wenn Du ein Land und eine Welt zusammenbauen willst, dann höre nicht auf die Leute von gestern, sondern fördere die Phantasie, die wichtiger ist als Wissen, die Phantasie, neue Wege zu gehen, und vertraue auf die Hochherzigkeit der Menschen.

Der Industriestandort Bundesrepublik insgesamt gerät ins Trudeln, wir sprechen noch gar nicht von der weicher werdenden Mark. Wie lassen sich da, bitte, traditionelle Industriestrukturen im Osten retten?

Ich gebe die innere Einheit nicht verloren. Der Kampf um neue Arbeitsplätze und gegen die Arbeitslosigkeit wird die Entscheidung bringen. Ich möchte noch einmal etwas zu den industriellen Kernen sagen. Die industriellen Kerne zu erhalten, ist klassische Erhard-Politik. Das Ruhrgebiet wurde und wird auch saniert. Wegen Rheinhausen jedoch zittert die Nation, nicht aber wegen Eisenhüttenstadt. Wir haben über Jahrzehnte hindurch Kohle und Stahl durch staatliche Interventionen subventioniert, genauso die Werften und die Landwirtschaft. Das macht die Menschen im Osten natürlich bitter, wenn wir heute bestimmte Industriebereiche in der Chemie, in der Textilbranche, im Bausektor, beim Stahl, nach anderen Maßstäben bemessen. Man kann nicht sagen: Was im Ruhrgebiet recht war, ist für Eisenhüttenstadt nicht billig. Das ist der politische Fehler der Marktideologen.

In Wahrheit sind die jetzt notwendigen Hilfestellungen mit der Sozialen Marktwirtschaft völlig vereinbar. Wenn im Westen bisher im Winter Betriebe nicht mehr arbeiten konnten, beispielsweise in der Baubranche, weil der Boden gefroren war, dann wäre es Unsinn gewesen, diese Betriebe pleitegehen zu lassen. Infolgedessen gibt es Kurzarbeiter- und Schlechtwettergeld. So können solche Betriebe samt ihren Arbeitnehmern überwintern. Für den Osten brauchen wir ein politisches Schlechtwettergeld, d. h. Kreditgarantien, Sanierungshilfen, Sozialpläne, Lohnkostenzuschüsse, Investivlöhne und AB-Maßnahmen, allerdings nicht für einen Winter, sondern für zwei oder drei Jahre, in denen die betreffenden Unternehmen die Marktchancen erarbeiten können. Packen sie es nicht, müssen sie aufgeben. Aber erst dann.

Betrifft: Zukunft der Arbeitsteilung

Wir brauchen eine internationale Soziale und Ökologische Marktwirtschaft, keinen willkürlichen, sondern einen geordneten Wettbewerb. Zum Beispiel werden Zuliefererprodukte für die Autoindustrie, wie Auspuffe, Katalysatoren, Inneneinrichtungen, Autoradios schon aus Kostengründen in andere Länder, zum großen Teil außerhalb Europas, verlagert. Dies wird man nicht verhindern können. Es schafft Arbeitsplätze in den Niedriglohnländern. Doch das muß nicht heißen, daß deswegen in Deutschland oder in Europa die Arbeitsplätze verlorengehen müssen. Es werden arbeitsteilig bei uns neue Arbeitsplätze entstehen, die in den Ländern der Dritten Welt nicht geschaffen werden können.

Die Prognos AG beschreibt in einer Untersuchung die Arbeitslandschaft in Deutschland im Jahre 2010, und zwar nach Umfang und nach Tätigkeitsprofilen. Einige Beispiele: Die produktionsorientierten Tätigkeiten wie Reparieren, Maschinen einrichten und warten, Herstellen von Maschinen werden von fünfunddreißig Prozent im Jahre 1985 auf achtundzwanzig Prozent im Jahre 2010 zurückgehen; die Handelstätigkeiten werden ungefähr gleich bleiben, ebenso die allgemeinen Dienste wie Reinigen, Bewirten, Lagern, Transportieren, Sichern; die Bürotätigkeiten werden um ungefähr vier Prozent zurückgehen. Dagegen werden die sekundären Dienstleistungen zunehmen: Forschen und Entwickeln von 5,1 Prozent im Jahre 1985 auf 7,2 Prozent, im Jahre 2010; das Organisieren und Managen von 5,8 auf 9,4 Prozent und den größten Sprung machen die Tätigkeiten des

Betreuens, Beratens, Lehrens, Publizierens von 11,9 Prozent im Jahre 1985 auf 18 Prozent.

Es wird Arbeitsplätze geben müssen, die kreativ orientiert sind. Wir haben heute keinen Mangel an Computern, an Chips und Megachips, aber einen Mangel an Menschen, die diese Computer programmieren können. Dafür genügt es nicht mehr, wenn einer Informationstechnik und Mathematik studiert hat. In der Zukunft werden wir immer mehr Leute brauchen, die kreativ begabt sind, die schöpferisch tätig sein können.

Jean-Jacques Servan-Schreiber behauptet sogar, daß sich beim Suchen der Machtzentralen auf der Weltkarte der Zukunft der Blick nicht mehr darauf richte, wo die Raketen stünden, die Industriezentren lägen, sondern die entscheidende Frage sei: Wo sind die Mächte der Kreativität? Die Förderung der musischen Fächer, wie Musik, Malerei und Dichtung, wird an den Schulen genauso wichtig werden wie Mathematik und Deutsch. Hier wird auch über zukünftige Arbeitsplätze entschieden.

Und nach der Schlechtwetterphase werden die blühenden Landschaften sichtbar?

Der Frühling wird auch in der Politik kommen. Aber später als nötig. Und bis dahin wird es noch ziemlich hageln.

Wäre es besser gewesen, ein eigenes Ministerium für die Aufgaben der Vereinigung einzurichten?

Ja, das mindeste wäre gewesen, daß man eine zentrale Stelle in der Regierung geschaffen hätte, ein Aufbauministerium oder ähnliches, das für die Umsetzung des Einigungsvertrages die politische Verantwortung gehabt hätte. Diesem zentralen Aufbauministerium hätte man dann auch die Treuhand unterstellen müssen. Ein Geburtsfehler der Treuhand war es, daß sie beim Finanzministerium landete. Dadurch bekam die Treuhand statt einer wirtschaftspolitischen eine fiskalische Zielsetzung. Das heißt, sie sollte das ganze Industrievermögen eben möglichst gewinnbringend privatisieren.

Und wurde gleichzeitig ein intransparenter Staat im Staat.

Richtig. Sie hatte eine schwierige Aufgabe, war aber politisch falsch programmiert. Durch die Ablehnung der Steuererhöhung ist, wie wir gesehen haben, eben auch die Finanzpolitik durcheinandergeraten.

Die Arbeitsmarktpolitik hat funktioniert. Norbert Blüm war neben Wolfgang Schäuble der erfolgreichste Minister der Einheit. Er hatte ein Konzept: arbeitsplatzsichernde Maßnahmen, Beschäftigungsgesellschaften, AB-Maßnahmen, Fort- und Weiterbildung, berufliche Rehabilitation. Er ist an der Rezession des Jahres 1993 nicht schuld. Er muß die Arbeitslosen bloß bezahlen.

Zu denen, die dieses Problem früh gesehen haben, gehörte nach unserem Eindruck der Bundespräsident. Dem Wort Willy Brandts, daß zusammenwächst, was zusammengehört, hat Richard von Weizsäcker entgegengehalten, es dürfe aber nicht zusammenwuchern. Er schien ziemlich verzweifelt nach Politikern Ausschau zu halten, die nach politischen Alternativen suchten. In der politischen Landschaft gab es aber nur eine angedeutete Alternative, die von dem formuliert wurde, der zugleich der Kandidat der Opposition im bevorstehenden Wahlkampf war, Oskar Lafontaine. Das hat die Arbeit nicht erleichtert. Ursprünglich war ja auch der Bundeskanzler kein Advokat der eiligen Vereinigung. Er, aber auch Weizsäcker und anfangs Brandt dachten an einen Zeitraum von etwa zehn Jahren. Der 10-Punkte-Plan war im Grunde noch ein Dokument der Vorsicht.

Ja, aber das Tempo war vor allem außenpolitisch bedingt. Alle hatten Angst vor den Sowjets. Das war ja eine heikle Geschichte.

Sie meinen die Sorge, die Sowjetunion könnte gegen die Vereinigung intervenieren?

Der Eindruck war da, daß die Sowjets ihre Pflöcke schon eingeschlagen hatten. Da gab es den Brief aus der Zeit, in welcher der Einigungsvertrag verhandelt wurde und in dem gefordert worden war, daß an den Vermögensverhältnissen, die von den Besatzungsmächten geschaffen worden waren, nichts geändert werden dürfe. Deswegen blieb die ganze Landreform der Jahre '45 bis '49 unangetastet. Das wurde in Bonn als Warnschuß empfunden. Es gab immer die große Angst: daß von Moskau Schwierigkeiten für die Vereinigung entstehen könnten.

Es ist eine Illusion, zu glauben, das hätte in zehn Jahren zusammenwachsen können. Allein wegen der großen Anzahl von Übersiedlern nach dem Fall der Mauer. Das hat einen langfristig angelegten Vereinigungsprozeß unmöglich gemacht. Sonst hätte man die Mauer stehenlassen müssen. Das stand aber nicht im Belieben der politischen Führung. Die Mauer ist ja aufgrund einer Unvorsichtigkeit der SED-Führung gefallen, das war kein politisch geplanter Akt. Um nochmal den langsam zu Tode gekauten Satz zu wiederholen: Entweder man bringt die D-Mark nach Osten, oder die Leute laufen zur D-Mark. Das war damals die Alternative.

Und heute laufen die Leute doch wieder zu den Arbeitsplätzen im Westen.

Zum Teil. Das kritisiere ich nicht. Aber zu glauben, man hätte das lange hinauszögern können, halte ich für ein Märchen. Helmut Kohl hat lange Zeit gezögert und nicht daran geglaubt, daß es so schnell ginge, wie andere auch. Überlegungen, die anstehende Bundestagswahl als gesamtdeutsche Wahl zu veranstalten, stießen bei ihm damals auf Skepsis und Widerstand. Er wollte zunächst einmal die Bundestagswahlen in Westdeutschland gewinnen und dann von diesem sicheren politischen Fundament aus die gesamtdeutschen Wahlen angehen, die frühestens im Frühjahr 1991 stattfinden sollten. Bis Ende Februar oder Anfang März 1990 waren die meisten in der CDU-Führung der Auffassung, daß die CDU in den neuen Ländern keine große Chance habe. Die Öffentlichkeit rechnete mit einem hohen Sieg der SPD bei den Wahlen zur Volkskammer am 18. März. Den Sieg der CDU hätte man aber ahnen können, weil im Wahlkampf Zehntausende und Hunderttausende zu den CDU-Veranstaltungen kamen, zum Beispiel zum Bundeskanzler nach Dresden. Zu Willy Brandt in Magdeburg waren viel weniger gekommen. Ich selber staune immer noch, mit innerer Beklemmung, über den erwartungsfrohen, hoffnungsvollen Aufbruch von Zehntausenden von Menschen, den ich selbst zum Beispiel in Zeitz, Plauen oder Bad Frankenhausen erlebt habe. Vor allem erinnere ich mich an den 16. Februar in Dessau: Ich glaube, da waren sechzigtausend Leute auf dem Platz. Es gibt doch die Geschichte von dem Rattenfänger von Hameln, wo die Kinder überall aus den Straßen laufen. So habe ich das auch gesehen. Ununterbrochen strömte es, und alles war schwarz von Menschen. Es war schon dunkel gewesen, und es quoll aus den Gassen und aus den Straßen, schweigend, still, kein Ton war zu hören auf diesem riesigen Platz. Und dann hörten sie andächtig zu in eisiger Kälte, fast wie in einer Kirche, und immer wieder gab es Beifall. Ich bin damals tief beeindruckt nach Berlin zurückgefahren. Ich war sehr frühzeitig der Auffassung, daß wir in der alten DDR einen großen Wahlsieg bekommen würden.

Ich fürchte, daß heute die erwachsenen »Kinder« von damals in den Politikern des Westens die Rattenfänger von ehedem sehen. Das ist gewiß bitter und ungerecht, und man wird an ein Wort von Erich Kästner erinnert, der einmal gesagt hat, wer das Schöne im Leben vergißt, wird böse, und wer das Schlechte im Leben vergißt, wird dumm. Die Westdeutschen beginnen zu vergessen, daß sie etwas sehr Schönes gehabt haben, nämlich das Glück, nach 1945 in einer Demokratie zu leben und als freie Menschen ihren Staat wieder aufbauen zu können. Die Ostdeutschen beginnen immer mehr zu vergessen, in welchem Staat sie noch vor vier Jahren gelebt haben und daß man nicht in vier Jahren das erreichen kann, wozu andere doppelt oder dreifach so lange gebraucht haben. Und da im Osten und im Westen immer mehr das Gute und das Schlechte vergessen, laufen wir Gefahr, ein bösartiges und dummes Volk zu werden.

Aber zurück zu den schönen, fast berauschenden Wochen und Monaten der Einheit im Jahre 1990. Am Abend des 18. März, nachdem die »Allianz für Deutschland« bei der Volkskammerwahl 48 Prozent bekommen hatte und Lothar de Maizière Ministerpräsident geworden war, sah alles anders aus als ursprünglich befürchtet. Die Skepsis wich einer optimistischen Lagebeurteilung. Die möglichst rasche Verwirklichung der Einheit, die Ausrichtung der nächsten Bundestagswahl als gesamtdeutsche Wahl wurden zu kurzfristigen Zielen der Politik. Vierzig Jahre verläßliche Freundschaft in der NATO, das Glück der Geschichte in der Gestalt Michail Gorbatschows und der bis dahin exotische Artikel 23 des Grundgesetzes, waren die Bedingungen für den beispiellosen Erfolg dieser Politik, die mit dem 3. Oktober einen einsamen und ergreifenden Höhepunkt erreichte. Von da an ging es erstmal bergab.

War diese euphorische Vereinigungsphase der Zeitraum, in dem der Bundeskanzler entschied: Ich mache das alleine, ohne die SPD? Oder folgte Helmut Kohl von Anfang an seinem Vorbild Konrad Adenauer und dessen Prinzip: Die großen historischen Fragen Deutschlands entscheiden wir ohne die Sozialdemokratie?

Ich glaube, er hat die deutsche Einheit auch als eine persönliche Mission betrachtet.

Könnte der eigentliche politische Geburtsfehler der Einheit nicht gerade darin liegen, daß die Sozialdemokraten an der Gestaltung dieses Prozesses bewußt nicht beteiligt wurden? In vielen Fällen brauchte man die Opposition, ob zur verfassungsändernden Mehrheit im Bundestag oder zur einfachen Beschlußfassung im Bundesrat, aber die Gemeinsamkeit ist ungeheuer schwer herzustellen.

Der Einigungsvertrag wurde mit den Sozialdemokraten gemacht. Nur in einem Punkt hatte man sich nicht geeinigt, nämlich beim Paragraphen 218. Daß am 3. Oktober 1990 mit einem Schlag alle westdeutschen Gesetze mit einigen Modifikationen auch in Ostdeutschland in Kraft traten, lag aber an den Liberalen, am Justizministerium, genauer am damaligen Justizstaatssekretär Kinkel, der sich gegen Wolfgang Schäuble in diesem Punkt ebenso durchgesetzt hatte wie bei der Eigentumsregelung »Rückgabe vor Entschädigung«. Die nationale Einheit begann zu dominieren auf dem Rücken der Landsleute im Osten, denen man in weiten Bereichen die alten DDR-Gesetze hätte lassen können, die für eine Übergangszeit brauchbar waren.

Das könnte man auch so übersetzen: Wenn man nur Rahmengesetze im Einigungsvertrag stehen hat, hätte man die

Zeit gehabt, in einer gründlichen Verfassungsdebatte eine neue gemeinsame Konstitution für das neue, wiedervereinte Land zu erarbeiten oder sich auf das modifizierte Grundgesetz neu zu verständigen, in einem demokratischen Akt. Was Sie sagen, läuft also auf einen grundsätzlich anderen Ansatz hinaus.

Nein, das nicht. Aber für den Osten hätte vor allem für die Verwaltung und die Justiz eine Rahmengesetzgebung genügt. Unterschiedliches Recht in einem einheitlichen Nationalstaat war aber für Nationalliberale und Nationalkonservative nicht vorstellbar. Zum raschen Beitritt zum 3. Oktober über den Artikel 23 gab es keine vernünftige Alternative. Aber die totale Rechtsangleichung von den Bürgerbeteiligungsverfahren bis zur Lastenaufzugsverordnung war keine zwingende Konsequenz aus Artikel 23.

Änderungen der Verfassung, auch in wichtigen Fragen, wären auch auf der Basis des Beitrittsartikels 23 zu machen gewesen, ohne die Verfassung von Grund auf zu erneuern. Die Rückgabe von Eigentum, an die bis zur Revolution im Oktober '89 niemand im Westen auch nur einen Gedanken verschwendet hatte, hätte man den Revolutionären des Jahres 1989 ersparen müssen. Dieser Teil des Einigungswerkes war psychologisch monströs.

Politisch drückt die deutsche Frage wegen der Finanzierungsschwierigkeiten wichtige, ja existentielle andere Probleme, deren Lösung etwas kostet, an den Rand: Umweltschutz, Altersarmut, Entwicklungshilfe, ja sogar die Arbeitsmarktpolitik hat darunter zu leiden. Ich wage vorauszusagen, daß dies für die nächsten Jahre so bleiben wird.

Was einen an Ihrer Darstellung fast verblüfft, ist der nahezu ungebrochene Glaube an die Machbarkeit und Steuerbarkeit von Politik. Demgegenüber haben offenbar viele in der Politik bereits resigniert. Auf die problemlösende Kraft politischer Konzepte vertrauen nur noch wenige, da werden Sie zum einsamen Rufer in der Wüste.

Es gehört schon fast zum Gesetz der Serie, daß diejenigen, die an der Macht und an der Regierung sind, nach Ablauf einer bestimmten Zeit nicht mehr gut regieren können. Damit ist noch nicht gesagt, daß generell nicht regiert werden kann, das wäre ja noch schöner. Es kommt auch auf die Sachgebiete an. In der Wirtschaftspolitik oder Umweltpolitik ist nationale Politik immer schwerer möglich. Um den Satz von Daniel Bell zu zitieren: Der Nationalstaat ist für die Lösung der großen Probleme zu klein und für die Lösung der kleinen Probleme zu groß geworden. Das wird sich tendenziell noch verstärken.

Was die Steuerbarkeit der politischen Prozesse angeht, ist auch das zunächst eine inhaltliche Frage. Die Probleme sind heute komplex und komplexer geworden. Das bedeutet aber nicht, daß man sie nicht bewältigen kann. Der Fehler, den die Politik heute meistens macht, besteht in dem zum Scheitern verurteilten Versuch, auf komplexe Probleme pauschale Antworten zu geben, also etwa »Tschernobyl ist überall«, »das Boot ist voll«: simpel aber falsch. Bemüht man sich heute aber, auf unserem hohen Wissen- und Informationsstand, auf komplexe Probleme auch differenzierte Antworten zu geben und sie in einer verständlichen Sprache zu vermitteln, dann ist Politik nach wie vor steuerbar. Rhetorik allein reicht nicht, sagt Erwin Teufel, denn die Aufgaben, Umstände, Verhältnisse sind unübersichtlicher, schwieriger, undankbarer geworden. Man wird sich dabei auf das Wesentliche konzentrieren müssen. In das, was die Kommunen machen können, muß sich nicht unbedingt Mainz oder Stuttgart einmischen. Was die Mainzer oder Stuttgarter Landtage und Landesregierungen erledigen können, das muß nicht unbedingt Bonn machen. Das heißt: Wenn man als Instrumentarium oder Ordnungsprinzip der Steuerbarkeit politischer Prozesse in einer komplexen Gesellschaft den Subsidiaritätsgedanken ernst nimmt – der Föderalismus ist nicht anderes als eine Unterart des Subsidiaritätsgedankens –, wenn man dieses Prinzip realisiert, dann bleibt Politik gestaltbar. Politik ist jedoch dann nicht mehr steuerbar, wenn versucht wird, alles zentralistisch an einer Stelle zu regeln.

Es gibt einen – gewiß sehr theoretischen – Diskurs über Demokratie in modernen Gesellschaften, der in andere Richtungen zielt. Dabei empfehlen die einen beinahe eine Rückkehr zum Ständestaat im Hegelschen Sinne. Starke Korporationen müßten entscheiden, wozu schwache Regierungen nicht mehr in der Lage seien. Die anderen plädieren für neue Formen der Mitsprache, also für eine zeitgemäß definierte »Volkssouveränität«. Helmut Willke beispielsweise plädiert unter dem Titel »Ironie des Staates« für eine »neue Bescheidenheit der Politik«. Der Staat solle sich auf die Rolle des Supervisors beschränken. Entwickelte Wohlfahrtsgesellschaften seien »in mancher Hinsicht bereits außer Kontrolle geraten, und es scheint an der Zeit zu sein, sich nach angemessenen Formen der Steuerung hochkomplexer Systeme umzusehen«. Hans Magnus Enzensberger zu guter Letzt meint ironisch, Politik sei alles, was nicht in der »Tagesschau« gemeldet wird, und sie vollziehe sich einfach außerhalb der Zentralen.

Die Korporationsthese läuft auf eine Diktatur hinaus. Der jeweilige Stand, die jeweilige soziologische Gruppe hat keine Legitimation, selbst wenn sie sich demokratisch organisiert, über allgemein politische Fragen zu entscheiden. Manchmal hat man den Eindruck in der Soziologie, da hat einer eine interessante Doktorarbeit mit einer unsinnigen Thematik irgendwie zur Habilitation ausbauen und hinterher noch zu einem glücklichen Ende führen wollen. Das ist mir zu apodiktisch mit der »Abdankung des Staates«. Ich sehe die Menschheit und die Welt nicht am Rande des Absturzes ins Chaos oder gar schon mitten im freien Fall. Es hat seit dem letzten Weltkrieg viele positive Prozesse gegeben. Es gab auch negative Entwicklungen: das globale Bevölkerungswachstum, die Zunahme der Armut in der Welt, der Fundamentalismus, die drohende Ökokatastrophe. Aber es gibt heute mehr als doppelt so viele Demokratien als noch vor dreißig Jahren, der stalinistische Kommunismus ist zerbrochen, die atomare Bedrohung ebenso kleiner geworden wie die Zahl der Militärdiktaturen. Der weltweite und rasant zunehmende Kommunikationsverbund bringt mehr Vorteile für Frieden und Menschenrechte als Nachteile durch Manipulation und Überfrachtung. Die Gentechnologie und medizinischer Fortschritt eröffnen ungeahnte Chancen, um mit den negativen Entwicklungen fertig zu werden – wenn wir nur wollen.

Das Beispiel Jugoslawien – und das ist nur eins, wenngleich ein gefährlich naheliegendes – läßt uns an den Grundlagen dieses Zivilisationsoptimismus ein wenig zweifeln.

Was wir jetzt im früheren Jugoslawien, in Armenien, Aserbaidschan, Georgien erleben, sind die letzten

Zuckungen eines verendenden Monstrums, des sowjetimperialistischen Reiches, das auseinandergeflogen ist. Es gibt Teile dieses Monsters, die noch nicht ganz tot sind. Einige abgehauene Köpfe des Drachens können nachwachsen, weil Europa und die NATO schlafen. Wir erleben den Zerfall eines ideologischen Imperiums, dessen Teile jetzt sozusagen auf ihre tribalistische Identität zurückfallen. Sei es, um von der zentralistischen Macht loszukommen, sei es aus fast atavistischen Gründen, wie zur Zeit in Serbien.

Und woher kommt die Gewaltbereitschaft bei uns? Das gesellschaftliche Klima ist nicht so friedlich, wie es vor zehn Jahren noch war. 49 Tote als Opfer von rechtsradikalen Jugendlichen allein seit der Vereinigung, so lautet die traurige Bilanz bei Redaktionsschluß für dieses Buch.

RAF, Startbahn West, Wackersdorf, Gorleben, Berliner und Bremer Randale waren auch keine Fronleichnamsprozessionen. Aber das alles sagt nichts gegen die Demokratie.

Aber gegen Ihren anthropologischen Optimismus.

Ich hoffe nicht. Der Hintergrund der rechtsradikalen Gewalt ist komplex. Die Untersuchung der Bundesministerin Angela Merkel über fremdenfeindliche Gewalt hat Bemerkenswertes zutage gefördert. Über siebzig Prozent der Tatverdächtigen sind jünger als zwanzig Jahre und, nebenbei gesagt, nur vier Prozent weiblich. Vielleicht sollte man auch mal darüber nachdenken, daß eine Gesellschaft, in der die Frauen mehr zu sagen hätten, besser, friedlicher, moderner und bürgernäher wäre. Nur eine Minderheit der Täter kommt aus zerbrochenen Familien oder asozialen Randgruppen. Der auffällige Unterschied zur linksradikalen Szene, und das muß erst recht nachdenklich machen, besteht darin, daß diese Jugendlichen nicht eine gemeinsame soziale Herkunft, sondern eine breite gesellschaftliche Streuung aufweisen und sie durch diffuse Gefühle und Vorstellungen einer generellen Bedrohung und Benachteiligung der Deutschen gegenüber den Ausländern geeint werden. Bestätigt wird in der Untersuchung, was ich immer gesagt habe, daß auch die öffentliche Thematisierung der Ausländerproblematik durch die Politik zu einer Enttabuisierung der Ausländerfrage geführt hat und die fremdenfeindlichen Gruppierungen sich nicht mehr ausgegrenzt und stigmatisiert, sondern vermeintlich als Avantgarde einer breiteren Bewegung fühlten. Mit anderen Worten: Sie glauben, daß sie nur das exekutieren, was andere für richtig halten. Über die Fehler der Verwaltungsorganisation und der Strafverfolgungsbehörden will ich jetzt gar nicht reden. Aber das alles muß nicht so sein. Daß die Roma in Lichtenhagen acht Tage keine sanitären Einrichtungen gehabt haben, war kein Naturgesetz, und im Elternhaus und in der Schule muß die Rückkehr zur Werteerziehung zum Thema Nummer eins gemacht werden.

Bei Ihnen paaren sich Fortschrittsoptimismus und Glauben an die Machbarkeit von Politik so stark, daß wir uns fragen, ob das vielleicht der tiefere Grund ist für manche Probleme, die Sie mit der gegenwärtigen Regierung haben? Denn Ihr Politikverständnis ist ja offenkundig das intellektuelle und politische Gegenmodell gegen das regierende Paradigma des Durchwurstelns.

Ich will Ihre Vorwürfe nicht übernehmen. Aber jedem muß seit langem auffallen, wie viele Entscheidungen immer mehr von der Regierung wegverlagert werden in Koalitionsausschüsse. Das ist ein bemerkenswerter Vorgang, weil er die verfassungsrechtlichen Organe, nämlich Regierung, Parlament und Bundesrat ganz oder teilweise ausschaltet. Wenn Jürgen Rüttgers in seinem Buch beklagt, daß Ansehensverluste in der Politik zu Qualitätsverlusten führten und man keine qualifizierten neuen Bundestagskandidaten gewinnen könne, wenn das Bild des Abgeordneten in der Öffentlichkeit negativ besetzt sei, dann hängt diese Negativspirale eben mit dem in der Öffentlichkeit erzeugten Eindruck zusammen, daß die Abgeordneten nur noch wenig zu melden haben.

Das ist eine, wie es so schön heißt, »Führungsfrage«.

Und der objektiven Schwierigkeiten, wie zum Beispiel der verfassungsrechtlichen Mehrheiten. Blauhelme, Asyl, Mafia-Bekämpfung erfordern Zwei-Drittel-Mehrheiten. Aber daß heute in der Regel Entscheidungen im Kabinett erst fallen, wenn in den Koalitionsausschüssen ein Kompromiß gefunden wird, ist verfassungsrechtlich problematisch und verfassungspolitisch auf Dauer gefährlich.

Womöglich ist es leichter im Parlament lösbar und daher ein legitimer Lösungsweg?

Bequem ja, aber legitim? Man umgeht eine Verfassungsinstanz, und das ist verfassungspolitisch problematisch. Man beschneidet im übrigen auch die Rechte des Bundesrates mit dieser Politik. Der Bundesrat hat nur noch einen Durchgang, wenn alles direkt über die Fraktionen läuft.

Vielleicht gehört auch das zur Idee.

Wenn die Regierung nicht zu Rande kommt, zum Beispiel das Justiz- mit dem Innenministerium, dann schalten sich eben die Koalitionsausschüsse ein.

Das macht jetzt in der Partei niemand mehr.

Die Partei hat etwas anderes zu tun. Sie darf sich nicht aus dem geistigen Diskurs ausklinken. Das wird vor allem von unserem CDU-Generalsekretär Peter Hintze abhängen, dem ich viel zutraue. Wir müßten uns beispielsweise längst mit dem Fundamentalismus auseinandersetzen. Wie ist unser Verhältnis zum Islam? Das Mittelmeer als Binnenmeer zwischen Arabien und Europa, zwischen Christentum und Islam, welche Konsequenzen hat das? Es reicht nicht, zu Tagesfragen wie innere Sicherheit Begleitpapiere der Partei zu verabschieden. Richtig ist, über die Ursachen der Gewalt zu diskutieren und die Bildungspolitik nach vorne zu bringen, wie auf dem Berliner Parteitag, wobei die Bildungsinhalte wichtiger sind als die Bildungsorganisation.

Aber die Frauenpolitik ist steckengeblieben. Für das Zusammenleben mit Ausländern brauchen wir gesellschaftspolitische Vorgaben, zumindest eine intensive Diskussion darüber, wie die Gesellschaft von morgen aussehen soll, multikulturell, homogen, tolerant, gleichberechtigt! Die Diskussion um das Grundsatzprogramm droht eine parteiinterne Angelegenheit zu bleiben. Wer sie, wie Biedenkopf, öffentlich führt, darf nicht auf apparatschikhafte Ablehnung stoßen. Welchen Beitrag kann die Partei leisten, um die innere Befindlichkeit der Ostdeutschen nach dem Umbruch besser zu verstehen und Ratlosigkeit, Entwertungsgefühle und Wertevakuum zu überwinden? Der Hungerstreik in Bischofferode, um noch einmal auf ihn zurückzukommen, war weniger ein sozialer als vielmehr ein seelischer Notruf.

Die psychischen Folgen der Arbeitslosigkeit sind sicher das zentrale Problem, aber es gibt viele andere.

Ich sehe einen ganz kritischen Punkt in den Verständigungsschwierigkeiten zwischen West- und Ostdeutschen. Nur elf Prozent der Westdeutschen haben, einer Umfrage zufolge, seit der Einheit einen Ostdeutschen kennengelernt. Das bedeutet, daß 89 Prozent überhaupt nie einen Kontakt mit Ostdeutschen hatten. Ich fürchte, es ist umgekehrt fast noch schlimmer. Denn wenn die Ostdeutschen überhaupt Westdeutsche kennen, dann ist das inzwischen für viele wie bei einer Okkupation. In der zweiten Welle kam die »Etappe«, da haben sie die westdeutschen »Absahner« kennengelernt. Das habe ich oft von den Leuten im Osten zu hören bekommen. Mein ältester Sohn war gerade in Dresden, da wurde ihm auch erzählt, wie die Ostdeutschen zum Beispiel von westdeutschen Versicherungen gnadenlos und brutal ausgenommen worden sind.

Die Gründe für die Verständigungsschwierigkeiten liegen auf der Hand. Die Ostdeutschen haben vor der Einheit die westdeutsche Glitzerwelt von ZDF und ARD im Fernsehen gesehen, haben sich riesig gefreut, daß sie nun dazugehören, und dann kam die kalte Dusche. Jetzt finden sie sich in der Realität einer marktwirtschaftlichen Situation wieder, auf die sie seelisch nicht vorbereitet waren und der sie noch nicht gewachsen sind. Die Jugendforscher Christian Palentien, Käte Pollmer und Klaus Hurrelmann haben in einer Untersuchung über die Lebensperspektiven ostdeutscher Jugendlicher, die in der *Parlaments*beilage »Aus Politik und Zeitgeschichte« abgedruckt worden ist, von einer diffusen Verunsicherung berichtet: Die großen Lebensträume, die mit der Vereinigung verbunden waren, seien einer nüchternen bis skeptischen Einschätzung gewichen. Die ostdeutschen Eltern, deren Bezugsrahmen weggebrochen sei, könnten den Jüngeren Erfahrungen, Orientierungen und Lebensstrategien nicht mehr vermitteln. Alle früheren DDR-Bewohner, nicht nur Jugendliche, hätten mit Minderwertigkeitsanwandlungen zu kämpfen, sagt Friedrich Schorlemmer. Was für wert gehalten oder erklärt wurde, gelte plötzlich nicht mehr. Die Folge seien umfassende Orientierungsverluste, und ganze Lebensgebäude brächen zusammen, wie der Hallenser Psychotherapeut Maaz berichtet.

Diese Entwicklungen in Ostdeutschland können einen schon umtreiben. Wer füllt dieses seelische und geistige Vakuum aus? Die CDU ist es leider nicht. Aber andere genausowenig.

Die innere Einheit leidet auch unter dem Dilemma, das in der »Versöhnungsoffensive« von Lothar de Maizière, Hartmuth Perschau und Peter Michael Diestel gegenüber der SED und in dem schon fast verzweifelten Widerstand von Bürgerrechtlern wie Arnold Vaatz auf der anderen Seite zum Ausdruck kommt. Er und andere empfinden die Behauptung, in den neuen Bundesländern würden Millionen Menschen wegen ihrer »Systemnähe« zur alten DDR ausgegrenzt, als blanken Hohn.

Die Wirklichkeit sei gerade umgekehrt: Wer auf der Sonnenseite war, sei wieder dort angelangt. Ehemals Parteilose oder aus anderen Parteien Kommende hätten zum Beispiel in der Wirtschaft und in der Verwaltung nach wie vor die geringeren Einstellungs- und Aufstiegschancen, weil ihnen nach Auffassung der meisten Personalchefs die Leitungserfahrung fehle, die alte Genossen vorweisen könnten. Wer aber, so lautet die gallenbittere Anklage von Arnold Vaatz, wegen seines geraden Wesens damals auf der finsteren Seite der DDR-Welt gelandet war, der habe sich damit abzufinden, daß dieser Zustand auch in der neuen Zeit anhält. Ausgegrenzt bleibe der Nein-Sager von vor 1989, und der sei dem Ja-Sager von früher in der Regel unterlegen, weil er das nicht gemachte Abitur, das nicht absolvierte Studium, die nicht gewonnene Führungserfahrung nie wettmachen könne, und deswegen sei er heute auch weit überproportional von Arbeitslosigkeit betroffen.

Ich finde das alles ganz furchtbar, aber bin auf der anderen Seite auch der Auffassung, daß man ein Volk nicht auf die Dauer in Schuldige und Unschuldige einteilen kann. Das muß ja nun nicht heißen, daß die CDU als erste Partei ihre Tore für ehemalige SED-Mitglieder öffnet.

Zu den »Verständigungsschwierigkeiten« gehört aber auch die unterschiedliche Vorstellung darüber, was Rechtstaat und Demokratie für den politischen Alltag bedeuten. Was die Seites, die Krauses und andere für politische »Altlasten« der »Wessis« halten, sind für uns wichtige Errungenschaften der westlichen Demokratie. Das belastet den Prozeß der Einheit in der Tat sehr. Diese Auseinandersetzung findet, verdeckt, in der FDP statt, die CDU müßte das Problem aber auch plagen.

Es fehlen die vierzig Jahre Demokratie, die wir im Westen hatten. Die Ostdeutschen sollen in zwei Jahren die ganzen Erfahrungen nachholen, die wir mit der Demokratie gemacht haben. Erfahrungen, die mit heftigen Auseinandersetzungen über die Liberalität des Staates und über den Rechtsstaat verbunden waren, die ganze Notstandsgesetzgebung zum Beispiel, als es wirklich um die Liberalität des Rechtsstaates ging. Das fehlt ihnen. Das war aber meinungsbildend bei uns. Streit und Auseinandersetzung im positiven Sinne, nicht zuletzt 1968. Auch die Skandale, die verarbeitet worden sind, hatten nicht nur negative Wirkung. Daß Minister und Regierungschefs zurücktreten mußten, von Franz Josef Strauß und Willy Brandt bis zu Uwe Barschel, daß ganze Regierungen gestürzt sind, das war auch eine positive Erfahrung. Damit wurde bewiesen: Die Demokratie funktioniert, sie reagiert, sie korrigiert.

Das alles haben die Ostdeutschen gar nicht erfahren können. Sollen sie das in zwei Jahren alles sich einverleiben können, wozu wir vierzig Jahre gebraucht haben? Wie soll das gehen? Die ganze ostdeutsche Bevölkerung ist aufgewachsen in dem künstlichen Antagonismus, den uns die 68er in Westdeutschland allerdings auch beschert haben, nämlich in dem Antagonismus Sozialismus gegen Faschismus. Nur mit einem völlig umgekehrten Ergebnis. Im Westen wurde der Versuch unternommen, den Sozialismus aufzuwerten und die Antisozialisten abzuwerten, indem jeder, der nicht für den Sozialismus war, kontradiktorisch zum Faschisten gestempelt wurde. Die Totalitarismus-These war durch die Sozialismus-Faschismus-Konfliktthematik abgelöst worden. Im Osten haben die Leute de facto genau dasselbe erlebt, allerdings real. In der SED-Propaganda war der Faschismus das absolut Schlechte, und der Sozialismus war das absolut Gute. In der Realität haben sie es jedoch umgekehrt erlebt. Da war der Sozialismus das absolut Schlechte: das Unterdrückungssystem, die Stasi, soziale Minderwertigkeit, die Ausbildung von Kindern und Schülern an der Waffe, die ständige Angst vor Gängelei. Infolgedessen ist plötzlich das mentale und ideologische Gegenteil, der Faschismus, in den Augen der Leute möglicherweise nicht so schlimm. Das hatte eine bewußtseinsbildende Prägung.

Der Boden ist dann bereitet für alte Vokabeln, die früher im rechten Bereich auch verwendet worden sind. Deswegen kommt dem einen oder anderen Ostdeutschen das Wort »Volksgenosse« oder etwas Ähnliches leichter über die Lippen als einem Westdeutschen. Honecker begründet bis heute seine Untaten damit, daß er den Faschismus bekämpft und verhindert habe. Infolgedessen wurde der Faschismus, im Wege des *argumentum e contrario*, etwas gar nicht so Schlimmes. Neonazis aus dem Westen haben dazuhin den Rechtsextremismus im Osten organisiert.

Nach der Erfahrung des real existierenden Sozialismus hatte der historische Faschismus für viele psychologisch seinen Schrecken verloren. Der Obrigkeitsstaat war aber doch nichts Angenehmes. Die Ostdeutschen haben darunter gelitten. Daß jetzt trotzdem der Obrigkeitsstaat verlockt, erscheint dann doch ziemlich widersprüchlich.

Ja. Aber es war Ordnung da.

Es war der Sozialismus, der störte, aber nicht das Obrigkeitsstaatliche?

So ist es. Die Deutschen sind so obrigkeitswidrig gar nicht. Sie haben schon gern, wenn Sauberkeit und Ordnung herrschen.

Das wäre dann quasi die Schokoladenseite des Sozialismus gewesen.

Ich war vor einiger Zeit bei einem Ortsvorsitzenden der CDU in einer Bergbaugemeinde in Sachsen. Ich machte bei ihm Mittagspause. Er zeigte mir seine Alben und seine Orden. Er war Braunkohlearbeiter und hatte sich emporgearbeitet, ein verdienter »Held der Arbeit«. Er hatte mehrere sozialistische, vaterländische Orden erhalten. Er war richtig stolz darauf. Das hatte überhaupt nichts damit zu tun, daß er nie in der SED war. Er war schon Mitglied in der alten CDU. Mit der SED habe ich nie etwas zu tun gehabt, sagte er. Das habe ich auch nicht gewollt und gemocht, die haben auch die Kirche verfolgt! An seiner Ablehnung der SED ließ er keinen Zweifel. Aber daß es da Orden gab außerhalb des Parteipolitischen, das fand er gut. Daß seine Arbeit geschätzt und belohnt, daß er befördert wurde und daß man zu ihm gesagt hat, er sei tüchtig, und das sei in Ordnung: Das hat ihm gefallen. Darauf war er stolz.

Wir sind im Westen inzwischen doch ein bißchen – wie soll ich sagen? – eine mehr hedonistische Gesellschaft geworden, nicht?

Was den »künstlichen Antagonismus« angeht, den »die 68er« uns im Westen beschert hätten: Das scheint uns, gelinde gesagt, stark zu verkürzen, was sich damals ereignet hat. Da ist nicht nur Sozialismus gegen Faschismus aufgerechnet worden, obwohl es das gab. Insgesamt handelte es sich aber um einen Generationenkonflikt, ein antiautoritäres Ereignis, auch ein antiobrigkeitliches mit Wirkung weit über die Universitäten hinaus. Das war die Auseinandersetzung mit der Väter- oder Elterngeneration, mit dem Teil, der diese Auseinandersetzung zu meiden versucht hatte aus gutem Grunde. Insofern war es genau der kulturpolitische Einschnitt, der dem Osten fehlt.

Zunächst aber in erster Linie für eine bestimmte Klasse. Indirekt hatte es dann über die Medien eine breitere gesellschaftliche Wirkung. Ich will die Bedeutung der 68er-»Revolution«, die keine war, also nicht verkleinern.

Ein Ergebnis von 1968, hat Jürgen Habermas einmal lakonisch gesagt, sei Rita Süßmuth. Bleiben wir bei diesem Beispiel: Nehmen Sie den Frauenparteitag der CDU. Sie würden heute vermutlich schon in der West-CDU Schwierigkeiten haben, wenn Sie diese Veranstaltung wiederholen wollten. In der Gesamt-CDU jedenfalls halten wir das für ausgeschlossen.

Heute würde man einen Frauenparteitag wahrscheinlich nicht mehr hinkriegen.

Was lehrt uns das? 1989 löst 1968 ab?

Das lehrt uns in der Tat, daß das Emanzipatorische und das Liberale es schwerer haben als früher. Das hat seine Gründe in der getrennten Entwicklung der beiden Gesellschaften mit unterschiedlichen Erfahrungen im Westen und im Osten. Wir haben in Deutschland eine der freiheitlichsten Verfassungen aller Länder der Welt. Wir sind zum Beispiel von unserer Rechtsstruktur her liberaler als die Amerikaner und als die Franzosen. Mit dieser großen Freiheit leben wir im Westen seit über 40 Jahren. Wir haben die Erfahrung gemacht, daß die mit einem positiven starken Liberalismus verbundenen Risiken zu bewältigen sind, daß die Ängste, die ein Teil der Bürger mit einem liberalen Rechtsstaat verbinden, sich nicht unbedingt bewahrheiten. Wir wissen aus Erfahrung, daß man im betont liberalen Rechtsstaat sehr wohl in Ordnung und auch in Sicherheit leben kann.

Diese Erfahrung haben die Ostdeutschen nicht gemacht. Dazu hatten sie bis zur Vereinigung keine Chance. Sie sind auch nicht etwa vom Regen in die Traufe gekommen, sondern aus der Wüste in einen warmen Regen. Plötzlich waren sie in einem liberalen Rechtsstaat. Das ging Knall auf Fall. Sie konnten reden, was sie wollten, sie konnten tun, was sie wollten, sie konnten schreiben, was sie wollten. Wenn einer irgendwas Gesetzeswidriges gemacht hat, hat die Polizei zunächst einmal höflich gefragt, ob sie ihn überhaupt anreden darf.

Diese Extremsituation des Wechsels von einem totalitären Obrigkeitsstaat in einen fast totalen Freiheitsstaat haben noch nicht alle verkraftet. Sie sind unsicher und hätten fürs erste halt lieber mal ein bißchen weniger Liberalität und dafür etwas mehr Ordnung, was man den Leuten nicht übelnehmen darf, wenn Sie die Realität der DDR mit der Realität von heute vergleichen. Die Bürger in der ehemaligen DDR erleben heute Ordnungswidrigkeiten und Verbrechen in größerer Häufigkeit als zu DDR-Zeiten. Das fördert natürlich das Gefühl, das früher war uns eigentlich lieber!

Eine große Ost-West-Differenz scheint in der Frage der Konfliktdemokratie zu bestehen. Die Ostdeutschen tun sich in der Regel schwer mit der westdeutschen Form, mit Politikkonflikten umzugehen. Sie selbst, Herr Geißler, haben der Konfliktdemokratie in der Westgesellschaft immer das Wort geredet und das stark konsensuelle und harmonistische Denken bedauert. Darin sehen wir ein ziemlich schwieriges Problem für die kommenden Jahre.

Die Konfliktbereitschaft nimmt auch im Westen ab, vor allem auf dem politischen Feld: die Anpassung, der Devotionalismus, die Außenseiter, die die Ruhe stören. Ich gebe Ihnen ein Beispiel. Ich hatte über Helmut Kohl Anfang des Jahres gesagt, er solle nicht diejenigen kritisieren, die auf die Fehler hinweisen, sondern die, die die Fehler machen. Dazu hat die *FAZ* einen Kurzkommentar geschrieben, der mit dem Satz endete: »Wer als Kanzler und CDU-Vorsitzender Politik mit einer Drei-Parteien-Koalition machen und auch noch aus gegebenem Anlaß« – der Asylfrage – »nach einer Zweidrittelmehrheit suchen muß, darf nicht bei jedem neu auftauchenden Schnitzer laut lamentieren, sondern ist auf die Geschlossenheit der Partei angewiesen – und die kann man am besten durch Schweigen bekunden.«

Schweigen als demokratisches Prinzip. Zum Glück – auch für die *FAZ* – sind die Zeiten vorbei, wo einer dem deutschen Volk sagt, wo es langgeht, und einer das deutsche Volk antreten lassen kann und »rechts um« und »links um« kommandiert. Auch in der Redaktionskonferenz der *FAZ* wird ein Herausgeber einen Redakteur nicht dadurch überzeugen können, daß er ihn zum Schweigen bringt, abgesehen davon, daß dort, wo alle dasselbe denken, ohnehin nicht viel gedacht wird.

In unserer Gesellschaft nehmen die realen Konflikte zu, aber parallel dazu wird der Ruf nach »Führung« lauter.

Die Konfliktbereitschaft nimmt ab, in den Redaktionen, in den öffentlich-rechtlichen Anstalten, bei den Privaten ohnehin, bei der deutschen Fußballnationalmannschaft, im Vereinswesen und in den politischen Parteien.

Dafür werden aber Konflikte künstlich inszeniert, und das nimmt zu in den Parteien. Es gilt auch für das Fernsehen und die Talk-Shows – besonders bei den Privaten eine Sendung, die heißt »Einspruch«, eine andere »Explosiv«, da wird heftig rumgebrüllt und gefetzt.

Das sind eher exotische Dinge. Im Alltag des Lebens sind die Anpassung, der Wunsch, nicht aufzufallen, die Kynesis im Denken, die Angst vor möglicher Kritik von oben, der vorauseilende Gehorsam, das Fehlen von Zivilcourage und persönlichem Mut die Regel. Wenn ich irgendwo eine Gefahr sehe für die Politik, dann darin. Wir erziehen Politiker, die auf diese Weise unfähig werden, in kritischen Situationen unabhängig zu entscheiden.

Aber ich will nicht ablenken. Das ist natürlich im Osten, angesichts der Ausgangslage, nicht besser, wahrscheinlich eher schlechter. Nun ist das Harmoniestreben ohnehin eine Untugend der Deutschen insgesamt. Sie verwechseln die Politik mit einem Gesangverein. Oder bestenfalls mit einer Sportveranstaltung. Aber das ist sie halt nicht. Dazu ist sie zu ernst. Politik ist auf Konflikt und Auseinandersetzung angelegt.

Sie sagen, dieser Trend wird jetzt stärker. Knüpft er an das an, was vorher war, vor 1968, oder in der Weimarer Zeit, oder unter dem Kaiser Wilhelm, oder ist das eine neue, aus sich selbst herauswachsende, in der Gegenwart begründete Entwicklung?

Es ist, glaube ich, nur ein Phänomen eines Teils unserer Gesellschaft, und zwar des mehrheitlich konservativen Teils. Es gibt einen anderen Teil in unserer Gesellschaft, das sind mehr die Linken, auch innerhalb der SPD, da ist die Konfliktbereitschaft schon da. Daß in der SPD mit Leidenschaft gestritten wird, will ich nicht leugnen.

Aber Sie sagen zugleich, es kostet die SPD die Regierungsfähigkeit, wenn Leute wie Klose sich nicht durchsetzen, der nun eher ein Harmonisierer ist.

Das glaube ich nicht. Das ist ja der große Irrtum von Frau Noelle-Neumann, die fortwährend predigt, daß die Zustimmung zu einer politischen Partei um so größer wird, je weniger sie streitet. Das sind Machtzementierungs-Thesen, die bei allen Vorsitzenden sehr beliebt sind. Die CDU mit ihrer erzwungenen Harmonie gewinnt zur Zeit nicht gerade an Stimmen. Daß die SPD keine Stimmen gewinnt, hat andere Gründe. Das hat nichts damit zu tun, daß sie streitet, sondern daß sie zum Beispiel außenpolitisch im Gesinnungspazifismus befangen bleibt, unfähig wird, außenpolitisch die neuen Aufgaben Deutschlands anzuerkennen, führende Leute sich dem Hedonismus ergeben, statt unbequeme Verantwortung für das Gemeinwesen zu übernehmen.

Noch einmal: Woher kommt das? Ist das ein Produkt der Vereinigung? Ist es eine historische Erbschaft?

Mit der Vereinigung hat es nichts zu tun, glaube ich. Höchstens insofern, als das Harmoniestreben insgesamt ein bißchen zum deutschen Charakter gehört. Die Deutschen sind immer lieber hinter einem Herzog hergelaufen, als daß sie rational diskutiert hätten, im Gegensatz zu den Franzosen, überhaupt zu den romanischen Ländern oder den durch streitige Erfahrung geprägten angelsächsischen Demokratien. Es war ihnen immer angenehmer, Harmonie und Übereinstimmung bis in die Sprache hinein zu demonstrieren, als die Auseinandersetzung zu suchen, erst recht mit der Obrigkeit. Das Bemühen der Franzosen galt der Klarheit der Sprache, das Bemühen der Deutschen war es, durch die Zensur zu kommen. Es ist auch nur in Deutschland möglich, daß ein Regierungswechsel oder der Sturz einer Regierung sich in der öffentlichen Meinung nur marginal von einem Königsmord unterscheidet und der Sturz einer Regierung mit einer Verratskampagne beantwortet wird, so wie dies 1982 nach dem konstruktiven Mißtrauensvotum gegen Helmut Schmidt der Fall war – eine Art modernistische Aufführung des Nibelungendramas in Starbesetzung: Helmut Schmidt in der Rolle des Siegfried (eine Fehlbesetzung, denn er hatte nicht nur eine Schwachstelle), Hans-Dietrich Genscher als Hagen und Otto Graf Lambsdorff als Brunhilde. Der Streit und damit eben auch die parlamentarische Auseinandersetzung sind in Deutschland stets negativ bewertet worden. Das hat schon Goethe gemacht: »Politisch Lied, pfui, ein garstig' Lied«. Heute sagt man: »Parteiengezänk«...

... das Wort liebten auch die Nationalsozialisten...

... wird aber dauernd wiederholt in Leitartikeln, überall. Hier wird das deutsche Vorurteil gepflegt, heute wie früher, liebevoll, damals vom Adel, von der Bourgeoisie, den Professoren. Die Versöhnung von Geist und Macht hat in Deutschland noch nicht stattgefunden. Richard von Weizsäcker hat Brücken geschlagen. Wer wird ihm folgen?

Das Wu-Wei-Syndrom –
Vom Handeln und Nichthandeln in der Politik

Die demoskopischen Befunde Anfang 1993 zeigen einen Tiefstand im Ansehen der Politiker, die Kommunalwahl in Hessen – ein Fiasko für beide Volksparteien – hat das bestätigt, zum selben Zeitpunkt haben wir einen Berg von Problemen, von den Überlebensfragen der Menschheit bis zur Wohlstandssicherung in Ost- und Westdeutschland. Im Jahr 1992 wurde Politikverdrossenheit das »Wort des Jahres«. Sind die Probleme zu groß, ist die Regierung nach zehn Jahren zu erschöpft, oder sind die Parteien prinzipiell dem allem nicht mehr gewachsen?

Das, was Sie beschreiben, könnte man auch das Wu-Wei-Syndrom nennen. In Indien und China gibt es die sogenannten Taoisten, verwandt mit den uns schon bekannten griechischen Zetetikern, die erkannt haben, daß die für sie höchste Tugend, nämlich die Gelassenheit, nur zu erreichen ist, wenn man Wu-Wei praktiziert: das Nichthandeln. Die Weltbevölkerung wird sich in den nächsten Jahrzehnten auf zwölf bis vierzehn Milliarden vermehren. Jede Sekunde gibt es drei Menschen mehr. Gleichzeitig geht die Nahrungsmittelproduktion zurück. Fünfundachtzig Prozent der Bevölkerung werden im Jahre 2025 auf der Südseite des Globus leben: junge Leute, hungrige Menschen; 5,5 Milliarden Menschen verbrennen heute zur Energiegewinnung Kohle,

Erdgas, Erdöl, wodurch jährlich zweiundzwanzig Milliarden Tonnen CO_2 entstehen, die die Erde aufheizen. Jeden Tag gehen bis zu fünfzig Pflanzen- und Tierarten zugrunde. Die Rio-Konferenz ist über Absichtserklärungen nicht hinausgekommen.

Ganz Osteuropa befindet sich in dem kritischen Zustand zwischen untergegangener und noch nicht gefundener neuer Ordnung.

In Indien müßten zur Aufrechterhaltung des jetzigen Lebensstandards jährlich 127.000 neue Schulen, 373.000 Lehrer, vier Millionen Arbeitsplätze und 10 Millionen Tonnen Nahrungsmittel zusätzlich zur Verfügung gestellt werden – höchstwahrscheinlich eine unlösbare Aufgabe.

Dies und anderes wissen, spüren oder ahnen die Menschen. Sie wissen, daß notwendige Entscheidungen jetzt gefällt werden müssen. Aber wie gelähmt steht die nationale und internationale Politik vor diesem Problemgebirge. Keine Entscheidung, kein Handeln, Wu-Wei.

Wir haben eine massive »Krise des Politischen«. Sie hat mehrere Ursachen. Wir erleben nicht in erster Linie eine Krise der politischen Parteien – da unterscheide ich mich von dem verehrten Herrn Bundespräsidenten –, sondern eine weltweite Krise der Regierenden, aber auch der jeweiligen Opposition, also derjenigen, die die eigentliche politische Verantwortung tragen. Die Entscheidungen dauern zu lange. Man kann nicht immer auf »letzte Erkenntnisse« warten. Die Notwendigkeit zu entscheiden, reicht weiter als die Fähigkeit zu erkennen, sagt Kant. In Deutschland ist die Krise auch begründet in einer spezifisch deutschen antidemokratischen und antiparlamentarischen Tradition. Und schließlich resultiert sie aus einem Wandel der Werte, einer Veränderung der Lebensstile und der Lebensentwürfe der Menschen.

Das sind die drei Krisenfelder, die ich sehe und die man beachten muß, wenn man aus ihnen herauskommen will.

Dehnen Sie damit ihre kritische Analyse auf die gesamte »Politische Klasse« aus, wie es inzwischen etwas modisch und zweischneidig heißt?

Ich meine weniger das, was man die »Politische Klasse« nennt. Denn ich kann die Ursachen für das, was die Leute heute ärgert, was sie apathisch macht, was sie zur Wahlenthaltung bewegt, schlecht bei Stadt- und Gemeinderäten in Landau oder Leimersheim festmachen. Aber sie sind die Leidtragenden. CDU und SPD haben Kommunal- und Landtagswahlen – von der letzten Landtagswahl in Rheinland-Pfalz einmal abgesehen – nicht so sehr wegen landes- oder kommunalpolitischer Defizite verloren, sondern weil die grundsätzliche politische Richtung entweder verändert oder von Entscheidungen verdunkelt worden ist, die für die Menschen nicht mehr verständlich oder widersprüchlich waren.

Diese Krise der politisch Handelnden wiederum läßt sich zurückführen auf ein Defizit an langfristigen Konzeptionen, auf einen Mangel an Glaubwürdigkeit, aber auch auf die Qualitätsschwäche der mittleren Politikergeneration. Für all das lassen sich eine Fülle von Beispielen anführen: Asyl-Blockade der SPD, Pflegeversicherungsboykott der FDP, Vize-Kanzler gegen Kanzler wegen AWACS vor dem Bundesverfassungsgericht, Bad Kleinen, Gerechtigkeitslücke, Barschel, Pfeiffer, Nilius, Jansen, Engholm, Krause, Lafontaine, Amigo hin, Amiga her.

Nicht zur Entschuldigung, aber zur Erklärung könnte man auch argumentieren, daß die Politik sich überhaupt wegverlagert hat aus den zuständigen Zentralen, weg von dem Ort, an dem Politik sich bisher abspielte. Der ganze Begriff des Politischen wandelt sich. Heute ist Politik auch, beispielsweise, ob in einem Restaurant geraucht werden darf oder nicht. Fragen des Alltags sind politische Fragen, und die sind von den Zentralen aus sehr schwer steuerbar. Politik sind aber nach wie vor auch langfristige Probleme wie Atomenergie, mit Folgen für viele Generationen, was Politiker fast überfordert.

Tres faciunt collegium, tres faciunt politicum. Wenn mehr als zwei betroffen sind, kann, nicht muß, das Politische beginnen. Aber Raucher produzieren keine öffentliche Krise, dagegen sehr wohl die Mordbrenner in Mölln und Sarajewo. Honecker in Chile, Schewardnadse gegen Jelzin, das Ozonloch am Himmel und Armut auf der Erde, dreißig friedliche, aber tickende Tschernobylbomben in Rußland und die Ayatollahs von Indonesien bis Marokko markieren die politischen Probleme, deren Lösbarkeit Tag für Tag trügerischer erscheint. Dazu gehören auch: die innere Einheit, Deutschland und seine Nachbarn, insbesondere Osteuropa, die Bundeswehr in der Welt, das zukünftige Zusammenleben mit acht bis zehn Millionen Ausländern, die Armuts- und Vertreibungsmigration, Fundamentalismus, der Rechtsradikalismus, die Öko-Krise. Die Leute spüren, daß es auf all diese großen Herausforderungen, von denen sie auch täglich im Fernsehen etwas bildhaft vermittelt bekommen, im Grunde genommen keine konzeptionelle Antwort gibt. Wu-Wei! Die bildschöne Hetäre Phryne sagte eines Morgens, wie Diogenes Laertios berichtet, nachdem sie mit dem Neuplatoniker Xenokrates die Nacht verbracht hatte, sie hätte mit einer Statue geschlafen. Diesen Eindruck hat die Bevölkerung von vielen in der Politik: lendenlahm und impotent.

Betrifft: Flucht und Asyl

Weltweit sind einhundert Millionen Menschen auf der Flucht vor Bürgerkrieg, Hunger und Armut; 1,2 Milliarden Menschen haben pro Tag weniger als den Gegenwert eines Dollars zum Leben; weltweit gibt es 1,5 Milliarden Menschen, die keinen Zugang zu Gesundheitsdiensten haben; 1,5 Milliarden haben keine Möglichkeit, sauberes Trinkwasser zu genießen; für fast 3 Milliarden gibt es keine angemessenen sanitären Einrichtungen; ein Viertel der Weltbevölkerung lebt ohne festes Obdach oder wohnt in Elendsquartieren. Das sind keine Zahlen von *terre des hommes* oder *amnesty international*, sondern Zahlen aus dem Neunten Bericht zur Entwicklungspolitik der Bundesregierung.

Die Vorboten dieser aufziehenden globalen sozialen und ökologischen Revolution klopfen an die Türen unserer Sozialämter und unserer Flüchtlingsämter. Deutschland hatte bis zum Sommer 1993 noch nicht einmal die Möglichkeit, in diesen Ämtern nach der Schwere der Not zu entscheiden, sondern die Zuwanderung vollzog sich ungesteuert und willkürlich über den Artikel 16, also über das Asylrecht. Ein Gesamtkonzept zur Lösung der Flüchtlingsproblematik hat zur Voraussetzung, daß wenigstens ein kleiner Teil dieses Problems, nämlich das Asylrecht für politisch und religiös Verfolgte, rechtsstaatlich einwandfrei so neugeordnet werden konnte, daß diese auch zu ihrem Recht kommen können. Damit ist aber das globale Flüchtlingsproblem nicht gelöst. Wer etwas anderes behauptet, täuscht die Leute. Notwendig ist eine Gesamtkonzeption, innerhalb derer die Asylrechtsfrage ein Teil ist. Deren Beantwortung ist allerdings die Voraussetzung dafür, daß wir die Kraft und auch die Zeit bekommen, um erstens Immigrationsursachen zu bekämpfen, zweitens die notwendige Zuwanderung zu steuern und drittens das gleichberechtigte Zusammenleben mit Millionen von Menschen anderer Herkunft richtig ordnen zu können. Richtig ordnen zum Beispiel durch eine multikulturelle Gesellschaftsordnung unter dem Dach der Verfassung.

Ein Scheitern des Asylkompromisses hätte bedeutet, daß diese Gesamtkonzeption weiter verhindert und das politische Elend verlängert worden wäre, in dem sich die politischen Parteien seit Jahren in der Ausländer- und Migrationsfrage befinden.

Selbst da, wo ein Politikangebot besteht, wie in Sachen Europa, lassen sich Konsense offenbar immer schwerer organisieren. Die gesellschaftliche Desintegration nimmt zu. Selbst wenn die Politiker sich einig sind, können sie solche Konflikte kaum auflösen. Läßt sich das wirklich nur mit dem Glaubwürdigkeitsverlust erklären?

Es fehlt die Autorität, der man glaubt, auch wenn die Argumentation und die Information etwas dünn werden. Dann haben plötzlich Stoiber und Augstein mehr Gewicht als Kohl und Waigel. Als die Dänen Maastricht ablehnten, haben einige Ministerialpressereferenten und die Leute im Bundespresse- und Informationsamt geguckt wie die Gans, wenn es donnert. Daß die Mehrheit der Deutschen glaubt, Theo Waigel habe in Maastricht die DM gegen Lire eingetauscht, ist eine reife Leistung dieser hochbezahlten Informationsbeamten. »Wenn Sie einen Dollar in Ihr Unternehmen stecken wollen, so müssen sie einen zweiten bereithalten, um das bekanntzumachen«, sagte Henry Ford I., wobei er schon zufrieden gewesen wäre, wenn zwanzig Prozent der Amerikaner eines seiner Modelle gekauft hätten. In der Politik geht es aber bekanntlich um einundfünfzig Prozent. Politische Führung hat die Aufgabe, die Leute, die doch zustimmen sollen oder sich beteiligen müssen, auf die neue Situation vorzubereiten.

Damit sprechen Sie von einer Schwäche, einem Defizit oder Unvermögen speziell dieser Bundesregierung, die seit 1982 im Amt ist.

Ich rede von heute. Die Art und Weise, wie die Liberalen dem deutschen Volk einen Außenminister bescherten, hat uns international geschadet. Jetzt haben wir einen sympathischen Außenminister, dessen europapolitische Konzeption bis jetzt jede Unterstützung verdient, der aber aufhören sollte, ständig zu erklären, daß er mit zwei Ämtern eigentlich überfordert sei. Daß politische Parteien am Bundeskanzler vorbei den Zugriff auf ganz bestimmte Ressorts haben, ist weder mit dem Wortlaut noch mit dem Geist der Verfassung zu vereinbaren. Wie wurde Herr von Stahl eigentlich Generalbundesanwalt? Die Bundesjustizministerin bot während der Bad-Kleinen-Affäre tagelang ein Bild des Jammers. Daß die CDU sich weigert, Frau Däubler-Gmelin als Bundesverfassungsrichterin zu wählen, hat etwas mit der Notwendigkeit zu tun, dem frechen Zugriff politischer Organisationen, in diesem Fall der SPD-Frauengruppe, auf das höchste Richteramt ein Ende zu bereiten. Die Zugehörigkeit zu einer politischen Partei darf kein Hindernis sein für ein hohes Staatsamt, aber die Mitgliedschaft allein reicht nicht aus. Das muß auch bei der Wahl des Nachfolgers von Richard von Weizsäcker bedacht werden. Geschlechts-, Regional- und Parteikriterien müssen zurücktreten, je singulärer und höher das Amt ist. Das Schlimmste allerdings wäre, einen sogenannten »Unpolitischen« zu wählen. Dabei macht es keinen Unterschied, ob jemand Professor oder Generalfeldmarschall ist.

Wir sprechen nicht von den möglichen Schwächen der Zukunft, sondern denen der Gegenwart.

Ich bleibe zunächst einmal bei der Opposition, weil sie in vielen Fragen wegen der verfassungsrechtlichen Mehrheiten die volle Verantwortung trägt. In Sachen AWACS und Somalia bot sie ein Bild geistiger Verwirrung. Nicht der Streit war unverständlich – er war einer wichtigen Sache wert – sondern es waren die Argumente, die zwischen Gesinnungspazifismus, Verfassungsrecht und Internationalismus durcheinandergingen. Die Sozialdemokraten benahmen sich, nicht nur in den Augen des Auslandes, wie die »Armleuchter«, von denen Willy Brandt, um die Deutschen außenpolitisch zu charakterisieren, gesprochen hatte. Die Wirkung bei den Leuten analysierten die Politologen dann eine Weile später als Politikverdrossenheit.

In puncto Ausländer verbreiten die Innenminister fast täglich statistische Lügen über die Ausländerkriminalität und kultivieren den Gastarbeitermythos der 50er und 60er Jahre. In Wirklichkeit sind wir längst ein Einwanderungsland, und gleichzeitig werden wir ein riesiges Altersheim. Die Politik muß Schiffbruch erleiden, wenn sie erkennbare, werdende Wirklichkeiten zum Tabu erklärt und darüber nicht informiert und konzeptionelle Antworten verteufelt. Schon im Jahre 1969 hatte ich als damaliger Jugendminister von Rheinland-Pfalz in einer Regierungserklärung zum Drogenproblem vorgeschlagen, zu prüfen, ob nicht Halluzinogene wie Marihuana freigegeben werden könnten. Heute ist klar, daß in den Städten dreißig bis vierzig Prozent der Einbrüche und Diebstähle von Süchtigen begangen werden. Ein Junkie benötigt pro Tag etwa 150 bis 200 Mark, um seine Ration kaufen zu können. Das kann er nur durch Stehlen und Dealen und Betrügen finanzieren. Allein die Überlegung, den Paragraphen 32 des Betäubungsmittelgesetzes zu ändern und Cannabis-Produkte strafrechtlich anders zu behandeln als harte Drogen, stößt auf unüberwindliche ideologische Mauern. Dabei bestünde darin eine Chance, die Abhängigkeiten Tausender Süchtiger von der milliardenschweren Drogenmafia zu beseitigen.

Im Grunde läuft die Kritik darauf hinaus, daß die Politik, und zwar beide Seiten, Regierung und Opposition, ihrer kommunikativen Aufgabe nicht gerecht wird. Aber weshalb nicht? Es ist doch so evident, daß Europa sich seit 1989/90 gewaltig verändert und wir einen unvergleichlichen Neuanfang, eine epochale Zäsur erleben. Da muß sich auch die Politik ganz offensichtlich neu begründen.

Das ist natürlich nicht in erster Linie ein Informationsproblem, und auch die Politik als solche muß nicht neu begründet werden, aber wir brauchen neue Entwürfe und Ideen.

Eigentlich hatte die Politik eine europäische Perspektive, dennoch wird sie zunehmend national. Diese innere Unsicherheit könnte die Erklärung dafür sein, daß man zu seinem Konzept gar nicht wirklich gestanden hat. Ähnlich könnte man das Verhalten in der Ausländer- und Asylpolitik erklären. Eigentlich möchten diese Republik und ihre Politiker relativ liberal und multikulturell-modern erscheinen, zugleich aber wissen Regierung und Opposition nicht, ob die Bürger das Spiel mitspielen würden. Also appelliert man vorsichtshalber an nationale Instinkte, nicht offen, aber wirkungsvoll.

Dieser Appell ans Nationale ist mehr eine Art Ersatzpolitik. Manche glauben offensichtlich, dadurch seien die Probleme leichter zu lösen. Ich denke, das Fehlen von Konzepten ist eher darin begründet, daß man in alten Klischees gefangen ist, von denen die CDU im übrigen schon immer hätte wissen können, daß sie falsch sind. Die Privatisierungspolitik der Treuhand, die keine Werte kannte jenseits von Angebot und Nachfrage, war Kapitalismus und keine Soziale Marktwirtschaft. Wenn es dann mit Angebot und Nachfrage nicht mehr funktioniert, hat man die wirtschaftliche und politische Krise.

Das Problem scheint uns gewesen zu sein, daß die Politik nicht ohne Konzept war, aber ein falsches Konzept hatte. Sie setzte darauf, daß es weiter so ginge wie bisher. Für die Dimension der Veränderungen stellte sich die Regierungspolitik blind und taub.

Wogegen ich einfach mal polemisieren will, ist, daß neue Ideen wie Industriepolitik, Investivlohn, ökologische Kreislaufwirtschaft, multikulturelle Gesellschaft abgeputzt werden mit Totschlagbegriffen wie »Populismus«, »Zeitgeist«, »Opportunismus«, »Stimmungsdemokratie« oder mit der These, solche Ideen widersprächen der »Ordnungspolitik«.

Das sind jedoch alles nur Worthülsen, verbale Huren, in die jeder alles hineinstopfen kann, was ihm gerade paßt. Die Überheblichkeit derjenigen, die alles, was nicht in ihr Weltbild paßt, mit solchen Leerbegriffen stigmatisieren und auf den Index setzen, ist in Wirklichkeit nur geistige Bequemlichkeit und Angst vor allem Neuen, das Umdenken und Kurskorrekturen erfordert.

Hegel hatte im »Zusatz zur Rechtsphilosophie« geschrieben: »In der öffentlichen Meinung ist alles Falsche und Wahre, aber das Wahre in ihr zu finden, ist Sache des großen Mannes.« Aber was ist das Falsche, und was ist das Wahre? Welches ist die richtige Stimmung, und welches ist die falsche Stimmung? Welches ist der wahre Zeitgeist, und was ist der falsche Zeitgeist? Es bedarf eben eines gewissen intellektuellen Aufwandes, um dies in der politischen Auseinandersetzung zu erkennen und zu erarbeiten.

Für Europa gibt es wenig Stimmung und Wehen des Zeitgeistes. Trotzdem ist Europa richtig und wichtiger als das Deutschnationale. Auch für die Aussiedler nimmt die Stimmung ab, aber haben die Demagogen, die gegen diese Menschen polemisieren, deswegen recht? Und noch weniger Stimmung gibt es in bestimmten Kreisen für die Ausländer, und doch brauchen wir sie, schon um als Deutsche überhaupt überleben zu können.

Beschreiben Sie damit die Politikkrise seit 1989, oder reicht das Phänomen nicht weiter zurück? War 1989 ein Bruch, weil die alten Antworten nicht mehr funktioniert haben? Der Prozeß der Verdrossenheit im Verhältnis zwischen Bürgern und Politik hat sich offenbar schon länger angebahnt.

Die Glaubwürdigkeitskrise gab es schon länger. Aber konzeptionell hatte die CDU bis zur Einheit mit ihren Vorstellungen die Politik bestimmt. Von ihr stammen drei große Entwürfe in den vierzig Jahren bis zum Jahre 1990: die deutsche Einheit, die europäische Union und die Soziale Marktwirtschaft einschließlich aller wesentlichen Sozialgesetze. Diese drei Konzepte haben sich durchgesetzt. Die europäische Einigung steht mitten im Vollzug. Die zweite europäische Revolution brachte aber ganz neue Herausforderungen mit sich. Jetzt wäre es eben an der Zeit, wie Eberhard Diepgen einmal gesagt hat, daß die Union die Antworten und Konzepte für die nächsten vierzig Jahre entwirft.

Sie sprachen von »fehlenden Konzepten«. Welche Folgen haben diese Defizite?

Das Fehlen politischer Konzeptionen wirkt sich für die Regierungspartei, aber auch für die Opposition gefährlich aus. Ich will dazu einmal die Statistik heranziehen. Das Vertrauen in die Kompetenz der Parteien, Probleme zu lösen, geht massiv zurück. Auf die Frage »Welcher Partei trauen Sie zu, die Frage der Arbeitslosigkeit, der wirtschaftlichen Entwicklung, der sozialen Gerechtigkeit, der inneren Sicherheit zu lösen?« geben die Leute für die politischen Parteien inzwischen immer negativere Antworten.

Zum Beispiel auf die Frage Lösungskompetenz Ausländer, Asylbewerber: CDU 29, SPD 12, Grüne 8, zusammen 49 Prozent. Das bedeutet, daß die Mehrheit der Leute den Sozialdemokraten, den Christlichen Demokraten und den Grünen zusammengenommen nicht zutraut, überhaupt das Problem zu lösen. Umweltschutz: 17 CDU, 16 SPD und 20 Grüne. Arbeitsplätze: 32 CDU, 19 SPD. Wohnungsbau: 22 CDU, 21 SPD. Staatsverschuldung: 25 CDU und 12 SPD. Preisstabilität: 24 CDU und 17 SPD. Das sind die Ergebnisse einer Umfrage von Basis Research von Oktober/November 1992. Sie zeigt: Sogar zusammengezählt haben die beiden großen politischen Parteien keine Mehrheit mehr, was die Lösungskompetenz anbelangt. Leider hat die Union Anfang 1993 auch ihren Vorsprung in der Wirtschaftspolitik verloren.

Das eine ist klar: Dem Vertrauensverlust und dem daraus resultierenden Machtverlust geht der Kompetenzverlust voraus. Das war damals in den Jahren 1978/79, 1980/81 bei der SPD ganz eindeutig erkennbar, als die Kompetenzzuweisung für die Regierung Helmut Schmidt immer weiter zurückgegangen ist.

Neu an der aktuellen Entwicklung ist, daß der schwindenden Kompetenzzuweisung für die Regierungspartei nicht ein Ansteigen des Kompetenzzuweises für die Opposition gegenübersteht, was damals der Fall war. Je mehr die SPD an Kompetenz verloren hatte, desto mehr hatte die CDU als Opposition an Kompetenz gewonnen. Das war auch die Voraussetzung, um nachher die Wahlen gewinnen zu können.

Jetzt ist das Schlimme, daß die Mehrheit der Leute weder der Regierungspartei noch der Opposition zutraut, anstehende Probleme zu lösen. In der von mir zitierten Umfrage ist noch nicht einmal nach den großen Herausforderungen, von denen ich vorher geredet habe, gefragt worden.

Man kann sich aber lebhaft vorstellen, wie die Leute reagieren würden, wenn man sie fragte, wie sie die Kompetenz der Union und die Kompetenz der SPD bei diesen großen, globalen Herausforderungen einschätzen, von denen unser Schicksal abhängt.

Wenn der Kompetenzverlust der Grund für die »Krise des Politischen« ist, was ist der Grund für den Kompetenzverlust?

Der Sozialwissenschaftler Karl W. Deutsch hat kritisch bemerkt: »Macht ist die Fähigkeit, nicht mehr hinhören zu müssen, weil man ja das Sagen hat. Die Arroganz der Macht wäre der erste Schritt auf dem Weg in die Opposition.« Es ist eine permanente Gefahr und Versuchung, daß man glaubt, man sei im Besitz der alleinseligmachenden Wahrheit.

Das Unverständnis in der Bevölkerung für das, was sich im Politikbereich abspielt, ist zum großen Teil auch darin begründet, daß sich Politiker und Bevölkerung nicht mehr verstehen. Die Schwierigkeit besteht nicht darin, daß der Politiker den Problemen, die er sieht, nicht gerecht wird, sondern daß er Gefahr läuft, diejenigen Probleme, denen er aus der Sicht seiner Wähler gerecht werden soll, gar nicht zu erkennen. Die Folge dieser Wahrnehmungsblockade ist, daß viele Politiker oder Amtsinhaber mit gutem Grund und mit noch besserem Gewissen auf die unbestreitbaren Ergebnisse ihrer politischen Tätigkeit hinweisen, daß aber die Bürger gleichfalls mit gutem Grund mit ihrer Politik unzufrieden sind.

Politiker empfinden das erfahrungsgemäß nicht als Warnzeichen für ihre Arroganz, sondern als Undankbarkeit.

Über die Undankbarkeit und Ungerechtigkeit in der Politik und der Liebe haben schon die alten Griechen philosophiert und sich darüber aufgeregt, daß die Hetäre Lais aus Ägina von dem Philosophen Aristippos nicht einen Pfennig nahm, dagegen von dem Politiker Demostenes die ungeheure Summe von 10.000 Drachmen verlangte.

Das war zumindest ungerecht.

Das ist in der Regel auch der Befund nach den Wahlen. Jeder Parteivorsitzende spricht am Wahlabend seinen Anhängern die Anerkennung aus für ihren Einsatz. Ich habe noch nie gehört, daß jemand sich beim Volk bedankt hätte. Es gibt Anlaß zur Sorge: Wir sagen zwar, daß wir in einer Demokratie leben, und das manifestiert sich auch in den immer wiederkehrenden Wahlen. Aber wir nähern uns immer mehr einem Zustand, den die alten Griechen als Oligarchie bezeichnet haben. Das heißt, eine politische Klasse, um noch einmal den Begriff zu verwenden, die irgendwann einmal zur Machtausübung legitimiert wurde, verselbständigt sich. In ihrem Denken, Handeln, Auftreten entzieht sie sich, zumindest bewußtseinsmäßig, der demokratischen Anbindung. Die Verlängerung der Legislaturperiode von vier auf fünf Jahre leistet dem noch Vorschub. Das ist nicht einfach eine theoretische Aussage, sondern es äußert sich in der zunehmenden Entmachtung des Parlaments.

Ort des Politischen sind die Parlamente schon lange nicht mehr.

Das Parlament spielt eine immer geringere Rolle. Das gilt im übrigen auch für die einzelnen Fraktionen: für die CDU/CSU im Verhältnis zur Regierung, für die SPD im Verhältnis zum Bundesrat. Das geht so weit, daß der Bundesfinanzminister innerhalb eines halben Jahres dreimal mit wichtigsten Vorlagen ins Parlament gekommen ist, ganze 48 oder 24 Stunden, bevor die Fraktion entscheiden sollte. Es gibt Kollegen, die in einer Art exekutivhörigem Masochismus alle niedermachen, die das nicht so toll finden. Die Mißachtung der demokratischen Institutionen ist eine gravierende Fehlentwicklung.

Wir sollten noch einmal zu Ihrem zweiten Kriterium für die Krise des Politischen zurückkommen, zur spezifisch deutschen Tradition. Was meinen Sie damit?

Damit meine ich, daß die Deutschen sich in ihrer bisherigen Geschichte kein über Jahrhunderte hindurch gefestigtes Verhältnis zur Demokratie erwerben konnten.

Im Gegensatz zu England, den Vereinigten Staaten und Frankreich ist die demokratische Phase der Deutschen relativ kurz. Man wird das zweite deutsche Reich, das Bismarck-Reich, nicht als Demokratie bezeichnen können. Das Frauenwahlrecht wurde bekanntlich erst 1919 eingeführt. Die Weimarer Republik hat nur vierzehn Jahre gedauert und war sozusagen ein Appendix des Bismarck-Reiches, und eine eigentliche Demokratie haben wir erst seit gut vierzig Jahren. Ein wichtiger Unterschied zu anderen Demokratien ist: Wir haben überhaupt noch nicht erfahren können, was mit unserer Demokratie wird, wenn es ökonomisch nicht mehr stimmt.

Die Erfahrung zeigt, daß die Deutschen in Krisensituationen eher irrational als rational reagieren, sie fahren sleichter auf der »Emo-Schiene« ab als andere demokratische Gesellschaften. Das hängt mit der deutschen Tradition zusammen, daß man hierzulande die Politik als eine schmutzige Angelegenheit betrachtet, mit der sich anständige Leute am besten gar nicht beschäftigen.

Und daran haben die vierzig Jahre nicht viel geändert?

Nein, darunter hat die Politik immer gelitten. Katheder und Rednertribüne, Schriftsteller und Politiker trennen in Deutschland immer noch Welten. Immerhin konnte in Frankreich Malraux Kultusminister werden. Churchill war Nobelpreisträger, nicht Friedens-, sondern Literaturnobelpreisträger.

Es gab eine Phase in der jüngeren Geschichte, in der sich da etwas angenähert hat, 1969/70, aber das ist wieder ver-

gessen. Staat und Gesellschaft rückten zusammen. Werner Maihofer kam ins Kabinett, Hans Leussink wurde Bildungsminister, Ralf Dahrendorf ließ sich in die Politik locken, es kamen Leute aus der Gesellschaft, aus den Universitäten in die Politik. Jetzt hingegen ist die Trennung wieder perfekt geworden.

Das damalige politische Establishment hat diese Neulinge aber auch wieder ausgespieen. Die Deutschen neigen eher zur Harmonie als zum strittigen politischen Diskurs. Entweder waren sie politisch untätig, wie zu Goethes Zeiten – was nicht übel war –, oder sie sind Fürsten und Führern nachgerannt und waren nicht zum politischen Diskurs fähig oder bereit. Die französische, englische und sogar italienische Demokratie waren das Ergebnis des Freiheitskampfes des jeweiligen nationalen Bürgertums. Die Bürger, der Citoyen, haben das Demokratische und das Freiheitliche erfolgreich zur eigenen Sache gemacht.

Bismarck, der Kartätschenprinz und nachmalige Kaiser Wilhelm I. haben das Paulskirchen-Parlament auseinandergejagt. Der deutsche Nationalstaat war nicht das Ergebnis des Freiheitskampfes des Bürgertums, sondern ein Fürstenprodukt, von oben nach unten eingerichtet, gegen die Katholiken, gegen die Arbeiter. Das hatten wir schon behandelt. Und mit diesem Defizit des Bürgertums an Freiheits- und Demokratiebewußtsein schlagen wir uns bis auf den heutigen Tag herum.

Natürlich hat sich auch die Arbeiterbewegung am Radikalismus kommunistischer wie nazistischer Prägung beteiligt. Aber das Rechtsradikale in der Weimarer Republik war im wesentlichen ein Produkt des deutschnationalen Bürgertums.

An der Stelle kann man Parallelen bis 1933 ziehen. Die Desintegration und Desorientierung von heute, das hat viel mit der bürgerlichen Mitte zu tun.

Ich weise nur darauf hin, daß diese allgemeine politische Krise nach meiner festen Überzeugung auch damit zusammenhängt. Ich spreche von dem Werteverhalten, also davon, daß die Bürgerinnen und Bürger sich weitgehend nicht oder nicht mehr als Teil der Demokratie oder des demokratischen Prozesses empfinden, sondern eigentlich mehr als Kunden eines Dienstleistungsapparates politischen Charakters, eines Dienstleistungszentrums, das an seine Kunden ganz bestimmte Ergebnisse abzuliefern hat. Wenn die Ergebnisse nicht dem entsprechen, was der Kunde erwartet, dann sucht er sich ein anderes Warenhaus – möglicherweise.

Ein bißchen stört an dem Argument, daß es so anthropologisch oder nach einer historischen Konstante klingt. Man könnte doch auch sagen, die Republik drohe sich zurückzuentwickeln, hatte sich aber einigermaßen verändert. Die Entpolitisierung des Mittelstandes oder der liberalen Bürgerlichkeit ist ein Erziehungsprodukt, von der Politik selbst bewirkt.

Wir sind nachweislich unserer politischen Geschichte gefährdeter als Franzosen, Engländer und Amerikaner, wenn es mal schwierig, wenn die Luft eisenhaltig wird, wenn die ökonomischen und sozialen Bedingungen nicht mehr so optimal und üppig sind, wie wir das in den letzten vierzig Jahren gewöhnt waren.

Die Wechselwirkung kann man banal beschreiben in dem Satz: »Jedes Volk hat die Politiker, die es verdient.« Jens Reich hat das einmal sehr schön ausgedrückt: »Man kann ebensowenig auf der einen Seite sagen, das Volk ist dumm und anmaßend, es will mit harter Hand regiert sein, wie man andererseits sagen kann, die Politiker betrügen schamlos das Volk, den eigentlichen Souverän. Vielmehr sind beide einander wert. Es ist eine Beziehungskiste, und beide Partner müssen auf die Couch.«

Nein. Ich sehe das nicht psychotherapeutisch. Zur Demokratie gehört der Streit, das ist ein Wesenselement. Konflikte werden in einer Demokratie eben nicht beseitigt oder eliminiert, indem man einen Konfliktpol ermordet oder abschafft, sondern Konflikte werden diskutiert und versöhnt, sie werden humanisiert, ihre Lösung wird im Wege des Kompromisses gesucht. Wenn Sie heute bis in die SPD hinein, aber auch in meiner eigenen Partei einmal genau hinhören, dann heißt es immer: Also hört auf mit der Quatscherei, einer muß her, der sagt, wo es langgeht und wie, das ist das Entscheidende. Wie mein Kollege Brunnhuber in einer Fraktionssitzung einmal sinngemäß in Richtung des Vorstandstisches gesagt hat: Wenn ihr da oben uns sagt, wo's langgeht, dann marschieren wir unten durch und schlagen alles kurz und klein.

In Fraktionen und Vorständen ist es üblich, daß am Montag oder Dienstag zunächst einmal erörtert wird, wer am Wochenende welche Meinung von sich gegeben hat. Und meistens, wenn es wirklich eine Meinung war, wird dies als das eigentliche Übel hingestellt. So kommt es, daß es jede Woche ein neues Übel gibt und für die eigentlichen Probleme keine Zeit mehr da ist. Auf dem Landesparteitag 1993 der CDU Rheinland-Pfalz hieß es von höchster Stelle: Wenn einige am Wochenende die Klappe hielten, wären wir unsere Probleme los. Einer Partei, die einen solchen Satz minutenlang beklatscht, kann eigentlich nur noch schwer geholfen werden.

In dem sehr deutschen und heute wieder modischen Ruf nach Führung steckt genau das: Diktat statt Diskurs.

Unser politisches Leben wird immer mehr beherrscht von der deduktiven Methode, während das wirklich Demokratische das Induktive ist. Deduktiv heißt, von Dogmen auszugehen und dann die Lebenswirklichkeit unter diese Dogmen zu pressen. Das heißt, es gibt unanfechtbare Wahrheiten, die sind in Erz gegossen für die Ewigkeit, und dem hat sich das Leben unterzuordnen. In einer Kirche, die letzte Wahrheiten verkündet, wird dies schwer zu verhindern sein, soll sie nicht in Sekten auseinanderfallen.

Demgegenüber ist das Demokratische das Induktive, das von den Menschen her kommt. Von ihren unterschiedlichen Auffassungen, von den unterschiedlichen Lebenssachverhalten ausgehend, erkenne ich die Probleme und formuliere dann die Antworten. Das geht nur mit Diskussion, Diskurs, Austausch von Meinungen und Argumenten.

Wir laufen Gefahr, eine Dogmenherrschaft zu errichten. Das ist bequem für die Regierenden, weil jeder, der an das Dogma rührt, ein Abweichler ist, einer, der an den Grundfesten, den Fundamenten rührt.

Hier kommt wieder der pseudowissenschaftliche Befund von Frau Noelle-Neumann ins Spiel, wonach Streit die Mehrheitsfähigkeit einer Partei gefährde. Natürlich wird er von jedem, der Macht hat und die

Regierung innehat, bereitwillig aufgegriffen, schon allein um den eigenen Laden zu disziplinieren. Man sagt, jeder der streitet oder eine andere Meinung äußert, gefährdet die Macht, den Machterhalt, gefährdet die eigene Partei und wird zum Dissidenten.

Sie sprechen über Heiner Geißler?

Es gibt kein schöneres Gefühl, als wenn auf einen geschossen wird, ohne zu treffen, sagte Churchill. Ich weiß nur vom Skibergsteigen: Wenn man in der Spur bleibt, kann man die andere Seilschaft nicht überholen. Ich habe Loyalität nie mit Gehorsam verwechselt. Eine demokratische Partei unterscheidet sich von einer Führerbewegung dadurch, daß sie die Loyalitäten richtig ordnet. Ich bin nicht im Parlament und in der CDU, weil Helmut Kohl oder ein anderer Parteivorsitzender ist, sondern weil ich mein Mandat als eine Berufung für mein Land empfinde und meine Partei die Überzeugungen, Ziele und moralischen Grundsätze vertritt, die auch ich für richtig halte. Ich muß mir darüber klar sein, warum ich in der CDU bin und nicht in der SPD. Ich bin doch nicht einfach in die CDU hineingedackelt und bleibe als Dackel in ihr drin. Ich muß mir Rechenschaft ablegen, warum ich in einer Partei mitarbeite.

Das ist der Kern der Loyalitätsfrage, die im Geiste einer aufgeklärten Demokratie und nicht im Ungeist einer personenkultischen Abhängigkeit beantwortet werden muß: Meine erste Loyalität gehört dem Land und seinen Menschen sagt Erwin Teufel und ich füge hinzu: den Grundwerten und politischen Inhalten, für die ich zusammen mit meinen Freunden eintrete. Erst dann kommt die Loyalität zu Personen. Wenn ich diese

Reihenfolge einhalte, dann kann ich meinen politischen Zielen und meiner Partei treu bleiben, auch wenn Personalentscheidungen gefällt werden, die ich nicht für richtig halte. Daß die CDU in Rheinland-Pfalz zum Beispiel vor fast unlösbaren Problemen steht, hängt damit zusammen, daß dort diese Reihenfolge der Loyalitäten auf den Kopf gestellt worden ist. Sie hat sich in zwei Lager gespalten, deren Gegensätze aber nicht inhaltlich definiert werden können, sondern die sich fast religiös an bestimmten Personen orientieren. In einer demokratischen Partei darf es nicht zum Personenkult kommen.

Ihre Reihenfolge der Loyalitäten kann in der Praxis umgedreht werden, eben zur »Führerpartei«. Diese Gefahren sehen wir nicht beschränkt auf die CDU in Rheinland-Pfalz.

Es gibt zwei Extreme im Bereich der Volksparteien. Das eine kann eine personelle, fast monolithisch ausgerichtete Struktur sein, das andere eine mehr anarcho-plebiszitäre, individualistisch-toskanische. Ich halte beide für nicht gut. Demokratie ist ja auch, wie man weiß, kontrollierte Führung.

Die Kontrolle funktioniert jedoch nicht mehr. Auch nicht im Verhältnis von Parlament und Regierung. Bad Kleinen war nur ein Symptom dafür, daß sich Regierung und Administration immer mehr verselbständigen. Das sind gravierende verfassungspolitische Probleme. Das hängt natürlich auch damit zusammen, daß es, trotz Scharping, im vierten Jahr der deutschen Einheit immer noch keine bemerkbare und nennenswerte, auch für den Bürger als Alternative erkennbare Opposition im Parlament gibt.

Da ist man schon bei einer ironischen Pointe. Spricht man heute mit Liberalen, dann klagen die darüber, daß es keine Opposition gibt. Spricht man mit liberalen Christdemokraten, mit Ihnen oder mit Rita Süßmuth, hört man ähnliches: Wir – also die Kritiker der Verhältnisse in der Regierung – befinden uns in einem gewissen Sinne in der Defensive, weil es ein Land ohne Opposition ist. Alle gemeinsam können wir auch noch über den Mangel an kritischer Öffentlichkeit klagen.

Das sage ich nicht. Der Zustand der SPD wird von vielen als Alibi benutzt, um damit um den eigentlichen Kern der Problematik herumzureden. Ich habe das als einen Aspekt genannt neben den anderen. Die Gefahr einer monolithischen Führung innerhalb der Union habe ich eben des längeren kommentiert.

Den anti-toskanischen Block sozusagen.

So schön ist die Toskana nun auch wieder nicht. Südtirol ist schöner und nach meiner Meinung übrigens auch die Südpfalz.

Südtirol, weil die Berge höher sind? Sie können stolzere Gipfel stürmen.

Natürlich. Wenn Sie in den Bergen sind, sehen Sie weiter. Auf den Bergen wohnt die Freiheit, hat Fontane gesagt, obwohl er ein Flachländer war.

Aber im Wein der Toskana ist die Wahrheit.

Im Wein der Südpfalz auch, vielleicht noch mehr.

Einverstanden! Zurück zu Ihrer Partei: Sie meinen im Grunde, es stimmt was nicht mit dem Kräftegleichgewicht.

Ich sehe nach dem Parteitag der CDU in Düsseldorf eine gewisse Gegenbewegung. Dabei geht es darum, das Überleben der Union als Volkspartei zu sichern. Ich glaube, daß der sächsische Innenminister Eggert das genau so sieht. Auf dem Bremer Parteitag habe ich in meiner Abschiedsrede als Generalsekretär gesagt und gefordert, die Union könne als Volkspartei nur überleben, wenn die Führung nicht nur die notwendige und kräftige Unterstützung, sondern auch eine kritische Begleitung erfährt.

Im übrigen darf es sich die Partei mit unbequemen Leuten nicht zu leicht machen. Ich habe in derselben Rede darauf hingewiesen, daß der erste Ökobestseller der Bundesrepublik im Jahre 1976 von einem CDU-Abgeordneten geschrieben worden ist, »Ein Planet wird geplündert« von Herbert Gruhl. Daß wir Gruhl nicht halten konnten, hat der Partei nicht genützt, sondern schwer geschadet.

Sehr repräsentativ für Ihre Partei sind Sie nicht mit diesen Ansichten. Die Hauptströmung verläuft anders.

Auf jedem Bundesparteitag würde es für diese Auffassung eine klare Mehrheit geben. Gegen übertriebenen Konservatismus gibt es starke Gegenströmungen, nicht nur in den Landesverbänden, sondern vor allem bei der Jungen Union, den Sozialausschüssen und bei den Frauen. Wir brauchen ganz einfach ein demokratischeres Klima, in dem unterschiedliche Meinungen zunächst einmal gedeihen, solange die Sache noch nicht ausdiskutiert ist. Irgendwann muß entschieden werden, richtig. Aber solche Konflikte müssen als etwas Selbstverständliches angesehen werden in einer demokratischen Partei.

Ich will einmal eine Voraussetzung dafür nennen, wie man zum Konsens kommt, und zwar demokratisch: indem möglichst viele politisch tätige Menschen das besitzen, was Churchill als die wichtigste Eigenschaft eines Politikers bezeichnet hat – Mut. Der Mann hat völlig recht. Ohne Mut läuft in der Politik überhaupt nichts. Vielleicht ist es übertrieben, aber wir haben heute eigentlich gerade in den verschiedenen Parteien eine gegenteilige Entwicklung. Die Leute passen sich leichter an, sie haben schon irgendwo im Hinterkopf die Zensurschere derjenigen, die über ihnen stehen.

Oder sie blicken gebannt auf die Demoskopie, die für sie entscheiden soll.

Es kommt darauf an, eine eigene Meinung, nicht l'art pour l'art, sondern an der Sache orientiert zu vertreten. Das ist mein zweiter wichtiger Punkt: Mut allein genügt natürlich nicht, aber man muß mutig genug sein, sich seine eigene Meinung zu bilden und die auch in der Öffentlichkeit zu sagen. Wie soll das Volk an der Willensbildung teilnehmen, wenn es von der Meinungsbildung ausgeschlossen wird. Die Demokratie hat sich weiterentwickelt: zur Mediendemokratie.

Offensichtlich beobachten Sie doch vor allem besorgt Krisensymptome bei den Parteien. Inzwischen spricht man vom Funktionsverlust der Volksparteien, parallel zur

Krise anderer Institutionen wie Gewerkschaften bis hin zu den Kirchen, die allesamt ihre Bindungskraft verlieren.

Es handelt sich um Mitglieder- und Akzeptanzverluste der politischen Parteien, der Gewerkschaften und der Kirchen, das Vertrauen zu diesen gesellschaftlichen Institutionen ist geschwunden. Man muß aber fragen, ob allen diesen Phänomenen nicht ähnliche Ursachen zugrunde liegen. Man muß weiter fragen, ob das zwangsläufig ist oder ob es aufzuhalten und wiederumzukehren ist.

Es gibt nicht wenige, wie Kurt Biedenkopf, Warnfried Dettling und Meinhard Miegel, die argumentieren, daß angesichts der immer größeren Differenzierung unseres gesellschaftlichen Lebens, des Wertewandels, der Individualisierung, der Privatisierung, der Glorifizierung des Single-Daseins, der Ausdünnung der sozialen Kontakte und einer Einengung dessen, was man unter Verantwortung versteht, die Leute zwar noch bereit seien, für sich und die eigenen Handlungen Verantwortung zu übernehmen, daß sie aber nicht mehr willens seien, Verantwortung für andere oder für das Gemeinwohl zu tragen, und sich solche gesellschaftlichen Entwicklungen vollzögen, ohne daß die Parteien darauf Einfluß nehmen könnten. Zwangsläufig führe das dazu, daß sich auch der Charakter der Parteien ändere, daß zum Beispiel Volksparteien nicht mehr Bestand haben könnten.

Ich bestreite das. Wie bei den Gewerkschaften und bei den Kirchen, hängt das auch bei den Volksparteien davon ab, welche Aufgabe sich diese Organisationen selber stellen. Natürlich sind die Parteien nicht unabhängig von einer immer größeren Differenzierung in unserer Gesellschaft. Aber selbst wenn man weiß, daß diese Ausdifferenzierung nicht ohne Einfluß bleiben kann auf die politischen Parteien, ist damit die Frage nach dem Ende der Volksparteien noch nicht beantwortet. Denn der Wertewandel zum Beispiel ist nicht das einzige Kriterium, das man zur Beantwortung heranziehen muß.

Selbst bei einer sehr ausdifferenzierten Gesellschaft entscheiden andere Faktoren darüber, ob eine Partei wie die CDU Volkspartei bleibt oder nicht. Hat sie zum Beispiel genügend integrierende Persönlichkeiten? Wenn eine Partei sich entweder verzettelt und ständig ihre Spitzenpersönlichkeiten auswechselt, wie das bei der SPD bis 1993 der Fall war, oder wenn sie – um das andere Extrem zu nehmen – sich ausschließlich und allein monolithisch auf eine einzige Persönlichkeit konzentriert, dann ist das gefährlich. Verfügt eine Partei über die Strahl- und Integrationskraft mehrerer bedeutender Persönlichkeiten, dann ist sie konsensfähiger, und das spielt ganz sicher eine Rolle hinsichtlich der Frage, ob eine Partei Volkspartei bleiben kann.

Und warum fehlt es daran?

Zunächst ist die Frage, ob man das will oder nicht.

Wer ist »man«?

Die Führung einer politischen Partei, das heißt Bundesvorstand, Parteipräsidium, Generalsekretär, Vorsitzender. Eine Volkspartei braucht überzeugende Persönlichkeiten in ihren Reihen, Menschen mit Format und Profil, mit persönlicher Ausstrahlung und Kompetenz. Sie würde einen Fehler begehen, konzentrierte sie ihre inhaltliche und personelle Repräsentanz auf eine einzige

Person. Die Vielfalt der Persönlichkeiten, ihres Könnens und ihrer Ideen muß – entsprechend der Bandbreite ihres Programms – für die Bevölkerung sichtbar sein. Die Zukunft gehört nicht den monolithisch geführten Parteien, sondern den interessanten Parteien.

Ein Beispiel will ich bringen: Ich hätte mir gewünscht, daß man mit einer Frau wie Rita Süßmuth in den letzten Jahren pfleglicher umgegangen wäre. Denn wir reden doch von der notwendigen Breite einer Volkspartei und von der Toleranz in der eigenen Partei.

Das alles ist auch eine Frage der Klugheit. Ich meine Klugheit der Führung, denn man kann nicht alles in einer Person realisieren.

Sie skizzieren allerdings auch das Gegenbild einer Kanzlerdemokratie. Denn Kanzlerdemokratie heißt in der Tat »Es blühen nicht tausend Blumen, sondern nur eine«.

Das sehe ich anders. Es ist auch historisch nicht richtig. Neben Konrad Adenauer, der ein großer Kanzler gewesen ist, gab es auch andere herausragende Leute, wie zum Beispiel den damaligen Wirtschaftsminister Ludwig Erhard, der genauso populär war. Außerdem waren da Politiker wie Gerstenmaier, Kiesinger, Schäffer, Storch, später Katzer und Strauß. Die Bundestagswahl 1957, ich war damals noch ein ganz junger Mann, hat mich tief beeindruckt. Das war das Gegenteil eines Kanzlerwahlkampfes. Die CDU hat damals, vor gut 35 Jahren, einen Wahlkampf geführt mit Adenauer, aber auch mit den Plakaten der anderen. Geschadet hat es nichts. Die Union bekam die absolute Mehrheit.

Fehlt es dem gegenwärtigen Kanzler an innerer Souveränität, es ähnlich zu halten?

Ich kann ihn in dieser Frage nicht begreifen, ich stelle nur fest, daß das ein Fehler ist. Er hat es ja früher anders gemacht, so wie Adenauer. Es ist ein Schaden für die CDU, wenn sie den Bürgern nicht in der ganzen Fülle ihrer Persönlichkeiten präsent wird. Zwar spielen letztendlich bei der Bundestagswahlentscheidung inhaltliche Fragen eine größere Rolle als personelle, das kann man nachweisen. Aber es kann eben dann doch um zwei, drei Prozent hin oder her gehen.

Wir reden hier über die Frage, ob die Volksparteien am Ende sind. Oder anders ausgedrückt: Muß der Differenzierung in unserer Gesellschaft auch eine größere Differenzierung im Parteienspektrum entsprechen? Das muß nicht sein, wenn eine Volkspartei sich selber differenzierter darstellt. Ich wiederhole: Persönlichkeiten wie Erhard, Gerstenmaier, Kiesinger, Strauß, Schäffer haben der Union in der Adenauerzeit genutzt. Als der Alte daranging, Ende der 50er Jahre, Erhard zu demontieren, war auch seine beste Zeit vorbei.

Zu den Faktoren, von denen es abhängt, ob es noch weiter Volksparteien gibt, gehört vor allem auch die Attraktivität der politischen Inhalte. Wenn eine politische Partei auf bestimmte Fragen keine Antworten mehr gibt oder sie vernachlässigt, dann wird die Konsensfähigkeit stark beeinträchtigt, wenn nicht auf Null gebracht.

Die CDU muß zum Beispiel wie in Rüsselsheim oder Kassel bei den letzten Oberbürgermeisterwahlen wieder Zugang finden zu den Problemen und Milieus der durch die Entwicklung der Arbeitslosigkeit verunsicherten Industriearbeiterschaft, zur städtischen Wohnbevölkerung mit ihren wachsenden Mietproblemen und zu der im

Strukturwandel begriffenen ländlichen Bevölkerung. Soziale, nicht nationale Probleme stehen hier eindeutig im Vordergrund. In diesen Bereichen ist die CDU seit drei, vier Jahren, wie Dieter Oberndörfer in einer Untersuchung des Arnold-Bergstraesser-Instituts über die Landtagswahl 1992 in Baden Württemberg festgestellt hat, den Integrationserfordernissen einer breitgefächerten Mehrheitspartei nicht mehr gewachsen.

Politische Parteien können sich auch selber umbringen. Aus der griechischen Philosophiegeschichte wissen wir, wie man Selbstmord begehen kann. Der Philosoph Metrokles, ein Kyniker, starb im hohen Alter, und zwar, indem er sich selber mit den Händen erwürgte. Etwas Ähnliches praktizierte lange Zeit die SPD. Andere brachten sich ums Leben, indem sie den Atem anhielten. Der Philosoph Demonax, auch ein Kyniker, setzte seinem Leben ein Ende, indem er einfach aufhörte, zu essen. Die beiden letzteren Methoden übte seit ein paar Jahren die CDU. Wenn sie sich inhaltlich und personell nicht anstrengt, wird es ihr so gehen wie dem Philosophen Straton. Er war so abgezehrt, daß er starb, ohne es zu merken.

Grausame Analogien, die Antike war offenkundig radikaler als die Neuzeit. Politik und Philosophie sind heutzutage aber vermutlich auch komplexer als zu Zeiten Ihrer Kyniker und Zetetiker. Mit jeder Antwort, die man heute auf die aktuellen Problemlagen zu geben versucht, provoziert man automatisch eine ganze Palette von Einsprüchen. Die querschnittartigen Catch-all-*Antworten, denen eine große Mehrheit zu folgen bereit ist, gibt es nicht mehr. Es sei denn, man greift auf den Patriotismus oder das Nationale zurück.*

Die alten Griechen haben manches, wie man sieht, auch den Tod etwas lockerer genommen. Das Nationale spielte bei ihnen überhaupt keine Rolle. Um so mehr die *polis*, die Römer sprachen später von der *res publica*, den öffentlichen Angelegenheiten. Die Staatsauffassung der Griechen und Römer hätte man auch als Verfassungspatriotismus bezeichnen können, wenn es damals schon so etwas wie eine Verfassung gegeben hätte. Richtig ist, ich wiederhole mich, daß ich mir auf die Komplexität politischer Probleme – und sie werden nicht einfacher, sondern komplexer – keine plakativen Antworten erlauben darf. Dazu gehört auch das Nationale. Ich muß mir schon die Mühe machen als politische Partei, auf komplexe Probleme auch differenzierte Antworten zu geben. Damit komme ich wieder zu den Konzepten. Ich kann auch eine differenzierte Antwort attraktiv verständlich machen. Ich brauche zum Beispiel die ökologische Frage nicht mit einer pauschalen Antwort zu versehen. Da geht es um sehr viel Verschiedenes, von Biotopen bis zur Atomenergie. Daß das Nationale, richtig verstanden, kein Gegensatz sein muß zum europäischen Bundesstaat, begreifen die Leute auch; sie sind nicht so dumm, wie manche in der politischen Klasse in Bonn immer wieder glauben. Sie sind gebildet, informiert, haben viele Informationsmöglichkeiten, von der ZEIT bis RTL plus, alles ist da.

Nun wissen wir, daß wir keine 60 Millionen ZEIT-Leser haben.

Aber die Studienräte, Professoren und Chefredakteure, die Ihre Zeitung lesen, haben Millionen Schüler und Studenten, Millionen Leser. Es gibt Leute, die glauben, das

Wählerverhalten vollziehe sich nach dem System der kommunizierenden Röhren: Wer links von der Mitte Wähler gewinne, verlöre sie automatisch rechts von der Mitte, um einmal wieder diese überholten Begriffe zu verwenden.

Dafür gibt es nicht den geringsten Beweis. Warum soll eine Partei, die eine arbeitnehmerfreundliche Politik macht, deswegen national gesinnte Wähler verlieren? Die Logik spricht nicht dafür. Wenn ich versuche, Unternehmer für die CDU zu gewinnen, dann verliere ich nicht automatisch auf der »linken«, arbeitnehmerorientierten Seite Stimmen. Ganz im Gegenteil. Ich kann gerade, wenn es sich um Minderheiten handelt, für sie nur dann etwas erreichen, wenn diese Minderheiten gleichzeitig aufgehoben sind in einer Partei, die mehrheitsfähig ist.

Die Bauern und Winzer hätten mit einem Bauern- und Weingärtnerbund mit sechs Prozent der Wählerstimmen und ein paar Abgeordneten im Bundestag natürlich keine Chance. Sie können ihre Interessen nur wirksam dann vertreten, wenn die Mehrheit der Arbeitnehmerhaushalte, die immerhin 90 Prozent der Wählerschaft ausmachen und zu einem großen Teil CDU wählen, denken und wissen, daß für die Landwirte und Winzer auch etwas getan werden muß. Für alle zusammen ist es besser, es gibt eine Volkspartei CDU, als daß es sie nicht gibt.

Natürlich ist Rentenpolitik, Altenpolitik eine entscheidende Frage, sicher nicht nur, weil es immer mehr alte Leute gibt. Aber die Themen, die für diejenigen von Bedeutung sind, die den größten Teil ihres Lebens noch vor sich haben, darf eine Volkspartei eben auch nicht vernachlässigen. Da sind wir schon bei der Wahlanalyse und warum die CDU ab 1987 und danach zunehmend in Schwierigkeiten geriet.

Bis zur überraschenden Einheit.

Das war, parteipolitisch gesehen, ein Interludium. Jetzt sind wir hinter das bereits Erreichte zurückgefallen.

Ihre Analyse hat auch Konsequenzen im Hinblick auf das, was uns 1994 bevorsteht, wenn es um die Machtverteilung in der Bundesrepublik geht. Wenn wir Ihre Empfehlung richtig verstehen, heißt das, die Volkspartei Union darf die Mitt nicht verlassen, ist aber in Gefahr, daß dies geschieht oder, daß sie Klientelinteressen verfolgt, wie es eine Volkspartei gerade nicht machen dürfte.

Ich bin fest davon überzeugt, daß der Vertrauensverlust, den die CDU erlitten hat, vom Inhaltlichen her gerade darauf zurückzuführen ist, daß die Öffnung zu einer breiten Mitte hin nicht Wirklichkeit wurde. Wie will die Union Mehrheiten gewinnen, wenn sie nicht berücksichtigt, daß über 90 Prozent der Wahlberechtigten in Arbeitnehmerhaushalten leben oder aus Arbeitnehmerhaushalten stammen? Eine unternehmensfreundliche Politik braucht auch die Zustimmung der Arbeitnehmer. Das hat mit Linksruck nichts zu tun, sondern mit der Beherrschung der Grundrechenarten.

Wie soll eigentlich die CDU zum Beispiel in Nordrhein-Westfalen von 36 Prozent bei der Landtagswahl 1990 auf über 40 Prozent bei der Landtagswahl 1995 kommen, wenn es ihr nicht gelingt, neue Wählerinnen und Wähler, die bisher andere Parteien gewählt haben, zu gewinnen?

Manche haben sich damals ganz unverhohlen darüber gefreut, mich bei dem offenbar konspirativen Versuch erwischt zu haben, neue Wähler für die CDU gewinnen zu wollen. Dabei freuen sich die Stammwähler der Union doch am meisten, wenn noch viele andere Wähler dazukommen. Dann sind sie nicht so einsam.

Ihre eigene Partei hat oft argumentiert: Schau doch nach rechts, was dort in der Wählerlandschaft passiert. Da heißt es dann: Wie wollen wir das einfangen und verhindern mit Positionen wie denen Heiner Geißlers?

Leute, die uns die Hinwendung nach rechts empfehlen, erinnern mich an den Sokratiker Hegesias, der dadurch berühmt wurde, daß er die Leute auf der Straße anhielt und versuchte, sie zum Selbstmord zu überreden. Ich rede nicht von den fünf, acht Prozent Wählern der Republikaner oder der DVU. Das sind nicht Stammwähler, noch nicht einmal überwiegend gebundene Wechselwähler der CDU. Über die sogenannten Stammwähler der CDU müßte man reden. Nehmen wir einmal an, was aber nicht stimmt, ein großer Teil der Stammwähler wären tatsächlich »nationalkonservative« Leute, für die Nation und Deutschland einen übergeordneten Rang hätten. Aber dümmer als andere sind die nun hinsichtlich der aktuellen Probleme auch nicht. Das heißt, auch Stammwähler dieser Art werden natürlich schauen, was macht eine Volkspartei mit dem Wald und mit unserer Flur, mit der Sicherung des Friedens und der Arbeitsplätze, mit dem Wohnungsbau.

Die CDU würde einen ganz schweren Fehler machen, wenn sie ihr Profil vorwiegend in ganz harten Themenbereichen suchen würde, zum Beispiel der Verschärfung des Abtreibungs-Strafrechts, der Asylpolitik, der seuchenpolizeilichen Behandlung der Aidskranken, der traditionellen Rolle der Frau, der Wiederherstellung des

Nationalstaates, gegen Europa. Dann hätte sie die Wahl heute schon verloren.

Aus der schon zitierten Wahlanalyse des Arnold-Bergsträsser-Institutes der Universität Freiburg zur baden-württembergischen Landtagswahl 1992 geht hervor, daß bei den Republikaner-Wählern nicht die Ausländerfragen zum Beispiel die eigentlichen Probleme beschreiben, mit denen sich diese Menschen beschäftigen, sondern daß diese vor allem auf sozialen und wirtschaftlichen Faktoren beruhen. Eine genauere Betrachtung der republikanischen Hochburgen zeige, daß die extreme Rechte vor allem in Regionen und Stadtbezirken Zulauf erhalten habe, in denen sich bereits seit langem sozio-ökonomische Probleme anstauen, also vor allem in städtischen Gebieten mit ausgeprägten Wohnraumproblemen, steigenden Arbeitsplatzrisiken in alten und neuen Industrien und auch in eher ländlichen Bereichen, die seit geraumer Zeit unter massiven Anpassungszwängen des wirtschaftlichen Strukturwandels leiden. Die Frustrationen und Zukunftsängste der auffallend zahlreichen republikanischen Jungwähler rührten in erster Linie aus beruflichen, familiären und psycho-sozialen Spannungssituationen, in denen Aussiedler und Asylbewerber überhaupt keine Rolle spielten. Es handle sich neben anderen Faktoren um das Aufbegehren der sozial Marginalisierten und politisch Verwaisten.

Demnach gilt also nicht die simple Formel, daß die Gesellschaft nach rechts rückt und die Volkspartei dem nur folgen müsse, um Erfolg zu haben?

Eine kürzlich veröffentlichte Umfrage von Allensbach hat über die letzten zehn Jahre hinweg eher einen Linkstrend in der Selbsteinschätzung der Leute festgestellt. Sich am überholten Links-Rechts-Schema zu orientieren, bringt heute aber nichts mehr. Die Menschen leben in Milieus, sie sind nicht einfach einzuteilen in bestimmte politische Kategorien. Jeder Mensch bewertet wahrscheinlich die einzelnen Themenbereiche unterschiedlich, auch hinsichtlich seiner politischen Präferenz.

Es kommt darauf an, was er oder sie sind, zu welchem Milieu er oder sie gehören, ob er Studienrat ist, ob sie die Frau eines Studienrates und noch gleichzeitig berufstätig und abends Übungsleiterin im Verein ist. Je nachdem werden die Leute diese Fragen so oder so beurteilen. Ich kann sie nicht in eine Kiste stecken, es gibt keinen politischen Links-Rechts- oder Milieu-Automatismus. Ich kann die Leute, um auch dies noch einmal zu unterstreichen, nicht mehr allein nach den alten geschlechts-, berufs- und altersspezifischen Kategorien beurteilen, so wie das Vereinigungssystem der CDU konstruiert ist: Junge Union, Senioren-Union, Frauen-Union, Mittelstandsvereinigung, Sozialausschüsse und so weiter. Das sind alte Kategorien, in die man die Menschen zwar einteilen kann, aber das ist nicht mehr ausreichend für das Angebot als Volkspartei.

Nach meiner Auffassung gehört zum Beispiel unbedingt dazu, daß die CDU nicht ständig den Eindruck erweckt, sie habe eine antisoziale Position, indem sie sofort bei jedem Sparprogramm sagt, der Sozialmißbrauch müsse eingeschränkt werden, aber nicht gleichzeitig an erster Stelle diejenigen nennt, die jährlich in der Größenordnung bis zu 100 Milliarden DM Steuern hinterziehen. Wenn 90 Prozent der Leute in Arbeitnehmerhaushalten leben, drei Millionen Schwerbehinderte und Pflegebedürftige von noch einmal drei Millionen betreut und gepflegt werden, die ihrerseits wieder Familienangehörige haben, dann muß ich wirklich vom Vorschlaghammer getroffen sein, wenn ich Wahlen gewinnen will und erwecke immer wieder den Eindruck, als würde nur bei den kleinen Leuten gespart. Die CDU muß bei der Volksparteiprogrammatik bleiben.

Aber das Antisoziale klingt verstärkt an.

Das ist schädlich für die CDU. Klar ist, daß die Westdeutschen etwas abgeben müssen für den Wiederaufbau in Ostdeutschland. Aber ich kann nicht denen etwas wegnehmen, die ohnehin schon zu wenig haben.

Die Frage des Charakters der Volkspartei hängt zum Beispiel auch von der Verankerung einer Partei in der Kommunalpolitik ab. Die FDP kann nie Volkspartei werden aus einem ganz einfachen Grund: Die FDP hat im Westen gerade einmal so viele Mitglieder, wie die CDU Stadt- und Gemeinderäte hat, nämlich 60.000 allein in Westdeutschland. Die Verankerung in der Kommunalpolitik ist ein ganz entscheidender Punkt für den Charakter einer Volkspartei. Das Ende einer Volkspartei ist dann da, wenn man anfängt, die Kommunalwahlen zu verlieren, wenn die Partei in den Kommunen, in den Gemeinde- und Stadtparlamenten nicht mehr vertreten ist.

Das gilt genauso für den vorpolitischen Raum. Die CDU ist keine Volkspartei mehr, wenn keine Vereinsvorsitzenden sich zu ihr bekennen. Zur Volkspartei gehört die Verankerung in den gesellschaftlichen Gruppen, wobei sich das nicht auf die Vereine konzentrieren muß.

Viel hängt auch davon ab, ob eine Partei aufgeschlossen bleibt für neue Bewegungen. Wenn man Volkspartei bleiben will, dann darf man Bürgerbewegungen, Initiativbewegungen, Selbsthilfeorganisationen, ob sie sich für Asylbewerber oder Aidskranke, die Umwelt, für alleinstehende Frauen, Frauenhäuser oder was auch immer engagieren, nicht vor den Kopf stoßen. Solchen Gruppen muß man aufgeschlossen gegenüberstehen. Es gibt nicht den geringsten Grund, warum die CDU sich in eine stille oder offene Gegnerschaft zu ihnen versetzen sollte. Die CDU muß eine Sowohl-als-auch-Partei bleiben und darf nicht eine Entweder-oder-Partei werden.

Damit verlangen Sie viel vom Führungspersonal einer Volkspartei.

Es hat einmal Zeiten gegeben, in denen das funktioniert hat. Die CDU hatte 45, 50 Prozent. Warum soll das heute nicht mehr möglich sein? Die SPD ist ein schlechtes Beispiel, sie war meistens im 30-Prozent-Bereich.

Sie sagen, die Verhältnisse seien in vielem neu, aber das heiße nicht unbedingt, man müsse neue Instrumente und neue Wege suchen, sondern das könne auch bedeuten, daß die klassischen Instrumente und Wege der Politik auf diese neuen Verhältnisse angewandt werden. Das ist wichtig zu erklären, weil es sonst leicht blauäugig klingen könnte, was Ihr Begriff von den »Konzepten« meint. Sie suchen, wenn wir das richtig verstehen, nicht den legendären dritten Weg. Sondern Sie sagen, es wäre schon viel, wenn wir auf die großen klassischen Probleme, die sich neu zeigen, gut und mit klassischen Antworten reagieren. Zum Beispiel mit Industriepolitik oder mit einem funktionierenden Sozialstaat.

Teils, teils. Wir hätten zum Beispiel für die ostdeutschen Länder das Konzept der Sozialen Marktwirtschaft anwenden können, aber eben eine richtig verstandene und nicht eine ordnungspolitisch verfälschte. Zum anderen Teil aber brauchen wir in der Tat Neues. Zum Beispiel ökologische Kreislaufpolitik, multikulturelle Gesellschaft, einen offenen Weltmarkt, Beteiligung der Bundeswehr in der UNO, nicht Grenzkontrollen, sondern Europol zur Verbrechensbekämpfung. Das muß nicht ein dritter Weg sein, aber es sollte vorangehen.

Die Krise der politischen Führung, das haben wir schon festgestellt, geht durch alle Parteien. Haben vielleicht doch diejenigen recht, zum Beispiel der Bundespräsident, die unser System der Politikerrekrutierung kritisieren? Fördert es nicht in der Tat den Typ der angepaßten, untereinander beliebig austauschbaren, sachlich nicht sehr stark profilierten Politiker? Kulturpessimistisch ausgedrückt klingt das so: Spitzenpolitiker sind nicht mehr das, was sie früher häufiger waren, kantige Figuren, Autoritäten, kreative Köpfe.

Die Zivilcourage und die Leidenschaft fehlen. An der Stelle beißt die Katze sich in den Schwanz. Sozialwissenschaftliche Untersuchungen zeigen, daß sich immer weniger Leute für das Gemeinwohl engagieren. Und wenn man fragt, warum das so ist, erhält man als Antwort, das kommt, weil sich die Gesellschaft individualisiert und privatisiert. Da ist ein Circulus vitiosus.

Sie kennen aber die These, die Politiker sollten doch weniger Berufspolitiker sein, um sich ein Stück Unabhängig-

keit zu wahren, um in ihrer Karriere nicht von der Politik abhängig zu sein.

Da haben Sie völlig recht. Nur die Sache mit dem Berufspolitiker scheint mir weniger wichtig zu sein. Was heißt »Berufspolitiker«? Wenn man damit die meint, die außer Politik nichts gelernt haben, dann stimme ich Ihrer Kritik zu: Sie sind von der Politik total abhängig. Auch materiell. Wenn man jedoch unter Berufspolitiker versteht, daß man neben dem Bundestagsmandat keinen anderen Beruf mehr ausüben kann, dann sieht die Sache schon anders aus. Das ist nämlich de facto so. Bei Landtagsabgeordneten mag das anders sein, aber nicht im Bundestag.

Wie war das denn bei Ihnen? Was haben Sie gelernt, abgesehen vom Studium, was haben Sie beruflich gemacht, ehe Sie Berufspolitiker wurden?

Ich bin promovierter Volljurist und habe dazu hin noch ein Philosophiestudium absolviert. Ich war Richter und Leiter eines Ministerbüros. Das sind meine beruflichen Erfahrungen. Dann war ich Abgeordneter, zwei Jahre, unmittelbar danach wurde ich Minister.

Ich glaube, ich war ein ganz guter Minister, ohne daß ich zehn Jahre lang irgendwo Bürgermeister war oder Landrat. Die Frage, ob jemand in der Politik seine Arbeit gut macht, hängt wie in jedem anderen Beruf von seinem Charakter und von dem ab, was er auf dem Kasten hat.

Ist Politiker ein Beruf wie jeder andere?

Nein, das ist kein Beruf wie jeder andere. Es ist schon eher eine Berufung, jedenfalls habe ich das bei meiner Wahl in den Bundestag so empfunden. Ich fände es gut, wenn das auch heute von denjenigen, die sich politisch betätigen, so empfunden würde. Der Beruf der Politik ist etwas anderes als andere Berufe, in denen man vor allem für sich selbst und seine Familie arbeitet.

Wenn jemand als Abgeordneter gewählt ist, bedeutet das eine Auszeichnung und gleichzeitig eine bindende Verpflichtung, für das Allgemeinwohl tätig zu sein. Das bedeutet auch, daß derjenige, der Abgeordneter ist, und noch mehr derjenige, der zum Beispiel Minister ist, höhere Maßstäbe an sich selber anlegen muß, als dies für den normalen Bürger gilt.

Gab es in Ihrem eigenen Werdegang bestimmte Personen, die Sie als Vorbild vor Augen haben? Von denen Sie heute sagen, so hatte ich mir vorgestellt, wie Politik, die sich am Common sense *orientiert, beschaffen sein muß?*

Ich verehre Václav Havel, den Dissidenten und Humanisten. Einer, der im wahrsten Sinne des Wortes für mich Vorbild gewesen ist, war Josef Schüttler, den heute kaum noch jemand kennt. Er war Arbeitsminister von Baden-Württemberg und IG-Metaller, der von den Nazis als Betriebsrat in Singen auf die Straße gesetzt wurde. Zwölf Jahre war er Straßenkehrer und Soldat. Der Mann hat wirklich uneigennützig gearbeitet, hatte Charakter. Als die IG Metall eine Kampagne gegen die CDU gemacht hat, ist er Mitte der 50er Jahre unter Verzicht auf seine Pension bei der IG Metall ausgetreten. Er handelte aus Überzeugung.

Auch Gebhard Müller war eine Person, die ich sehr

verehrt habe. Einer, der mir immer imponierte, war Hans Katzer. Auch er hat, ob gelegen oder ungelegen, seine Position vertreten und Krach gemacht, wenn es nötig war, hat sich energisch für die Lösung sozialer Probleme eingesetzt. Von ihnen habe ich gelernt, daß die Sache wichtiger ist als die Person. Abgeordnete sind nicht Ernannte, sondern Gewählte. Aber bevor sie diese Berufung annehmen, müssen sie einen Beruf haben. Sie müssen in der Lage sein, diese besondere Berufung auch wieder aufgeben zu können und in ihren normalen Beruf zurückzukehren.

Gestatten Sie eine kleine Abschweifung vom sozialwissenschaftlichen zum sozialpsychologischen Aspekt des Berufs Politiker. Willy Brandt hat dazu noch etwas Wichtiges gesagt. Bei der Analyse der politischen Prozesse, so schrieb er einmal, würde die Bedeutung von persönlichen Beziehungen, von Schwächen, Tagesverfassungen, kleinen und großen Privatproblemen bis hin natürlich auch zu den Neurosen der handelnden Personen weit unterschätzt. Mit anderen Worten: Das Menschliche, Allzumenschliche spiele in der Politik, im Umgang der Mächtigen miteinander, oft eine größere Rolle als Sachfragen. Was ist da Ihre persönliche Erfahrung? Trennen Sie Ihre Zahnschmerzen von der Sache? Immer?

Ich gehöre doch nicht zu den Alkoholikern in Bonn. Nicht jeder ist der Belastung gewachsen, das ist auch wahr, vor allem wenn es daheim nicht mehr stimmt. Deshalb gehört für mich zu dieser Berufung ein hohes Maß an Askese und Selbstdisziplin.

Zur Politik gehört auch ihre Wirkung auf die Persönlichkeit der Politiker. Was Sie das Besondere an diesem Beruf nennen, ist nicht zuletzt das besonders Aufreibende und Verschleißende dieser Tätigkeit. In seinem vielzitierten Essay über das Elend der politischen Klasse (»Erbarmen mit den Politikern«) beschrieb Hans Magnus Enzensberger diese qualitative Differenz mit den Worten: »Um es mit einem gewissen Pathos auszudrücken, der Eintritt in die Politik ist der Abschied vom Leben, der Kuß des Todes.« Gemeint sind die Lebensferne, die Gesellschaftsblindheit, auch die Unsinnlichkeit, die den Alltag der Politik überwiegend bestimmt. Wieweit stimmt das mit Ihrer persönlichen Erfahrung überein, ist das auch Teil Ihrer Realität?

Ich weiß nicht, ob Enzensberger das so meint, wie Sie es interpretieren. Es ist auf jeden Fall ein Abschied vom normalen Leben. Wenn jemand als Industriemanager arbeitet, einen großen Betrieb leitet, Chefredakteur ist, wenn einer das Gewandhausorchester leitet oder die Deutsche Oper in Berlin, dann kann er zwar auch nicht auf einen Acht-Stunden-Tag spekulieren, und sein Familienleben sieht notwendigerweise anders aus als das des Normalbürgers. Aber er ist nicht so geoutet wie der Politiker. Darüber zu klagen ist elitäre Moral von Leuten, die sich dort kratzen, wo es andere juckt.

Enzensbergers Spott – wir würden nicht von einer »Klage« sprechen – mag ja elitär sein, aber trifft er nicht die Wirklichkeit? Wo ist der Unterschied zu Ihrer Wahrnehmung?

Der Unterschied zwischen mir und Enzensberger besteht darin, daß ich nicht spotte. Es geht nicht anders.

Da hat er es natürlich leichter.

Die politische Berufung ist eine ernste Geschichte. Man muß sich darauf ja nicht einlassen, oder? Entscheidend ist, ob die Richtigen berufen werden. Das ist ein viel interessanteres Thema als Spielereien mit Begriffen wie »Kuß des Todes«. Politik ist eine zu ernste Sache. Wer diese Aufgabe übernimmt, darf sich nicht beklagen, daß er kein normales Familienleben mehr hat. Eine andere Frage ist, ob wir in der Politik immer die passenden Leute haben, Menschen, die das verkraften, die nicht an diesen Begleitumständen scheitern, die nicht zur Freundin oder in den Alkohol flüchten statt zur Familie. Das ist das richtige Thema.

Aber genau diese Fälle haben wir. Und es sind keine Ausnahmen und keineswegs nur Randfiguren der Politik, die davon betroffen sind.

Das stimmt. Deswegen ist die Politik manchmal auch hundsmiserabel.

Eine andere Frage ist, ob die Leute fähig sind, mit der Macht umzugehen. Ich war dreizehn Jahre Minister, davon zehn im Land und drei im Bund. Ich will Ihnen mal einige meiner Erfahrungen schildern. Ich habe in dieser Zeit viel durchsetzen können, von den Sozialstationen, dem Kindergartengesetz, der Krankenhausreform bis zum Erziehungsurlaub und der Reform des Kriegsdienstverweigerungsrechts. Im Bund hatte ich dazu nicht viel Zeit, es waren nur drei Jahre. Ich bin einmal in einer Redaktionskonferenz der *FAZ* gefragt worden: Wie machen Sie das eigentlich? Sie sind Bundesminister und gleichzeitig Generalsekretär, beides sind Jobs mit einem Vierzehn-Stunden-Tag, wenn man es richtig macht. Ich habe geantwortet: Ich kümmere mich nicht um wichtige Dinge, sondern nur um sehr wichtige.

Ich glaube, daß Delegation ein wichtiges Element effektiver Arbeit ist. Dies setzt allerdings die Souveränität voraus, die Mitarbeiter auszuwählen, auf die ich mich in den wichtigen und weniger wichtigen Dingen verlassen kann. Das müssen zuverlässige, intelligente und effektive Leute sein. Ich habe sowohl im Konrad-Adenauer-Haus wie im Ministerium mir dieses Recht immer erkämpft. Das führte auch zu Spannungen, aber ich kann nur jedem empfehlen, so etwas durchzustehen.

Lassen Sie uns an dieser Stelle einen Blick auf die Parteienlandschaft werfen, sozusagen an der Schwelle zu dem Dauerwahljahr 1994. Beschreiben Sie doch einmal den Platz der CDU im gegenwärtigen politischen Terrain der Bundesrepublik.

Wenn die CDU sich als Wahlziel damit zufriedengäbe, 36 Prozent zu bekommen – Hauptsache, die SPD bleibt darunter –, würde sie ein hohes Risiko eingehen. Die Union muß den Versuch unternehmen, durch eine personelle und inhaltliche Erneuerung auch vom Angebot her als Volkspartei wieder deutlich über 40 Prozent zu kommen. Das muß zunächst die politische Zielsetzung für die Bundestagswahl 1994 sein.

Dazu gehört die richtige, durchaus dramatische Beschreibung der Lage und der damit verbundenen Probleme. Die Liste ist lang: deutsche Einheit, Europa, Süd- und Osteuropa, Rezession, Armut, Migration, Ausländer, Islam-Fundamentalismus, Öko-Krise, Dritte Welt, Blauhelm-Einsätze, organisiertes Verbrechen. Wem die

Leute die Lösungskompetenzen zuweisen, der wird gewinnen.

Die CDU muß vor allem bedenken, daß die Zahl derjenigen zunimmt, die sich in letzter Minute entscheiden und dabei gar nicht so sehr die politische Richtung für ausschlaggebend halten, sondern aus einer persönlichen oder von der momentanen Situation abhängigen Stimmung heraus ihren Bundestagswahlzettel ausfüllen. Leute, die bei der einen Wahl mal CDU, bei der nächsten FDP, dann wieder SPD und bei der übernächsten Grüne wählen und dann wieder CDU und SPD, also alles in ihrem Leben durcheinander, nennt man in Italien »cani sciolti«, Hunde ohne Halsband, also streunende Hunde.

Diese Wählerpopulation ist stark im Zunehmen, weil sich die sozialen Milieus verändert haben. Die religiösen Bindungen haben sich weitgehend gelockert, und die klassenkämpferische Solidarität funktioniert auch nicht mehr so richtig. Die Menschen sind nur noch die wenigste Zeit am Tag im Betrieb, die Freizeit wird immer wichtiger. Die einen halten den deutschen Wald, die anderen die deutsche Nation, die dritten ihr Auto für das Wichtigste, die einen essen lieber Gyros als rheinischen Sauerbraten, andere hören den ganzen Tag Michael Jackson, und wieder andere sind in ihrer Freizeit Übungsleiter im Sportverein oder Altenbetreuer im Altersheim.

Die frühere Stammwählerschaft der CDU und der SPD hat sich, wie wir gesehen haben, erheblich reduziert. Diese Veränderungen in der Wählerschaft bringen für die Volksparteien Risiken mit sich, aber auch Chancen. Die Wahlentscheidungen dieser Leute sind variabler bei sogenannten »Nebenwahlen«, also bei Wahlen, die von der Bevölkerung als nicht so wichtig eingeschätzt werden, also zum Beispiel Kommunal- und Landtagswahlen, stärker als bei Bundestagswahlen.

Der Wählermarkt ist bei einer Bundestagswahl weniger offen als bei anderen Wahlen. Dennoch gilt: Die Zahl der Wechselwähler nimmt zu und ist für schnell wechselnde Stimmungen und überraschende Wahlergebnisse disponiert. Das taktische Wählerverhalten nimmt zu. Kurzzeiteinflüsse, die sich aus bestimmten politischen Situationen ergeben, können Wahlen noch in den letzten Wochen, ja in den letzten Tagen entscheiden. Eben aus diesem Grunde werden Wahlkämpfe, wie ich schon gesagt habe, noch wichtiger, als sie es bisher schon gewesen sind. Man darf sich bei Wahlkämpfen einfach keine Fehler mehr erlauben.

Das wird ja fürchterlich.

Und spannend.

Das könnte die Wahlkämpfe noch brutaler machen, als sie es schon sind. Um ausreichend Aufmerksamkeit zu erregen, wird man noch viel größere Knaller brauchen, als Sie sie seinerzeit als Generalsekretär produziert haben. Und doch hilft alles nicht, wenn die Politik vorher nicht gestimmt hat.

Das ist auch wahr. Ich behaupte nicht, daß das allein ausschlaggebend ist. Ich sage nur: Wahlkampagnen werden noch wichtiger, als sie es schon waren. Sie können zwei, drei, vier Prozent ausmachen, sogar mehr.

Was bedeutet dieser Befund zum Beispiel für die FDP? Strauß wird ihr fehlen.

Das bedeutet für die FDP, daß sie versuchen wird, der CDU wieder einen Binnenwahlkampf aufzuzwingen, so wie 1990, als sie eine Koalitionsauseinandersetzung um Steuererhöhungen ankündigte. Eine solche Drohung kann abermals zu falschem politischen Verhalten der Union führen.

Vor allem in der Sozialstaatsfrage?

In der Sozialstaatsfrage und in der Steuerfrage. Für 1994 muß die CDU aufpassen. Sie darf sich keinen FDP-Kurs aufzwingen lassen aus lauter Angst, es würden nachher ein paar Ärzte die FDP statt die CDU wählen.

Ist die FDP aus Ihrer Sicht eigentlich ein notwendiges Element für diese Parteiendemokratie oder doch eher ein überflüssiger, ewiger Wurmfortsatz der jeweils erfolgreichen Volkspartei?

Teils, teils. Die FDP hat aus meiner Sicht auch Unheil angerichtet, aber sie hat, was die liberale Komponente der Regierungspolitik betrifft, auch einiges Positive bewirkt. Daß es einen Asylkompromiß gegeben hat mit – wenn auch eingeschränkter – Aufrechterhaltung des individuellen Grundrechtes, was die CDU, im Gegensatz zur CSU, mehrheitlich immer vertreten hat, hängt auch mit dem Koalitionspartner FDP zusammen.

Auf Ihr Modell von Konfliktdemokratie würde besser passen, wenn zwei große Volksparteien einander gegenüberstünden. Das bedeutete aber ein anderes Demokratie- und Wahlsystem.

Das Ideale wäre, auch für das Problem der Politikferne der einzelnen Volksvertreter, wenn alle Abgeordneten in einem jeweils eigenen Wahlkreis gewählt würden. Das wird aber auf den erbitterten Widerstand der kleineren Parteien, auch der FDP stoßen. Es ist nun allgemeine Meinung, daß man zu einer Verringerung der Zahl der Abgeordneten kommen müßte. Ein Schritt in diese Richtung könnte dazu führen, daß man die Zahl der direkt gewählten Abgeordneten beibehält und die Einschränkung bei den Listenabgeordneten macht. Man ändert, sagen wir mal, das Verhältnis von Wahlkreis- und Listenabgeordneten von bisher eins zu eins auf drei zu zwei.

Ein modifiziertes Mehrheitssystem?

Nein, kein modifiziertes Mehrheitssystem, aber ein System, das mehr Volksnähe garantiert, zumindest für die überwiegende Zahl der Abgeordneten. Wer keinen Wahlkreis hat, tut sich schwer.

Die meisten Abgeordneten, die keinen Wahlkreis gewonnen haben, vertreten indirekt zumindest den Wahlkreis, den sie verloren haben.

Der Abgeordnete ist hinsichtlich der Frage, ob er wieder ins Parlament kommt, in aller Regel von unterschiedlichen Komponenten abhängig, je nachdem ob er Wahlkreis- oder Listenabgeordneter ist. Ich persönlich bin davon abhängig, daß ich hier in meinem Wahlkreis für die Bevölkerung meine Arbeit richtig mache, daß die Leute den Eindruck haben, der vertritt uns gut, der hat die richtigen Ideen. Ich bin also meines eigenen Glückes

Schmied, was gleichzeitig auch ein Glück ist für die Demokratie. Wenn ich Listenabgeordneter bin, dann nützen mir solche frommen Überlegungen überhaupt nichts. Wenn ich auf die Liste kommen will, dann würden für mich, um das zu erreichen, ganz andere Kriterien gelten.

Welche anderen Kriterien, was wäre der Unterschied?

Ich müßte Zustimmung finden in den Augen der Landespartei und nicht in einem Wahlkreis. Ich wäre abhängig vom Wohlwollen des Landesvorstandes. Listenabgeordnete können sich nicht so leicht eine von der Partei abweichende Meinung leisten.

Wichtig wäre die Einführung einer Bundesliste. Jetzt werden 50 Prozent der Abgeordneten über die Landeslisten gewählt. In Zukunft sollten es vielleicht nur 20 Prozent sein. 10 Prozent könnten über eine Bundesliste gewählt werden.

Sie wollen Umwege um die »Ochsentour« öffnen.

Wenn wir wollen, daß es zu einer größeren Osmose kommt zwischen Politik und Wissenschaft und zwischen Wirtschaft und Politik, zu einem Austausch der Eliten, ist ein solcher »Umweg« der einzige Weg. Das ist mit dem Landeslistensystem schlecht zu machen. Auf so einem Landesparteitag stoßen sich die Dinge viel zu eng im Raume, die Lokalinteressen spielen eine riesige Rolle, die Regionalinteressen sind wichtiger als die Einsicht, daß ein Kandidat, der die Ochsentour nicht gemacht hat, auch eine Chance bekommen muß.

Wenn ich eine Bundesliste einführe, ist das viel leichter. Denn im Bundesvorstand der CDU oder auch der SPD werden Sie eher eine Mehrheit bekommen für bestimmte Persönlichkeiten aus den genannten gesellschaftlichen Bereichen, als das auf einem Landesparteitag oder bei einer Landesdelegiertenversammlung der Fall ist.

Sie zitierten vorhin Henry Ford mit seinem Wort von der Notwendigkeit der Information und Werbung. Auch die Politiker müßten die Menschen über Sinn und Zweck ihres Tuns umfassend aufklären. Wie steht es nun aber mit den öffentlichen kritischen Geistern, die dieses Tun begleiten und den Transporteuren der politischen »Aufklärung«? Welche Rolle spielen denn die großen Medien? Wie sehr sind Politiker abhängige Größen dieser Medien geworden, in denen man Wirkung erzielen muß, um gehört zu werden?

Politik lebt in einer Demokratie von der Macht der Sprache und der Macht des Wortes. Und sie ist heute auch abhängig von der Macht der Bilder. Presse und elektronische Medien sind in den politischen Entscheidungsprozeß integriert. Kein Politiker kann sich dieser Macht entziehen. Sie wird nur dadurch akzeptabel, daß sie pluralistisch ist. Die Bedeutung der Medien wird heute noch stärker durch die schon vorher erörterte größere Wechselbereitschaft der Wähler, die »Volatilität«, wie die Politologen so schön und falsch sagen. Diese Eigenschaft des Wahlvolkes erfordert von seiten der politischen Parteien noch mehr Information und Werbung als bisher. Dabei wird es darauf ankommen, in den elektronischen Medien nicht erst im klassischen Wahlkampf präsent zu sein, sondern so viel wie möglich in den Nachrichten, den politischen Standardsendungen, aber auch in den Talkshows und Unterhaltungssendungen. Dabei wird es in der Medienlandschaft Deutschlands für die Parteien nicht einfacher, sondern schwieriger. Die Medien werden vielfältiger und zahlreicher. Das erfordert mehr »elektronische Präsenz« und die Fähigkeit, die sich jeder Politiker erarbeiten muß, das, was er meint, nicht nur prägnant und in klaren Worten auszudrücken, sondern gleichzeitig auch auf dem Bildschirm eine gute, das heißt sympathische Figur zu machen. Diesen Anforderungen sind, das muß man leider sehen, bisher nicht allzu viele Politiker gewachsen.

Die Printmedien werden deshalb nicht unwichtiger. Die Fähigkeit der Zeitungen, die Politik kritisch zu begleiten, ist ja nicht unterentwickelt.

Ich finde, wir haben nach wie vor kritische Zeitungen. Und wenn sie sich einmal als besonders regierungstreu darstellen, dann ist ja das auch nicht gerade ein Fehler. Die *Frankfurter Allgemeine* gehört sicher zu den regierungstreuen Blättern, das gilt auch für die *Welt*. Sie sind insofern von einer etwas größeren Bedeutung, da viele Mitglieder der CDU und CSU diese beiden Zeitungen als ihre Parteiblätter lesen. Die *Welt* hat sich selbst über lange Jahre hindurch als Medium verstanden, um in die CDU hineinzuregieren. Dazu hat sich inzwischen auch die *FAZ* entwickelt. Da es aber nun genügend andere Zeitungen gibt und Fernsehen sowie Rundfunk, kann sich jedermann ein unabhängiges Bild machen. Es gibt auch genügend kritische Medien. Die SPD braucht nicht traurig zu sein.

Ich will die Medienlandschaft insgesamt nicht negativ beurteilen. Es gibt aber das Problem der Medienkampagnen gegen bestimmte Personen und das Problem der Infiltration von deren Privatleben. Die Möglichkeiten bei uns, gegen Persönlichkeitsverletzungen dieser Art anzugehen, sind leider unterentwickelt. In den Vereinigten Staaten könnten sich die Zeitungen an Persönlichkeitsverletzungen nicht erlauben, was in Deutschland möglich ist. Unter Umgehung der juristischen Konsequenzen wird entweder über Gerüchte berichtet oder so formuliert, daß zivilrechtlich, aber auch strafrechtlich nichts dagegen zu machen ist. Wenn man etwas im Indikativ nicht zu behaupten wagt, macht man eine Frage daraus: Ist die oder jene Ehe in Ordnung? Hat XY eine Freundin? Ähnlich war es im Streit Scharping gegen Focus. In den Vereinigten Staaten wäre dies nicht nur rechtlich anders zu beurteilen, sondern es würde vor allem Geld kosten.

Bei »Personen der Zeitgeschichte« ist im Sinne der Rechtsprechung des Bundesverfassungsgerichtes der Persönlichkeitsschutz minimal. Das sieht man zum Beispiel auch bei der *Spiegel*-Kampagne gegen Lafontaine. Mit dieser Methode, indem man eben Gerüchte kolportiert, wie die über die angeblich kompromittierenden Photos, ist im Grunde genommen jeder fertigzumachen. Recherchenjournalismus hat an sich, das ist gar keine Frage, reinigende Wirkung im Sinne der Sauberkeit der Demokratie. Aber man darf nicht, wie Ihr ehemaliger *Zeit*-Chefredakteur Theo Sommer einmal gesagt hat, mit der Schrotflinte ins Dunkle schießen, in der Hoffnung, ins Schwarze zu treffen.

Was sind Ihre Erfahrungen mit der publizistischen Macht der FAZ?

In CDU-Präsidiums- oder Bundesvorstandssitzungen sind *FAZ*-Kommentare oft als Beleg zitiert worden für die Richtigkeit der eigenen Aussage. Das ist legitim, wenn es nicht zur Dogmenhuberei wird. Es wird dann peinlich, wenn keine eigene Recherche dahintersteht und die Leute einfach ignorieren, daß die *FAZ* kein CDU-Blatt ist, was sie auch gar nicht sein will, sondern das publizistische Flaggschiff der Großindustrie und der Großbanken. Wenn ich die Zeitung lese, tun mir nicht die Arbeitnehmer leid, sondern die vielen Mittelständler und Handwerker, die dem Blatt vertrauen. Die Zeitung versteht sich als Interessenvertretung, legitimerweise, aber man muß es wissen.

Offenbar jedoch auch als Hüterin einer kulturellen Wertewelt, wenn man an den Widerstand gegen den Frauenparteitag denkt, und insofern für eine Partei wie die CDU doch besonders bedeutsam.

Heftige Angriffe gegen die neue Frauenpolitik der CDU sind von der *FAZ* in der Tat geführt worden. Diese ganze Entwicklung hat nicht in das Weltbild einer sich selbst als konservativ definierenden Zeitung hineingepaßt. Es hat letztlich nichts bewirkt. Aber es ist sicher richtig, das hätte leicht auch anders ausgehen können.

Es ist nichts dagegen einzuwenden, wenn im Einzelfall in einer Zeitung die unterschiedlichsten Meinungen der Redakteure zu Wort kommen, aber in dem Moment, wo eine gezielte Kampagne in einem Blatt gemacht wird, das doch über Jahrzehnte hinweg als objektives Informationsblatt gegolten hat, wenn also praktisch eine Tendenzzeitung daraus wird, dann ist das ein trauriges Kapitel.

Fühlen Sie sich in Ihrem Verständnis von Konfliktdemokratie und produktiver Auseinandersetzung von Zeitungen wie der FAZ oder dem Spiegel und den Medien insgesamt bestärkt oder nicht? Und was steuert das Fernsehen dazu bei, in dem Sie selber häufiger Gast sind? Gelegentlich hat man den Eindruck, da degeneriere die Konfliktdemokratie in inszenierte Scheinkonflikte, wie man es bei den Parteien ja eben auch erlebt.

Die Diskussionen sind meistens ganz interessant. Informativ weniger; man kann nichts erläutern; der Moderator unterbricht sofort; er muß ja seinen klugen Fragenkatalog abhandeln. Aber eigentlich vermisse ich etwas anderes: die Auseinandersetzung zwischen den Blättern und Anstalten. Klaus Bednarz hatte Anfang Juni in einem Kommentar in den »Tagesthemen« Zeitungen der Springer-Presse, die *FAZ* und den *Spiegel* mitverantwortlich gemacht für das ausländerfeindliche Klima. Es war ein einmaliger Vorgang, daß jemand den Mut hatte, eine Auseinandersetzung mit anderen Medien zu beginnen. Bednarz glich dem Fuchs im Hühnerstall, und die Entgegnungen im *Spiegel* und in der *FAZ* waren dünn, wahrscheinlich wegen schlechten Gewissens. In der ARD selber wurde daraufhin tatsächlich ein Koordinator mit einem Vetorecht ausgestattet, um solche Vorfälle verhindern zu können. Unabhängig vom Inhalt der Bednarzschen Auslassungen, die so falsch nicht waren, wie ein betroffener Bericht der *Jüdischen Allgemeinen Wochenzeitung* vom 17. Juni 1993 zeigt, beweist diese Selbstkastration, wie heruntergekommen das journalistische Selbstbewußtsein in öffentlich-rechtlichen Anstalten sein muß. Helmut Herles, früher bei der *FAZ*, jetzt Chefredakteur des Bonner *Generalanzeigers*, sagte einmal, es sei richtig, was der Alte Fritz allen ins Stammbuch geschrieben habe, daß nämlich »die Gazetten nicht genieret werden« dürften. Aber warum, fragt er, sollten die Journalisten sich selber nicht öfter genieren? Öffentliche Scham ist in diesem Fall angezeigt: Krähe hackt nicht auf Krähe, Reichswehr schießt nicht auf Reichswehr, ARD nicht auf Springer.

Korpsgeist ist eben nicht zu verachten. Was haben Sie denn noch auszusetzen, Herr Abgeordneter?

Ich kann Ihre Neugier befriedigen. Es gibt noch andere Unsitten. Es gibt zum Beispiel den Abklatsch der griechischen Tragödien in Teleformat. Ich meine die Talkshows oder auch die politischen Debatten jeweils mit Publikum im Studio. Wenn im Studio selber Leute sitzen, die Beifall klatschen oder Mißfallenskundgebungen veranstalten zu dem, was der eine oder andere in der Runde sagt, dann vollzieht sich auch je nach Komplexität der Materie im Bewußtsein der Zuschauer folgendes: Sie bewerten nicht mehr die Thesen als solche, sondern die Reaktion des Publikums im Studio. Da kann einer noch soviel Gescheites gesagt haben, wenn die Mehrheit des Publikums im Studio dagegen ist, dann hat der Zuschauer draußen am Fernsehschirm den Eindruck, da hat einer Mist geredet. Bekommt der Betreffende Beifall von den Studiogästen, wird ein positiver Eindruck vermittelt.

Zum Teil handelt es sich dabei um Claqueure, die der Diskussionsteilnehmer mitbringen darf.

Die große Masse wird vom Sender eingeladen. Die Zuschauer im Studio übernehmen die Rolle der griechischen Chöre, die das Geschehen, das auf der Bühne stattfindet, kommentieren und dem Zuschauer erklären, wie sie das Geschehen auf der eigentlichen Bühne zu verstehen haben.

Ich finde vor allem, daß bei Bundestags- oder Landtagswahlen dieses griechische Theater aus dem Programm herausgehört und man den Wahlbürgerinnen und Wahlbürgern zumuten muß, die direkte nackte Information selber zu bewerten. Das gilt vor allem dann, wenn die Kriterien, nach denen die Studio-Zuschauer ausgewählt werden, höchst willkürlich beziehungsweise sogar der Manipulation verdächtig sind.

Diese Deformationen der Fernsehdemokratie, ja die Fernsehgesellschaft selber, von der wir im Moment reden, ist nicht ohne Zutun der Union und der CDU/FDP-Koalition entstanden. Der Wettbewerb der Privatfernsehanstalten war gewollt. Die Öffentlich-Rechtlichen, denen es allmählich an den Kragen geht, hatten für die Kultur der Auseinandersetzung in der Republik doch eine ziemliche Bedeutung.

Man kann natürlich im nachhinein leicht sagen, es wäre besser beim alten System geblieben. Aber, wie hat Erich Honecker gesagt, »den Sozialismus in seinem Lauf, hält weder Ochs' noch Esel auf«.

»Sozialismus« meint in dem Fall das Privatfernsehen?

Genau. Private Sender auszuschalten, wäre auf Dauer genauso unmöglich gewesen, wie den Lauf des Sozialismus in den Abgrund aufzuhalten. Bei den Möglichkeiten des Satellitenfernsehens und eines europaweiten Medienverbundes wäre es spätestens vor ein oder zwei Jahren doch so gekommen, daß private Fernsehanstalten deutsche Fernsehkonsumenten vom Ausland aus bedient hätten. Das wäre nicht zu verhindern gewesen. Die Frage ist nur, ob man nicht gesetzgeberisch engere Kontrollen und Bremsen hätte einziehen müssen. Das wird man nachholen müssen.

Es gab allerdings innerhalb der Union starke Kritik an den öffentlich-rechtlichen Medien. Die überwiegende Mehrheit der Unionsanhänger hatte sie als »links« eingestuft. Die Ausgewogenheit wurde vermißt.

Ich habe immer den Standpunkt vertreten, daß, wenn man die Freiheit des Journalismus in den öffentlich-rechtlichen Medien verteidigen wolle, man die Ausgewogenheit, Neutralität oder Chancen- und Waffengleichheit nicht dadurch erreichen könne, daß angebliche oder wirkliche »linke« Journalisten kaltgestellt würden, sondern daß sie vielmehr dem Wettbewerb ausgesetzt werden und daß die Bürger die Möglichkeit erhalten müßten, neben *Monitor*, *Panorama* oder was sonst noch im Vordergrund stand...

... künftig auch den »Heißen Stuhl« oder »Explosiv« sehen zu können...

... auch den »Heißen Stuhl«, den es damals natürlich noch nicht gab.

Den haben Sie nicht vorausgesehen?

Und wenn – das hätte an der Grundentscheidung nichts geändert.

Ich halte es für falsch, in eine kulturkritische Larmoyanz zu verfallen und den Verfall der journalistischen Sitten zu beklagen. Möglicherweise wird das Niveau des deutschen Journalismus ohnehin überschätzt. Wir haben auf der anderen Seite seit der Einführung der privaten Fernsehsender gleichzeitig auch eine Bestandsgarantie für das öffentlich-rechtliche Fernsehen abgegeben.

Daran wird aber jetzt schon gerüttelt, und Helmut Kohl hat bereits laut darüber nachgedacht, ob es denn wirklich sein muß, daß Gebühren bezahlt werden.

Ich weiß nicht, ob das richtig bedacht ist. Unsere Medienpolitik war immer dual, und das schloß ein, daß die CDU am öffentlich-rechtlichen Fernsehen und Rundfunk festhält, beide auch finanziell weitgehend unabhängig macht von Werbeeinnahmen, da Rundfunk- und Fernsehgebühren auch Bollwerke sind gegen die grassierende Einschaltquotendiktatur.

Die Frage bleibt aber, ob man einer Entwicklung den Weg gebahnt hat, die dramatischere kulturelle Folgen hat als jeder noch so beklagte Dampf-Rundfunk im Lande.

Gut, das ist richtig, wobei ich mich jetzt nicht mit Erotikfilmen bei SAT 1 oder bei RTL beschäftige. Das finde ich belanglos. Solange die Leute solche Filme angucken, bringen sie niemanden um und zünden keine Häuser an. Ich glaube auch nicht, daß durch einen Erotikfilm irgend jemand zu Gewalttätigkeiten verleitet wird, es sei denn, es handelt sich um Filme, die die Gewalt verherrlichen. Aber die sind ohnehin verboten und dürfen bei uns nicht einmal hergestellt werden.

Ohne einen Zusammenhang in Ihrem Sinne gleichsam e contrario beweisen zu wollen: Tatsache ist, daß der Anteil des pseudo-erotischen Stumpfsinns in diesen Privatsendern auf Grund sinkenden Interesses abgenommen hat, während die Gewaltbereitschaft in der Gesellschaft dramatisch angewachsen ist. Aber davon abgesehen: In den Videoverleihs stellen die Gewalt- und Action-Filme das Hauptkontingent.

Das hat aber mit dem Fernsehen nichts zu tun und liegt nicht einmal am Gesetzgeber, sondern am Vollzug des Gesetzes. Nach unserem Strafrecht sind gewaltverherrlichende Filme verboten und dürfen weder verkauft noch hergestellt werden. Die Vielfalt des Angebots anderer Filme relativiert das Ganze obendrein auch.

Abgesehen davon: Sind die Menschen Roboter? Wo bleibt eigentlich die Verantwortung der Eltern für ihre Kinder? Niemand ist einer bestimmten Sendung ausgeliefert, man muß sie vielmehr vorher einschalten, bevor man durch sie verdorben wird.

Ich halte aber eines für unabdingbar: Die beiden öffentlich-rechtlichen Rundfunk- und Fernsehanstalten müssen gerade in der Konkurrenz zu den privaten Fernsehanstalten in der Lage bleiben, ein Programm zu realisieren, das sich nicht ausschließlich nach Einschaltquoten richtet. Infolgedessen ist die Gebührenpolitik für die öffentlich-rechtlichen Rundfunk- und Fernsehanstalten eben nicht nur eine Angelegenheit der jeweiligen Rechnungshöfe der Länder, sondern ist gleichzeitig eine kulturpolitische Angelegenheit und liegt damit auch in der gesellschaftspolitischen Gesamtverantwortung der Parlamente und der Regierungen. Die Gebührenpolitik muß so sein, daß die öffentlich-rechtlichen Anstalten auch in der Zukunft dieses Programm verwirklichen können, wobei ich nichts gegen Entbürokratisierung bei diesen Fernsehanstalten habe. Je mehr die Öffentlich-Rechtlichen von Werbeeinnahmen abhängig werden, desto weniger können sie dem Anspruch gerecht werden.

Zu den kulturellen und politischen Auswirkungen dieser Entwicklung auf dem Medienmarkt, speziell beim Fernsehen, gehört auch die Eigendynamik, die sich jetzt entfaltet. Das Frühstücksfernsehen produziert eine Scheinnachricht, auf die im Mittagsfernsehen eine Gegennachricht gesetzt wird, im Abendfernsehen wird wiederum das Mittagsfernsehen dementiert. Die Politik wird zum Stofflieferanten, aber die Nachrichten sind die Nachricht nicht wert.

Im Frühstücksfernsehen sieht man schon mal auch Züge, die pünktlich ankommen, abends nur die entgleisten. Da sind die Minuten teurer. Im übrigen muß man das locker sehen und versuchen – ich rede einmal aus dem Gesichtswinkel von politischen Parteien –, nicht möglichst viel in den Gremien herumzukontrollieren. Meine Erfahrung als langjähriges Mitglied des Fernsehrates des ZDF ist, daß es mit der Kontrolle des Programms nicht weit her ist.

Der Fernsehrat des ZDF gehört ganz sicher noch zu den relativ hochstehenden Gremien, die es in der Bundesrepublik gibt, weil eigentlich jede gesellschaftliche Gruppe und auch die Parteien es sich irgendwie zu einer Ehrensache machen, nicht gerade die Dümmsten zu entsenden. Jedenfalls war das früher so. Im Prinzip aber sind im Fernsehrat eigentlich immer mehr philosophische und grundsätzliche Debatten geführt worden, die sicher auch prägend waren für die Bewußtseinsbildung des Intendanten, des Chefredakteurs und Programmdirektors und einzelner Abteilungsleiter. Geändert hat sich natürlich nichts. Außer Konkurrenz sind die telefonischen Direktinterventionen des Bundeskanzlers; das ist nichts für zarte Gemüter.

Viel wichtiger ist nach meiner Meinung, daß die Leute selber – also die Konsumenten, die Hörerinnen und Hörer und die Fernsehzuschauer – sich nicht als passive Rezeptoren dessen verstehen, was gesendet und gedruckt wird, sondern daß sie »Laut geben«, daß sie reagieren, daß sie Briefe schreiben und daß sie auch telefonieren. Man glaubt gar nicht, daß schon zwanzig Anrufer, die sich negativ äußern, mittlere Erdbewegungen in der betreffenden Anstalt auslösen, ob öffentlich-rechtlich oder privat. Aber es ist so. Das ist ein wirkungsvolles Mittel, um eine Fernsehanstalt zu demokratisieren.

Für die politischen Parteien kann die Losung den Medien gegenüber nicht Boykott lauten. Helmut Kohl hat nicht zu Unrecht darauf hingewiesen, daß er Kanzler geworden sei gegen den *Spiegel* und gegen den *Stern*, und hat hinzugefügt, er sei es geworden, weil oder obwohl er seit 1977 diesen beiden Magazinen nie mehr ein Interview gegeben hätte. Das ist zweifellos richtig, aber in einer Art unbewußter Arbeitsteilung geben halt dann andere CDU-Leute dort die Interviews.

Haben Sie die Kommunikation mit liberalen Medien immer für sinnvoll gehalten?

Ja. Quarantänepolitisch bestimmte Zeitungen und Magazine von Informationen und Gesprächen grundsätzlich auszuschließen, muß schiefgehen. Eine breitere und bessere Information in solchen Magazinen und Zeitungen mit Millionenauflage kann nicht schaden, zumal über diese Medien Menschen erreicht werden, die man normalerweise nicht in einer CDU-Versammlung findet. Sich auf Kirchenblätter zu spezialisieren, ist auch keine intelligente Alternative.

Die SPD hat ihren Springer-Boykott auch nie durchgehalten.

Er ist auch ein Fehler gewesen. Deswegen will ich auch meine eigene *FAZ*-Schelte nicht übertreiben. Meine Erfahrung ist, daß gerade mit Interviews oder in Gesprächen mit Journalisten, von denen man weiß, daß sie politisch anders denken, immerhin die Möglichkeit eröffnet wird – bei den allermeisten jedenfalls habe ich die Erfahrung gemacht –, daß man Argumente durchaus anbringen kann. Vieles an negativen Eindrücken, die einer vom Bundeskanzler, vom Parteivorsitzenden oder von Ministern hat, läßt sich vor allem darauf zurückführen, daß die Leute nie miteinander geredet haben.

Die CDU
und die politische Mitte –
Wer nach rechts rückt, wird links regiert

Wohin treibt die Bundesrepublik? möchten wir mit den Worten von Karl Jaspers aus dem Jahre 1966 fragen. Es geht um eine Zwischenbilanz nach zehn Jahren CDU/CSU-FDP-Regierung. Es sieht so aus, als vollziehe sich ein Rechtsruck. Die Bundesrepublik ist nach der Vereinigung nicht offener geworden, sie ist konfliktgeladener und aggressiver, zugleich auch auf eigentümliche Weise weniger politisch. Die Politik wirkt überfordert, und der Unmut in der Gesellschaft droht gegen sie zurückzuschlagen.

Ich bin nun selber in einem erheblichen Umfange persönlich an diesen zehn Jahren beteiligt als Generalsekretär der CDU bis 1989. In der Zeit war ich drei Jahre Bundesminister. Wenn man eine Bilanz ziehen will, muß man eine zeitliche Zäsur machen, die auch historisch begründet ist, nämlich im Jahr 1989. Wenn man in der kritischen Betrachtung glaubhaft bleiben will, darf man nicht übersehen, daß die Bundesrepublik in den zehn Jahren wirtschaftlich unglaublich stark geworden ist – im Vergleich zu 1982. Das war kein Zufall, sondern Ergebnis ökonomisch und sozialpolitisch richtiger Entscheidungen. Der staatliche Haushalt und der Sozialetat wurden grundlegend saniert.

Es ist nicht parteiblind, wenn man sagt, daß wir

eigentlich von Glück sprechen können, daß uns die Einheit nicht im Jahre 1982 überrascht hat. Nach zwei Jahren Rückgang des Bruttosozialprodukts 1980 und 1981 – »Minuswachstum« wurde das damals in der sozialliberalen Propaganda genannt –, bei einer hohen Inflationsrate und zwei Millionen Arbeitslosen hätte Westdeutschland 1982 eine miserable Ausgangslage für die Einheit gehabt. Zur Habenseite der Bilanz gehört auch, daß das westliche Bündnis in der Auseinandersetzung um die Nachrüstung gefestigt worden war, eine wichtige Voraussetzung für die Revolution 1989 in Mittel- und Osteuropa. Der Friede ist heute – trotz Bosnien – sicherer als vor acht Jahren.

Ich möchte an dieser Stelle eine nüchterne Bilanz versuchen. Für eine normale Regierungsarbeit braucht man nicht immer hochtrabende und anspruchsvolle Überschriften zu finden. Aber seit 1982 hat sich in wichtigen politischen Bereichen eine grundsätzliche politische Veränderung vollzogen. Man kann diesen Prozeß und seine Ergebnisse geistig-moralische Wende nennen oder weniger weihevolle Begriffe dafür nehmen.

Entscheidend sind die Verbesserungen der Lebensbedingungen der Menschen, die Neugestaltung der Rahmenbedingungen für Wirtschaft und Gesellschaft und die Fortschritte in den internationalen Beziehungen. Noch nie seit 1945 wurde für die Familien mehr erreicht als in der Regierungszeit der CDU seit 1982: Kinderfreibeträge, Erziehungsurlaub mit Beschäftigungsgarantie, Erziehungsgeld, Anerkennung von Erziehungsjahren, Bundesstiftung »Mutter und Kind«. Zum ersten Mal in der Nachkriegsgeschichte wurden nicht veraltete Waffen, sondern hochmoderne und funktionierende Atomraketen verschrottet. Im Umweltschutz gelang der europäische Durchbruch mit Katalysatorauto und bleifreiem

Benzin. Zu Beginn der 80er Jahre war Europa fast totgesagt. 1993 ist der europäische Binnenmarkt Wirklichkeit geworden, und die Währungsunion ist beschlossene Sache. Der Bundestag verabschiedete drei große Reformen: die Gesundheits-, die Steuer- und die Rentenreform.

Gut, aber diese Bilanz wird ohnehin doch auch von der Bundesregierung in sehr vielen Hochglanzbroschüren verbreitet, was sie noch nicht falsch macht. Uns interessiert aber in erster Linie die politische und intellektuelle Verfassung und das, was aus der angekündigten geistig-moralischen Erneuerung – in unseren Ohren klang das ein bißchen bedrohlich – geworden ist.

Ich will einmal ganz allgemein darauf antworten. Wenn die Union ihre Politik nach der Mitte ausrichtet, dann wird sie auch wieder mehrheitsfähig. Die Mitte der Union darf nicht weiter vom rechten Rand aus in Mißkredit gebracht werden. Die Partei darf sich in ihrem Erscheinungsbild nicht fundamentalistisch auf die Themen verengen, die von dort aus propagiert werden. Auch der dritte Weg zwischen Kapitalismus und Sozialismus, nämlich die beim Wort genommene Soziale und Ökologische Marktwirtschaft, gehört zu den Projekten, die keine Schlagseite bekommen dürfen.

Erklären Sie uns das bitte näher: Wer diskreditiert die Mitte? Wer sind diese »Strategen«?

Auf der Bundesebene und in einzelnen Ländern sind konservative Deutschlandforen gegründet worden. Einer ihrer Sprecher war der zu den Republikanern übergetretene Bundestagsabgeordnete Rudolf Krause (Bonese).

Kurt Biedenkopf hat in seiner Stellungnahme zum Entwurf eines neuen Grundsatzprogramms geschrieben, die »Grundsatzforderungen an die Union«, die von der Gründungsversammlung des »Christlich Konservativen Deutschlandforums« im Dezember 1992 verabschiedet worden sind, verdienten, diskutiert zu werden.

Ich habe da meine Zweifel. Wenn man die in Presseberichten wiedergegebenen Aussagen und Reden, die von Rechtskonservativen innerhalb dieser Foren gemacht und gehalten werden, einmal auflistet, dann ist ein diametraler Widerspruch zu dem, was Kurt Biedenkopf meint, erkennbar. Die Anhänger dieser Foren fordern die Verschärfung des Paragraphen 218 und eine Restriktion des Ausländerrechts, sie haben die Wiederherstellung des deutschen Nationalstaates in den Grenzen von 1937 nicht aufgegeben, sie verlangen die seuchenpolizeiliche Behandlung von Aids-Kranken, die Rückkehr der Union zum traditionellen Rollenverständnis der Frau und eine restriktive Auslegung der Genfer Flüchtlingskonvention. In diesen Foren wird, was gerne weiterverbreitet wird, die Behauptung gepflegt, Ausländer seien überproportional an schweren Straftaten beteiligt. Es wird die Forderung erhoben, auch eine Koalition mit den Republikanern müsse möglich sein, und Europa sei zum Beispiel wegen des »Esperanto-Geldes« abzulehnen. Die erkennungsdienstliche Behandlung aller Asylbewerber und, laut *Rheinischem Merkur*, Originalton Heinrich Lummer, deren »Unterbringung in Wohncontainern auf gut beobachteten Ödlandgrundstücken« sind genauso beliebte Themen wie die Forderung, die Armee, wie in Österreich, zur Abwehr illegal Einreisender an der Grenze zu postieren. Das soziale Pflichtjahr gehört zu den diskutableren Punkten, der Aids-Test für alle Junggesellen schon weniger und die Autonomie für Oberschlesien gar nicht.

Der Herausgeber der *FAZ* Fritz Ulrich Fack hat zu einer Zeit, als der Abgeordnete Krause (Bonese) noch Sprecher des Forums war, einen eigenen Leitartikel zur Verteidigung und Rechtfertigung dieser Gruppierung geschrieben. Zu den Foren zählen Landtags- und Bundestagsabgeordnete, und auch der baden-württembergische Finanzminister Mayer-Vorfelder hat Sympathien erkennen lassen. Von diesen Foren einmal abgesehen, spricht der bayerische Ministerpräsident Edmund Stoiber vom »nationalkonservativen Gedankengut« in der Union, das es zu schützen und zu bewahren gelte.

Wir sprechen jetzt vom rechten Rand, den Berührungsstellen der CDU mit Rechtsaußen, und das sind offenbar keine marginalen Zirkel.

Richtig, aber das wird eine entscheidende Frage sein für die Wahlauseinandersetzung 1994. Begriffe wie »Sozialdemokratisierung« der CDU sollen die Mitte der CDU diffamieren. Damit ist vor allem die Frauen- und Sozialpolitik gemeint. In Wirklichkeit aber ist es umgekehrt. Der neue SPD-Vorsitzende Scharping will die CDU aus der politischen Mitte drängen: Er betreibt, was einige in der Union offenbar noch nicht bemerkt haben, eine »Christdemokratisierung« der SPD, um sie mehrheitsfähig zu machen. Anders ist sein Verhalten zum Asylkompromiß, zur Ablehnung eines auf 1994 vorgezogenen Solidaritätszuschlags, zum großen Lauschangriff, zum Somaliaeinsatz der Bundeswehr, um nur einige wenige Beispiele zu nennen, nicht zu verstehen. Gleichzeitig gerät die Union in die Gefahr, in die Falle zu laufen, die die Republikaner aufgestellt haben: Je stärker die Union rechtskonservative Themen betonen würde, um so mehr würde sie die Thematik der Republikaner aufwerten und damit auch die Wahlchancen dieser Partei. Die Mitte der CDU, in diesem Falle die Soziale Marktwirtschaft, verlassen aber auch CDU-Mitglieder, wie zum Beispiel der Präsident des BDI, Tyll Necker, oder die Mittelstandsvereinigung der CDU, die die Einführung der sozialen Pflegeversicherung als eine Kriegserklärung an die Wirtschaft bezeichnen, obwohl die Union, im Gegensatz zur SPD, eine klare Kompensation der damit verbundenen Kosten vorgeschlagen hat, verbunden sogar mit einem Eingriff in die Lohnfortzahlung. Rechtslastig nenne ich alle diejenigen, die den Entsolidarisierungsprozeß in unserer Gesellschaft fördern, die die bewährten Modelle der Partnerschaft auflösen wollen: die Tarifautonomie, die Partnerschaft zwischen Deutschen und Ausländern, die Solidarität zwischen Jungen und Alten, den Hilflosesten in unserer Gesellschaft, zwischen Westdeutschen und Ostdeutschen.

Sie fürchten, wenn wir es richtig verstehen, daß sich der Charakter der Union als Volkspartei verändern könnte. Die Parteiführung läßt sich auf Diskussionen über einen Rechtsruck, dieses häßliche Wort, nicht gerne ein. Aber auch die Berufung Manfred Kanthers zum Innenminister läßt sich so deuten, scheint uns.

Manfred Kanther ist so wenig ein Rechter, wie ich ein Linker bin. Die Schwerpunkte seiner politischen Themen liegen in der Finanz- und Innenpolitik. Daß er die Beachtung von Recht und Gesetz als neuer Innenminister durchsetzen will, kann niemand beanstanden, der den liberalen Rechtsstaat erhalten will. Selbstverständlich wird von dem Bundesinnenminister auch ein Beitrag zum inneren Frieden erwartet. Und dazu gehört zum Beispiel die Liberalisierung des Einbürgerungsrechtes für Ausländer.

Es ist richtig, daß viele in der Parteiführung die Gefahr eines Rechtsrucks nicht so hoch einschätzen wie ich. Und es ist umstritten, wie man die rechtsradikalen Gruppierungen am besten bekämpfen soll. Alte und bewährte Unionsmitglieder, wie zum Beispiel Stoiber und Mayer-Vorfelder, müßten sich doch einmal die Frage stellen, warum die Republikaner gerade in Bayern und in Baden-Württemberg einen besonderen Auftrieb erhalten haben, obwohl dort die konservativ Geprägten sicher nicht zu den schweigsamen Minderheiten gehören. Es müßte sie auch nachdenklich machen, daß die SPD mindestens genausoviel Wähler an die Republikaner verloren hat wie die Union.

Verfügt nun die SPD, wie die Junge Union Baden-Württembergs in einem offenen Brief zu Recht gefragt hat, auch über einen rechtskonservativen Flügel, den sie vernachlässigt hat? Handelt es sich bei diesen Republikaner-Wählern in Wirklichkeit gar nicht um Stammwähler der beiden großen Volksparteien, sondern eben um Randwähler, die je nach Stimmung schon einmal den großen Parteien einen Denkzettel verabreichen wollen?

Das bedeutet ja nicht, daß man diese Menschen vernachlässigen muß. Man muß sie auch gewinnen. Aber sie als Stammwähler der Union zu bezeichnen, ist fast eine Beleidigung für diejenigen, die trotz aller Schwierigkeiten bisher zwischen 35 und 45 Prozent der Union nach wie vor die Treue halten. Man muß auch fragen – die Junge Union in Baden-Württemberg hat darauf hingewiesen –, welche linkslastigen Themen zum Beispiel den Landtagswahlkampf der CDU in Baden-Württemberg geprägt haben, die dann zur Wahlniederlage beigetragen haben. Ist es nicht umgekehrt so, daß die CDU im Wahlkampf des letzten Jahres ausdrücklich mit den Themen Familie, innere Sicherheit und Asyl etwas zur Abstimmung gestellt hat, das im überwiegenden Teil nun nicht gerade als linksprogressiv bezeichnet werden kann? Auch wäre einmal interessant zu wissen, welche CDU-Mitglieder des Landeskabinetts von Erwin Teufel vor der Landtagswahl verdächtig gewesen sind, linke Positionen zu unterstützen und so die Wahlniederlage in Baden-Württemberg herbeigeführt haben.

Dieselbe Frage kann man nach Bonn richten.

Die Antwort darauf würde uns besonders interessieren. Wer in der Regierung und in der Führung von Partei und Fraktion prägt denn das angeblich linke Profil der Union derart deutlich?

Das frage ich mich auch. Wenn man den Sprechern der Deutschlandforen oder Edmund Stoiber und Gerhard Mayer-Vorfelder glauben will, dann sollen diese »linken« Christdemokraten, die sich überall an der Macht befinden, schuld daran sein, daß die Union an Konsens verliert.

Nur wo sind die denn?

Richtig! Man kann ja nicht gerade sagen, daß Rita Süßmuth und ich »an der Macht« sind. Norbert Blüm schon. Aber er allein? Höchstwahrscheinlich ist es ganz anders. Mayer-Vorfelder hat als Kultusminister eine sehr konservative Bildungspolitik betrieben und Edmund Stoiber in Bayern eine wirklich harte Innenpolitik. Dann ist doch die Frage zu stellen, warum die Rechtsradikalen gerade in diesen beiden Ländern besonders stark sind, die CSU in Bayern in der Demoskopie bei vierzig Prozent liegt und die CDU in Baden-Württemberg bei der letzten Landtagswahl bei neununddreißig Prozent gelandet ist. Lag dies auch daran, daß die CDU in Baden-Württemberg im letzten Landtagswahlkampf das Asylthema in den Vordergrund gerückt hat? Multikulturell war der Wahlkampf jedenfalls nicht angelegt.

Ich habe den Eindruck, diese vollkommen verquere Diskussionslage ist darauf zurückzuführen, daß einige Unionsmitglieder darunter leiden, daß sie kein Feindbild mehr haben und daher, mangels Fähigkeit prospektiv zu denken und auf die wirklichen Herausforderungen Antworten zu geben, nach dem Zusammenbruch sozialistischer Staaten und dem Dahinsiechen der Sozialdemokratie den Sozialismus, also das Feindbild, einfach in die CDU hineinprojizieren, um sich dann von den als sozialistisch oder links Gebrandmarkten als einfaches Feindbild abgrenzen zu können. Was wir am rechten Rand der Union erleben, ist in erster Linie das Ergebnis von Gedankenfaulheit und Zukunftsangst.

Das »Feindbild Geißler« gibt es in bestimmten Teilen der CDU allerdings schon länger, nicht erst seit dem Zusammenbruch des Kommunismus.

Es kann nicht ausbleiben, daß Rechte auf mich schimpfen. Solange ich nicht dabeisein muß, können sie sogar auf mich einschlagen. Ich stelle nur die Gegenfrage, ob es jemanden gibt, der sich mehr für die Familie eingesetzt und mehr bedeutende familienpolitische Gesetze, wie zum Beispiel Erziehungsgeld, Erziehungsurlaub, Anerkennung von Erziehungsjahren, durchgesetzt hat als ich. Bei dieser Politik bin ich insbesondere auf den Widerstand von Wirtschaftsliberalen gestoßen, die sich jetzt als wertkonservativ bezeichnen.

Sind die Menschenrechte, für die ich mich, und zwar unabhängig von ihrer geopolitischen Bedrohung, eingesetzt habe, ein linksliberales oder ein konservatives Thema? Als ich gegen die Verleihung des Friedensnobelpreises an sowjetische Ärzte protestiert habe, bin ich ziemlich allein geblieben und habe keine Unterstützung von denen erfahren, die sich jetzt in Deutschland-Foren zusammenschließen, natürlich auch keine Unterstützung bei meinem Einsatz für die von Pinochet in Chile Verfolgten.

Ich bin allerdings der Meinung, daß das christliche Menschenbild als Grundlage unserer Politik auch Auswirkungen haben muß auf unsere Ausländerpolitik, auf unsere konkrete Verantwortung für schwangere Frauen, alleinerziehende Mütter und die sozial Schwächeren in unserer Gesellschaft. Wenn ich von Stoiber, Mayer-Vorfelder und anderen angegriffen werde, könnte ich ja als CDU-Mitglied und langjähriger Generalsekretär, Bundes- und Landesminister der CDU beleidigt sein. Ich bin aber nicht verletzt, obwohl Dummheit auch wehtun kann.

Ich habe nur die Frage, warum die Sprecher dieser Foren christliche Werte immer nur selektiv heranziehen, etwa beim § 218, aber beim Thema Asyl, dem Thema der unantastbaren Würde jedes Menschen, unabhängig von seiner Hautfarbe, meiden wie der Teufel das Weihwasser.

Dazu hätten wir eine Vermutung: Es geht diesen Deutschen um die Erhaltung der unverfälschten Art – um »deutsche Kinder«.

Bevölkerungspolitik war nie die Grundlage der CDU-Familienpolitik. Man kann das christliche Menschenbild nicht selektiv in die Bestandteile zerlegen, die man gerade brauchen kann. Rechtskonservative benutzen die Heilige Schrift – so wie die Fundamentalisten auf der linken Seite bei der Friedensdiskussion – immer nur als Steinbruch, aus dem sie die Steine herausholen, die sie für ihre jeweilige radikale Position gerade gut brauchen können. Ihre Gedankenfaulheit läßt sich auch daran erkennen, daß diese Leute froh darüber sind, daß der Begriff »multikulturelle Gesellschaft« umstritten ist, so daß es ausreicht, ihn immer wieder zu erwähnen, um Ablehnung hervorzurufen. So ist es gar nicht mehr notwendig, das Konzept hinter diesem Begriff zu kennen.

Ihre Kritik richtet sich scharf gegen rechte Zirkel, aber wir vermuten, daß Sie dahinter auch eine gewisse Enttäuschung über Tendenzen in der Union insgesamt verbergen. Feindbildproduktion ist gewiß kein Randphänomen, man kann es im Wahlkampf wieder erleben.

Ich habe vorhin von dem verlorengegangenen Feindbild gesprochen, das zu diesen rechtskonservativen Zirkeln führt. Daß dies nicht an den Haaren herbeigezogen ist, ergibt sich schon daraus, daß in diesen Kreisen davon gesprochen wird, daß die CDU wieder eine »Westernmentalität« brauche. Man kultiviert eine John-Wayne-Romantik, offenbar um einer Sehnsucht nach den Zeiten zu entsprechen, wo man Gute und Böse noch klar auseinanderhalten konnte.

Daß wir es mit einer Christdemokratisierung der SPD und nicht mit einer Sozialdemokratisierung der CDU zu tun haben, ergibt sich auch aus einer Emnid-Umfrage vom 15. bis 17. März 1993, bei der 1.000 Menschen repräsentativ befragt worden sind. Auf die Frage, welche Partei paßt sich der anderen an, die CDU/CSU oder die SPD, antworteten »Die CDU/CSU paßt sich der SPD an« von allen Bundesbürgern 20 Prozent, von den CDU/CSU-Wählern 29 Prozent und von den SPD-Wählern 21 Prozent. »Die SPD paßt sich der CDU/CSU an«: Das bejahten 46 Prozent aller Bundesbürger, 42 Prozent der CDU/CSU-Wähler und 50 Prozent der SPD-Wähler.

Wenn von Rechtsruck die Rede ist, ist die CSU in der Regel nicht weit. In der Union war die CSU für Ihre Partei meistens ein politischer Ballast. Hätte man 1989/90 nicht zum Anlaß einer Totalrevision des Verhältnisses zwischen CDU und CSU machen müssen, sollte man es noch machen? Oder ist es dafür zu spät? Soll die CSU weiter Landespartei in Bayern bleiben mit bundespolitischem Anspruch, wäre sie am besten ein Landesverband der CDU, oder sollte sie sich, zur Klärung der Verhältnisse, endlich bundesweit etablieren?

Die CSU hat in den letzten Jahrzehnten ihre Bedeutung durch Franz Josef Strauß bekommen. Die organisatorische Trennung von CDU und CSU ist bei der Masse der Parteimitglieder nicht als inhaltliche Trennung verstanden worden. Die sachlichen Differenzen waren oft nur Spielmaterial für die machtpolitische Auseinandersetzung gewesen.

Wäre die CSU von Anfang an ein Landesverband der CDU gewesen, hätte sie möglicherweise – das ist aber nicht so sicher – nicht die Rolle einer genuinen Bayern-Partei spielen, aber Strauß hätte Kanzler werden können. Da die CSU aber eine eigenständige Partei gewesen ist, konnte Strauß als Vorsitzender einer bundesweit sehr kleinen Partei nie zu einer günstigen Zeit Kanzlerkandidat werden. Als Landesvorsitzender der CDU Bayern wäre er zu einem besseren Zeitpunkt als 1979/80 Kanzlerkandidat der Union geworden.

Die Strategie, mit einer vierten Partei die Mehrheitsbasis der Union zu verbreitern, war nicht sehr durchdacht. Die richtige vierte Partei für die Union waren die Grünen, weil diese der SPD erheblich Wählerinnen und Wähler weggenommen haben. Bei einer vierten Partei im Wählerbereich der Union hätten wir den Schaden gehabt.

Die ganze Parteiengeschichte Europas zeigt, daß die Spaltung einer politischen Kraft nicht zu mehr Mandaten, sondern zu einem Vertrauensverlust führt. Die Democrazia Cristiana war seit weit über vierzig Jahren in Italien an der Regierung – dabei hätte sie die Opposition schon längst verdient gehabt –, weil die italienische Linke seit Jahrzehnten in mehrere Gruppen zerfallen ist.

Umgekehrt verloren die Christlichen Demokraten in Holland ihre Mehrheitsposition, als sie sich in zwei verschiedene Parteien aufspalteten, und erst, nachdem sie sich wieder einigten, kamen sie wieder an die Regierung. Das Thema vierte Partei ist tot und hat auch bis heute in der CSU selber keine Mehrheit gefunden. Nur Gauweiler und wohl auch Stoiber finden nach wie vor Gefallen an der Idee.

Ist die CSU heute, nach Strauß, überhaupt noch so stark, daß sie den Kurs der Fraktion in Bonn bestimmt und damit auch den Kurs der Bundesregierung? Kann sie entscheidend sein in der strategischen Frage, ob die Union die Mehrheit in Deutschland tatsächlich rechts von der Mitte suchen wird?

Auch Theo Waigel hat die CSU vor einem Rechtsruck gewarnt. Die Erfahrungen, die die Sozialdemokraten mit ihrem linken Flügel gemacht haben, können vor einer Rechtsorientierung der CDU nur warnen.

Willy Brandt hat mit seiner Strategie, eine Mehrheit jenseits der Union zusammen mit den Grünen und Alternativ-Radikalen zu finden, seine Partei in eine schwere Krise gestürzt. Das Bündnis der SPD mit dem Gesinnungspazifismus Anfang der 80er Jahre hat nicht nur die Grünen zahlenmäßig nach oben gebracht, sondern die SPD außenpolitisch bis auf den heutigen Tag gelähmt. Ich betone noch einmal: Daß die Sozialdemokraten vor dem Bundesverfassungsgericht dagegen klagen, daß ein Zerstörer der Bundeswehr zur Sicherung des Embargos gegen Restjugoslawien in der Adria herumfährt, ist nur eine der traurigen Auswirkungen dieses verhängnisvollen Bündnisses, das darin bestand, daß die Sozialdemokraten auch die Themen der Linksalternativen und der Gesinnungspazifisten übernommen haben.

Wenn heute aus der Union heraus der Union empfohlen wird, eine Mehrheit rechts von der Mitte zu suchen, dann empfehlen diese Leute der Union nur spiegelbildlich verkehrt dasselbe Verhängnis, das der SPD widerfuhr, auf der rechten Seite. Durch die Überbetonung der nationalistischen Themen bekommt man die Rechtsparteien nicht klein, sondern sie werden durch die Autorität der großen Volkspartei geheiligt und getauft und gewinnen dadurch an Zulauf. Dasselbe wäre der Fall, wenn die Union mit rechtsradikalen Parteien Koalitionen zum Beispiel auf der Kommunalebene eingehen würde. Der Bundesparteitag der CDU hat in Düsseldorf noch einmal bekräftigt, daß solche Koalitionen mit den Grundsätzen der CDU nicht vereinbar sind. Ich glaube nicht, daß die CSU die Wahlkampfstrategie der Gesamtunion in diesem Sinne negativ beeinflussen wird, denn sie erfährt ja die Problematik einer solchen Operation am eigenen Leib. Schließlich sind die Republikaner in Bayern entstanden und haben dort früh großen Zulauf bekommen. Bei der Europa-Wahl 1989 hätten sie ohne die Wahlergebnisse in Bayern die Fünf-Prozent-Klausel nicht überschritten. Der inhaltliche Einfluß der CSU wird sich natürlich oft auch dadurch ausdrücken, daß in einzelnen Fragen ein Veto eingelegt wird, in Fragen, in denen die CDU weiter gehen würde.

Nach Strauß, aus Unsicherheit, vielleicht häufiger?

Alles kommt zusammen.

Aber sie ist in Bayern dennoch eine Volkspartei.

Ja, sicher. Die CSU wird eine selbständige Landespartei bleiben. Aber allein schon aufgrund der quantitativen Veränderung nach der Wiederherstellung der Einheit hat sie an politischem Gewicht verloren, nicht nur wegen der Persönlichkeiten. Strauß ist unersetzbar gewesen. Das ist wahr. Aber die CSU hat durch die Einheit insgesamt Bedeutung eingebüßt. Dessenungeachtet spielt sie aber nach wie vor eine wichtige Rolle in der Formulierung der Politik der Fraktion. Das ist in dieser Koalitionsgemeinschaft ihr gutes Recht. Es gibt viele, für die wäre es sympathischer, wenn dieses Korrektiv nicht da wäre. Ob es dann insgesamt für die Wahlchancen der Union besser wäre, steht auf einem anderen Blatt und kann bezweifelt werden.

Sieht man sich die Umfragen des ersten Quartals 1993 an, dann bieten sich perspektivisch neben einer Großen Koalition nur zwei weitere Bündnis-Möglichkeiten an: die auf Länderebene in Brandenburg schon existierende »Ampel«-Koalition zwischen SPD, FDP und Grünen/Bündnis 90. Und, rein theoretisch, die sogenannte »schwarze Ampel« aus Union, Liberalen und Grünen.
Kürzlich hat Otto Graf Lambsdorff behauptet, er hätte vor der Wahl 1992 in Bremen dem Bundeskanzler gesagt, man sollte doch einmal überlegen, ob man nicht eine »schwarze Ampel« macht, um in Bremen endlich die SPD abzulösen. In Baden-Württemberg hatte es immerhin Gespräche zwischen CDU und Grünen gegeben. Haben sich die Fronten inzwischen so gelockert, daß dies eine reale Perspektive sein könnte?

Ich befürworte, daß die CDU für die Zukunft auch koalitionsbereit gegenüber den Grünen ist. Man kann Grüne und Braune nicht in einen Topf werfen. Das tun leider noch viele, sachlich ist das nicht gerechtfertigt, erst recht nicht, seit die Fundis weg sind und zum Beispiel Frau Ditfurth und Herr Ebermann keine Rolle mehr spielen.

An einem ganz einfachen Beispiel kann man klarmachen, worin der Unterschied liegt zwischen Grünen und Rechtsradikalen. Das eigentliche programmatische Anliegen der Grünen, wenn auch oft sehr radikal und einseitig vorgetragen, nämlich der Umwelt- und der Naturschutz, also die ökologische Frage, kann ohne große Probleme auch zentrales politisches Thema der CDU sein oder auch der SPD. Problematisch war immer das Undemokratische an den Grünen: Straßenblockaden, das Bekenntnis zur elitären Gewalt gegen Sachen.

Nachdem Gewalt bei den Grünen keine Rolle mehr spielt, fällt der kritische Punkt weg. Das verändert das Verhältnis zu den anderen demokratischen Parteien. Jedermann kann sich vorstellen, daß selbst relativ extreme ökologische Positionen der Grünen auch von einem CDU-Mann oder einem Landesverband oder sogar dem Bundesvorstand der CDU vertreten werden könnten.

Aber es ist völlig undenkbar, daß inhaltliche Positionen der Republikaner oder der DVU, also diese ganze neu aufkommende Rassenideologie, der Antisemitismus und Nationalismus, je Eingang finden könnte in die Programmatik der Union. Das ist ganz unvorstellbar. Das Gedankengut der Grünen, das kann adaptiert werden, das der Rechtsradikalen nicht. Das ist der Unterschied. Die Grenzen werden in der CDU durch das christliche Menschenbild gezogen. Verantwortung für die Schöpfung und friedliches und gleichberechtigtes Zusammenleben mit Menschen, die eine andere Herkunft oder Hautfarbe haben, werden von diesem Menschenbild geradezu gefordert. Ausländerfeindlichkeit, Rassismus und Nationalismus sind dagegen mit ihm unvereinbar.

Was Sie jetzt da sagen, ist eigentlich schon länger eine Selbstverständlichkeit, auch für Sie, nehmen wir an. Was das Bewußtsein in der CDU angeht, hat sich an diesem Punkt aber noch nicht viel geändert, wie Baden-Württemberg gezeigt hat.

Sie meinen, was die Zusammenarbeit mit den Grünen betrifft. Das ist richtig. Es gibt immer noch viele Leute in der Union, die sagen, man kann weder mit den Grünen noch den Republikanern eine Koalition machen, und damit die Grünen, was die Koalitionsfähigkeit angeht, auf eine Stufe stellen mit den Rechtsradikalen.

Manche gehen darüber hinaus. In der CSU ist die Idee einer Koalition mit den Republikanern vielen eher vorstellbar als mit den Grünen. Auch in Hessen ist das Thema nach den Kommunalwahlen im März 1993 aktuell geworden. Wird die Union der rechten Versuchung 1994 wirklich widerstehen können?

Die Union sollte vor den Republikanern nicht so viel Angst haben. Die inhaltliche Auseinandersetzung mit diesen Leuten ist relativ leicht, und deswegen können auch die Wählerinnen und Wähler, falls sie von uns kommen, insoweit wieder zurückgewonnen werden. Die Agitation der Republikaner gegen die Soziale Marktwirtschaft ist nicht überzeugend, ebensowenig gegen die Westbindung, die NATO, gegen Europa. Ausländerfeindlichkeit, nationaler Größenwahn und Antiamerikanismus sind auch keine hinreichenden Zukunftsperspektiven. Die eigentlichen Probleme der Wähler der Republikaner liegen, wie wir vorher schon erörtert haben, im sozialen Bereich.

Noch einmal – der Rechtsruck kommt auch von oben. Theo Waigel, immerhin CSU-Vorsitzender, verkündete noch 1992, die Wahlen 1994 werden rechts von der Mitte gewonnen.

Inzwischen haben einige einsichtige Leute das als Fehler erkannt. In der Auseinandersetzung mit Edmund Stoiber um die Nachfolge von Max Streibl im Amt des Ministerpräsidenten hat Theo Waigel nicht erst unmittelbar vor der Entscheidung, sondern schon im Dezember 1992 erklärt, daß der bayerische Innenminister Stoiber nach seiner Ansicht mit den Themen Asyl und Verbrechensbekämpfung zwar einen bestimmten Bereich abdecke, daß aber, so Waigel wörtlich, Wähler in der Mitte und links von der Mitte verlorengingen, »wenn wir uns nur als demokratische Rechtspartei profilieren«. Das notwendige Gesamtspektrum werde von ihm am besten repräsentiert. Der CSU-Fraktionsvorsitzende im bayerischen Landtag, Alois Glück, hat ähnlich reagiert und gesagt, die CSU müsse aufgeschlossener werden gegenüber sensiblen Mehrheiten in der Mitte. Das alles geschah auf dem Hintergrund einer damals neuesten Meinungsumfrage, derzufolge die CSU in Bayern auf 45 Prozent abgerutscht war, nachdem sie bei der Landtagswahl 1990 knapp 55 Prozent bekommen hatte. Dieser Richtungskampf eskalierte in den Tagen vor der Entscheidung um die Nachfolge des bayerischen Ministerpräsidenten. Die *Süddeutsche Zeitung* machte am 17. Mai mit der Schlagzeile auf: »Waigel warnt seine Partei vor einem Rechtsruck.« Hintergrund der Warnung Waigels war eine Richtungsänderung in der CSU, waren offenbar auch Äußerungen des Münchner Parteichefs Peter Gauweiler, der in einer Fraktionssitzung der CSU eine politische Kursänderung verlangt hatte. Daß diese Äußerungen nicht rein parteitaktisch gemeint waren, läßt sich unschwer an den inhaltlichen Differenzen ausmachen, die in der CSU vorhanden sind. Im Entwurf des CSU-Grundsatzprogramms, der unter dem Vorsitz von Edmund Stoiber erarbeitet worden ist, wird zum Beispiel der Begriff einer ökologischen Marktwirtschaft abgelehnt. Außerdem bekennt sich die CSU zu einem Europa der Nationen und spricht sich gegen einen europäischen Bundesstaat aus. Dies ist eine eindeutige Abkehr von früheren Positionen und auch ein Angriff gegen die Europapolitik der Bundesregierung und gegen den Maastrichter Vertrag, der auch die Handschrift von Theo Waigel trägt.

An dem bayerischen Ministerpräsidenten Edmund Stoiber kann man aber auch klarmachen, daß nicht alle Politiker so einfach in linke und rechte Schubladen eingeordnet werden können. In der bayerischen Innenpolitik vertritt Edmund Stoiber in der Wohnungsbaupolitik, Mietenpolitik, Familienpolitik mehr eine Linie, die dem Wirtschaftsliberalismus des Bundesfinanzministers widerstrebt. Kämpfen wir also mehr um Inhalte und weniger gegen Personen!

Stoiber ein Linker! Lassen Sie sich so leicht beruhigen?

Ich bin dagegen, daß man Leute in Schubladen steckt. Und über einen reuigen Sünder ist im Himmel mehr Freude als über neunundneunzig Gerechte. Viele in der Union sind von den Lichterketten beeindruckt worden. Von der ethischen Motivation einmal abgesehen, haben sie offenbar auch erkannt, daß daran auch Stammwähler und potentielle Wähler teilgenommen haben, die einer Partei, die das »C« in ihrem Namen trägt, nicht gleichgültig sein können, und daß diese Leute wichtiger sind als Minderheitengruppen von Nationalkonservativen. Die mögen zwar die Stammtische beherrschen und laut mit der Faust auf den Tisch hauen, aber schließlich stehen sie doch nur für Minderheiten.

Das, was ich hier sage, ist mehrheitsfähig in der CDU. Ich war Anfang Juli auf der Landestagung der Jungen Union in Baden-Württemberg und habe dort zu dem Thema »Gewalt in Deutschland« geredet. Die Schlagzeilen am anderen Tag lauteten: »Geißler stürmisch gefeiert«. Ich sage das nur deswegen, weil die Rechtskonservativen mit Gewalt den Eindruck erwecken wollen, sie hätten in der CDU die Mehrheit.

Wenn man all das zusammenbindet, was heißt es dann für die praktische Politik der kommenden Jahre? Was heißt es vor allem für Ihre Partei?

Die CDU darf ihren Charakter als Volkspartei und ihre christlich-demokratische Seele nicht verlieren.

Zum besseren Verständnis will ich zusätzlich definieren, was ich mit »rechts« meine. Man könnte auch von einer gestrigen oder vorgestrigen Politik reden. Um das Gegenteil zu beschreiben, wären mir Begriffe wie Zukunftspolitik oder Politik für morgen lieber, denn »links« ist einfach mißverständlich.

Jürgen Habermas sagt, daß diese ordnenden Begriffe ihre grundsätzliche Funktion weiterhin beibehalten und daß links zum Beispiel jemand sei, der sein Unterscheidungsvermögen bewahrt hat und sich dementsprechend verhält.

Dazu zählt er übrigens neben Rita Süßmuth ausdrück-

lich auch Sie. Fühlen Sie sich da zu Unrecht in einer Schublade mit vorgestrigen Klischees?

Es kommt drauf an, wie man links und rechts definiert.

Eine Unterscheidungskategorie kann es doch weiterhin sein.

Um das Problem etwas plastisch zu machen, habe ich auf einem der letzten Parteitage einmal gesagt, für manche ist jemand schon rechts, wenn er morgens pünktlich zur Arbeit kommt, und für wieder andere ist jemand schon links, wenn er eine berufstätige Frau hat. Ideengeschichtlich hat man links immer eher in Verbindung gebracht mit Fortschritt und Neuem, mit dem Sozialen und Internationalen, mit revolutionären Ufern und Aufklärung. Rechts war eigentlich immer eher verbunden mit Vergangenem, war identisch mit reaktionär, antimodern, nationalistisch, industriehörig, der Inbegriff des politischen Syllabus.

Es gibt viele Beispiele dafür. Dazu gehören für mich die Verengung des Christlichen im Menschenbild der CDU auf die strafrechtliche Betrachtung der Abtreibungsfrage unter Vernachlässigung der Frauenpolitik und der Sozialpolitik für Eltern mit Kindern; die Verschiebung des Rechts auf einen Kindergartenplatz bis zum Sankt-Nimmerleins-Tag; das Festhalten am wilhelminischen Einbürgerungsrecht; die Scheu, Mißbrauch nicht nur im Sozialbereich, sondern vor allem auch bei den Subventionen und im Steuerrecht anzugehen; die Überbetonung des Nationalen und der nationalen Einheit, des »Vaterländischen« zu Lasten des Gedankens der europäischen Union; die reine Wettbewerbs- und Marktpolitik inklusive des Abbaus der Arbeitsmarktpolitik, vor allem in den neuen Ländern; die Priorität des Ökonomischen vor dem Ökologischen. Die Liste ließe sich fortsetzen. Wenn sich die CDU/CSU in diesem Sinne von der Mitte entfernte, würde sie unweigerlich zur Dreißig-Prozent-Partei.

Nun besteht ein weitverbreitetes Mißverständnis darin, daß man links und rechts mitsamt diesen Inhalten den real existierenden politischen Parteien der Bundesrepublik aufkleben könne. Also der SPD links und der CDU rechts. Das bestreite ich zumindest für die CDU nachhaltig.

Die CDU ist – nach diesen alten Begriffen – in einem gewissen Sinne sogar eher links gewesen. Ich behaupte, daß alle modernen, neuen Ideen, die das Bild Nachkriegsdeutschlands geprägt haben, von der CDU gekommen sind und aus Deutschland einen modernen Staat gemacht haben: europäische Einigung, Ablehnung des Nationalismus, westliche Allianz, Privateigentum, Partnerschaft, Soziale Marktwirtschaft, Mitbestimmung, Vermögensbildung, dynamische Rente, technischer Fortschritt, neue Arbeit, Dezentralisation, Subsidiarität, Neue Soziale Frage. Sind dies Themen und Begriffe, die man rechts einordnet?

Ich kann bei dem Links-Rechts-Schema nur bleiben, wenn ich definiere, was unter links und rechts politisch-inhaltlich zu verstehen ist. Diese Etiketten kann man eben nicht in der Form eines Entweder-Oder, in einer Art Alternativradikalität, der CDU und der SPD zuordnen. Man muß fragen, wo sich denn eigentlich die politische Auseinandersetzung heute abspielt. Die moderne Marktforschung spricht von den Milieus, in denen die Menschen leben und in denen sie sich einer geschlechts-, berufs-, alters- und konfessionsspezifischen politischen

Zuordnung und einem Rechts- und Linksschema inzwischen weitgehend entziehen.

Die CDU, das ist meine These, muß eine problemorientierte Partei auf der Grundlage des christlichen Menschenbildes bleiben. Das »Ob und Wie« der Problemlösungen wird das Unterscheidungskriterium zur SPD sein. Um noch einmal zu den alten Kriterien zurückzugehen: Der Streit geht um die Mitte und nicht um die Ränder.

In der Tat verliert der Begriff jede Unterscheidungsschärfe, wenn wir bei der Einsicht landen, daß die CDU eine linke Partei, die SPD eine rechte ist. In derselben Sekunde sollte man die Begriffe besser abschaffen.

Tun Sie das. Es geht um die Inhalte. Die CDU muß aufpassen, daß sie sich nicht beeindrucken läßt von falschen Begriffen wie zum Beispiel dem Vorwurf der »Sozialdemokratisierung der CDU«. Ihre großen Erfolge, und zwar mit breiten Mehrheiten bis 50 Prozent, hat die CDU dann gehabt, wenn sie wählbar gewesen ist weit über traditionelle Parteigrenzen hinaus, auch von Leuten, die man vielleicht eher im alten klassischen Sinne der SPD zugeordnet hätte. Daher muß die CDU, ich sage dies ganz bewußt, eine »Sowohl-als-auch-Partei« sein. Das unterscheidet sie von radikalen Parteien, ob es nun PDS oder Republikaner sind, die einen Alternativ-Radikalismus richtig finden. Im wohlverstandenen Interesse des Gemeinwesens heißt es bei einer Volkspartei sowohl Ökonomie als auch Ökologie, sowohl Wirtschaft als auch soziale Gerechtigkeit, sowohl Nation als auch Europa. Wie anders soll *Common sense*, Gemeinwohl, realisiert werden? Eine solche Politik darf nicht mit Profillosigkeit verwechselt werden.

Rechtsradikal ist noch einmal etwas anderes. Das ist nicht eine Frage der Reichskriegsflagge oder von Skinheads. Rechtsradikal ist Nationalismus, Überhöhung des eigenen Volkes gegenüber anderen, damit im Zusammenhang Ausländerhaß. Fremdenfeindlichkeit ist rechtsradikal. Wiederherstellung der alten patriarchalischen Ordnung, *Machismus*, Beseitigung der Gleichberechtigung von Mann und Frau, Antifeminismus, das ist alles rechtsradikal. Es gibt noch ein paar andere inhaltliche Merkmale: autoritäre Erziehung, Gewaltanwendung bei der Erziehung, übertriebenes »Law and order«-Denken, polizeistaatliche Tendenzen. Wenn ich einmal Rechtsradikalismus in diesen Inhalten zusammenfasse, dann glaube ich, daß er auf absehbare Zeit nicht mehrheitsfähig ist, aber daß es doch eine Minderheit gibt, die Gefallen findet an solchen Inhalten.

In der CDU ist für so etwas keine Mehrheit zu haben. Eine Gefahr besteht aber darin, daß in der Führung der CDU aus Angst davor, die Deutschlandforen zum Beispiel könnten irgendwann einmal Ärger machen, in vorauseilendem Gehorsam, schon bevor die sich geäußert haben, bei der Formulierung von Thesen, Programmen, Aussagen, mögliche Einwände dieser Gruppierung von vornherein mitgedacht werden, daß also eine eingebaute Zensur im Hinterkopf praktiziert und bei streitigen Fragen gleich gesagt wird: Paßt mal auf, seid vorsichtig, da kriegen wir möglicherweise Ärger!

Wer in der Union den Rechtsruck propagiert, beruft sich gerade auf die Stimmung in der Öffentlichkeit. Sie sei es, die eine solche Kurskorrektur nötig mache.

Als einziges Beispiel dafür kann nur die Asylpolitik herangezogen werden, und auch dabei handelt es sich um eine Fehlanalyse, wie wir gesehen haben. Natürlich sind Phobien vorhanden, aber es handelt sich um Ängste, die bei richtiger Information ausgeräumt werden können. Deshalb waren auch nicht die Asylbewerber als solche das Problem in der Bevölkerung, sondern der jahrelange Streit der Parteien um ein Thema, das sie selbst zur Nummer eins erklärt hatten, ohne es aber lösen zu können. Der Protest der Protestwähler richtete sich gar nicht so sehr gegen die Ausländer, sondern gegen die Handlungsunfähigkeit der Politik. Deshalb war der Asylkompromiß von existentieller Bedeutung für beide große Parteien. Wasser auf die Mühlen der Rechtsradikalen ist allerdings auch der verheerende Eindruck, den führende Politiker beider Parteien erweckt haben, daß nämlich die wahre Absicht der Politiker darin bestehe, sich ungerechtfertigt zu bereichern, wie zum Beispiel beim früheren bayerischen oder jetzigen saarländischen Ministerpräsidenten.

Oder das Beispiel des feinen Herrn Günther Krause aus der Ost-CDU, der die Schlupflöcher des westlichen Sozialstaats schnell begriffen und kaltschnäuzig genutzt hat, während die CDU laut gegen den »Mißbrauch« des Sozialstaats zu Felde zieht.

Er hat im Gegensatz zu anderen die Konsequenzen gezogen und will im übrigen ganz aus der Politik ausscheiden. Ich finde das schade, denn er war ein entscheidungsfreudiger und durchsetzungsfähiger Kollege, der sich im übrigen nicht ducken ließ und im Kabinett und in der Fraktion den Mund aufgemacht hat.

Ohne die Parallele überstrapazieren zu wollen: Weimar war nicht zuletzt ein Problem des Bürgertums und seiner politischen Zurückhaltung, gefolgt von der Radikalisierung aus der Mitte heraus. Insofern könnte man sich heute daran erinnern.

Wenn nicht zum Beispiel die Lichterketten wären. Das hat es in Weimar nicht gegeben. Die spontane Organisation von Millionen Menschen gegen rechtsradikale Zielsetzungen beweist, daß Bonn tatsächlich nicht Weimar ist. Wenn die Medien ihre kritische Funktion behalten, woran man allerdings manchmal zweifeln kann, dann wird Bonn auch künftig nicht Weimar. Die deutschnationale Dominanz der Presse in der Weimarer Republik hat zum Untergang der Republik erheblich beigetragen.

Richtig, Bonn ist nicht Weimar. Aber die »Mitte« wird dennoch zum Problem. Gerade in der Mittelklasse oder in den Mittelschichten kriselt es. Eigentum hat in der Geschichte der CDU immer eine dominierende Rolle gespielt, gegen die Eigentumsideologie haben gelegentlich auch die Sozialausschüsse Front gemacht. Lange hat die CDU davon profitiert, die Mittelschichten, denen es im Laufe der Jahre tatsächlich viel besser ging, haben diese Politik honoriert. Genau an der Stelle aber zeigen sich jetzt Brüche. Der besitzende Mittelstand fühlt sich bedroht und seine Zukunft gefährdet. Gerade dort werden jetzt Populisten attraktiver.

Die Lichterketten waren keine Exklusiv-Veranstaltung für Kleinverdiener und Millionäre. Aber ich konzediere, daß Rechtsextremisten und radikale Rechte historisch gesehen immer dann Zulauf bekommen haben, wenn im

Kleinbürgertum und in den besitzenden Mittelschichten die Angst vor wirtschaftlichem und sozialem Abstieg umgegangen ist. Aber der Mittelstand ist heute im deutschen Sozialgefüge wesentlich breiter als früher, sicher auch ein Erfolg christlich-demokratischer Politik.

Allerdings: Wenn es ökonomisch schwierig wird oder rückwärts geht, sind zunächst einmal die betroffen, die zuerst auf der Straße stehen – ungelernte Arbeiter, junge Menschen und Frauen ohne Ausbildung und nicht mehr so Junge, die man plötzlich zum alten Eisen zählt. Wenn es dann aber tatsächlich dazu käme, daß ein nennenswerter Teil der Mittelschicht nach unten abrutscht, dann würde die Situation in der Tat labil.

Ihr Urteil, die Sozialausschüsse hätten gegen die »Eigentumsideologie«, wie Sie es nennen, Front gemacht, kann ich nicht nachvollziehen. Die CDA-Leute haben vielleicht mehr als die Mittelstandsvereinigung auf die Sozialbindung des Eigentums abgehoben, das ist wahr, und übrigens war das auch nicht falsch. In Deutschland gibt es eher zuwenig Eigentum als zuviel, vor allem bei Arbeitnehmern, die weniger gut verdienen. Eine konsequentere Vermögensbildungspolitik, das wäre auch eines der Themen, mit denen die CDU ihr Profil als Volkspartei der Mitte schärfen könnte. Wenn man aber eine zum Beispiel im Prinzip vernünftige und ökonomisch wie sozial richtige Idee wie den Investivlohn ins Gespräch bringt – so habe ich es selber erlebt –, hört man von Gewerkschaften und Arbeitgeberverbänden zunächst das gleiche Echo: guter Vorschlag. Dann beginnen die Tarifverhandlungen, und was kommt heraus? Der alte Trott, der ewige und ermüdende Kampf um Lohnprozente und Wochenstunden setzt sich fort, Vermögensbildung findet nicht statt. Vielleicht ist die alte Befürchtung der Jusos immer noch nicht ganz aus den Köpfen mancher Gewerkschafter verschwunden: Wenn der Arbeitnehmer zum Eigentümer wird, steht er dem Klassenkampf nicht mehr oder nur noch eingeschränkt zur Verfügung.

Hat Ihre Partei nicht einfach zu lange auf Helmut Kohls Erfolgsrezept gesetzt: die politische Mitte nicht modern und mutig definieren, sondern besetzen? Damit hat Kohl lange Erfolg gehabt. Aber nun könnte gegen die Union ausschlagen, daß sie sich an der politischen Definition nicht mehr beteiligt.

Ich verstehe den Unterschied zwischen Definieren und Besetzen schon. Es geht ja nicht um das Besetzen von Bahnhöfen oder Telegrafenämtern, sondern von Begriffen, und die muß man in der Tat definieren. »Frieden« und »Demokratie« haben auch die Kommunisten verwendet. Es kommt also auf die Inhalte an und darauf, was man unter Politik versteht. Politik ist der immerwährende Versuch, ein geordnetes Zusammenleben der Menschen zu ermöglichen.

Der politische Streit geht um diese Ordnung. Wie sieht sie aus? Je nachdem, wie die Geschichte sich entwickelt, die Menschen entscheiden, kann das allerlei sein, von der totalitären Ordnung bis hin zu einer anarchischen »Ordnung«. Das ist das Thema. Und damit sind wir wieder bei der Ethik.

Damit sind wir allerdings auch bei der Frage, wie es zur Verarmung und damit zur Krise des Politischen kam. Der Politikbegriff wurde, wie wir das sehen, Ende der siebziger, spätestens seit Anfang der achtziger Jahre Schritt für

Schritt entwertet. Die Vergesellschaftung der Politik, wie sie für kurze Zeit stattgefunden hatte – unter dem Stichwort »Demokratisierung« –, wurde vor allem in den letzten Jahren teils intuitiv, teils bewußt zurückgenommen, mit beachtlichem Erfolg. Und diese Entwertung des Politischen und des Politikbegriffes schlägt nun zurück.

Die Demokratisierung, das heißt das Mehrheitsprinzip, ist nur unter bestimmten Bedingungen, nämlich politisch im Rahmen der Verfassung, sinnvoll und erträglich. Demokratisierung im gesellschaftlichen und privaten Bereich kann zur massiven Beeinträchtigung von Minderheitsrechten führen und sollte man nicht mit wünschenswerter Partizipation verwechseln. Man darf auch Parteipolitik und Politik als solche nicht in einen Topf verrühren.

Das Politische ist etwas anderes als die jeweils aktuelle parteipolitische Aktion und Entscheidung, die sehr wohl kritikwürdig sein kann. Aber die Diffamierung und das Infragestellen des Politischen, des Demokratisch-Politischen als solchem, vor allem auch des parlamentarisch repräsentierten Politischen, das ist – ich habe das schon gesagt – ein typisch deutscher, immer wieder reproduzierter Fehler der Öffentlichkeit, der Geistes- und Kulturwelt.

Damit müßte es vernünftigerweise ein Ende haben. Wenn Franz Steinkühler ungerechtfertigte Gewinne macht, ist deswegen die IG Metall als solche nicht schlecht.

Zur Erfolgsbilanz Helmut Kohls gehört an erster Stelle sicher die Vereinigung. So sieht er es ohnehin. Wir wollen das nicht schmälern – nur haben wir den Eindruck, die

CDU war trotz ihrer Rhetorik nicht mehr sonderlich verpflichtet auf die Wiedervereinigung und hatte den Gedanken an die große »Nation« im Grunde seit Adenauer auch langsam einschlafen lassen.

Natürlich hat man in der CDU geglaubt, die Vereinigung vollziehe sich irgendwann im Jahre 2020 oder 2030, wie es Gorbatschow auch einmal gesagt hat: Wer weiß, was in hundert Jahren der Fall ist! Wir waren der Meinung, daß man die hundert Jahre verkürzen könnte, vielleicht um 50 oder 60 Jahre. Solche Überlegungen stellten wir innerhalb der CDU-Führung an. Insoweit wurden wir zeitlich überrascht. Es war der Gang der Geschichte, der uns die Einheit als Option, als Potenz in den Schoß gelegt hat. Nach meiner Überzeugung ist aber die falsche Analyse der Revolution, die der Einheit vorausging, der Hauptgrund dafür, warum wir heute nach zehn Jahren, trotz dieser unbestreitbaren Erfolge, auch aufgrund einer Veränderung von Ziel- und Wertvorstellungen, nun plötzlich nicht mehr so richtig fertigwerden mit den neuen Herausforderungen, die auf uns zukommen.

Der Bundeskanzler und die CDU – Genscher sollte man nicht ganz vergessen – haben aus der Revolution, diesem Glück der Geschichte, eine historische Leistung, nämlich die deutsche Einheit gemacht. Aber diese war nicht das Ergebnis einer politischen Strategie. Von der Revolution sind die Christlichen Demokraten genauso überrascht worden wie die Sozialdemokraten. Das muß man fairerweise sagen. Aber wir waren auf die Einheit besser vorbereitet. Wir hatten sie nicht abgeschrieben.

Sie waren allenfalls rhetorisch besser vorbereitet. Mehr schiene uns Geschichtsklitterung.

Nein, auch inhaltlich. Noch auf dem Wiesbadener Parteitag 1988 haben wir das deutschlandpolitische Papier verabschiedet mit allen Schwierigkeiten, die damit verbunden waren. Die SPD hat 1989 ihr Grundsatzprogramm verabschiedet; für die Deutschlandpolitik blieben gerade 16 Zeilen in diesem Papier übrig.

Uns geht es nicht um die Verleihung einer deutschlandpolitischen Palme an CDU oder SPD. Sonst müßte man dagegenhalten, daß die SPD/FDP-Regierung eine konsequente Deutschlandpolitik verfolgt hatte, die historisch betrachtet zur Vereinigung vermutlich eine ganze Menge beigetragen hat. Und daß Teile der CDU, gerade der modernen CDU, 1988 die Wiedervereinigungs-Gebetsmühlenformel aus dem Programm zu streichen versuchten.

Es ging um das Wort »Wiedervereinigung«, nicht um das Ziel der Einheit. Die aufgeregte Diskussion in der CDU über die Deutschlandpolitik im Vorfeld des Bundesparteitages 1988 hing damit zusammen, daß es in der Deutschlandpolitik, seit die CDU in die Regierungsverantwortung gekommen war, zu einer rollenverkehrten Arbeitsteilung zwischen der Partei und der Regierung gekommen war.

Normalerweise formuliert und beschließt die Partei in ihrer Programmatik Positionen, die über das hinausgehen, was in der Tagesaktualität von der Regierung, vor allem einer Koalitionsregierung, selber realisiert werden kann. In vielen Fragen hatte die CDU als Partei diese Vorreiterrolle praktiziert: zum Beispiel auf dem Essener Parteitag mit den frauenpolitischen Beschlüssen, auf dem Stuttgarter Parteitag 1984 mit den Beschlüssen zur Weiterführung der Sozialen Marktwirtschaft im Zeitalter der Mikroelektronik, auf dem Mainzer Parteitag mit der Verabschiedung des Zukunftsmanifests, mit Projekten wie einer farbigen Kulturgesellschaft und dem Umbau des Sozialstaates.

Auf dem Hamburger CDU-Parteitag 1981 war die Grundlage für die Koalition mit den Freien Demokraten gelegt worden. Die CDU hatte von ihren anfechtbaren und zum Teil unhaltbaren Positionen des Jahres 1972 im Zusammenhang mit den Ostverträgen, dem Warschauer Vertrag und dem Moskauer Vertrag Abschied genommen. Richard von Weizsäcker, Norbert Blüm, aber auch Helmut Kohl hatten schon 1972 erkannt, daß die offizielle Position der Union nach rückwärts gewandt war und die Union in die außen- und innenpolitische Isolierung führen mußte. Auf dem Hamburger Parteitag 1981 wurde diese verfehlte Politik, die auch zur Ablehnung des KSZE-Vertrages 1975 geführt hatte, entscheidend korrigiert.

Bei den deutschlandpolitischen Beschlüssen auf dem Wiesbadener Parteitag 1988 mußte die Partei jedoch eine ganz andere Rolle spielen. In der Deutschlandpolitik war die Regierung gegenüber der CDU zum Vorreiter geworden. Eines der spektakulärsten Ereignisse, das im übrigen auch große Auswirkungen auf die Seelenlage vieler CDU-Anhänger hatte, war der Besuch Erich Honeckers in Bonn.

Honecker wurde mit allen militärischen Ehren empfangen. Im Hof des Bundeskanzleramtes spielte die Kapelle der Bundeswehr die Becher-Hymne, die Fahne der DDR, lange Jahre als Spalterflagge bezeichnet, ging neben der Fahne der Bundesrepublik Deutschland an den Masten hoch. Sie wehte in Bonn mehrere Tage lang offiziell vor dem Bundeskanzleramt, an der Adenauer-

Allee, der Friedrich-Ebert-Allee und vor dem Reuterplatz.

Die Zeremonien, die Fahne und die Hymne der DDR im Hof des Kanzleramts waren abends im Fernsehen zu sehen und zu hören. Viele unserer Parteimitglieder, aber auch viele Landsleute in der DDR, konnten dies kaum aushalten. Auch für mich selber war es ein bedrückendes Erlebnis, neben Helmut Kohl den Generalsekretär der SED, zusammen mit allen Symbolen der Teilung Deutschlands, zu sehen. Viele Leute haben das Ganze nur deswegen ertragen, weil diese Fernsehbilder zwar vor ihren Augen auftauchten, aber dann auch wieder verschwanden.

Das Problem ist aber geblieben, besonders in der CDU. Das konnte man alsbald merken.

Das psychologische Problem der geplanten Beschlüsse bestand darin, daß viele das, was sie im Fernsehen erlebt hatten, nicht auch noch schriftlich als Parteitagsbeschluß haben wollten. Von daher rührte das Ressentiment mancher Deutschlandpolitiker in der CDU gegen das gesamte Papier. Es richtete sich auch gegen Punkte, die damit gar nichts zu tun hatten und bisher unbestritten waren, wie die Frage nach der Zustimmung der Nachbarn zur Einheit. Ich hatte jedoch als Generalsekretär die Aufgabe, diesmal nicht weiterreichende Projektionen für die Zukunft zu entwerfen, sondern die Partei an die Position heranzuführen, die die Regierung in der Deutschlandpolitik längst eingenommen und praktisch umgesetzt hatte.

Eine bessere Arbeitsteilung mit Helmut Kohl hätte diese Aufgabe erleichtert. Als der erste Entwurf der außen- und deutschlandpolitischen Kommission an die Öffentlichkeit gelangt war, gab es einen Chor von negativen Stimmen, von Heinrich Lummer bis Herbert Czaja. Sie bemängelten vor allem, daß der Begriff Wiedervereinigung im Kommissionsentwurf nicht enthalten war. Angegriffen wurde auch der auf eine Regierungserklärung von Helmut Kohl zurückgehende Satz: »Nicht Grenzen zu verschieben, sondern sie durchlässig zu machen und sie zu überwinden durch Menschlichkeit und Verständigung mit allen unseren östlichen Nachbarn, ist Ziel unserer Politik.«

Diese und andere Formulierungen, die Regierungserklärungen des Bundeskanzlers oder seinen Reden zur Lage der Nation entnommen waren, wurden von den Kommissionsmitgliedern, darunter Volker Rühe, Wolfgang Schäuble, Horst Teltschik und Dorothee Wilms für richtig gehalten. Auf den Begriff Wiedervereinigung verzichteten wir, weil uns die Formulierung der Präambel des Grundgesetzes, »die nationale und staatliche Einheit zu wahren«, geeigneter schien. Wiedervereinigung ist zwar ein gängiger Begriff, aber er kann die falsche Assoziation wecken, daß etwas Vergangenes restauriert werden soll.

Dennoch kam es zum Krach.

Der wäre aber vermeidbar gewesen. Die Angriffe auf diese Texte hätten nicht die geringste Wirkung gehabt, wenn Helmut Kohl, mit dem ich den Text Wort für Wort durchgegangen war, sich nicht in der Öffentlichkeit davon distanziert und erklärt hätte, dieses Papier trage nicht in allen Punkten seine Handschrift. Dies war für alle, die in der Kommission mitgearbeitet hatten, schwer zu verstehen. Die Angriffe nahmen zu, so daß in deren Folge am Text Veränderungen vorgenommen werden mußten. Zum Beispiel wurde an den Anfang des Kapitels ein Zitat von Konrad Adenauer gestellt, das folgenden Wortlaut hat: »Die Wiedervereinigung Deutschlands in Freiheit war und ist das vordringlichste Ziel unserer Politik.« Dann wurde in dem Satz »Wir wollen nicht Grenzen verschieben, sondern Grenzen überwinden« der Halbsatz »nicht Grenzen verschieben« gestrichen.

Der fehlende Mut, eine klare Aussage zugunsten der Sicherheit der polnischen Westgrenze zu treffen, ist der Grund dafür, daß die Union in dieser Frage lange Zeit einen zwiespältigen Eindruck vermittelt hat.

Auf jeden Fall ist das alles ein Beweis dafür, daß sich die CDU, wenn auch streitig, intensiv mit der Frage der Einheit beschäftigt hat. Sicher hat auch die Ost-Politik von Willy Brandt ihren Anteil an der Wiederherstellung der Einheit.

Es ist ja kein Zufall, daß er Kronzeuge der Kontinuität im vereinigten Deutschland war.

Nachdem er zwei Jahre vorher noch von der Wiedervereinigung als Lebenslüge geredet hatte. Daß die CDU ihre Ostpolitik geändert hatte, war mit eine Voraussetzung dafür, daß es zur Koalition mit Genscher überhaupt kommen konnte. Es wäre völlig unmöglich gewesen, daß mit der Konzeption des Jahres 1972/1973, wie sie von Barzel, aber vor allem von Strauß vorgegeben worden war, der sich aber auch geändert hatte – siehe Milliardenkredit –, eine Koalition mit den Liberalen zustande gekommen wäre. Deswegen sind insoweit der Warschauer Vertrag, der Moskauer Vertrag und was alles damit zusammenhängt, also die Brandtsche Ostpolitik, von der CDU adaptiert und als offensives Instrument der Außenpolitik akzeptiert worden. Richtig ist aber auch, daß sich die Grundsatzeinstellung verändert hat. In den fünfziger Jahren war die SPD stärker die Partei der nationalen Einheit, das zeigt das Beispiel der GVP. Die Gesamtdeutsche Volkspartei mit Heinemann, Eppler, Rau ist nachher ein integrierter Bestandteil der SPD geworden, und zwar aus nationalpolitischen Gründen. Die SPD hatte der CDU vorgeworfen, daß sie die nationale Einheit verrate durch die Westbindung. Davon handelte die große Auseinandersetzung.

Zwar hat die CDU verbal die Einheit nie aufgegeben, aber richtig ist, daß unter Adenauer die Westorientierung an sich wichtiger wurde als die Einheit. Ganz sicher zu Recht. Deswegen lautete auch die Formel: Freiheit und Einheit, Freiheit und Frieden. Das heißt, die Freiheit war ein unverzichtbarer Bestandteil der Außenpolitik, während die Sozialdemokraten möglicherweise Risiken eingegangen wären für die Freiheit. Denn wären sie an der Regierung gewesen, hätten sie vielleicht ja gesagt zur außenpolitischen Offensive von Stalin im Jahre 1952, zu einer Neutralisierung Deutschlands mit der Folge des Abzugs der Amerikaner und der möglichen Gefährdung der Freiheit. Finnlandisierung, Jugoslawien-Modell, Österreich-Modell – übertragen auf Deutschland, das waren die Schlagworte der damaligen Auseinandersetzung.

Die nationale Einheit hatte bei der SPD einen höheren politischen Stellenwert als bei der CDU. Das hat sich im Laufe der Zeit umgedreht. Die Sozialdemokraten sind nach den siebziger Jahren auch als Folge der Brandtschen Ostpolitik eher zu Verfechtern des Status quo geworden unter der Überschrift: Friedenssicherung. Dazu diente auch die vor allem von Egon Bahr betriebene Parteiaußenpolitik auf der Schiene SPD/SED. Sie haben insoweit eigentlich die nationale Einheit abgeschrieben. Lafontaine ist das personifizierte Beispiel dafür. Sie, Herr Hofmann, haben 1990 in der *ZEIT* zu Recht geschrieben, daß die Sozialdemokraten die deutsche Frage nicht als Freiheitsfrage, sondern fast ausschließlich nur als Sicherheitsfrage betrachtet hätten.

Heute wirkt die Politik ermüdet und hilflos. Die Bundesrepublik scheint zu treiben, ohne gesteuert zu werden. So als hätte sie ihr inneres Koordinatensystem verloren, ohne es sich eingestehen zu wollen.

Das kann man allenfalls für die Wirtschafts- und Treuhandpolitik sagen. Im *Spiegel* ist ein Artikel erschienen, der die Entwicklung der letzten Monate und Jahre auf dem Hintergrund der Fragen skizziert, was aus dem angeblichen Sieg des Kapitalismus über den Sozialismus geworden ist und warum es im Osten nicht läuft. In dem Artikel wird der Versuch gemacht, den Kapitalismus in drei Varianten einzuteilen: den japanischen, den nordamerikanischen und den europäischen oder genauer gesagt, rheinischen Kapitalismus.

Das ist eine falsche Analyse. Das, was der *Spiegel* rheinischen Kapitalismus nennt, ist die Soziale Marktwirtschaft, und diese ist vom Kapitalismus genausoweit entfernt wie vom Sozialismus und ist etwas fundamental anderes als Reaganomics oder Thatcherismus. Jetzt ist die Sache deswegen schwieriger geworden, weil der Kern, der eigentliche Inhalt der Sozialen Marktwirtschaft, die wirklich eine Konzeption der CDU gewesen ist, verlassen wird. So als ob unsere Wirtschafts- und Sozialpolitik nichts anderes als eine Variante des Kapitalismus sei.

Nur aus dieser Fehlinterpretation heraus ist es zu verstehen, daß plötzlich Soziale Marktwirtschaft, das heißt, das Betonen des Sozialen und Ökologischen im marktwirtschaftlichen System, von Leuten aus dem rechten Lager der CDU als Sozialdemokratisierung der CDU-Politik diffamiert wird. Sie kapitulieren auch hier vor der geistigen Anstrengung, in der Wirtschafts- und Sozialpolitik das Schwarz-Weiß-Schema zu überwinden.

Auch die Sozialdemokraten haben die simple Zweiteilung lieber. Deswegen haben sie bis zum Jahre 1991 gebraucht, bis der Begriff Soziale Marktwirtschaft in einem Programm der SPD, nämlich »Fortschritt '90«, überhaupt aufgetaucht ist. Auch für Ralf Dahrendorf ist das Schwarz-Weiß-Schema einfacher. Dahrendorf ist ein Liberaler, der nie verwunden hat, daß nicht er die Soziale Marktwirtschaft erfunden hat, sondern ein Christlicher Demokrat, Ludwig Erhard. Er hat den Begriff »Sozialdemokratisierung des Kapitalismus« erfunden, den jetzt Rechtskonservative in der CDU nachbeten. Bei Dahrendorf ist es Volksverdummung auf akademischem Niveau, bei den anderen nur Verdummung.

Seine These ist typisch soziologisch, weil die Ideengeschichte zu kurz kommt. Die Existenz von politischen Organisationen steht und fällt mit ihren Ideen. Die Welt wurde bewegt und die Politik der Nachkriegszeit geprägt von Ideen und nicht von ideenlosen machtpolitischen Pressure-groups. Die CDU ist nach 1945 als eine neue politische Kraft mit einer neuen Ideenwelt entstanden, mit christlichem Menschenbild, Europa, Sozialer Marktwirtschaft.

Aber die Abwendung von dem, was Sie die »neue Ideenwelt« nennen, hat nicht 1989 angefangen. 1989, das leuchtet ein, war die große Zäsur und das Nutzen einer Chance. Aber schon lange vorher schienen die Entwicklungen ungesteuert zu laufen, gerade Marktentwicklungen. Nicht die Sozialausschüsse und die Soziale Marktwirtschaft, sondern der Neo-Liberalismus diktierte die Politik. Die Privatisierung in dem ganzen Kommunikationsbereich, die Verkehrslawine, die Wachstumspolitik, die wieder einsetzte – es gab sicher immer auch Stimmen in der CDU dagegen, aber durchgesetzt haben sie sich nicht.

Ich will im Ansatz gar nicht bestreiten, daß es hier auch schon vor 1989 Konflikte gegeben hat, auch ungelöste. Das Beispiel Ökologie zeigt andererseits doch auch wieder, daß Ihr Einwand nicht generell stimmt. Denn es gibt keine Regierung in Europa, die ökologisch auch gegenüber der Großindustrie so eingegriffen hat wie die Bundesregierung Anfang der achtziger Jahre mit der europaweiten Durchsetzung des Katalysators und des bleifreien Benzins zum Beispiel.

Das ist alles unzulänglich, gemessen an den Forderungen der Natur, das gebe ich zu. Aber daß die Ökologie zu einer europäischen Angelegenheit wurde, das ist von Deutschland ausgegangen. Damals waren wir stark. Da hat sich die Bundesregierung gegen die Automobilindustrie durchgesetzt. Hinterher, im Laufe der achtziger Jahre, wurde die Sache schwieriger. Töpfer ging dann wieder in die Offensive.

Die CDU muß deshalb zurückkommen zu den geistigen Grundlagen ihrer Politik. Die historischen Großideologien, Kapitalismus und Sozialismus, sind am Ende. Die ganze Welt würde einem Schiffbruch entgegensteuern, wenn die Zukunft jetzt von der Devise bestimmt werden würde, der Kapitalismus habe über den Sozialismus und den Kommunismus gesiegt.

Das waren die Fanfarenstöße der ersten Stunde. Jetzt herrscht eher Katzenjammerstimmung.

Es wird katzengejammert über die Situation, aber es wird nicht das Prinzip korrigiert. Es werden Ausflüchte, Sündenböcke, Schuldige gesucht. Aber man macht auf dem falschen Weg weiter. Die Einheit liefert ein klassisches Beispiel dafür. Dabei hat es sich um eine vorwiegend kapitalistisch orientierte Lösung der Fragen gehandelt: Der Markt wird's richten, das läuft von selber! Das gilt für Osteuropa genauso. Und es gilt global für das Verhältnis der großen Industrieländer zu den Ländern der Dritten Welt.

Sie sagen: Wir befanden uns eigentlich schon auf dem dritten Weg, aber wir verlassen ihn ausgerechnet in der Situation, welcher er sich bewähren müßte?

Wir haben den postmodernen Weg bereits beschritten. Ich will gar nicht mal so sehr auf das Soziale abstellen, sondern ich spreche von einer ethisch korrigierten und verantworteten Politik des Marktes. Die Marktwirtschaft ist eine sachgerechte Antwort. Aber sie muß domestiziert werden von ethischen Prinzipien. Die Soziale Marktwirtschaft ist eine ethisch verantwortete Ökonomie, wobei das Ethische das Soziale, das Ökologische, das Humane umfassen muß. Und wenn diese drei gleichwertigen Elemente des Systems verlassen werden, bricht der reine Kapitalismus durch. Genauso wäre es umgekehrt. Wenn die Gesetze der Marktwirtschaft nicht mehr gälten, wenn man nur das Ökologische und das Soziale sähe, dann kämen wir in die Richtung eines planwirtschaftlich organisierten Staatsdirigismus.

Nur zur Klarstellung: Sie meinen mit ethischer Korrektur praktische Politik, nicht nur Sozialenzykliken der katholischen Kirche oder Begleitmusik der Sozialausschüsse?

Ja, aber die konkreten Vorschläge behandeln wir nachher. Jetzt geht es mir um eine ähnliche Kritik, wie sie aus dem Islam heraus, in Ostasien, in Indien, von den anderen großen Weltreligionen an den westlichen Industrienationen geäußert wird. Ein Gedanke, den Hans Küng verwendet hat: In unserer Welt der westlichen Industrienationen legen wir zwar großen Wert auf die Wissenschaft und deren Entwicklung, aber dieser Wissenschaft fehlt das, was östliche Philosophien und Religionen unter Weisheit verstehen, das heißt Elemente, die den Mißbrauch der Wissenschaft verhindern.

Deswegen haben wir die ganze unausgegorene Diskussion über Gentechnologie. Wir betrachten Industrie und Industriepolitik als ein wesentliches Merkmal der westlichen Industrienationen, völlig zu Recht. Aber es fehlt in dieser Betrachtung weitgehend das Soziale und das Ökologische. Industrie, aber keine Ökologie.

In den westlichen Industrienationen haben wir Demokratie, aber immer weniger Moral. Beides gehört aber zusammen. Das Mehrheitsprinzip für sich genommen ist unsinnig. Die moderne Demokratie, wie sie sich aus der Französischen Revolution entwickelte, hatte immer ein ethisches Fundament. Das heißt, die Grundrechte, die Menschenrechte, sind integrierte Bestandteile der Demokratie. Wenn die Moral abnimmt, ethische Gesichtspunkte eine immer geringere Rolle spielen, dann wird die Demokratie selber in Frage gestellt.

Daß dies zum Beispiel auch in den Augen derer, die wir für unsere Demokratie gewinnen wollen, so gesehen wird, das kann man relativ leicht feststellen. Für jemanden in Afrika, im Nahen Osten oder in Ostasien heißt westliche Politik: Auf einem Auge blind! Menschenrechtsverletzungen werden höchst unterschiedlich beurteilt, je nachdem, ob es sich um Israel, Bosnien oder Kuwait handelt. Von Moral ist also überhaupt nicht die Rede, wenn es sich um die UN-Interventionen und auch die amerikanischen Interventionen handelt. Reine Machtinteressen spielen eine Rolle und nicht die Menschenrechte. Sonst hätte der Golfkrieg nicht diese Unterstützung finden können, die in der Bundesrepublik sogar dazu geführt hat, daß die Fastnachtsveranstaltungen abgesagt worden sind.

Wenn man das, was im Golfkrieg an Menschenrechtsverletzungen passiert ist, mit dem vergleicht, was seit 1992 in Jugoslawien und in Bosnien-Herzegowina geschehen ist, dann hätte man wahrscheinlich als entsprechende sittliche Reaktion die Fastnachtsveranstaltungen für ein ganzes Jahrzehnt absagen müssen. 50.000 Frauen zum Beispiel sind vergewaltigt worden als Element der Kriegführung, Zehntausende werden vertrieben, verhungern, werden ermordet. Für wache Leute oder für Leute außerhalb der westlichen Industriestaaten ist für das, was sich ihnen als westliche Demokratie präsentiert, Moral und Ethik nicht vorhanden. Das gilt genauso für die Waffenexporte. Die Beispiele ließen sich vermehren.

Sie sprechen über einen Verlust an ethischen Standards und öffentlicher Moral. Wir suchen nach den Gründen dafür in jüngster Zeit. Deshalb immer wieder die Frage nach 1989 und der Bedeutung dieses Einschnitts.

1989 spielt insoweit eine große Rolle, als nicht nur ein Hoffnungsschimmer aufgeleuchtet ist, sondern ein säkulares Ereignis stattgefunden hat. Zum erstenmal ist die Weltgeschichte nicht von reinen Machtinteressen, sondern von Idealen bestimmt worden. Das heißt, die Revolution, die in Deutschland, in Mittel- und Osteuropa stattgefunden hat, war nicht das Ergebnis von Gewehren, von Armeen, von Generalen, von Generalstreiks der Gewerkschaften, sondern ein Sieg der Ideen, und zwar mit Hilfe der Medien. Ohne die Medien wäre es nicht möglich gewesen, daß diese Ideale sich durchsetzten, für die die Leute auf die Straße gegangen sind.

Im übrigen fing das schon zwanzig Jahre vorher in Polen an. Auf der damaligen Lenin-Werft sind seinerzeit, 1970, 280 Leute ums Leben gekommen, Arbeiter unter den Kugeln der kommunistischen Miliz. Bei der Einweihung des Denkmals für diese Menschen, das man heute noch besichtigen kann, sagte Lech Walesa, diese Arbeiter seien für die höchsten Ziele der Menschheit gestorben, nämlich für Freiheit, Gleichheit und Brüderlichkeit.

Diese Ideale haben die Revolution verursacht. Gegen allmächtige Bürokratien, gegen die zweitstärkste Armee der Welt, gegen eine allgegenwärtige Spitzelorganisation haben sich die Ideen durchgesetzt, ein zeitgeschichtlicher Vorgang, von dem Schiller geträumt hat in »Don Carlos«. Dort läßt er den Marquis de Posa sagen: »Geben Sie Gedankenfreiheit, Sire«! Das war damals ein Windei.

Die Inquisition, der spanische König, die konnten die Freiheit geben oder nehmen, wie sie wollten, Hitler und Stalin auch, die ihre Imperien noch abschotten konnten.

Aber im Zeitalter des Satellitenfernsehens und einer weltweiten Medienkommunikation ist die Abschottung nicht mehr möglich. Jetzt konnten die Ideen endlich zum erstenmal in der Weltgeschichte voll ihre ansteckende Kraft in den Köpfen und den Herzen der Menschen entfalten.

Das war der eigentliche Grund, warum die Revolution möglich gewesen ist. Bismarck hat noch gesagt, Grundsätze in der Politik, das wäre ungefähr so, als wenn er mit einer großen Stange quer im Mund durch einen Wald laufen wollte. Das war noch vor hundert Jahren.

Ein starkes Bild, finden Sie nicht?

Wenigstens war er da ehrlich. Das waren die Machtinteressen. Napoleon, Bismarck, Hitler, Stalin, Honecker, alle haben ihre Politik moralisch verbrämt. Aber im Grunde genommen war die Moral in der Politik nichts anderes als eine verbale Hure, in die alle reingestopft haben, was sie gerade für richtig gehalten haben. Der eine »la grande nation«, der andere die deutsche Nation, der dritte die Rasse, der vierte und der fünfte die Klasse. Das waren die »moralischen« Kategorien.

Die eigentlichen moralischen Kategorien, die Freiheit, die Grundwerte des menschlichen Lebens, sind auf der Strecke geblieben. Sie haben sich in Deutschland zum erstenmal 1949 und dann durch die Revolution 1989 durchgesetzt. Das hätte man als Signal erkennen müssen. Das ist das eigentlich säkulare Ereignis gewesen. Das haben die Völker so gewollt. Ich beklage, daß die Regierungen diese Ideale in den Hintergrund haben treten lassen, in Deutschland in der Wirtschaftspolitik und die Europäische Gemeinschaft gegenüber Bosnien-Herzegowina.

Ich muß immer wieder auf den Balkan zurückkommen. Daß die europäischen Staaten, allen voran England mit seinem Außenminister Hurd, die Menschenrechte nicht zum integrierten Bestandteil ihrer Außenpolitik gemacht und im Balkankonflikt alle moralischen Kategorien haben fallenlassen, wird möglicherweise noch weitergehende Folgen haben. Diktatoren, Massenmörder, Kriegsverbrecher und Rassisten haben gelernt, was in Europa möglich und erlaubt ist. In einer französischen Zeitung stand neulich, die Barbarei sei rehabilitiert worden als Normalfall des Umgangs der Nationen miteinander. Auch die islamischen Völker haben gesehen, daß die Völkermörder geradezu ermutigt und die Aggressoren mit den Gebieten belohnt werden, die sie rechtswidrig erobert haben.

Michael Stürmer hat mit Recht darauf hingewiesen, daß die Ukraine angesichts der Schwäche des Westens und der Drohreden aus Moskau schwerlich auf jene Rückversicherung verzichten werde, die der Besitz nuklearer Waffen verspreche. Die Straflosigkeit des Völkermords und die Hilflosigkeit des Westens verstärkten daher den nuklearen Pluralismus. Es sei daher noch nicht ausgemacht, ob der Westen den Untergang des Ostens überleben werde.

Das eine steht fest: Der Sieg des Moralischen in der Revolution 1989 verblaßt immer mehr, verdämmert, geht weg und verschwindet.

Allerdings auch in Osteuropa selber. In Ungarn und anderswo begann die Debatte über den ökonomischen Neoliberalismus. Die erwachten Gesellschaften im Osten sammelten eine neue Erfahrung, nämlich die riesiger sozialer Ungleichheiten. Das rückte wiederum die ganze

Frage nach der Zukunft von Lebenswelt und Ökologie in den Hintergrund. Osteuropa selber setzte zudem auch für den Westen andere Prioritäten.

Damit sind wir bei der Frage nach der Gerechtigkeit. Warum hat man es falsch gemacht? Ich fürchte, Sie glauben an Zwangsläufigkeiten. Es gibt in der Politik keine Zwangsläufigkeiten, keine soziologischen Gesetze, die unabwendbar vollendet werden. Man hätte die Sache anders machen können.

Wir suchen keine Zwangsläufigkeiten, aber Begründungen. Unsere Frage ist: Bedeutet 1989 eben nicht die große Ausnahme, sondern vielleicht nur die desillusionierende Verlängerung von allem, was sich vorher schon abzeichnete oder gar die heimliche Regel war? Der Niedergang des Politischen, die Defizite der Demokratien im Westen, die falschen Prioritäten, das kurzfristige Denken ist doch keine »Erfindung« des Jahres 1989, sondern offenbar strukturell bedingt.

Es gibt keinen zwangsläufigen Niedergang des Politischen. Daß innerhalb von zehn Jahren viele Ideale und Grundsätze abgeschliffen werden, das ist der normalste Vorgang der Welt. Und ob die Union ohne das säkulare Ereignis der Jahre 1989/90 die Bundestagswahl gewonnen hätte, wird auch von objektiven Beobachtern bezweifelt. Aber die Geschichte hat eine andere Richtung genommen. Es geht ja nicht nur um die wirtschaftliche und soziale Ordnung in den neuen Ländern, sondern um die EG-Staaten, von denen einzelne, vor allem die Engländer, ganz offensichtlich die Botschaft dieser Revolution nicht verstanden haben. Daß das nationalstaatliche Denken wiedererstarkt, ist nun wirklich nicht auf die deutsche Bundesregierung zurückzuführen. Das Gegenteil ist der Fall. 1989 hat deswegen eine so große Bedeutung, weil die mit dieser Revolution verbundene Aussicht auf die deutsche Einheit die anderen Europäer dazu gebracht hat, die Europäische Politische Union zu verwirklichen. Die spürbaren Einwände der Franzosen, aber auch der Engländer gegen die deutsche Einheit sollten dadurch überwunden werden, daß die Entwicklung zur politischen Einheit Europas unumkehrbar gemacht werden sollte. Das war der Vorschlag Kohls im April 1990. »Maastricht« ist ja, was von den Neonationalisten in Deutschland völlig ausgeblendet wird, die nachgeholte Erfüllung einer Bedingung für die deutsche Einheit. Daß die Europäer wegen Bosnien-Herzegowina ins Schleudern geraten sind, hängt nicht damit zusammen, daß wir zu viel Europa haben. Die europäische Integration sollte doch die alte europäische, an nationalen Mustern orientierte Interessenpolitik dadurch ablösen, daß der europäische Interessenausgleich dauerhaft durch europäische supranationale Institutionen gesichert werden sollte. Die Botschaft der Revolution von 1989 war nicht die Zerstörung Europas, sondern die konsequente Fortsetzung von vierzig Jahren westeuropäischer Einigung unter stufenweiser Einbeziehung Osteuropas. Die Hauptverantwortung dafür liegt jetzt in Bonn und Paris. Europa darf nicht zu einer Freihandelszone nach britischem Muster abgewertet werden. Dann wäre alles umsonst gewesen. Man muß einfach endlich begreifen, daß nationaler Egoismus in Europa jede Chance zerstört, die revolutionären Ideale des Jahres 1989 als Lebensgrundlage für über sechshundert Millionen Europäer durchzusetzen. Notfalls müssen die Europäer diese wahrhaft säkulare Aufgabe ohne die Engländer durchsetzen.

Das trennt uns nicht. Nur sind Sie in der Rolle des Politikers. Vielleicht überschätzen Sie einfach diesen riesigen Umbruch in Europa als einen Sieg von Idealen? Es gibt viele Dissidenten in Osteuropa, die erklären das alles trivialer. Das ökonomische System habe einfach nicht mehr funktioniert. Es mußte erodieren. Jens Reich sagt, die Mauer von Jericho ist von alleine zusammengebrochen. Wir standen zwar da mit den Trompeten in der Hand, aber wir hätten gar nicht hineinblasen müssen. Es ging einfach nicht so weiter. Ihre Enttäuschung ist dann vielleicht auch größer, weil Sie sagen, dieses riesige Potential an Idealen haben wir nicht genützt.

Das Ökonomische wäre in der alten DDR sicher zuallerletzt ein Grund gewesen für die Revolution. Denn die Leute haben nicht gehungert. Sie hatten alle ein Dach über dem Kopf, sie hatten sogar einen »Arbeitsplatz«. Der ökonomische Druck für eine Revolution, die »Verelendung der Arbeiterklasse«, das hat es in der DDR wirklich nicht gegeben. Die Ursachen waren ganz andere. Gorbatschow hat den Marxismus als solchen in Frage gestellt hat, daran möchte ich erinnern.

Ein Held des Rückzugs, wie Enzensberger so schön formuliert hat.

Man kann ihn auch als ein Genie der werdenden Wirklichkeiten bezeichnen, wie Lothar Gall es fälschlicherweise von Bismarck gesagt hat. Er hat die werdende Wirklichkeit begriffen, durchaus auch unter ökonomischen Gesichtspunkten. Aber die Ökonomie ist nicht voraussetzungslos. Gorbatschow hatte gemerkt, daß das Ganze keine Zukunft mehr hat. Aber warum hat es keine Zukunft mehr gehabt? Eine funktionierende Wirtschaft, die aufbaut – und zwar unabdingbar aufbauen muß – auf Eigeninitiative, Persönlichkeit, Risikobereitschaft, individueller Verantwortung, eine solche Ökonomie ist auf Dauer überhaupt nur im Rahmen der Demokratie möglich und im Kontext nur erfolgreich, wenn die anderen Ideale realisiert werden, also Solidarität und Gerechtigkeit. Das ist das Geheimnis des Erfolgs. Das hat der Mann geahnt.

Natürlich kann Jens Reich sagen, der Sozialismus in der DDR wäre von selber kaputtgegangen. Aber in Wirklichkeit ist die Sache aus ethischen Gründen zusammengebrochen. Den Menschen kann man nicht auf Dauer zum Objekt eines politischen Mechanismus machen, wenn er die Möglichkeit hat, über die Medien zu sehen und zu hören, wie es anderswo läuft, und zwar besser. Der real existierende Sozialismus ist zugrunde gegangen an einer zutiefst unmoralischen Struktur, in der Lüge, Betrug, Denunziation, Ausbeutung, ungerechtfertigte Privilegien und staatlich verordnete Ungerechtigkeit zum System gehörten. Die Menschen haben, informiert über die Medien, gesehen, daß es noch eine andere Welt gibt. Es kann eine bessere Welt geben, die im übrigen auch mehr soziale Gerechtigkeit realisiert.

Das hat Otto Schily nicht ganz begriffen, als er in der Volkskammerwahlnacht sagte, die Deutschen hätten die Bananen gewählt. Das haben sie in der Tat getan. Sie haben auch die D-Mark gewählt. Sie haben aber eigentlich die soziale Gerechtigkeit gewählt, die sich nämlich in Bananen und in D-Mark dadurch ausdrückt, daß diese schönen Dinge allen zugute kommen und nicht nur einer Nomenklatura in Wandlitz mit ihren Privilegien.

Wie kommt es dann, daß die Ideale, von denen Sie sprechen und auf die Sie setzen, derart abgenutzt erscheinen?

Ich muß noch einmal sagen: Man hat sie aus den Augen verloren. Die Einheit und die Freiheit allein genügen nicht. Und es war keine nationale, sondern eine globale Revolution, geistesgeschichtlich gleichbedeutend mit der ersten europäischen, der Französischen Revolution.

Aber auch das ist umgedeutet, umgewertet worden.

Es konnte deswegen umgewertet werden, weil es keine – europäisch und global gesehen – ethisch gemeinsamen Ansätze und Grundsätze gegeben hat und bis heute nicht gibt. Wenn man die globalen Herausforderungen beantworten will, dann ist eine unabdingbare Voraussetzung, daß man ein globales Ethos hat. Die Länder der Welt müssen sich irgendwann einmal auf ein paar Grundsätze verständigen, die für alle gelten.

Was Sie sagen, klingt sehr nach Politik in Sinnstiftungsabsicht, und das endet meist nicht in aufgeklärter Demokratie, sondern im Verordnungsstaat.

Religion und Aufklärung müssen keine Gegensätze sein. Zu den Ergebnissen der Aufklärung gehört nicht der Atheismus. Wir brauchen eine Reaktivierung des Religiösen, gar nicht im Sinne des Theologischen, aber im alten Sinne, des Religiösen als religio, der freiwilligen Bindung an ethische Werte. Es sieht so aus, als bekämen wir eine Renaissance des Religiösen, wenn vielleicht auch nicht der Kirchen.

Wir haben zugleich aber auch die Renaissance des Fundamentalismus mit allen erschreckenden Begleitumständen, wie in Algerien und der Türkei.

Das Religiöse darf eben nicht verabsolutiert werden. Man darf die Kirche nicht zum Staat machen, und die christlichen Ayatollahs haben wir in der Gestalt der Großinquisitoren und Hexenrichter hinter uns gelassen.

Das Fundamentalistische bekommt deswegen heute eine so große Bedeutung, weil immer mehr Menschen nach dem Sinn ihres Lebens fragen und keine Antworten bekommen.

Woher soll das »richtige«, das nicht fundamentalistische Religiöse zurückkommen?

Es gibt einen unglaublichen Hunger nach Antworten auf die letzten Fragen, nach dem Sinn des Lebens, nach Gott. Aber von der Kanzel hört man oft nur Antworten auf vorletzte Fragen vom Formaldehyd bis zu den Ortega-Brüdern in Nicaragua, anstatt etwas zu hören über das Leben nach dem Tode, über die Frage »gibt es Gott, oder gibt es keinen Gott«.

Diese Fragen kann eine politische Partei nicht beantworten. Wir sind nur für vorletzte Dinge zuständig. Aber die Kirchen sind für die letzten Fragen zuständig. Wenn die Menschen darauf keine Antworten erhalten, wenn die katholische Kirche sich in ihrem Apostolat, in ihren öffentlichen Äußerungen in der Verkündung der christlichen Lehre fast ausschließlich konzentriert auf die Frage, ob Frauen Pillen nehmen dürfen oder nicht, wenn das die Generalbotschaft des Papstes wird bei seinen Reisen in den Sudan bis nach Lateinamerika, wenn die Frage des

Strafrechts beim Paragraphen 218 die theologische und kirchliche Diskussion dominiert, dann bekommen die Menschen von den Kirchen Steine statt Brot.

Soll die moderne Kirche denn wirklich ein Gotteshaus bleiben?

Ich bin für das gesellschaftliche Engagement der Kirchen.

Das wird aber nicht ohne Zwischenrufe zur gesellschaftlichen Lage abgehen. Das war ein Streit zwischen uns schon zu der Zeit, als Sie sagten, die Pastoren sollen sich raushalten aus der aktuellen Politik.

Das habe ich nie gesagt.

Zum Zeitpunkt der Friedensdiskussion mußte man Ihr Wort von den letzten und den vorletzten Dingen als Botschaft verstehen, die evangelische Kirche solle sich aus der Nachrüstungs-Debatte heraushalten.

Nein. Ich habe mich gegen den Fundamentalismus gewendet in der evangelischen Kirche, auch eines Teils der katholischen Kirche. Nur gegen den Fundamentalismus. Ich habe mich gegen christliche Ayatollahs gewehrt.

Ist es fundamentalistisch, wenn Pfarrer in Mutlangen an den Sitzdemonstrationen gegen die Atomraketen teilgenommen haben? Waren diese Pfarrer wirklich Ayatollahs?

Wenn sie in Mutlangen waren, will ich nicht sagen, das allein sei schon Fundamentalismus. Wenn sie aber unter Berufung auf die Bergpredigt verlangen, daß sich alle in Mutlangen auf ihren Hintern setzen, dann ist das Fundamentalismus. Ich habe mich nie für ein Sakristei-Christentum ausgesprochen, sondern gegen die fundamentalistische Interpretation der Bergpredigt. Die katholische Kirche hat zum Beispiel in dem Hirtenbrief »opus iustitiae pax«, in dem sie sich auf eine grundsätzliche Position von Thomas von Aquin bezogen hat, dieser fundamentalistischen Auslegung des Evangeliums eine Absage erteilt.

Dann wäre die Politik von Sinnstiftungsaufgaben entlastet und könnte sich ihren wahren Aufgaben auf einer besseren Grundlage widmen?

Die Kirchen müssen ihre eigentliche Aufgabe in ihrem religiösen Auftrag sehen, und erst auf der Basis dieses religiösen Auftrages sollten sie ihre Meinungen zu gesellschaftlichen Entwicklungen sagen.

Wie soll uns das aus der politischen Krise nach zehn Jahren Regierung Kohl heraushelfen? Das war ja der Ausgangspunkt, der Sie zu Ihrer prinzipiellen Analyse und sehr grundsätzlichen Kritik führte.

Die Herstellung einer fast mechanistischen Kausalität zwischen politischer Krise und Bundesregierung erinnert mich etwas an den Biologismus der Verhaltensforscher, demzufolge die Lebensabläufe von archaischen

Strukturen vorprogrammiert sind. Daß es noch kein Weltethos gibt, dafür kann man nicht die Regierung Helmut Kohl verantwortlich machen.

Um Himmels willen, das tun wir nicht.

Da bin ich aber froh.

Überlegungen von Hans Küng gehen davon aus, daß es eine Illusion sei, auf eine einheitliche Weltreligion zu hoffen. Bei allen Unterschieden zwischen den prophetischen Religionen semitisch-nahöstlichen Ursprungs, nämlich dem Judentum, Christentum und Islam, und den mystischen Religionen indischer Herkunft, nämlich dem Hinduismus und Buddhismus, und schließlich der auf Harmonie ausgerichteten weisheitlichen chinesischen Traditionen wie Konfuzianismus und Taoismus gebe es doch Gemeinsamkeiten, nämlich ähnliche Grundfragen nach Liebe und Leid, Schuld und Sühne, Leben und Tod des Menschen, ähnliche Heilswege, ähnliche ethische Wegweisungen.

Auch ich bin davon überzeugt, daß ein gemeinsamer, wenn auch minimaler ethischer Konsens die Menschen verbindet. Küng weist nach, daß alle großen Weltreligionen so etwas wie die goldene Regel kennen: »Was Du selbst nicht wünschst, das tue auch nicht anderen Menschen an«, sagt Konfuzius. Der kategorische Imperativ von Kant sagt dasselbe. In fünf Maximen elementarer Menschlichkeit stimmten die großen Religionen schon jetzt überein: nicht töten, nicht lügen, nicht stehlen, nicht Unzucht treiben, die Eltern achten. Warum sollen diese Maximen nicht zu einem weltethischen Konsens entwickelt werden können? Jedenfalls steht fest, und das ist auch ein Ergebnis der Aufklärung, daß das Recht ohne Sittlichkeit auf Dauer keinen Bestand hat und daß deshalb weder eine bessere Weltordnung noch ein Weltfrieden ohne ein zugrunde liegendes Weltethos möglich ist.

Deswegen spreche ich von religio, davon, daß alle Menschen auf dieser Erde sich in ihrem persönlichen und natürlich politischen Leben an bestimmte Normen halten müssen, ohne daß sie dabei die Freiheit verlieren. Das bedeutet konkret: Wir müssen den Unterschied zwischen Armen und Reichen, zwischen Mächtigen und Machtlosen, der heute noch weitgehend die Weltordnung kennzeichnet, überwinden. Wir haben Strukturen, die Hunger, Armut und Elend produzieren. Dazu gehören zum Beispiel die Weltwirtschaftsordnung, die EG-Außenhandelspolitik, die EG-Agrarmarktordnung und die Ergebnisse der GATT-Verhandlungen, der Waffenexport und die Energiepolitik. Das heißt, wir brauchen eine sozial und ökologisch orientierte Weltordnung, die diese strukturell bedingten Gegensätze beseitigt. Die frühere Weltordnung war beherrscht von nationalen Interessen und ökonomischen Zielen. Gefordert ist eine partnerschaftliche Weltordnung.

Davon sind wir, wenn sie Partnerschaft zwischen Mann und Frau meinen, mindestens so weit entfernt wie von einer gerechten Weltwirtschaftsordnung.

Leider wahr. Eines der größten ethischen Defizite ist die nach wie vor vorhandene, zum Teil brutale Diskriminierung der Frauen. Ihre systematische Mißachtung, Demütigung, Deklassierung schreit zum Himmel. Dabei sollten wir in Deutschland uns nicht überheben gegenüber den sogenannten Entwicklungsländern.

Es gibt eine frauenspezifische weltweite Verfolgung, und sie ist politischer Natur, weil sie auf einer von den betreffenden Staaten sanktionierten rechtlichen Diskriminierung der Frau beruht.

Sexuelle Folter, Vergewaltigung, Verstümmelung, Verstoßung werden von deutschen Gerichten nach wie vor meist nicht als Asylgrund gewertet. Daß so etwas in Deutschland möglich ist, zeigt, daß die Frauenbewegung offenbar zum Erliegen gekommen ist.

Auch eine der Folgen von 1989.

Nur insofern, als wir uns in der Politik langsam überfordert fühlen. Die drängenden Probleme sind seit 1990 so groß geworden, daß die Gleichberechtigung mehr zu einer Marginalie zu werden scheint. Die ostdeutschen Frauen sehen das allerdings mit einer Mischung aus Resignation und Wut.

Die Partnerschaft zwischen Mann und Frau ist eine Frage an die Männer, die an der Macht sind. Abschied von der Männergesellschaft wird verlangt. Er kann aber nur durch die Männer selber vollzogen werden, weil sie die Mächtigen sind. Und deswegen muß eine Bewußtseinsänderung bei den Männern eintreten.

Eine Revolution von oben?

Und von unten: Frauen müssen sich zusammenschließen, streiken und sich verweigern und andererseits von den Männern mehr Beteiligung an der Macht und Ausgleich für Nachteile fordern.

Lysistrata als Rat Heiner Geißlers an die Adresse der Frauen? Kritiker würden Ihnen übrigens vorwerfen, daß auch Sie einen fundamentalistischen Politikansatz verfolgen.

Dann sind Menschenrechte auch ein fundamentalistischer Politikansatz. Jedenfalls steht das eine fest: Von den Gewalttaten, die in den letzten Jahren in Deutschland gegen Ausländer begangen worden sind, sind nur vier Prozent von Frauen verübt worden. Wir müssen endlich über die Tatsache nachdenken, daß 96 Prozent aller fremdenfeindlichen Gewalttäter männlichen Geschlechts sind. Eine Gesellschaft, in der mehr Frauen in verantwortlichen Ämtern sind, ist besser, friedlicher, moderner und bürgernäher. Wären statt der männlichen Chauvinisten in Bosnien-Herzegowina Frauen in der Verantwortung, wäre der Bürgerkrieg gar nicht erst entstanden. Eine Feminisierung unserer Gesellschaft wird diese friedlicher machen. Das ist allerdings eine Erkenntnis, die sich gegen die Mythen und Religionen wendet, denn die Unterdrückung der Frau ist weltweit oft religiös begründet. Insoweit gibt es auch einen Universalitätsanspruch der Menschenrechte, dem sich auf Dauer auch Weltreligionen, wie zum Beispiel der Islam, in der Frauenfrage unterordnen müssen. Dies hat nichts mit Kulturimperialismus zu tun, sondern mit dem Schutz der Menschenwürde. Frauen, die gesteinigt oder verstümmelt werden sollen, werden sich den Menschenrechtsimperialismus gerne gefallen lassen, der sie vor solchen Unmenschlichkeiten bewahrt.

Man muß genau differenzieren. Das Anerkennen von allgemeinen, weltweit gültigen Normen ist nicht fundamen-

talistisch. Aber im kulturkritischen Ruf nach der Rückkehr alter Werte klingt oft Fundamentalistisches mit an. Es ist schwer zu vermitteln, wie man mit alten Werten moderne Gesellschaften verwalten und gestalten kann.

Es sind nicht alte Werte, sondern es sind Ewigkeitswerte. Die sind genauso alt, wie sie neu sind. Es sind Werte, die mit dem Menschenbild zusammenhängen. Das ist ein historischer Prozeß, und wir sind damit noch nicht am Ende.

Ewigkeitswerte sagen Sie aber doch....

... ja, in bezug auf den Menschen. Das ist je nach geschichtlicher Entwicklung auch einmal unterschiedlich. Wenn ich die drei Grundwerte nehme, Freiheit, Gleichheit, Brüderlichkeit, dann gibt es Situationen, wo die Freiheit ganz besonders gefordert ist und gar nicht so sehr die Solidarität und die Gleichheit. Es kann auch Situationen geben, wo die Freiheit nicht bedroht ist, aber sehr wohl die Gleichheit oder die Brüderlichkeit.

Das heißt, die Ewigkeitswerte sind auch abhängig von der jeweiligen historischen Situation, in der sie gefordert werden. Sie sind nur grundsätzlich gleichwertig. In dem Moment, wo ich ein moralisches Postulat verabsolutiere und sage, dieses und nichts anderes, dann sind wir beim Fundamentalismus. Noch schlimmer, wenn es sich nicht um Grundwerte, sondern um Unmoral handelt, zum Beispiel, wenn die Rasse oder eine Klasse oder eine Nation sich allen anderen aufoktroyieren will, dogmatisch, indem die Leute mit Gewalt unter Dogmen gepreßt werden.

Es klingt, als wollten Sie mit Kulturkriegsmitteln fundamentalistischen Kulturkriegern den Krieg ansagen.

Man muß sie mit ihren eigenen Waffen schlagen. Das Christliche wird oft instrumentalisiert, um die eigentlichen Ziele, zum Beispiel das Nationalistische, das Homogen-Kulturelle oder das Chauvinistische den Frauen gegenüber, moralisch veredeln zu können. Man darf nicht vergessen: Die 218-Diskussion, die in unserer Gesellschaft geführt wird, ist zum Teil frauenfeindlich. Den Schaum vor dem Mund haben in der Regel die Männer, wenn es um das Strafrecht gegenüber den Frauen geht. Es ist eine Frage der Männerherrschaft, wie man strafrechtlich das Problem des Paragraphen 218 angeht. Ich habe das Strafrechtliche immer für eine Nebensache angesehen, weil der Richter und der Staatsanwalt den Konflikt nicht lösen können, in dem eine Frau sich befindet.

Die Männer benutzen das ganz sicher als Vorwand.

Die Männer benutzen das aus den unterschiedlichsten Gründen als Instrument gegen die Frauen, zum Teil auch unter völkischen Gesichtspunkten. Das Christliche hat in dem Fall eine Alibi-Funktion für fundamentalistische Positionen, während die eigentliche Bewährungsprobe des Christlichen nicht das Strafrecht beim Paragraphen 218 ist, sondern eine kinderfreundliche Gesellschaft, vom Arbeitsplatz der Frauen bis zum Rechtsanspruch auf einen Kindergartenplatz. Die Menschenrechte, die Verantwortung für die Natur und die kommenden Generationen, die Toleranz, die Europapolitik, die Neue Soziale Frage, das Problem der Armut, das sind die Lackmus-Tests für das Ethische, für das Christliche.

Für die Zukunft muß alles getan werden, was den Frieden fördert, allerdings unter Beachtung der Definition von »opus iustitiae pax«: daß es wahren Frieden nur gibt, wenn die Grundwerte überall gesichert sind und die Realisierung von Freiheit, Gleichheit und Solidarität als eine Voraussetzung dafür gewährleistet ist, daß es überhaupt Frieden gibt. Daß man die Solidarität nicht einschränkt auf das Verhältnis der Menschen untereinander, sondern auf die ganze Schöpfung bezieht.

Wir sind, was den Tierschutz anbelangt, heute so weit weg von dem, was eigentlich sein müßte, wie die politische Klasse in der wilhelminischen Ära vom Frauenwahlrecht. In der Ökologie sind wir ein bißchen weiter. Das sind Tests, an denen sich die Politik moralisch bewähren muß. Mit einem Satz: Ich glaube nicht, daß wir Erfolg haben werden mit einer wertfreien Politik, sondern daß wir eine ethisch begründete Politik brauchen. Die fünf Maximen der großen Weltreligionen und der Kantsche Imperativ »Was Du nicht willst, das man Dir tu', das füg' auch keinem andern zu« könnten als vernünftige Regeln sogar irgendwann einmal dem Skinhead einleuchten.

Ein deutsches Mißverständnis –
Politik als Harmonieanstalt –
Von Pazifisten, Freunden und Gegnern

Ihre politische Biographie läßt sich als Konfliktbiographie beschreiben. Wir reden jetzt nicht von Konflikten innerhalb Ihrer eigenen Partei und dem Zusammenstoß mit dem dortigen Harmoniebedürfnis, sondern von der Auseinandersetzung mit den politischen Gegnern. Die war nun wahrlich geprägt von einer heftigen, derben, harten Gangart. Den politischen Gegnern haben Sie es oft schwer gemacht zu glauben, daß Sie eigentlich noch das Gemeinsame im Auge haben würden, ein verbindendes Ergebnis dieses Konfliktes. Sie galten als der Wahlkämpfer, dem die eigene Partei und ihr Erfolg über alles geht und der dafür auch viel in Kauf genommen hat. Zur Illustration muß man an zwei oder drei Stichworte erinnern: die SPD als »fünfte Kolonne Moskaus«, der Pazifismus, der »Auschwitz erst möglich gemacht« habe, die »Mietenlüge« im Kontext mit einem Zitat von Bert Brecht, was zu den »politischen Verbrechern« führt...

Ja, aber Carl von Ossietzky hat auf etwas Richtiges hingewiesen: In Deutschland gilt derjenige als viel gefährlicher, der auf den Schmutz hinweist, als derjenige, der den Schmutz macht. Um das einmal konkret zu sagen: Lügen darf man bei uns, darüber regt sich kein Mensch sonderlich auf. Engholm war die Ausnahme. Sonst läuft es wie bei der Mietengeschichte: Da haben die Sozialdemokraten im Landtagswahlkampf 1982 in Hamburg gelogen, daß sich die Balken bogen. Diese Lüge aber als Lüge zu bezeichnen, das durfte man nicht machen im Lande, dann steht man am Pranger. Ich habe die Lüge als Lüge bezeichnet und habe gesagt, das ist ein politisches Verbrechen, und habe Bert Brecht dazu zitiert. Das hat nachher Riesenkommentare und schrecklichste Anwürfe produziert. Daß die Sozialdemokraten aber gelogen haben, hat keine größere Rolle gespielt.

Haben Sie keine zweiten Gedanken heute? Es sind doch auch notwendige Gespräche blockiert worden, die Spuren sieht man bis heute. Viele Freunde von uns würden ein Gespräch, wie wir es mit Ihnen führen, nicht führen wollen, weil sie das nicht vergessen können. Diese Art des Konfliktaustragens führte zu tiefen Brüchen und Verstörungen. Die These von der Konfliktdemokratie vertreten wir gewiß auch, aber dem instrumentalisierten Konflikt, der Scheindramatisierung, dem würden wir deutlich widersprechen. In der Phase, von der wir im Moment reden, galten Sie in den Augen von vielen als jemand, der Konflikte zum Schein inszeniert, der Kampagnen plant, der nicht mehr vermitteln kann, daß er vielleicht sogar das Argument mit dem Pazifismus, der Auschwitz erst möglich gemacht habe, aus Überzeugung ernst meint.

Es ist irrational, daß man alles personalisiert, indem man nicht zur Sache redet. Derjenige, der etwas sagt, was einem nicht gefällt, wird an den Pranger gestellt. Das ist das Kennzeichen des Radikalismus, wie es der »Stürmer« gemacht hat, die Kommunisten haben es genauso gehalten, Links- und Rechtsradikale heute ebenso. Ich habe in meinem ganzen politischen Leben nie einen anderen persönlich angegriffen, mit einer Ausnahme: Ich habe einmal Helmut Schmidt in Notwehr einen politischen Rentenbetrüger genannt. Das hat mir hinterher leid getan. Jetzt laufe ich Gefahr, bei rechtskonservativen Parteifreunden diesen Grundsatz zu verlassen.

Peter Glotz hat Sie bewundert wegen des Talents, Kampagnen zu inszenieren. Inszenierung und Dramatisierung, das war doch Ihre Rolle als Generalsekretär.

Peter Glotz hat sogar eine »Dokumentation« vorgelegt, »Die Methode Geißler«, mittels der ich als genialischer Adept einer Kunstlehre der Massenpsychologie des 19. Jahrhunderts charakterisiert wurde, die von Männern wie Gustave Le Bon, Gabriel Tarde und José Ortega y Gasset geschaffen wurde. Diese etwas weit hergeholte Analyse sollte allerdings nur verschleiern, daß ich mich als Generalsekretär der CDU gegen die größte Kampagne zur Wehr gesetzt hatte, die überhaupt in der Nachkriegszeit in Gang gesetzt worden war, nämlich die Friedensbewegung, die für sich in Anspruch nahm, als einzige den Frieden zu wollen, und jeden, der ihren Auffassungen widersprach, aus dem argumentum e contrario zum Friedensgegner und zum Kriegstreiber stempelte. So kamen dann die schwerwiegenden Aussagen zustande von der SPD und der Friedensbewegung zum Beispiel, daß die CDU ein atomares Auschwitz vorbereite.

Mit der Analyse der historischen Fehler des europäischen Pazifismus gegenüber Adolf Hitler – Bertrand Russell sagte nach dem Einmarsch der Nazis in die Tschechoslowakei: »Das war ein Werk des Friedens« – und der vergleichenden Beurteilung des Pazifismus der achtziger Jahre gegenüber der raketenstarrenden Sowjetunion habe ich mich für meine Partei zur Wehr gesetzt. Erhard Eppler hat in derselben »Dokumentation« daraufhin über mich wortwörtlich folgendes geschrieben: »Unsere Demokratie hat nur eine Chance, wenn sie endlich das Gift ausschwitzt, das der mit Abstand perfideste Politiker dieser Republik genau dosiert in unsere geistig-politische Nahrung träufelt.« So etwas hätten die Nazis auch im »Stürmer« schreiben können.

Wenn Sie also von Kampagnen reden, dann muß man wissen, welche Kampagnen gemeint sind. Ich habe nie eine Kampagne gemacht gegen einen Menschen, im Gegensatz zur SPD. Sie hat Kampagnen gemacht gegen Strauß, auf Klaus Staecks Plakaten tauchte er mit bluttriefenden Messern auf; so etwas habe ich nie gemacht. Es gibt von mir keine Anti-Brandt- oder Anti-Vogel-Kampagne, sondern ich habe mich auseinandergesetzt mit der Außenpolitik der SPD, mit bestimmten politischen Bewegungen und ihren Inhalten, zum Beispiel eben dem Pazifismus. Die andere Seite hat die Auseinandersetzungen personalisiert. »Stürmer-Methode« nennt man das, ich wiederhole es. Ich habe vielleicht mancher Leute Heiligtümer verletzt, Tabus auseinandergerissen, dem Sakrosankten einer bestimmten Ideologie den Schleier weggerissen, so daß man hineinschauen konnte, aber ich habe mich immer zur Sache geäußert. Ich meine, man kann über die einzelnen Begriffe wie den der »fünften Kolonne« streiten, aber man hat sich ja nicht einmal die Mühe gemacht, auch nur genau zu zitieren.

Aber was Sie sagen wollten, hat man durchaus verstanden.

Bla-bla habe ich nicht geredet. Ich habe mich zum Beispiel zur Außenpolitik geäußert. Als die SPD im Herbst

1983 ein außenpolitisches Programm veröffentlichte mit zehn Punkten und Moskaus Außenminister Gromyko in Madrid ein Zwölf-Punkte-Programm vorstellte, hat sich eben gezeigt, daß die zehn Punkte der SPD identisch waren mit den zwölf Punkten von Gromyko. In der geistigen Auseinandersetzung um die Nachrüstung habe ich damals gesagt, die SPD werde damit zu einer fünften Kolonne.

Beim Zuhören haben wir fast den Eindruck, sie schlüpften wieder in Ihre alte Rolle und erregten sich, weil sie »unverstanden« blieben. Der Einwand richtete sich immer gegen die Pauschalisierung, ähnlich auch im Streit um den Pazifismus und Auschwitz. Denen, die damals in der Friedensbewegung aktiv waren, ist damit pauschal mehr unterstellt worden, als in den späteren detaillierten Erläuterungen zu hören war.

Das ist der Herdentrieb, die Stammesehre, die da verletzt wurde. Das sollte man sich als aufgeklärter Zeitgenosse abgewöhnen. Ich habe nicht »die Pazifisten« gesagt, sondern der Pazifismus. Das ist ein Unterschied. Ich habe die Ideologie gemeint, nicht die Gesinnung des einzelnen.

Dasselbe Argument wird jetzt gegen die Lichterketten benutzt, daß alle mit einem einzigen Gefühl durch die Gegend ziehen und sich als die »Guten« ausweisen wollen.

Das kann man einfach widerlegen: Das war eine spontane Reaktion und nicht Ausdruck einer Ideologie oder gar einer »Bewegung« – ein unheilvoller Begriff in der deutschen Geschichte.

Wir reden nicht nur über eine biographische Frage, sondern auch über eine aktuelle, die einen Teil der Parteienverdrossenheit erklärt. In der Öffentlichkeit ist der Eindruck entstanden, es würden Konflikte künstlich dramatisiert, damit die Parteien sich überhaupt sichtbar unterscheiden. Also setzen sich die Generalsekretäre hin und hecken ihre Themen und Kampagnen aus, im laufenden Jahr beispielsweise, daß die SPD – seit 1982 in der Opposition – die innere Sicherheit gefährde, indem sie die Legalisierung der Lauschoperationen blockiere oder eben zu viele Ausländer ins Land lasse, die wiederum zu Gewalttaten neigten...

Selbst auf die Gefahr hin, daß ich damit meinem Nimbus als genialer Generalsekretär, der die SPD im Viereck herumgejagt hat, Abbruch tue: Die »Methode Geißler«, wie das kleine Büchlein der SPD über mich heißt, das ist nun wirklich eine Erfindung von Peter Glotz. Es ist nie so gewesen, daß ich mich hingesetzt und mir überlegt habe, welche Möglichkeiten es gibt, die SPD im Karrée herumzujagen...

Sie vielleicht nicht alleine, aber die Geißler-Gruppe.

Nein, auch nicht im Team. Es war immer ein Anlaß da. Es gab immer ein politisches Phänomen, ein Ereignis, eine Aussage, eine Analyse, die mich zu Konzepten inspiriert hat. Das kann man intelligent oder weniger intelligent, wirkungsvoll oder weniger wirkungsvoll machen. Vielleicht habe ich gescheit und wirkungsvoll geplant, und Fehler macht man auch. Aber es ist nicht so gewesen, daß ich mir unentwegt überlegt habe, wie kann man den Sozialdemokraten schaden, einfach nur, um eine Kampagne zu machen.

Nun gut. Die Politik heute jedenfalls steht in dem Verdacht, daß sie sich nur mit Kampagnen unterscheidbar macht, während sie de facto sogar fast wie eine heimliche große Koalition agiert.

Das weiß ich nicht. Ich vermisse Kampagnen im positiven Sinne. Wo gibt es denn sinnvolle Auseinandersetzungen? Kampagne kommt aus dem Französischen und bedeutet Gelände oder Feldzug. Im übertragenen Sinne kann Kampagne heißen, eine Auseinandersetzung in Gang zu bringen. Aber wo gibt es denn die große politische Auseinandersetzung?

Eine Erfahrung habe ich allerdings gemacht, die nicht unbedingt die Diskursfähigkeit fördert: Wenn man gehört werden will, dann muß man zuspitzen. Also zum Beispiel einfach zu erklären, die Sozialdemokraten sagen die Unwahrheit, das ist völlig wirkungslos, das druckt Ihnen keine Zeitung ab. Wenn Sie allerdings mit Brecht sagen, »wer die Wahrheit nicht kennt, der ist bloß ein Dummkopf, aber wer sie kennt und sie eine Lüge nennt, ist ein Verbrecher«, dann druckt Ihnen das jedermann ab.

Man muß also die Kunst beherrschen, wie man die Medien aufmerksam macht, die »Arbeit der Zuspitzung«, wie Peter Glotz es nennt.

Man muß zuspitzen, um überhaupt noch eine Diskussion in Gang zu bringen.

Der Vorwurf war aber gerade, daß Sie das ohne Rücksicht auf Verluste machen, um Wirkung zu erzielen.

Was heißt denn »Verluste«? Die Politik ist kein Krippenspiel, in dem nur Heilige und unschuldige Viecher auftreten, und die anderen schauen andächtig zu.

Noch einmal Ihr Wort über den Pazifismus, der Auschwitz erst möglich gemacht habe, als Beispiel: Die Pazifisten, die Anfang der achtziger Jahre in Mutlangen demonstrierten oder wo auch immer und das als legitim empfanden, hatten danach keine Lust, mit Ihnen noch zu sprechen. Aber eine enorme Medienwirkung erzielt man mit solchen Äußerungen natürlich.

Ich habe aber zunächst gar nichts über die Pazifisten in Mutlangen gesagt, sondern etwas über den Pazifismus der dreißiger Jahre in den westlichen Demokratien. Von Karl Barth bis hin zu Bruno Kreisky und anderen hatte ich meine Belege dafür, einschließlich der Graffiti, die die deutschen Soldaten in Paris an den Mauern gelesen haben, als sie einmarschiert sind. Dort stand: »Pourquoi mourir pour le négus, pourquoi mourir pour Danzig?« Vielleicht wäre es besser gewesen – jetzt haben wir die Parallele zu Serbien –, es wären ein paar Menschen bereit gewesen, ihren Kopf für den Negus und für Danzig hinzuhalten, dann wären 60 Millionen andere Menschen am Leben geblieben und Auschwitz verhindert worden. Dieser Diskussion auszuweichen, mache ich dem Pazifismus und den Pazifisten zum Vorwurf. Sich dieser Diskussion zu stellen, waren sie nicht bereit.

Das ist die Diskussion für die Seminarstube, aber nicht für die Politikerküche.

Nein, das war ganz konkret. Wir sind nicht von amerikanischen Raketen bedroht worden, sondern von sowjetischen. Die Friedensbewegung wollte nicht die sowjetischen Raketen abrüsten, sondern die amerikanischen, die es noch gar nicht gab. Natürlich war das eine Zuspitzung von mir, aber es war eine Replik auf Joschka Fischer im Parlament, der erklärt hatte, die CDU würde das atomare Auschwitz vorbereiten – nur so bin ich überhaupt auf Auschwitz gekommen. Fischer durfte das sagen. Er ist nie von irgend jemand angegriffen worden. Dann habe ich erwidert, als Pazifist soll er sich daran erinnern, daß Auschwitz ohne den Pazifismus der dreißiger Jahre überhaupt nicht möglich geworden wäre. Ich habe noch nicht einmal gesagt »verantwortlich«, sondern nur eine historische Kausalkette hergestellt: »nicht möglich gewesen wäre«.

Antje Vollmer, mit der ich gut auskomme, schrie – Jahre später – in einer Diskussion beim Evangelischen Kirchentag plötzlich los: »Ich habe Sie gehaßt, gehaßt, gehaßt...«. Sie hat überhaupt nicht mehr aufgehört. Nachher tat ihr das leid. Aber Sie sehen: Das Verhältnis vieler Deutscher zur Politik ist eben gezeichnet vom Irrationalismus, ob es auf der linken Seite ist oder auf der rechten.

Wir haben über die Ära Kohl gesprochen, jetzt interessiert uns Ihre Zeit als Generalsekretär. Gut zwölf Jahre hatten Sie dieses Amt, das ist ein längerer Zeitraum, als Helmut Kohl im Frühjahr 1993 Kanzler war. Was ist der Partei davon geblieben, wie sieht die CDU heute aus?

Zunächst: Mir ist diese »Ära«-Diskussion zu rückwärts gewandt. Es ist in der Zukunft noch einiges zu tun, wie wir gesehen haben. Eine Beleuchtung der Vergangenheit hat nur einen Sinn, wenn man daraus etwas für die Zukunft gewinnt. Damit sind wir bei einem wichtigen Punkt. In meiner Verantwortung als Generalsekretär ist das Grundsatzprogramm der CDU in der letzten Phase vorbereitet und verabschiedet worden. Es ist sprachlich sehr gut formuliert und beschreibt die CDU als Volkspartei der Mitte. Das neue Grundsatzprogramm, das jetzt vorbereitet wird, sollte sich auf die Inhalte beschränken, die aufgrund der historischen Entwicklung, wie zum Beispiel die Einheit, geändert werden müssen.

1981 fand der Jugendparteitag in Hamburg statt, zum erstenmal ein sogenannter offener Parteitag, was beim Essener Parteitag, als es um die Frauen ging, wiederholt wurde. Wir hatten 1981 aus der ganzen Republik 400 bis 500 junge Leute nach Hamburg eingeladen und sie an der Diskussion beteiligt. Dieser Parteitag war auch deswegen, wie wir gesehen haben, von Bedeutung, weil die alte Ostpolitik der Union über Bord geworfen und eine neue außenpolitische Linie im Verhältnis zu den Ostblockstaaten definiert wurde, die die Vertragspolitik von Willy Brandt inhaltlich akzeptierte. Diese Öffnung der Ostpolitik war eine Voraussetzung für die Koalition mit der FDP, eine strategisch wichtige Entscheidung, die von der CSU erst später nachvollzogen worden ist. Im Oktober 1982 wurde Helmut Kohl Bundeskanzler. Die Regierungsübernahme war auch das Ergebnis einer politischen und geistigen Erneuerung der CDU in der Zeit der Opposition. Sie war aus einem Kanzlerwahlverein zu einer mitgliederstarken Programmpartei geworden. Im Adenauer-Haus hatte sich eine intelligente und engagierte Führungscrew versammelt, deren Arbeit auch bei der Opposition große Anerkennung fand.

Mit den »10.000 Friedenstagen« und einer bundesweiten streitigen Auseinandersetzung um die moralischen Grundlagen der NATO-Politik ging die CDU 1983 gegen das Bündnis der SPD mit dem Gesinnungspazifismus in die Offensive.

Die CDU hat die Bundeswehr nie als Nationalarmee verstanden, sondern als integrierten Teil einer Wertegemeinschaft, nämlich der NATO, zur Verteidigung von Demokratie, Freiheit und Menschenrechten. Daran hat sich auch nach der Einheit nichts geändert, nur der Aktionsradius ist größer geworden.

Sie sind bei der inhaltlichen Bilanz und nehmen für sich in Anspruch, als eines der Markenzeichen der »Ära Geißler« die CDU zum Gegenpol zur Friedensbewegung gemacht zu haben?

Richtig, aber mit einer ethischen Begründung, das ist entscheidend.

Aber es ging darum, die Nachrüstung durchzusetzen.

Ja, nachdem die NATO vier Jahre, nämlich von 1978 bis 1982, in einer Art einseitiger Abrüstung gewartet hatte und mit den Sowjets hinsichtlich der Mittelstreckenraketen nicht gleichzog. Wir sind immer wieder bei dem Pazifismus-Thema. Warum hat die Friedensbewegung gegen Raketen demonstriert, die noch gar nicht da waren, und so gut wie nichts getan gegen die dreihundert SS-20- und SS-21-Raketen, die mit drei Atomsprengköpfen bestückt im Jahre 1982 auf Köln, Hamburg und Frankfurt gerichtet waren? Der Beginn der Nachrüstung war gleichzeitig der Anfang für die Abrüstung der Mittelstreckenraketen auch auf der sowjetischen Seite. Ich habe die NATO und die Bundeswehr immer als die eigentliche Friedensinitiative bezeichnet. Es wird einem im nachhinein noch schlecht, wenn man daran denkt, was aus Europa und dem europäischen Frieden geworden wäre, wenn wir damals korrupten und senilen Potentaten wie Breschnew nachgegeben und uns zu Vollstreckern der sowjetischen Europapolitik gemacht hätten. Glaubt denn jemand im Ernst, wir hätten 1990 die Unterstützung der westlichen Demokratien für die deutsche Einheit bekommen, wenn wir damals auf die sowjetische Außenpolitik eingeschwenkt wären? Wir haben es uns aber nicht leichtgemacht, sondern uns der Diskussion gestellt, die zu Recht darüber entbrannt war, ob es moralisch erlaubt sei, zur Sicherung des Friedens, also für einen guten Zweck, atomare Waffen zu besitzen und sogar mit ihrer Anwendung zu drohen.

Es ging darum, ein politisch-moralisches Paradoxon zu beantworten, das durch die Existenz atomarer Waffen entstanden war, die auch die moralische Begründung eines Verteidigungskrieges mit einer neuen Qualität versehen hatte.

Ich habe damals für die CDU gefragt, wie wir uns in voller Erkenntnis dieser moralischen Grenzsituation und in der Abwägung der Werte und der moralischen Positionen entscheiden sollen. Ich fand, daß es eine verantwortungsethische Entscheidung sei, wenn sich der Westen für die Abschreckung entscheide, weil gerade die Existenz dieser Waffen verhindere, daß sie zur Anwendung gelangten. Viele aus der Friedensbewegung haben dem immer wieder entgegengehalten, daß eine solche Position für viele Menschen intellektuell und moralisch nur schwer erträglich sei. Auch ich war der Meinung, daß man es bei diesem Paradoxon allein nicht belassen könne. Man dürfe sich nicht mit einer hochgerüsteten Welt abfinden, der Status quo sei nur in dem Maße moralisch erträglich, als alle Kraft aufgeboten werde, um ihn durch Abrüstung zu überwinden.

Ich glaube, daß die historische Entwicklung bis zum Jahre 1989 diese verantwortungsethische Position gerechtfertigt hat. Auch ganz konkret ist es zu Abrüstungserfolgen gekommen. Zum erstenmal in der Geschichte der Existenz atomarer Waffen wurden dank der doppelten Null-Lösung nicht schrottreife, sondern funktionierende A-Waffen-Träger, also die Mittelstreckenraketen zwischen 1000 und 7000 Kilometern Reichweite, abgerüstet und vernichtet. Der Zusammenbruch der Sowjetunion hat die Lage zusätzlich verändert. Abrüstung ist leichter möglich geworden, aber die Aufteilung der politischen Verantwortung hat die Existenz atomarer Waffen nicht ungefährlicher gemacht. Deswegen muß Abrüstung ein vorrangiges Ziel bleiben.

In diesen Jahren, von denen wir jetzt sprechen, waren Sie unangefochten »General«.

Es gab auch damals Kritik, wenn auch wenig. In manchen Auseinandersetzungen hätte ich mir mehr Unterstützung gewünscht. Oft stand ich etwas allein da, wie es halt ist, wenn die Luft eisenhaltig wird. Leute, die die Nase rümpfen, finden sich dann immer. Ich mußte es auch hinnehmen, daß Mitglieder der CDU aller Ränge sich zum Geburtstagsfest des SPD-Parteivorsitzenden Willy Brandt einfanden, obwohl Hans Jochen Vogel allen SPD-Mitgliedern einen Boykott zur Person des CDU-Generalsekretärs verordnet hatte.

Mehr als merkwürdig ist allerdings, wenn in der Kohl-Biographie von Werner Maser im nachhinein meine Auseinandersetzungen mit der SPD in Kontrast gebracht werden mit der internationalen Anerkennung des Bundeskanzlers. So heißt es in dieser Kohl-Biographie – Werner Maser hat mit mir nie ein einziges Wort geredet, obwohl er seitenweise über mich in diesem Buch schreibt –, ich hätte im Europawahlkampf am 18. Juni 1989 nicht nur gegen den Radikalismus von links und rechts, sondern auch gegen die SPD »geholzt« und mit überzogenen Kanonaden selbst liberale Parteifreunde verprellt, was Kohl nicht habe gleichgültig sein können. In dem Zusammenhang wird mir in dem Buch vorgeworfen, daß ich den Schriftsteller Johannes Mario Simmel angegriffen hätte, weil er in der SPD-Zeitung »Vorwärts« geschrieben hatte, daß er es »zum Kotzen« fände, wie sich CDU und CSU den Rechtsradikalen anbiederten. Parteifreunde hätten sich daraufhin von mir abgewendet und nicht wenige Kritiker mich verdächtigt, vorsätzlich aus dem Ruder zu laufen, um es Helmut Kohl zu zeigen.

Die Sozialdemokraten werden in dieser Biographie zu Kronzeugen gegen mich gemacht, mit dem eine gemeinsame Politik unmöglich erscheine. Willy Brandt vergleiche ihn mit Goebbels, Erhard Eppler nenne ihn den perfidesten Politiker dieser Republik. Und dann heißt es unmittelbar im nächsten Satz, »Kohl *dagegen* kann zwei Wochen vor den Europawahlen während des NATO-Gipfels in Brüssel bemerkenswerte Punkte für sich buchen«. Allein diese Passage auf der Seite 280 erlaubt es, die Kohl-Biographie von Werner Maser, zumindest was die Darstellung meiner Person anbelangt, als reines Machwerk zu bezeichnen.

In Wirklichkeit ging es, wie gesagt, 1983 und auch in den Jahren danach um die außenpolitische Position der

Bundesrepublik und deren moralische Legitimation. Ich hatte mit einer offensiven Begrifflichkeit, so will ich es einmal nennen....

... gelinde gesagt...

... mich gewehrt gegen massive moralische Anwürfe, die von der Friedensbewegung gegen die CDU vorgetragen wurden. Da habe ich mich dann plötzlich auch schon mal ganz allein im Niemandsland gefunden.

Die Rolle der Partei, die Sie an einzelnen Beispielen beschrieben haben, mit ihrer verstärkten »Kampagnenfähigkeit«, aber eben auch größerer Selbständigkeit, wurde das mit der Zeit zum Anlaß für eine Entfremdung zwischen Ihnen und Helmut Kohl?

Ich kann diese Frage nicht beantworten. Ich glaube, daß wir während meiner Zeit als Generalsekretär im Adenauer-Haus inhaltlich gut gearbeitet, die Diskussion mit den politischen Gegnern konsequent und ohne Scheuklappen geführt und die Wahlkämpfe und Parteitage mit einer hohen substantiellen Qualität vorbereitet und umgesetzt haben. Das wird bis auf den heutigen Tag auch vom politischen Gegner anerkannt. Es gab ein Spannungsverhältnis, das in der Natur der Sache lag. Jede Partei muß ein gewisses Maß an Selbständigkeit bewahren, wenn sie in der Regierung ist. Als solche hat sie, was völlig unbestritten ist, die Aufgabe, die eigene Regierung zu unterstützen. Aber richtig ist auch, daß sie einen substantiellen Auftrag hat, der über den Inhalt einer Regierungserklärung und auch einer Koalitionsvereinbarung hinausgeht. Die CDU kann mit ihrem Programm und Profil nicht unbedingt und immer identisch sein mit dem, was innerhalb einer Koalition von drei Parteien inhaltlich möglich ist. Dafür einzustehen ist der Generalsekretär da. Die Zentrale einer Partei ist nicht das Kanzleramt oder ein Staatsministerium, sondern im Falle der CDU das Konrad-Adenauer-Haus. Und deshalb darf der Generalsekretär der CDU nicht Generalsekretär der Regierung sein, sondern muß der Generalsekretär der Partei bleiben. Darüber gab es in der Tat Meinungsverschiedenheiten zwischen mir und Helmut Kohl.

Helmut Kohl hatte auf dem Landesparteitag der CDU in Saarbrücken Anfang 1989 zur Begründung dafür, daß er Sie nicht mehr als Generalsekretär vorschlagen wollte, gesagt, es gehe darum, »ob der Generalsekretär mehr General oder mehr Sekretär« sei.

Dieser Satz umschreibt ein Führungsproblem der CDU, das schon bei Konrad Adenauer eine große Rolle gespielt hat. Auf dem Braunschweiger Parteitag 1967 wurde das Amt des Generalsekretärs im Statut der CDU verankert. Aus den Diskussionen und Protokollen vor und während des Parteitages kann man erkennen, daß der Generalsekretär dann, wenn der Parteivorsitzende gleichzeitig Bundeskanzler ist, den Auftrag hat, die Programmatik und die Gleichberechtigung der Partei und die Gleichberechtigung innerhalb einer Koalition sicherzustellen. Insofern ist das Verhältnis des Parteivorsitzenden zum Generalsekretär nicht allein eine Frage persönlicher Beziehungen, die auch wichtig sind, sondern ein Problem, das die gesamte Führungsstruktur und die gesamte Partei berührt. Daher wird der Generalsekretär zwar vom Parteivorsitzenden vorgeschlagen, aber er erhält seine politische Legitimation durch eine geheime Wahl vom Parteitag. Es wäre töricht, diesen Interessenkonflikt leugnen zu wollen.

Ein klassisches Beispiel war die Landtagswahl in Baden-Württemberg vom 20. März 1988. Die baden-württembergische CDU und der damalige Ministerpräsident Lothar Späth standen vor der Frage, entweder wegen der stark von der FDP beeinflußten steuerpolitischen Entscheidungen der Bundesregierung – zum Beispiel Wegfall der für die Daimler-Benz-Arbeiter im mittleren Neckarraum wichtigen Steuererleichterungen bei Jahreswagen – gegen die Bonner Koalition in eine begrenzte Opposition zu gehen und sich vor allem mit der Bonner FDP öffentlich anzulegen oder die Steuerbeschlüsse zu akzeptieren und dadurch möglicherweise die absolute Mehrheit in Baden-Württemberg zu verlieren.

Als Generalsekretär habe ich damals Lothar Späth darin bestärkt, im Interesse der baden-württembergischen CDU gegen die Steuerbeschlüsse zu opponieren, weil mir der Wahlsieg in Baden-Württemberg wichtiger erschien als der Koalitionsfrieden in Bonn, an dem der Bundeskanzler naturgemäß ein besonderes Interesse hatte. Für die baden-württembergische CDU erwies sich diese Strategie als richtig: Sie behielt die absolute Mehrheit.

Wir hören, daß es auch heute in Präsidium und Bundesvorstand Auseinandersetzungen zwischen den CDU-Ministerpräsidenten und der Bundesregierung gibt.

Die Interessenkonflikte zwischen Bund und Ländern sind etwas Normales. Das konnte man auch wieder beim

Solidarpakt sehen. Die Frage ist aber, wie die CDU als Ganzes zu diesem Konflikt Stellung bezieht. Gibt es aus der Sicht der Partei eine Priorität der Bundes-CDU gegenüber der CDU in den Ländern? Im Bundesvorstand kommt es oft vor, daß die CDU-Ministerpräsidenten angegriffen werden, weil sie zum Beispiel einer Vorlage des Bundesfinanzministers in der Öffentlichkeit widersprochen haben. Ich halte das für ein schweres Mißverständnis der Rolle der Partei. Die Interessen der CDU in den Ländern und in den Gemeinden sind genauso legitim wie die des Bundes. Eine Priorität der Bundesebene zu propagieren, wäre kurzsichtig. Eine Bonner Politik, die dazu führt, daß die CDU die Mehrheit in den Ländern und Kommunen verliert, wird ihre Machtbasis auf Dauer selber zerstören.

Wir hatten den Eindruck, daß gegen Ende Ihrer Amtszeit eine Zusammenarbeit mit Helmut Kohl immer schwieriger wurde.

Normalerweise müssen solche Konflikte im Einvernehmen geregelt und muß eine Arbeitsteilung abgesprochen werden. Eine solche Arbeitsteilung durchzuhalten stieß aber während der zwölf Jahre, in denen ich Generalsekretär war, immer wieder auf große Schwierigkeiten. Vor allem auch dann, wenn es um notwendige Abgrenzungen von der CSU ging. Das war so bei Südafrika, Chile und beim Waffenexport. Es war wohl so, daß gegen Ende meiner Amtszeit Helmut Kohl eine solche selbständige Rolle des Generalsekretärs nicht mehr akzeptieren wollte, offenbar, weil er in den daraus resultierenden Konflikten eine Gefährdung der Koalition als solcher sah.

Diese zwölf Jahre waren eine politisch bewegte Zeit, aber im wesentlichen erfolgreich. Aber es gab auch große Gefahren. Von der gescheiterten Amnestie über den Flick-Skandal mit dem Grafen Lambsdorff über die Parteispendendiskussion bis zu Uwe Barschel. Es konnte nicht ausbleiben, daß auch Fehler gemacht wurden.

Ihr Wort vom »blackout«, das Kohl zugleich entschuldigte und erst recht belastete?

Zum Beispiel. Es war aber von mir nicht als Ouvertüre zum Kanzlersturz gedacht, sondern als Entlastungsversuch.

Aber kommen Sie doch noch einmal zurück auf das, was Ihnen als Marksteine Ihrer Arbeit erscheint.

Ich habe immer versucht, die Politik der CDU am Grundsatzprogramm zu orientieren, in dem es heißt, daß die Grundlage unserer politischen Arbeit das christliche Menschenbild ist. Das bedarf der ständigen Umsetzung. Über die moralische Begründung der NATO-Politik haben wir schon geredet. Ich will ein anderes Beispiel nehmen: die Frauenfrage. Als ich vorschlug, den Parteitag 1985 zu einem Frauenparteitag zu machen, hielt sich die Begeisterung im Parteipräsidium in Grenzen. Helmut Kohl hat das Projekt aber sehr unterstützt. Die Beschlüsse dieses Parteitages bedeuteten eine grundlegende Änderung der Frauenpolitik der CDU. Sie erregten großes Aufsehen, weil sie ein völlig neues Bild der CDU in der Öffentlichkeit vermittelten. Und sie waren die Grundlage für – aus damaliger Sicht – fast revolutionäre politische Entscheidungen. Ich war damals noch gleichzeitig Bundesminister für Familie, Jugend und Gesundheit und war in der Regierung für die Frauenpolitik zuständig. Mit Hilfe dieses Parteitages konnte ich als Minister das Erziehungsgeld, den Erziehungsurlaub und zusammen mit Norbert Blüm die Anerkennung von Erziehungsjahren gegen erhebliche Widerstände durchsetzen. Damals wurde die SPD von der CDU frauenpolitisch überholt. Hinsichtlich des Erziehungsurlaubs und des Erziehungsgeldes bewegte sie sich noch in der alten marxistischen Vorstellungswelt, daß nur das, was im Produktionsprozeß geleistet wird, von gesellschaftlichem Wert sei. Zu Familienarbeit und Erziehungsleistung hatte sie ein sehr distanziertes Verhältnis. Ich hatte damals den Begriff »Neue Arbeit« geprägt und meinte damit die gleichwertige Arbeit zum Beispiel in der Familie. Oskar Lafontaine hat später diesen Begriff für die SPD übernommen. Die Rechtskonservativen innerhalb der Union bezeichnen diese Politik heute als linkslastig und verbinden mit den emanzipatorischen Inhalten dieser Politik den Vorwurf des Linksrucks. Deshalb ist auch Rita Süßmuth als Repräsentantin dieser Politik ein besonders beliebtes Angriffsziel dieser Kreise.

Sie hatten bei der Wahl zum Generalsekretär 1985 mehr Stimmen bekommen als Helmut Kohl als Parteivorsitzender. Hat er dies vielleicht nicht verkraftet?

Er schon, nehme ich an; aber vielleicht seine Umgebung nicht. Das, was wir auf dem Parteitag in Essen begonnen hatten, wollten wir eigentlich fortsetzen. Alle wichtigen, gesellschaftspolitisch brisanten Themen sollten in dieser Form und mit einer ethischen Verankerung auf der Basis des christlichen Menschenbildes, von der CDU erarbeitet werden. So wurde auch der Wiesbadener Parteitag von 1988 geplant, mit seinen außenpolitischen, deutschland- und europapolitischen Themen, mit Umweltschutz, Paragraph 218 und Ausländerfragen.

Im Modernitätswettstreit sind Sie in Sachen Frauenpolitik vorangekommen, das gilt aber überhaupt nicht für die Ökologie. Die SPD hat sich schon schwer genug getan, die Dimension dieses ganzen Problems zu begreifen, die CDU allerdings hat in den achtziger Jahren zu der Verzögerung dieses Erkenntnisprozesses enorm viel beigetragen.

Wir haben zwar mit Katalysator und bleifreiem Benzin gleich am Anfang innerhalb eines Jahres mehr getan als die sozialliberale Koalition in dreizehn Jahren. Aber wir kamen dann, bevor Töpfer kam, in der Umweltschutzpolitik nicht mehr richtig voran.

Das kollidierte mit den ganzen eindimensionalen Wachstumsüberzeugungen, die in den Volksparteien und zumal in der CDU, von der FDP ganz zu schweigen, tief verwurzelt waren oder noch sind.

Das hing mit einer ganzen Reihe von Problemen zusammen; zum Beispiel gab es bis 1986 kein eigenes Umweltministerium. Der für die Umwelt zuständige Bundesinnenminister befand sich in einem Dauerclinch mit dem Koalitionspartner wegen der inneren Sicherheit. Außerdem geriet die Umweltpolitik in eine immer größere Abhängigkeit von der Energiepolitik. Die Politik der Union konzentrierte sich lange Zeit auf die Verteidigung energiepolitischer Positionen, also zum Beispiel der geplanten Wiederaufbereitungsanlage in Wackersdorf, für die sich besonders Franz Josef Strauß stark gemacht hatte.

Wackersdorf war nicht nur ein umweltpolitischer Fehlschlag, sondern auch ein Faustschlag der Energiewirtschaft gegen den demokratischen Rechtsstaat. Demokratisch legitimierte Regierungen und Parlamente hatten sich für eine wichtige politische Sache engagiert, was zu dramatischen Auseinandersetzungen zwischen Polizei und Tausenden von Menschen führte, die anderer Meinung waren. Von einem Tag zum anderen, sozusagen mitten in der Nacht, erwies sich alles als vertane Kraft, Zeit und verspielte staatliche Autorität, weil die Energieunternehmen plötzlich erklärten, sie bräuchten gar keine Wiederaufbereitungsanlage mehr. So können auch mächtige Verbände die Glaubwürdigkeit der Politik unterminieren.

Aber es führt auch zur Frage, ob die Union nicht hätte selbst diese Option, auf Wackersdorf zu verzichten, ins Auge fassen können. Oder anders, warum sie für solche Probleme blind war und, so besehen, auch nicht modern?

Die Union hatte sich darauf festgelegt, in der Atomenergie den Energieträger der Zukunft zu sehen. Dieses Festhalten an der Atomenergie bedeutete gleichzeitig ein großes psychologisches Handikap für eine Ökologiepolitik mit breitem Konsens. Das hing auch mit der Ökologiebewegung zusammen, die sich ihrerseits fast einseitig auf die Ablehnung der friedlichen Nutzung der Atomenergie konzentriert hatte.

Das Drama von Tschernobyl ereignete sich aber auch schon in dieser Phase, während die CDU im Lagerdenken verharrte, wenn sie nicht gar Feindbilder pflegte.

Das stimmt schon deswegen nicht, weil von den damals existierenden westdeutschen zweiundzwanzig Atomkraftwerken achtzehn von SPD-Landesregierungen genehmigt worden waren. Aber die SPD begann, sich energiepolitisch den Grünen anzupassen. Willy Brandt nahm an dem Rockfestival auf der Loreley »Rock gegen Atom« teil, und Johannes Rau proklamierte den Einstieg in den Umstieg zum Ausstieg aus der Atomenergie. Tschernobyl hatte psychologisch die Position der SPD und der Grünen gestärkt – «Tschernobyl ist überall« – und auf der anderen Seite die Glaubwürdigkeit der CDU in ökologischen Fragen stark gefährdet. Tschernobyl wurde gefährlich für die Union, nicht allein deswegen, weil der zuständige Ressortminister Friedrich Zimmermann in der kritischen Zeit zwei, drei Tage nicht auffindbar war, was kurz darauf zur Herausnahme der Umweltpolitik aus dem Innenministerium führte, sondern wegen massiver Kompetenzverluste im Umweltschutz mit voraussehbar negativen Auswirkungen auf die im Herbst 1986 bevorstehenden Landtagswahlen in Niedersachsen.

Ich ging damals zum Bundeskanzler und riet ihm, ein eigenes Umweltministerium zu bilden und Walter Wallmann, der damals noch Oberbürgermeister in Frankfurt war, zum neuen und ersten Umweltminister der Bundesrepublik zu machen. Das war ein deutliches Signal, das uns, davon bin ich überzeugt, half, die Landtagswahl in Niedersachsen, wenn auch mit einer hauchdünnen Mehrheit, zu gewinnen.

Es war die Zeit des großen Konflikts mit den Grünen, und die ganze, wie sagen Sie, offensive Begrifflichkeit – man könnte auch sagen, manchmal fast militante Begrifflichkeit – richtete sich sehr gegen die neue Partei. Die CDU hat sich damit selber daran gehindert, die drängenden Fragen so ernst zu nehmen, wie es notwendig gewesen wäre.

Die Auseinandersetzung mit den Grünen handelte aber nicht von Ökologie, sondern sie konzentrierte sich auf die Frage des Gewaltmonopols, auf Wackersdorf, die Startbahn West, Raketenstandorte. Die Grünen haben sich in ihrer ersten Legislaturperiode, in der sie im Bundestag waren, nur in einem relativ geringen Umfange mit ökologischen Fragen beschäftigt und sich dafür viel mehr konzentriert auf außenpolitische Fragen, Fragen der einseitigen Abrüstung und auch der Energiepolitik. Man darf nicht verkennen, daß die Positionen der Grünen von heute unter dem etwas gewandelten und insoweit demokratisch getauften Joschka Fischer nicht die von Thomas Ebermann und Jutta Ditfurth sind, die damals bei den Grünen den Ton angegeben haben. Dagegen möchte ich mich schon wehren, daß die Auseinandersetzungen, die wir mit den Grünen führten, antiökologische Auseinandersetzungen waren.

Wir sollten den historischen Exkurs nicht zu sehr ausdehnen, aber die erste Gruppe, der sie gegenüberstanden im Bundestag und in der öffentlichen Auseinandersetzung, waren Joschka Fischer, Otto Schily, Antje Vollmer, Petra Kelly. Gegen sie verteidigte die Union die Regierung und rang ihr eben nicht neue Einsichten ab, wie Sie es am Beispiel der Frauenpolitik geschildert haben.

Gerade die Namen Petra Kelly und Gerd Bastian beweisen, daß die Grünen sich an der NATO und der Nachrüstung festgehakt hatten. Ich habe allerdings, darauf lege ich großen Wert, nachdem der Rechtsradikalismus hochkam, gegen Ende der achtziger Jahre, immer inhaltlich unterschieden zwischen dem Radikalismus der »Republikaner« oder der DVU oder der NPD und der grünen Bewegung. Die Gründe habe ich schon vorhin mit Ihnen besprochen. Aber die Grünen sind heute in ihrer Substanz wieder eine von der Ökologie dominierte Partei geworden, und die Verbindung mit dem Bündnis 90 hat sie zu einer ernstzunehmenden gesamtdeutschen Partei gemacht.

Wir sollten nach diesem sicher exemplarischen Ausflug dann noch einmal zu Ihrer Bilanz zurückkommen, was das heißt, diese zwölf Jahre als Generalsekretär. Im Grunde sagen Sie, die CDU habe sich inhaltlich weiterentwickelt, aber in den letzten Jahren habe sich zunehmend etwas herausgemendelt wie eine Kanzlerdemokratie. Damit aber haben Sie sich nie richtig, weder als Begriff noch als Sache, anfreunden können. Die Partei hat dabei an Autonomie, die Sie erkämpfen wollten, verloren.

Ich glaube, daß man das nicht verstehen kann ohne die Vorgänge des Jahres 1987 und ausgehend von der damaligen Bundestagswahl...

Das war der Wahlkampf mit »Weiter so, Deutschland!«

Richtig so, denn unter dem Slogan stand auf den Plakaten: »Stabile Preise, mehr Arbeitsplätze, sichere Renten.«

Das war eine sehr gekonnte Wahlkampfaussage, denn sie entsprach damals der Stimmung und den Hoffnungen in der Bevölkerung, hatte aber natürlich keinen Ewigkeitswert. Leider hat der von Franz Josef Strauß drei Wochen vor dem Wahltag begonnene Binnenwahlkampf über die Entspannungspolitik diese Wahlkampfstrategie zerstört und die FDP innerhalb von drei Wochen von fünf Prozent in der Demoskopie auf neun Prozent am Wahltag hochgetrieben. So ist es, wenn man mit rechtslastigen Themen für die Union Wahlkampf machen will.

Das Ganze hat sich dann 1990 unter ähnlichen Vorzeichen wiederholt. Die Ablehnung von Steuererhöhungen für die Einheit war auch ein Nachgeben gegenüber einer ultrakonservativen Ordnungs- und Finanzpolitik. 1987 war dann vor allem gekennzeichnet von den Auseinandersetzungen um die richtige Strategie der Union. Grundlage war die Wahlkampfanalyse, die ich damals erstellt hatte, die auch im Juni vom Bundesvorstand verabschiedet worden war und auf die ich jetzt noch einmal zurückkommen muß, um die Auseinandersetzungen verständlich zu machen. Diese Wahlanalyse sei nichts anderes als eine Wahlkampfstrategie, hieß es dann in der Zeit danach, nämlich eine Strategie, Wähler »links von der Mitte« zu gewinnen, die Partei »nach links zu öffnen« und dafür Wähler am rechten Rand zu »vernachlässigen«.

Wer hat Ihnen das vorgeworfen?

Das fing bei der CSU an, die *FAZ* und die *Welt* haben sich sehr stark beteiligt. An dieser ganzen Kampagne waren nach meiner Auffassung zwei Dinge bemerkenswert: Erstens wurde der CDU-Führung von außen ein

Kampfbegriff – »Öffnung nach links« – unterschoben, der weder von Helmut Kohl noch von mir je verwendet worden war. Zweitens war bemerkenswert, daß dieser Vorwurf der Linksöffnung zugleich eine bewußte Vernachlässigung des rechten Randes unterstellte. Das ist vor allem von der CSU so vorgetragen worden. Die *FAZ* schrieb, daß Theo Waigel bei der CDU-Führung offenbar Gehör finde mit dem Vorwurf, es gebe in der CDU ein Defizit an nationaler Politik. Gegen den Generalsekretär der CDU ist damals ins Feld geführt worden, die Union setze fälschlicherweise darauf, der rechte Rand wähle die Union auf jeden Fall, und links sei in Wirklichkeit eben wenig zu gewinnen.

Die Wahlanalyse betraf die Bundestagswahl 1987. Ihre Ergebnisse sind heute aktueller denn je. Ich will das noch einmal zusammenfassen: Die Entscheidungen der Wähler werden immer weniger geprägt von grundsätzlichen Einstellungen und Bindungen. Die alten Bindungen, kirchliche oder auch wirtschaftliche, lockern sich. Die kirchlich gebundenen Wählerinnen und Wähler zum Beispiel, also diejenigen, die regelmäßig zur Kirche gehen, haben sich reduziert auf 15 Prozent des Wählerpotentials. Bauern und Selbständige haben noch einen Anteil von ungefähr neun Prozent der Bevölkerung. Bei der SPD ist die Stammwählerschaft ebenfalls geschrumpft. Zugenommen hat die Zahl der Leute, die bei den großen politischen Parteien nicht mehr grundsätzlich ihre traditionelle Heimat sehen, sondern die die Parteien eben überwiegend als Dienstleistungsorganisationen zur Lösung ihrer jeweiligen politischen Probleme betrachten. Ich glaube, das ist eine ganz entscheidende Veränderung in der politischen Landschaft.

Weil Sie das so analysiert haben, ist Ihnen vorgeworfen worden, dem Zeitgeist zu huldigen, statt ihn zu bekämpfen?

So ungefähr. Ich habe gesagt: Die mit konventioneller Technologie arbeitenden Arbeitnehmer, zum Beispiel die Autoschlosser, nehmen zahlenmäßig genauso ab wie die kirchlich gebundenen. Wenn sich die CDU auf die Traditionskompanien ihres Lagers konzentriert, kann sie keine Mehrheitspartei bleiben. Deshalb muß es der CDU darum gehen, auch dort Stimmen zu gewinnen, wo früher die SPD dominierend war. Jedenfalls wurde eine saubere Analyse, im übrigen die letzte, die von einer Bundestagswahl erstellt worden ist, flugs zu einer Strategie umfunktioniert und später, als es bei Landtagswahlen Verluste gab, erklärt, die Strategie der Linksöffnung sei gescheitert. Dabei wäre es darauf angekommen, aus der Analyse erst die politischen Konsequenzen zu ziehen, zum Beispiel eine frauenfreundliche Politik zu machen. Diese Wahlanalyse, die Frauenpolitik, der Einsatz für die Menschenrechte in Chile und Südafrika wurden unter der Überschrift »Linksruck der CDU« zusammengefaßt. Das war eine Art Scherbengericht, ähnlich einer im alten Griechenland sehr verbreiteten Praxis, dem Ostrakismos. In einer Art umgekehrter Wahl konnte jeder Bürger zur Agora gehen und den Namen seines Feindes auf eine Keramikplatte, das Ostrakon, schreiben. Machten genügend andere mit – es reichte eine Minderheit –, blieben dem Angeschwärzten noch zehn Tage, um ins Exil zu gehen. Diese Praxis hatte Kleisthenes eingeführt, um den Personenkult zu bekämpfen. Plutarch nannte sie später »eine milde Befriedigung des Neides«.

Meinen Sie, es war eine koordinierte Kampagne?

Es waren auf jeden Fall gezielte Angriffe einer kleinen, aber aktiven Minderheit, die noch durch die gekünstelte deutschlandpolitische Auseinandersetzung um den Leitantrag für den Wiesbadener Parteitag 1988 verstärkt wurde. Darauf will ich jetzt nicht mehr näher eingehen; denn darüber haben wir schon ausführlich gesprochen.

Eine besondere Rolle spielte zusätzlich ihre spöttische Bemerkung: »Deutschland in den Grenzen von 19xy«, die vor allem von den Vertriebenen als eine Absage an die Forderung verstanden wurde, Deutschland wieder in den Grenzen von 1937 herzustellen.

Das ist richtig. Aber ich habe damit nur die Wahrheit gesagt und vor allem immer wieder darauf hingewiesen, daß eine Wiedervereinigung niemals von den Nachbarn akzeptiert werden würde, wenn gleichzeitig die Oder-Neiße-Grenze in Frage gestellt wird. Andere in der CDU haben dies offengelassen und haben zum Beispiel bei den Vertriebenen den Eindruck erweckt, als werde die Oder-Neiße-Grenze von der CDU zur Disposition gestellt. Daß es dann bei der Wiederherstellung der Einheit so kam, wie es kommen mußte und wie ich es immer vertreten hatte, führte zu der tiefen Enttäuschung der Vertriebenenverbände. Neulich sagte ein führender Vertreter der Schlesier zu mir, daß er meine Position nie für richtig gehalten habe, aber sie hätten sich in mir auch nie getäuscht.

Wir halten jetzt im Frühsommer 1988. Für Ihre Stellung in der Partei spielt ein angeblich CDU-internes Papier mit sehr kritischen Anmerkungen über Helmut Kohl eine große Rolle, das kurz vor dem Wiesbadener Parteitag 1988 veröffentlicht worden war.

Das Papier war anonym, dennoch behauptete *Bild am Sonntag* einen Tag vor dem Bundesparteitag ohne jede Recherche und ohne jeden Beweis in einer Vorabmeldung gegenüber den Agenturen, daß Mitarbeiter der CDU-Bundesgeschäftsstelle dieses Papier erarbeitet hätten. Nach Protest hat *Bild am Sonntag* in der eigentlichen Ausgabe die falsche Behauptung nicht mehr wiederholt, aber die ARD brachte an demselben Abend ebenso wie das ZDF in der Nachrichtensendung vor dem Aktuellen Sportstudio die falsche Behauptung von der Autorenschaft der CDU-Bundesgeschäftsstelle auf den Bildschirm. Diese Meldung schlug auf dem Bundesparteitag wie eine Bombe ein und vergiftete die Atmosphäre. Aus einem Papier ohne Absender und Unterschrift, aus einem Pamphlet ohne Autor wurde ein Politikum, denn Helmut Kohl nahm auf dem Parteitag gegen dieses Papier und damit indirekt gegen das Adenauer-Haus und mich Stellung. Im Laufe des Parteitages erschienen dann die ersten Meldungen über ein unheilbares Zerwürfnis zwischen ihm und mir. Heute wissen wir, was ich schon damals vermutet hatte, daß das Papier ein Stasi-Papier war.

Zweifeln Sie in solchen Situationen nicht manchmal am Sinn der Politik?

Eine berechtigte Frage. Ich gebe darauf die Antwort, daß es nicht auf das persönliche Empfinden ankommen darf, sondern daß das politische Leben dann einen Sinn hat, wenn es gelingt, die Lebensbedingungen für möglichst viele Menschen zu verbessern, ihnen zu helfen, mit ihrem Leben besser fertig zu werden, freier, aber gleichzeitig auch besser und gerechter leben zu können. Die extreme Gegenposition wäre, Macht um ihrer selbst willen anzustreben. Aber es wäre naiv, bestreiten zu wollen, daß zur Durchsetzung dessen, was ich als Sinn der Politik bezeichnet habe, eben auch Macht notwendig ist.

Insofern sind auch Sie an Machterhalt – wir benutzen nicht das Wort »Machtversessenheit« – interessiert.

Macht zu verlieren ist kein sehr intelligentes politisches Ziel. Aber Macht hat eine dienende Funktion. Sie muß der Durchsetzung politischer Inhalte dienen. Sie hat überhaupt nur eine Berechtigung im Dienst am Menschen. Für die Menschen Politik zu machen, heißt aber nicht, daß man einfach nur reagiert auf das, was man hier und da hört oder was die Demoskopie einem vermittelt. Es geht vielmehr um eine Art Osmose, um einen gegenseitigen Austausch von politischen Zielvorstellungen und den Interessen und Wünschen der Menschen selber. Der Austausch von Meinungen, das Anhören von Menschen, die betroffen sind, die Bereitschaft, Argumente gelten zu lassen, auf Rechthaberei zu verzichten und eigene Positionen auch wieder aufzugeben, das alles sind zwingende demokratische Voraussetzungen für eine konsens- und mehrheitsfähige Politik. Macht wird man dann verlieren, wenn sich die Politik der Politiker verselbständigt.

Aber man scheint damit doch einer Antwort auf die Frage näherzukommen, warum Ihre und Helmut Kohls Auffas-

sung am Ende nicht mehr richtig zueinander gepaßt haben. Zur Erbschaft der Ära Kohl würden wir schon die Botschaft zählen: Politik ist vor allem Machterhalt. Oder gar Machterhalt per se.

Das ist ein zu grober Vorwurf, aber ein berechtigtes Problem ist darin zu sehen, daß die Macht nicht dauerhaft auf Kosten der Ideale, der Grundsätze, der Ziele einer großen Volkspartei erhalten werden kann, wenn sie den Interessen der Koalition, dem Druck kleinerer Parteien ganz oder teilweise geopfert werden. Eine Politik, die mehrheitsfähig sein will, muß glaubwürdig sein. Roman Herzog hat bei der Einweihung des Plenarsaales in Bonn von einer Staatskrise geredet, andere reden von einer Regierungskrise. Ich spreche von einer Glaubwürdigkeitskrise des Politischen. Ich habe dargelegt, was ich darunter verstehe. Wir haben eine solche Krise vor allem dann, wenn die Worte nicht übereinstimmen mit den Taten und umgekehrt die Taten nicht mit den Worten. Insofern ist alles Politische moralisch zu sehen.

Politik muß wahrhaftig sein, ist das Ihre Maxime?

Ja. Auch wenn Frau Noelle-Neumann in einer Untersuchung, die die *Frankfurter Allgemeine Zeitung* am 14. Juli 1993 veröffentlicht hat, behauptet, Unwahrheiten würden die Bürger verzeihen, aber Geldsachen nicht, so steht doch das eine fest, daß keine ministerielle ABM-Putzhilfe und keine kostenlose BMW-Fahrt eines Innenministers der Union so sehr geschadet hat wie die Tatsache, daß die Union bei den Steuern nach der Bundestagswahl genau das Gegenteil von dem gemacht hat, was sie vor der Wahl ausgesagt hatte. Wahrheiten, die wir *heute* unzweideutig aussprechen müssen, sind: die Westgrenze Polens wird nicht mehr in Frage gestellt, mit dem richtigen und notwendigen Asylkompromiß ist die Flüchtlings- und Ausländerfrage in Deutschland noch nicht gelöst, die Renten könnten schon ab 2015 nicht mehr bezahlt werden, wenn wir auf deutsche Beitragszahler angewiesen wären, Frauen werden in der Lebenswirklichkeit nach wie vor diskriminiert und benachteiligt, zwei Milliarden Obdachlose, eine Milliarde Hungernde auf der Welt verlangen eine radikale Änderung unserer Außen-Wirtschaftspolitik, die Aufholjagd zwischen Ost und West wird noch Jahrzehnte dauern, der Süden wird den Norden nie einholen, die demographische Entwicklung in Deutschland verlangt zwingend eine geregelte Zuwanderung, auf Dauer ist kein Friede möglich, wenn sieben Millionen Ausländer Menschen zweiter Klasse bleiben. Das Verschweigen dieser und anderer Wahrheiten wird uns eines Tages einholen. Im Morast der Halbwahrheiten werden die Sumpfblüten des Rechtsradikalismus gezüchtet.

Die Parteiinteressen treten selten genug, wie wir als Bonner Journalisten bestätigen können, hinter solchen Wahrheiten zurück.

Darauf will ich ja gerade hinaus. Heute wie damals muß einen die Sorge umtreiben: Was wird aus Deutschland und aus der CDU? Das ist die Frage, die mich bewegt, in dieser Reihenfolge. Wer sich Gedanken darüber macht, wie es weitergehen soll, ist nicht illoyal. 1989 war die Union in einer sehr kritischen Situation. Und wenn die Einheit nicht gekommen wäre, hätte die CDU die Bundestagswahl 1990 mit hoher Wahrscheinlichkeit verloren. Die Revolution in Ostdeutschland war nicht nur historisch, sondern, mit Verlaub, auch parteipolitisch für die CDU ein Glück. Und die bleibende geschichtliche Leistung von Helmut Kohl besteht darin, daß er die Gunst der Stunde genutzt und entschlossen die Einheit herbeigeführt hat. Aber dennoch hat sich die CDU bei der Landtagswahl in Nordrhein-Westfalen am 13. Mai nur um 0,2 Prozent verbessert, die SPD hat die absolute Mehrheit gehalten, und die Landtagswahl in Niedersachsen ging an demselben Tag verloren.

Die Bundestagswahl im Jahre 1990, die schon eine gesamtdeutsche war, hat für die Union das schlechteste Wahlergebnis seit 1949 gebracht. Danach ist eine Landtagswahl nach der anderen verlorengegangen. Inzwischen regiert im Westen nur noch ein CDU-Ministerpräsident, nämlich Erwin Teufel, mit einer großen Koalition in Baden-Württemberg. Ich frage mich, wer eigentlich heute dafür verantwortlich ist, nachdem seit 1989 die faule Ausrede des »Linksrucks« nicht mehr ziehen kann.

Helmut Kohl geht bis heute davon aus, daß er damals, als er verkündet hat, er würde Sie nicht wiederberufen, einem Putsch zuvorgekommen ist.

Das ist ein Begriff, der zu einer südamerikanischen Junta paßt. In der Demokratie gibt es keinen Putsch. Ich kenne aber niemanden aus dem damaligen Parteipräsidium der CDU, der mir gegenüber nicht seine großen Sorgen geäußert hätte über die weitere Entwicklung. Viele sagten, wenn die Bundestagswahl verlorengehe, würden die Parteimitglieder und die Wählerinnen und Wähler nicht sagen, Helmut Kohl sei an allem schuld, sondern zu Recht fragen: Wozu seid Ihr eigentlich in das

Parteipräsidium gewählt worden, Ihr habt doch die Entwicklung gesehen und aus welchen Gründen auch immer geschwiegen.

Und so war es auch. Das war der eigentliche Fehler. Es gab keine Absprachen und keine Aktion gegen Helmut Kohl. Aber man hätte über die Lage reden müssen. Im April 1989 entschloß sich Helmut Kohl zu einem Kabinettsrevirement. Rupert Scholz wurde abgelöst, Gerhard Stoltenberg Verteidigungsminister, Theo Waigel Finanzminister, Fritz Zimmermann Verkehrsminister. Mir hatte Helmut Kohl das Bundesinnenministerium angeboten. Für mich war das eine schwere Entscheidung, und es fiel mir nicht leicht, abzulehnen; aber ich dachte, ich könnte der CDU als Generalsekretär besser dienen als in einem Regierungsamt. Ich wurde in dieser Auffassung von fast allen Mitgliedern des Parteipräsidiums bestärkt.

Erst als Helmut Kohl drei Wochen vor dem Bundesparteitag ablehnte, mich erneut als Generalsekretär vorzuschlagen, gab es die Überlegung, einen Gegenkandidaten aufzustellen. Mich nicht mehr als Generalsekretär vorzuschlagen war sein statutengemäßes Recht. Aber er hat so entschieden gegen den erkennbaren Willen der überwiegenden Mehrheit des Parteipräsidiums und des Bundesvorstandes. Eine Umfrage der *dpa* ergab, daß die überwiegende Mehrheit der Landesverbände mit dieser Entscheidung nicht einverstanden war. Es gab dann in der Tat acht Tage lang in der ganzen Partei, nicht nur im Präsidium die Überlegung, einen Gegenkandidaten zu nominieren.

Dazu ist es nicht gekommen, weil die Abwahl als Parteivorsitzender auch den Sturz Helmut Kohls als Kanzler zur Folge gehabt hätte. Die Verantwortung dafür zu übernehmen haben alle gescheut. Aber die Folgen des gesamten Vorganges waren für die CDU als Partei dennoch nicht gut: Alternativlosigkeit lähmt eine Partei und zwingt sie zur Unbeweglichkeit und zu stromlinienförmiger Konformität. Das ist auch für den Vorsitzenden selber schlecht. Helmut Kohls Biograph Maser faßte das Ergebnis des Bremer Parteitages in dem fast triumphierenden Satz zusammen: »Nun ist er die CDU.«

Helmut Kohl hätte es besser nicht so weit kommen lassen sollen, denn was ist morgen?

Vom Norden und Süden –
Die Neue soziale Frage wird global – die alte wieder national

Der Sozialstaat und die soziale Gerechtigkeit waren immer Ihr großes Thema, Herr Geißler. Die »Neue soziale Frage« hat die gesellschaftspolitische Diskussion der siebziger Jahre deutlich geprägt. Später bilanzierte Kurt Biedenkopf: »Der kleine Mann ist groß geworden, die soziale Frage des Jahrhunderts ist gelöst.« Danach kam die deutsche Vereinigung, die neue Ungleichheitserfahrungen brachte. Was betrachten Sie heute, in der ersten Hälfte der neunziger Jahre, als die soziale Frage? Und welche Antworten hätten Sie?

Ich will erst einmal die Probleme aufzeigen: Die alte soziale Frage, nämlich der Konflikt zwischen Kapital und Arbeit, ist in Westdeutschland im wesentlichen gelöst. Das aber trifft für Ostdeutschland nicht zu. Vielleicht kann man sagen, noch nicht. In Ostdeutschland existiert die alte soziale Frage in neuer Auflage. Das zentrale Problem wahrscheinlich noch für die kommenden Jahre ist die Arbeitslosigkeit. Darüber hinaus ist die Soziale Marktwirtschaft zu Recht ergänzt worden um die ökologische Dimension. Wir sprechen von der Sozialen und Ökologischen Marktwirtschaft, was bedeutet, daß die Verantwortung für die Schöpfung genauso in die Ökonomie integriert werden muß, wie dies in den vergangenen vierzig Jahren mit dem Prinzip der sozialen

Gerechtigkeit, zumindest vom Grundsatz her, geschehen ist.

Im Entwurf zu einem neuen Grundsatzprogramm der CDU heißt es zum Beispiel: »Wir können uns nicht länger ein Wachstum leisten, das die Kosten unseres Wohlstandes auf andere abwälzt. Wir dürfen den ökologischen Generationenvertrag nicht verletzen.« Damit wird offensichtlich eine neue Form des wirtschaftlichen Wachstums propagiert, und es ist daher zu fragen: Was hat dies zu bedeuten für den sozialen Frieden, für die Finanzierung der bisherigen Sozialleistungen? Das heißt: Wie ist das Verhältnis zwischen den Interessen der Zukunft zu den Interessen der Gegenwart zu gestalten? Ist der Staat und sind die politischen Parteien in der Lage, die Interessen der noch nicht Geborenen zu berücksichtigen, obwohl sie keine Wählerinnen und Wähler sind, und dafür den heute Lebenden Einschränkungen abzufordern, obwohl sie mit ihrem Stimmzettel darauf reagieren können? Zu fragen ist auch, wie der Umbau des Sozialstaates aussehen soll, nachdem inzwischen Übereinstimmung besteht, auch zwischen den politischen Parteien, daß eine rein quantitative Ausdehnung der sozialen Leistungen nicht mehr in Frage kommt. Halten wir an der bisherigen Bewertung der Arbeit fest, die im wesentlichen die Arbeit im Produktionsprozeß, also das abhängige Arbeitsverhältnis zur Grundlage sozialpolitischer Leistungen macht, oder wird die von der CDU begonnene Revolutionierung des Sozialsystems fortgesetzt, die darin besteht, daß auch neue Arbeit, das heißt zum Beispiel die Arbeit in der Familie, die Kindererziehung oder die Betreuung Pflegebedürftiger, als gleichwertige Arbeit angesehen wird? Im Zusammenhang mit dem Sozialgesetzbuch schlagen manche vor, die Absicherung von Grundrisiken zunehmend auch auf eigenverantwortlichem privatem Wege zu entlasten. Dabei wird vor allem immer wieder behauptet, daß die Deutschen, zumindest in Westdeutschland, erhebliches Vermögen gebildet und vererbt bekommen hätten, das zum Beispiel für die Altersrisiken verstärkt eingesetzt werden müßte.

Das innenpolitisch zentrale sozialpolitische Problem ist aber die demographische Entwicklung, das heißt die Tatsache, daß die Deutschen altern und proportional zur Gesamtbevölkerung immer weniger junge Menschen, auch als Beitragszahler, vorhanden sein werden. Damit ist die Frage verbunden, welche Auswirkungen die schwindende Zahl von Beitragszahlern zum Beispiel auf die Sicherheit der Renten hat oder auf die Pflegeversicherung in den Jahren ab 2000, wenn die Alterspyramide sich weiter verschlechtert, und mit explosionsartigem Ansteigen der Versicherungsbeiträge zu rechnen ist.

Bei all diesen Problemen, die Deutschland direkt betreffen, darf jedoch nach meiner Auffassung nicht übersehen werden, daß diese Fragen in ihrer Bedeutung verschwinden gegenüber der eigentlichen neuen sozialen Frage, nämlich der Herausforderung der Industrieländer der westlichen Welt durch die globale Verelendung und die explosionsartige Vermehrung der Weltbevölkerung.

Neu ist diese soziale Frage »Elend und Hunger im größten Teil der Welt« zwar nicht. Aber schon vor der Vereinigung hat die Politik den Blick davon abgewandt, nachher erst recht. Man wird aus Erfahrung skeptisch, wie sich an der Politik, die zunächst auf Eigeninteressen und vor die eigene Haustür schaut, etwas ändern soll.

Die Völkerwanderung wird anschwellen. Wenn schon der kommunistische Polizeistaat seine Grenzen nicht dichtmachen konnte, wird es erst recht den westlichen Demokratien nicht gelingen, mit der Polizei dem Migrationsdruck zu begegnen. Also werden die Verhältnisse politische Lösungen erzwingen. Damit die Lösung der »Neuen sozialen Frage« nicht so lange dauert wie die der alten sozialen Frage, muß man die Verantwortlichen dieser Erde jeden Tag mit der Nase darauf stoßen.

Ich glaube, uns erwarten grundsätzliche und schwere Konflikte zwischen den Mächtigen in der Gesellschaft und auf der Welt und den Ohnmächtigen, zwischen denen, die ihre Interessen organisieren können, und jenen, die dazu nicht in der Lage sind. Die ökonomisch begründete Unterteilung unserer Gesellschaft in Klassen von Kapital und Arbeit, wie sie uns von den Marxisten, aber auch vom Kapitalismus angeboten worden ist, taugt zur Erklärung der politischen Wirklichkeit heute nicht mehr. Zu den Mächtigen der Welt und unserer Gesellschaft gehören heute nicht mehr allein die Kapitaleigner. Mächtig sind diejenigen, die sich auf den nationalen und internationalen Märkten durchsetzen können. Auf den Binnenmärkten sind es die Kapitaleigner und die in Organisationen zusammengeschlossenen Arbeitnehmer. Auf den Weltmärkten sind es nicht nur die Industriestaaten, sondern auch viele erdölexportierende Länder, die ihre gemeinsamen Sonderinteressen gegenüber der übrigen Bevölkerung auf der ganzen Welt zu behaupten und durchzusetzen in der Lage sind. Im Inland sind es kinderreiche Familien, alleinstehende Mütter, Obdachlose, Pflegebedürftige, Behinderte, in den Ländern der Dritten Welt ist es das Heer der Kinder, Arbeitslosen, Verhungernden und der Flüchtlinge, die den organisierten Interessen auf nationaler und internationaler Ebene hilflos ausgeliefert sind. Zwischen den zwanzig Prozent der Weltbevölkerung, die in den Industrieländern leben und als reich bezeichnet werden können, die pro Kopf neunmal mehr Energie verbrauchen als die Entwicklungsländer, und dem Rest der Welt werden die Konflikte eskalieren.

Man kann es auch anders ausdrücken: Die überwiegende Mehrheit der Menschen ist benachteiligt und steht einer Minderheit von Wohlhabenden gegenüber, deren Wohlstandsvorsprung immer weiter wächst, während das Heer der Benachteiligten machtlos bleibt und noch über kein wirtschaftlich wirksames Leistungsverweigerungs- und damit auch über kein Droh- und Störpotential verfügt, mit dessen Hilfe sie erzwingen könnten, daß ihre Interessen berücksichtigt werden.

Etwas konkreter bitte. Wen meinen Sie damit?

Es sind besonders zwei Bevölkerungsgruppen, die eines gemeinsam haben, nämlich daß sie noch nicht oder nicht mehr arbeiten können: Kinder und alte Menschen. Aber die schlimmste Diskriminierung, Demütigung und soziale Deklassierung ist, darauf will ich auch hier noch einmal hinweisen, geschlechtsspezifischer Art: Über die Hälfte der Weltbevölkerung sind Frauen, und sie sind in allen Ländern der Welt, in den einen mehr, in den anderen weniger, bis auf den heutigen Tag die Parias geblieben, die sie schon in den letzten Jahrhunderten gewesen sind.

Die Probleme in Ostdeutschland sind für jeden, der davon beispielsweise als Arbeitsloser betroffen ist, groß, aber sie relativieren sich im Verhältnis zu den eigentlichen großen Herausforderungen, denen wir im Rahmen dieser neuen weltweiten sozialen und ökologischen Fragen konfrontiert sind.

Heißt das, daß wir einen grundsätzlich neuen Gesellschaftsvertrag oder Konsens in globaler Perspektive darüber suchen müssen, wie man teilt und zu wessen Gunsten und zu wessen Lasten?

Die Frage ist tatsächlich, wie man heute Gerechtigkeit definieren kann. Ich will hier einen neuen Begriff einführen, um deutlich zu machen, was ich meine. Die bisherigen Begriffe von Gerechtigkeit, die gesetzliche, ausgleichende und austeilende Gerechtigkeit, die unser ganzes Sozialsystem von der Sozialhilfe bis zum Kündigungsschutz beherrscht, ist streng genommen eine passive Gerechtigkeit. Sie besagt, wer wann, wieviel, aus welchem Grunde etwas bekommen soll. Ich glaube, daß wir den Gerechtigkeitsbegriff erweitern müssen. Wir brauchen eine *iustitia activa*, das heißt eine aktive Gerechtigkeit, die von denen, die dazu fähig sind, mehr Leistung abverlangt als bisher.

Was meine ich damit? Das Elend in der Dritten Welt kann nur gelindert werden, wenn die leistungsfähigen Länder der Welt sich mehr anstrengen als bisher. Die hochindustrialisierten Staaten belasten z. B. die Umwelt durch den Energieverbrauch am stärksten. Also muß hier die Gegensteuerung ansetzen.

Wir wagen noch einmal die kleine Randbemerkung aus dem Alltag, daß dies zum Beispiel von Fachleuten seit Jahren angeregt wird oder auch von Oskar Lafontaine und der SPD im Jahre 1990 aufgegriffen wurde, aber selbst dort sind alle Überlegungen steckengeblieben, die sich auf eine Öko-Energiesteuer beziehen. Wir sprechen wieder einmal von dem Umstand, wie rasch die vernünftigsten Einsichten im Papierkorb landen.

Das kann mich aber nicht hindern, das Richtige ständig zu wiederholen. Wie anders soll eine richtige Sache durchgesetzt werden? Die Verteuerung der Energie und des umweltbelastenden Verhaltens geht sicher zunächst zu Lasten unseres Wohlstandes; es ist ein Gebot der politischen Redlichkeit, dies anzusprechen.

Aber: Die Deutschen arbeiten 1500 Stunden im Jahr, die Schweizer 1750, die Amerikaner 1850 und die Japaner 2150 Stunden im Jahr. Längere Arbeitszeiten sind ein Weg, besser organisierte Arbeit ein anderer, um diese Wohlstandsverluste auszugleichen. Wichtig ist, daß das Arbeitsergebnis verbessert wird. Aktive Gerechtigkeit heißt mehr arbeiten, mehr leisten, weniger Luxus. Oder auch: mehr Arbeit, weniger Freizeit, weniger Schlendrian.

Und das führt dann zu blühenden Landschaften auch im Senegal, in Paraguay, Peru und Bangla Desh?

Richtig ist, daß der Abstand zwischen den Industrienationen und der Mehrheit der Menschen, den Entwicklungsländern, in den vergangenen Jahrzehnten nicht kleiner, sondern größer geworden ist, einmal wegen des wissenschaftlich-technischen Fortschritts, aber auch wegen der Fähigkeit der Industrieländer, Rohstoffe zu ersetzen und Energie zu sparen. Daran wird sich auch in der Zukunft nur wenig ändern. Dies ist jedoch kein Grund, daran zu zweifeln, daß es zu einer Verbesserung der Lebensbedingungen in den ärmeren Teilen der Welt kommen könnte. Auch in den Industrieländern ist innerhalb einer arbeitsteiligen Wirtschaft bei ständig wachsendem Massenwohlstand die Zahl der Millionäre kontinuierlich gestiegen. Man kann sogar umgekehrt sagen: Dort wo es keine Millionäre gibt, herrscht Armut. Das hat uns der Sozialismus in den letzten einhundertfünfzig Jahren demonstriert.

Ein Scheitern einer gerechten Weltordnung ist nur dann vorprogrammiert, wenn man der absurden Illusion anhängt, daß eines Tages alle Länder, alle Völker dieser Welt den Lebensstandard der westlichen Industrienationen haben müßten. Eine solche Zielvorstellung ist ungefähr so intelligent, wie es ein sozialpolitischer Plan wäre, aus der Bevölkerung Deutschlands innerhalb kürzester Zeit achtzig Millionen Millionäre zu machen. Entscheidend ist nicht der relative Abstand zwischen den Industrieländern und den Entwicklungs- und Schwellenländern, sondern die reale Verbesserung der Lebensbedingungen in den Ländern der Dritten Welt, unabhängig davon, wieviel die Menschen in Europa und in Amerika verdienen. An diesem Beispiel kann man leicht erkennen, daß die ausgleichende oder austeilende Gerechtigkeit als Prinzipien ungeeignet sind, eine Lösung der Weltprobleme herbeizuführen. Wir müssen uns zu einer modifizierten Disparität bekennen.

Kurt Biedenkopf hat dazu – allerdings nur im Blick auf das eigene Land – einen grundsätzlichen Vorschlag gemacht, ihn freilich bald wieder fallengelassen. Er hat gesagt, bezogen auf die ostdeutschen Länder, man sollte gar nicht versuchen, eine Aufholjagd zu beginnen, die sowieso nicht zu gewinnen sei.

Er hätte diesen Vorschlag besser nicht fallengelassen. Das, was ich für die globale Situation gesagt habe, gilt auch für das Verhältnis der ostdeutschen zu den westdeutschen Ländern, allerdings, davon bin ich überzeugt, nicht auf Dauer. Aber in den nächsten Jahren, möglicherweise sogar Jahrzehnten, werden wir nicht gleiche Lebensbedingungen zwischen Ost- und Westdeutschland erreichen können. Dies ist natürlich ein praktisches und psychologisches Problem. Aber die Lohnunterschiede zwischen dem Emsland und dem mittleren Neckarraum haben auch nicht zu unerträglichen sozialen Spannungen geführt. Biedenkopf spricht von dreißig, vierzig oder fünfzig Jahren, die diese wirtschaftliche Aufholjagd innerhalb Deutschlands dauern könnte. Er hat an einer anderen Stelle einmal gesagt: Der größte Teil der Menschheit wird nie so leben können wie wir. Das ist zweifellos richtig. Aber es kann ja auch kein sinnvolles Ziel der Politik sein.

Der Migrationsdruck nach Nordamerika und nach Europa hat einen Grund zwar auch darin, daß durch die weltweiten Medien und den Tourismus Hunderte von Millionen junger und hungriger Menschen erfahren und sehen, in welchem Luxus man auf der nördlichen Halbkugel leben kann. Die eigentliche Migrationsursache ist aber, wie wir schon früher miteinander erörtert haben, die reale Not, der konkrete Hunger, das ökologische Elend, der Bürgerkrieg. Wenn es gelingt, die Lebensbedingungen in den Entwicklungsländern tatsächlich zu verbessern, auch ohne daß der Abstand zu den Industrieländern geringer wird, wenn die Menschen nicht mehr verhungern müssen, die Frauen nicht mehr unterdrückt, die Kinder ausgebildet werden, dann wird in der Kombination von Verbesserung der Lebensbedingungen und der Scheu, den eigenen Kulturkreis und die eigene Heimat zu verlassen, die Migrationsbereitschaft abnehmen. Infolgedessen ist eine arbeitsteilige internationale Soziale und Ökologische Marktwirtschaft der einzig gangbare Weg. Unabdingbar gehört dazu, daß wir unsere Märkte öffnen, daß unsere Außenhandelspolitik sich ändert, dies gilt auch für die Europäische Gemeinschaft, daß wir Handelsschranken abbauen, Zollschranken beseitigen und Handelsdiskriminierungen verbieten. Die Bananen-Entscheidung der EG war politisch kriminell.

Lautet die Konsequenz daraus aber nicht: mehr produzieren, mehr verbrauchen, mehr Wachstum, mehr Müll, mehr Luftverschmutzung?

Eben nicht. Fünfzig Prozent der Umweltbelastung kommen von den hochentwickelten Industriestaaten, verursacht von Kohlekraftwerken, Chemiekonzernen und 450 Millionen Automobilen. Die Lösung kann nicht heißen, Kraftwerke, Chemieunternehmen und Autos zu beseitigen, sondern eine immer bessere Technologie zu entwickeln, auch wenn Al Gore das bestreitet. Das Auto als solches kann nicht mehr abgeschafft werden. Aber es können in der Zukunft Autos gebaut werden, die mit drei Litern Spritverbrauch pro hundert Kilometer auskommen.

Und wie wollen Sie das erreichen? 5 DM für einen Liter Benzin? Das wäre das Ende der ADACDU!

Hoher Finanzbedarf auf der einen Seite und existentiell notwendiger Umweltschutz auf der anderen Seite müßten die Lösung eigentlich erzwingen: mehr Energie-, weniger Einkommenssteuern.

Die Partei wird gewinnen, die neue Qualität schafft und den Mut hat, dafür auch den Preis zu verlangen. Aktive Gerechtigkeit bedeutet ein Ende mit »laissez-faire«, ein Ende des blinden Vertrauens auf ungezügeltes Wachstum und erfordert als Prinzip einer neuen Ordnungspolitik die gestaltende Kraft des Staates. Nicht in Form von Dirigismus oder Planwirtschaft, sondern durch neue Rahmenbedingungen, innerhalb derer sich das neue Wachstum ökologisch orientiert und global arbeitsteilig entwickeln kann.

Der Konflikt zwischen Gegenwart und Zukunft wird zu einer zentralen gesellschaftspolitischen Frage. Im Jahre 1992 ist eine Fläche der Brandrodung zum Opfer gefallen, die so groß ist wie Dänemark, Benelux, die Schweiz und Österreich zusammengenommen. Und jede Sekunde blasen die Völker der Welt eintausend Tonnen Treibhausgase in die Luft. Zum erstenmal in der Milliarden Jahre währenden Geschichte des Lebens kann eine Spezies, nämlich der Mensch, das gesamte Leben auf dieser Erde zerstören. Wie Parasiten können wir den Wirt, auf und von dem wir leben, nämlich die Mutter Erde, töten. Aber im Gegensatz zu anderen Parasiten können wir unsere Kinder nicht auf einen anderen Wirt schicken, wenn der jetzige stirbt.

Die Widerstände, vor allem auch in der Sozialpolitik, rühren doch daher, daß Besitzstände und Privilegien in Frage gestellt werden müssen, um das zu tun, was vorrangig ist.

Richtig. Aber ich habe schon früher im Rahmen der Neuen Sozialen Frage auf Kriterien hingewiesen, mit denen sich klarmachen ließe, daß nicht blind Verzicht gepredigt und auf jedermanns Kosten umgestaltet wird:

Erstens: Die sozialen Leistungen müssen gezielt den wirklich Bedürftigen zugute kommen. Dies bedeutet konkret, Einkommensgrenzen für alle sozialen Leistungen einzuführen, die nicht durch Beiträge begründet sind, zum Beispiel für das Erziehungsgeld und das Kindergeld. Wer 120.000 oder 150.000 Mark verdient, kann die Schulbücher seiner Kinder aus der eigenen Tasche bezahlen. Dasselbe gilt für die steuerliche Förderung des Eigenheimbaus.

Zweitens: Die Sozialleistungen müssen so umstrukturiert werden, daß mehr Gerechtigkeit erreicht wird, ohne den Gesamtaufwand zu erhöhen. Dazu gehört die Pflegeversicherung, deren Kosten mit einer Selbstbeteiligung bei der Lohnfortzahlung im Krankheitsfall oder mit zwei unbezahlten Feiertagen finanziert werden können.

Drittens: Die sozialen Leistungen müssen so angesetzt werden, daß das persönliche soziale Engagement ermutigt wird. Dazu gehören zum Beispiel das Erziehungsgeld und der Erziehungsurlaub.

Viertens: Die sozialen Leistungen müssen humaner und wirtschaftlicher organisiert werden. Instrumente dazu sind die Sozialstationen, aber auch Selbsthilfegruppen und Bürgerinitiativen, die in ihrer Ehrenamtlichkeit nicht behindert werden dürfen, sondern gefördert werden könnten, zum Beispiel indem man sie steuerlich begünstigt.

Fünftens: Soziale Leistungen, aber auch Investitionen müssen so geplant werden, daß die Bedürfnisse von Menschen, die sich in einer besonderen Situation befinden, also zum Beispiel Behinderte oder Frauen mit Kindern, von vornherein mit berücksichtigt werden, also zum Beispiel in den Landesbauordnungen, im Bundesbaugesetz, bei der Lufthansa und bei der Bundesbahn.

Dazu drängt sich nicht nur die Frage auf, was dann mit den klassischen Sozialversicherungen passiert. Von »Umbau« sprechen ja viele Leute, aber es meint in der Regel »Abbau«, und die These, der Sozialstaat habe die Leute sowieso verwöhnt, diese Ansicht, daß sie deshalb gar nicht mehr Solidarität zu üben bereit seien, wird geradezu Mode. Es sind nicht nur die Liberalen, es ist auch Ihre Partei, in der sich viele begeistert auf dieses Argument stürzen.

Der Umbau hat doch schon längst begonnen, z. B. in beiden Gesundheitsreformen und durch die Pflegeversicherung. Einsparungen in der Krankenversicherung werden zu einem großen Teil verwendet etwa für die bessere Bezahlung des Krankenhauspersonals, für die Finanzierung der Pflegejahre in der Rentenversicherung und für ambulante und stationäre Leistungen für die Pflegebedürftigen selber.

Aber, und da haben Sie recht, es werden grundsätzliche gesellschaftspolitische Einwendungen erhoben. Das soziale Sicherungssystem führe, wie beispielsweise Konrad Adam am 9. Juli 1993 in der *Frankfurter Allgemeinen Zeitung* eingewandt hat, dazu, daß sich die Menschen nicht länger auf Freunde, Nachbarn oder Verwandte verlassen wollten, schon gar nicht auf die eigene Kraft, um für den Notfall Vorsorge zu treffen, denn dafür stände das Bonner »Glücksministerium« bereit. In dieser Art wird ganz besonders gegen die Pflegeversicherung argumentiert. Ein paar Zeilen weiter entlarvt Adam sich aber selber in seiner Argumentation, wenn er sagt, daß die Wirkung einer solchen Politik, die immer neue Zuständigkeiten, neue Abhängigkeiten schaffe, sich auf jeder Einkaufsstraße besichtigen lasse. »Wer dort als Bettler seine Hand aufhält, wird nur selten mit Almosen, oft dagegen mit dem Rat bedacht, sich mit seinen Wünschen und Ansprüchen an die Sozialbehörde zu wenden.« Soll jetzt das Sozialversicherungssystem durch ein Bettler-System abgelöst werden?

Glücklicherweise gibt es in Deutschland relativ wenige Bettler. Dieses deutsche Sozialversicherungssystem, das ja keine versorgungsstaatliche Einrichtung, sondern eine beitragsorientierte Versicherung der Grundrisiken des menschlichen Lebens darstellt, ist mir schon lieber als ein Heer von Bettlern, deren menschenwürdiges Leben davon abhängt, ob Freunde, Nachbarn oder Verwandte vorhanden sind, die in ihren Hut genügend Kleingeld hineinwerfen. Alle Überlegungen, das Sozialversicherungssystem zu verändern, dürfen die Veränderung unserer gesellschaftlichen Verhältnisse nicht aus dem Auge verlieren. Die Pluralisierung der Lebensstile nimmt zu. Die Sozialpolitik kann sich heute nicht mehr nur an der sogenannten »Normalfamilie« orientieren, in der die Frau die häuslichen Aufgaben, insbesondere die Erziehungsarbeit wahrnimmt und der Mann im Erwerbsleben für den Unterhalt der Familie sorgt.

Wir haben aber den Eindruck, daß es in Ihrer Partei immer noch einige gibt, die genau das tun.

Ja, aber die gesellschaftliche Entwicklung ist anders. Im Jahre 1900 lebten in rund vierundvierzig Prozent aller Privathaushalte fünf oder mehr Personen. 1990 lag der entsprechende Wert nur noch bei fünf Prozent. Der Anteil der Zwei-Personen-Haushalte nahm von fünfzehn Prozent im Jahre 1900 auf dreißig Prozent 1990 zu, und der Anteil der Ein-Personen-Haushalte stieg im gleichen Zeitraum von sieben Prozent auf etwa fünfunddreißig

Prozent. Somit lebten 1990 im früheren Bundesgebiet etwa 9,8 Millionen Personen, also rund sechzehn Prozent der Bevölkerung, allein. Der Oberbürgermeister von Stuttgart, Manfred Rommel, sagte neulich, daß in seiner Stadt bereits sechzig Prozent der Haushalte sogenannte Single-Haushalte seien. In ganz Deutschland gibt es rund 2,5 Millionen Alleinerziehende.

Erheblich zugenommen hat auch die Frauenerwerbstätigkeit. Im Jahre 1990 waren im alten Bundesgebiet ungefähr fünfzig Prozent der verheirateten Frauen erwerbstätig, und in den neuen Ländern lag die Frauenerwerbsquote 1990 über achtzig Prozent; sie ist allerdings inzwischen deutlich kleiner geworden. Die höheren Erwerbsquoten machen aber deutlich, daß sich auch für verheiratete Frauen die Arbeitswelt als wichtiger Bereich im Lebensverlauf entwickelt hat.

Familie und Verwandtschaft sind sicher aufgrund solcher struktureller Veränderungen nicht mehr regelmäßig der Garant von Solidarität. Die Individualisierungsprozesse machen Hilfe oft notwendiger, aber auch schwieriger. Zur Pflege sind Familien heutzutage ohnehin selten in der Lage. Andererseits wird gegen teure Betreuungseinrichtungen eingewandt, daß die Kosten gar nicht mehr zu bewältigen seien.

Deshalb muß die ambulante Betreuung Vorrang haben. Alle Vorstellungen aber, die Betreuung der Pflegebedürftigen innerhalb der Familien um Gottes Lohn zu organisieren, gehen an den Realitäten unserer Gesellschaft vorbei. Ich habe vorhin die Zahlen genannt. Aber es wird auch eine Entwicklung des Arbeitsmarktes dabei ausgeblendet. Weitaus mehr als früher werden in Zukunft im sozialen und kulturellen Bereich Dienstleistungen nachgefragt werden, wodurch mehr Arbeitsplätze entstehen als im Produktionsbereich verlorengehen und die sich in der Höhe und auch hinsichtlich der Arbeitsbedingungen nicht wesentlich unterscheiden können von den Arbeiten an der Maschine oder im Büro. Die Vorstellung, ausgerechnet Kranken- und Altenpflege, eine der schwersten Arbeiten, die es zu verrichten gibt, müßten zum Nulltarif angeboten werden, ist eine steinzeitliche Unverschämtheit gegenüber allen, die diese Arbeit übernehmen. Eine vierzigjährige berufstätige Frau, die auf die weitere Erwerbsarbeit verzichtet, um die eigene Mutter, die pflegebedürftig geworden ist, zu versorgen, würde auch in der Zukunft nach solchen Vorstellungen auf die Möglichkeit verzichten müssen, während der Pflegezeit, die heute zehn Jahre und länger andauern kann, Beiträge in die Rentenversicherung zu bezahlen, und landet dann selber im Alter in der Sozialhilfe. Bei dieser Marktlage ist abzusehen, daß sich auf die Dauer kein Mensch mehr für eine solche Aufgabe entscheiden wird.

Aber das ist doch die Melodie, die von den Wirtschaftsliberalen gerade besonders laut gesungen wird: mehr Eigenverantwortung, private Vorsorge, weg vom Umlageverfahren!

Die Kritik an dem Sozialversicherungssystem vergißt den Grundgedanken, der dieser solidarischen Sicherung zugrunde liegt: Niemand soll wegen der Wechselfälle des Lebens wie Krankheit, Arbeitsunfall, Alter oder Arbeitslosigkeit aus dem erarbeiteten Lebensstandard hinauskatapultiert werden. Deswegen knüpft dieses System bei seiner Finanzierung an das Arbeitsentgelt an.

Wenn Konrad Adam schreibt, die Solidargemeinschaft sei der einzige Verein, der seinen dauerhaften Bestand für gottgewollt halte und sich um seine Zukunft keine Gedanken mache, dann vermisse ich den Nachweis einer Alternative. Die Absicherung der Grundrisiken des menschlichen Lebens privatversicherungsrechtlich zu gestalten setzt auch eine private Zwangsversicherung voraus. Ein zivilisierter Staat kann es nicht dem Zufall überlassen, ob jemand bei Krankheit den Arzt und das Krankenhaus bezahlen kann. Bei Freiwilligkeit müßten die Versicherten als Steuerzahler auch für die Nichtversicherten aufkommen. Wer ein anderes System einführen will, hat die Beweislast dafür, daß dieses neue System für alle in einer Gesellschaft genausogut funktioniert, von der Finanzierungsseite her sozial gerecht ist und dieselbe Höhe der Leistungen erbringt. Solange dieser Nachweis nicht geführt wird, ist es unverantwortlich, das Sozialversicherungssystem, um das uns ohnehin die ganze Welt beneidet, ständig in Frage zu stellen. Wer gegen eine private Volksversicherung mit Versicherungspflicht für die Grundrisiken des Lebens ist, der ist deshalb noch kein Gegner der Sozialen Marktwirtschaft, sondern vielleicht nur Fachmann.

Es wird aber nicht in Frage gestellt von denen, die für eine Grundrente plädieren, denn das ist ja oft nur eine Umbauantwort, die den Sozialstaatsgedanken zeitgemäß wenden will.

Sie verkennt aber den Sinn der Rentenversicherung. Gerade sie hat die Aufgabe einer Lebensstandardsicherung. Im Gegensatz zu der Zeit vor 1957 nehmen die Rentner am wirtschaftlichen Fortschritt teil. Dies hat eine unmittelbare Auswirkung auf die Leistungsbereitschaft der aktiv Erwerbstätigen. Wer damit rechnen muß, im Alter auch bei intensiver und qualitätsorientierter Arbeit dieselbe Rente zu bekommen wie derjenige, der wenig und weniger qualifiziert gearbeitet hat, wird in seiner Leistungsbereitschaft massiv beeinträchtigt. Aus diesem Grund halte ich Grundrenten oder sogenannte Volksrenten nicht nur für psychologisch verfehlt, sondern auch für ökonomisch unsinnig und sozial ungerecht.

Dennoch müssen auch Sie die Frage beantworten, wie die Versicherungsbeiträge einigermaßen stabil gehalten werden können. Bei möglichen Rentenbeiträgen von dreißig Prozent dürfte die Leistungsbereitschaft von Arbeitnehmern und Arbeitgebern auch nicht gerade wachsen.

Die demographische Entwicklung muß als Gegenargument ernstgenommen werden. Ich muß die demographischen Zahlen noch einmal wiederholen: Heute sind ungefähr zwanzig Prozent der Bevölkerung älter als sechzig Jahre. Im Jahre 2010 werden es dreißig Prozent sein und im Jahre 2030 fast vierzig Prozent. Das heißt, heute kommen auf drei Beitragszahler ein Rentner, im Jahre 2030 wird das Verhältnis fast eins zu eins sein. Dies ist in der Tat ein erhebliches rentenmathematisches, aber auch psychologisches und ökonomisches Problem.

Von den drei Lösungsvorschlägen (verstärkte private Vorsorge, höhere Geburtenrate und stärkere Zuwanderung), sind die beiden ersten mehr als vage. Es gibt keinen Anhaltspunkt dafür, daß sich in einer zunehmend mobilen Gesellschaft die »Fruchtbarkeitsrate« verbessern wird. Die Kombination von Pflichtversicherung und Eigenvorsorge wird das Belastungsproblem für den einzelnen nicht mindern. Der Vorschlag, die Vermögen, die sich in den letzten vierzig Jahren gebildet haben und ererbt worden sind, in die Altersvorsorge mit einzubeziehen, klingt gut. Die Freude über die damit verbundenen Möglichkeiten verringert sich jedoch mit der Tendenz gegen Null, wenn man sich vor Augen führt, wie die Vermögen verteilt sind.

So zeigt zum Beispiel Heinrich Schlomann in seiner 1992 publizierten Arbeit »Vermögensverteilung und private Altersvorsorge« auf, daß 1983 die reichsten zehn Prozent der Haushalte knapp die Hälfte des gesamten Nettovermögens besaßen. Die ärmere Hälfte der Haushalte, also die unteren 50 Prozent, verfügte lediglich über 2,4 Prozent des gesamten Nettovermögens. Gerade Personen, die besonders auf soziale Leistungen angewiesen sind, etwa deswegen, weil sie lange Zeiten der Arbeitslosigkeit und Krankheit durchmachen mußten, werden kaum in der Lage sein, viel Vermögen anzusammeln.

Die einzige realistische Lösung, um den Rückgang der Bevölkerung auszugleichen, wird also im Bereich der Zuwanderung liegen. Es wird keine zwanzig Jahre mehr dauern, bis wir einen europäischen Arbeitsmarkt haben, zu dem neben den heutigen EG-Staaten auch die meisten osteuropäischen Staaten, wahrscheinlich auch die Türkei, gehören werden.

Arbeitslosigkeit wird heute wieder zum Problem Nummer eins, auch in einem Sozialstaat wie der Bundesrepublik. Während wir sprechen, machen Nachrichten über einen Hungerstreik ostdeutscher Kalibergleute aus Bischofferode Schlagzeilen, aber solche Existenzdramen sind fast schon alltäglich geworden. Wird diese alte Frage zum neuen Dauerproblem? Und gibt es darauf, außer dem Versprechen eines sozialen Auffangnetzes, keinen politisch plausiblen Trost?

Wir stehen heute vor der hochbrisanten Frage, ob man das Arbeitsplatzrisiko, also die Frage der Arbeitslosigkeit, so unbesehen wie bisher unter die Grundrisiken einreihen kann, die man mit Versicherungen abdecken kann, wie es bei Alter, Krankheit und Unfall der Fall ist. Das sind Risiken, denen der einzelne nicht ausweichen kann. Jeder von uns wird alt. Jeder von uns wird einmal krank. Viele von uns erleiden einen Unfall. Diese Grundrisiken kann der einzelne heute nicht mehr selbst bewältigen. Insofern ist dies ein Problem der Solidarität, der gegenseitigen Absicherung.

Die Frage ist, ob das bei der Arbeitslosigkeit in demselben Sinne der Fall ist oder ob Arbeitslosigkeit verhindert werden kann. Krankheit kann man mit Politik nur indirekt und partiell bekämpfen, zum Beispiel, indem Prävention gefördert wird. Das Alter kann auch der Sozialminister nicht aufhalten, und daß einer einen Unfall erleidet, kann nur manchmal auf politisches Versagen zurückgeführt werden. Aber wie ist es mit der Arbeitslosigkeit?

In Ostdeutschland fehlt es nicht an Geld, es gibt Arbeitskräfte in Hülle und Fülle, und es gibt Arbeit fast unbegrenzt. Trotzdem laufen drei Millionen Menschen herum und haben nichts zu tun. Da kann etwas nicht stimmen. Gäbe es kein Geld und keine Arbeit, dann müßte man sich möglicherweise damit abfinden. Aber gerade das Gegenteil ist der Fall. Geld, Arbeit und Menschen, die arbeiten wollen und können, gibt es in ausreichendem Maße.

Was ist dieses »Etwas«, das nicht stimmt?

Es fehlt an bezahlbarer Arbeit. Die klassischen Instrumente der Arbeitsmarktpolitik dürfen deshalb nicht aufgegeben oder abgebaut werden. Das haben wir im einzelnen schon erörtert, als wir über die deutsche Einheit gesprochen haben. Einen zweiten Arbeitsmarkt einzuführen, das heißt, daß bestimmte Arbeiten für einen Lohn entrichtet werden, der unterhalb der normalen Tarifvereinbarung liegt, kann nur unter ganz klaren Bedingungen befürwortet werden. Solche Löhne müssen netto höher als die Lohnersatzleistungen liegen. Vereinbarungen hinsichtlich eines zweiten Arbeitsmarktes bedürfen der Zustimmung der Gewerkschaften, und sie müssen zeitlich befristet sein. Aus der Wirtschaft wird das englische Modell mit flexiblem Arbeitsmarkt und niedrigen Löhnen propagiert.

Die Ablehnung der EG-Sozialcharta in den Maastrichter Verträgen durch England wird inzwischen auch in Deutschland vorgeschlagen. In Wirklichkeit hat das von Margret Thatcher begonnene »Deregulierungssystem« England nicht aus seinen wirtschaftlichen Schwierigkeiten befreit, auch wenn für 1993 England als einziges EG-Land wirtschaftliches Wachstum verzeichnen kann. Die Engländer sind nur viel früher, nämlich schon 1990, mit viel Schwung in die Rezession abgefahren. Die englische Deregulierung, also zum Beispiel die Einschränkung des Kündigungsschutzes und des Krankengeldes, die Erleichterung befristeter Arbeitsverträge und der Teilzeitarbeit, hat dazu geführt, wie die *Süddeutsche Zeitung* neulich berichtet hat, daß England zunehmend eine Nation von »Gelegenheitsarbeitern« wird. Ein Drittel der Erwerbstätigen, nämlich acht Millionen, sind in Teilzeit- oder befristeten Arbeitsverhältnissen. Inhaber von Vollzeitjobs werden gekündigt und bekommen denselben Arbeitsplatz dann zu schlechteren Bedingungen als Teilzeitjob wieder angeboten. Bei der hohen Arbeitslosigkeit in England haben die Betroffenen keine Alternative. Zwei

Drittel der Bevölkerung haben ein Einkommen, das unter dem Durchschnitt von 560 DM pro Woche liegt. Das, was vorübergehend zur Überwindung lokaler und temporärer Schwierigkeiten richtig ist, nämlich ein befristeter zweiter Arbeitsmarkt, ist in England zum Dauersystem gemacht worden. Es ist klar, daß solche Arbeitnehmer nicht mehr aus- und weitergebildet werden und daß sie jegliche Motivation für ihre betriebliche Arbeit verlieren. Die negativen Folgen eines solchen Sozialdumpings für die Qualität der Produkte wird erst mittelfristig spürbar. Das englische Modell, das in weiten Bereichen von den Vereinigten Staaten übernommen worden ist, führt in England wie in den Vereinigten Staaten zu einer zunehmenden Verarmung breiter Bevölkerungsschichten, also zu einer wirklichen Zwei-Drittel-Gesellschaft. Führende US-Ökonomen machen die damit verbundene massive Kaufkraftschwächung der breiten Massen dafür verantwortlich, daß die amerikanische Wirtschaft so große Schwierigkeiten hat, die Rezession zu überwinden.

Bei aller Hektik der arbeitsmarkt- und sozialpolitischen Auseinandersetzungen in Ostdeutschland sollte an der Kombination von Wirtschafts- und Arbeitsmarktpolitik, die sich in Deutschland hervorragend bewährt hat, festgehalten werden. Dennoch muß sich jedermann darüber klar sein, daß der Aufholprozeß lange Zeit braucht.

Zu dem Sozialstaatsproblem selber: Die neue Ungleichheit und Ungleichzeitigkeit der Gesellschaften in Ost- und Westeuropa zeigt, daß die Zukunft des ganzen Wohlfahrtsstaates nicht mehr gesichert ist, im Osten gibt es ihn noch gar nicht. Man kann sogar argumentieren, daß die traditionelle Politik dem fast machtlos gegenübersteht; ein »Schlechtwettergeld« für ganz Osteuropa wird es ohnehin nicht geben.

Ich glaube nicht, daß man alle Hoffnung fahren lassen muß. Denn die Probleme entstehen eher dadurch, daß man das Falsche für richtig hält und das Richtige für falsch. Das sind alles keine Zwangsläufigkeiten. In Amerika hat der dortige Kapitalismus zu einem großen Wirtschaftsboom geführt. Allerdings auch zu einer Spaltung der Gesellschaft in Reiche und wirklich Arme, zum Teil ohne Absicherung der elementarsten Risiken.

Und längst auch zu einem sinkenden Realeinkommen, hoher Arbeitslosigkeit, sozialen Friktionen wie jüngst wieder in Los Angeles!

Japans Wirtschaftspolitik hat ebenfalls zu einem Boom geführt, zu hoher technischer Effizienz bei gleichzeitiger Unterbezahlung. Während in Amerika ein Drittel zwei Dritteln gegenübersteht, eine echte Konfrontation von arm und reich, kann man davon ausgehen, daß, gemessen an der Produktivität und am Fortschritt der Volkswirtschaft, die Japaner insgesamt alle miteinander arm sind. Sie bekommen nicht das, was ihnen aufgrund ihrer Arbeitsleistung zusteht, aber sie sind bis jetzt damit zufrieden gewesen. Zwar sind die japanischen Löhne höher als bei uns, aber eben auch die Preise. Die Tasse Kaffee kostet in Tokio zehn Mark. Wir können in Deutschland weder von einer Zwei-Drittel-Gesellschaft sprechen wie in Amerika – Peter Glotz übertreibt da –, noch findet eine Expropriation der Arbeitnehmer statt wie in Japan. Das eigentliche Problem besteht darin, daß wir uns dem amerikanischen Modell nähern. Das heißt, daß die soziale Verantwortung zugunsten der industriellen Entwicklung, der Produktivitätsentwicklung zurückgedrängt wird. Die Gleichwertigkeit des Ökonomischen, des Sozialen und des Ökologischen wird in Frage gestellt. Da sind wir wieder beim Grundsatzproblem.

Sowohl in der praktischen Politik wie auch in der grundsätzlichen Haltung zum Sozialstaat scheint sich, gerade auch in der CDU, eine Menge zu verändern. Es sieht nicht gerade nach Hoch-Zeiten für Sozialpolitiker aus.

Die Politik wird herzloser und unempfindlicher. Sonst wäre es nicht möglich, daß man bei Sparansätzen zunächst einmal mit pauschalen Kürzungen aufwartet und nicht daran denkt, wen man trifft, wenn die Sozialhilfe pauschal um drei Prozent gekürzt werden soll: zum Beispiel die Leute, die eine geringe Rente aus der landwirtschaftlichen Alterskasse bekommen, Witwen von Winzern und Bauern, die auch einen Sozialhilfeanspruch haben. Manche kommen zu mir und sagen: »Die CDU will uns noch zehn Mark wegnehmen.« Ich möchte auch noch einmal betonen: Die Diskussion um die Pflegeversicherung war ein erhellendes, aber auch miserables Beispiel für den Entsolidarisierungsprozeß, den Verfall der öffentlichen Moral und der Solidarität in der neudeutschen Gesellschaft.

Betrifft: Pflegeversicherung

Die CDU hatte von Anfang an die Auffassung vertreten, daß die Kosten der Pflegeversicherung nicht durch höhere Beitragssätze aufgebracht werden sollen, wie dies die SPD vorsieht. Statt dessen sollten weniger notwendige Besitzstände und der Mißbrauch in der gesetzlichen Krankenversicherung beseitigt oder gestoppt und mit diesen Geldern die Versicherung finanziert werden. Es würde auf Dauer reichen, wenn die Deutschen acht bis zwölf Stunden im Jahr länger arbeiteten oder für zwei Feiertage zum Beispiel auf Lohn verzichteten, das heißt auf 0,7 Prozent bis ein Prozent ihres Einkommens. Die Tarifparteien waren dazu nicht bereit. Auch die Länder und Kirchen, die zuständig sind für die Feiertage, lehnten ab. Der Bundestag hat für Löhne und für Arbeitszeit keine Kompetenz, das ist ausschließlich Sache der Tarifparteien.

Angesichts der Tatsache, daß es rund zwei Millionen Schwer- und Schwerstpflegebedürftige gibt, die nach einem erfüllten Arbeitsleben zum Teil trotz hoher Renten zu Sozialhilfeempfängern geworden sind, war nach Auffassung der CDU der Bundestag gefordert, seinerseits Finanzierungslösungen vorzuschlagen, die in seiner Kompetenz liegen. Dazu gehört die Lohnfortzahlung, die ohnehin wegen der nach wie vor vorhandenen Unterschiede zwischen Arbeitern und Angestellten und zwischen Ost und West neu geregelt werden mußte. Für den Eingriff in die Besitzstände bei der Lohnfortzahlung und für die Beseitigung von Mißbrauch in der Krankenversicherung waren für uns maßgeblich: Die Arbeitnehmer haben in der Regel heute rund dreißig bezahlte

Urlaubstage, dazu kommen dreizehn bezahlte Feiertage. Deutschland hat mit die kürzeste Arbeitszeit aller Industrieländer der Welt und hat mit neun Prozent Fehlzeiten einen sehr hohen Krankenstand im Vergleich mit anderen Industrieländern. Nur Schweden und Norwegen liegen höher. Die Zahl der Kurzzeiterkrankungen, also von Krankheiten, die ein bis drei Tage dauern, hat sich von fünf Prozent im Jahre 1970 auf fünfundzwanzig Prozent im Jahre 1990 gesteigert. Über dreißig Prozent aller Krankmeldungen fallen auf Freitage und auf Montage. Man kann das Problem auch auf die Frage zuspitzen, ob unsere Gesellschaft bereit und in der Lage ist, durchzusetzen, daß bei uns etwas weniger krank gefeiert und weniger blau gemacht wird und dafür zwei Millionen der Hilflosesten mit ihren Pflegekräften endlich zu ihrem Recht kommen. Die Reaktion einflußreicher Verbände und wirtschaftspolitischer Organisationen auf alle Vorschläge zur Finanzierung der Pflegeversicherung kann man eigentlich nur als eine nationale Schande bezeichnen. Arbeitgeberverbände und Gewerkschaften haben, ohne Alternativen vorzuschlagen, erschreckend deutlich gemacht, daß sie bei der Verteilung des Bruttosozialproduktes offenbar nur noch egoistische Ziele im Auge und die Verantwortung für das Allgemeinwohl aus dem Auge verloren haben. Die Wirtschafts- und Sozialverbände, die die organisierbaren und organisierten Interessen vertreten, glaubten offenbar, daß sie das Recht hätten, beim Verteilungskampf das Letzte für sich herauszuholen, und zwar ohne Rücksicht auf andere.

Ich halte es für einen Skandal, daß nicht mehr die Solidarität mit den Schwachen bei dieser Diskussion im Vordergrund steht, sondern die Hartherzigkeit gegenüber den Schwächsten unserer Gesellschaft. Ohne Gerechtigkeit wird der Staat zu einer Räuberbande, sagt der Kirchenlehrer Augustinus. Dies ist jedenfalls dann der Fall, wenn das Gemeinwesen zur Beute gruppenegoistischer Interessen wird.

Wieso wird die Politik denn herzloser? Umgekehrt maulen Politiker gerne, die Leute würden unsolidarischer. Sie greifen auch häufig Stammtischparolen auf, die Jüngeren werden von Lehrern, Medien und pflichtvergessenen Eltern geradezu zu Egoismus erzogen.

Hinsichtlich der Aufgabe zu teilen gibt es heute einen Unwillen in der westdeutschen Bevölkerung. Das hängt sicher zum einen damit zusammen, daß man ihnen in einer Zeit, in der man den Konsens hätte herstellen können, beteuert hat, sie brauchten nicht zu teilen. Zum anderen scheint dies aber eine allgemeine Erscheinung des Wohlstandes zu sein.

Sogar der Sozialhilfeempfänger bei uns ist reich zu nennen gegenüber dem Fellachen im Niltal oder einem Campesino in Bolivien.

Sicher, aber Sie und Ihre Freunde waren die meiste Zeit in den achtziger Jahren im eigenen Land doch auch damit beschäftigt, Schnitte ins soziale Netz abzuwehren. Sie befanden sich in der Defensive gegenüber den Adepten von Reaganismus und Thatcherismus.

Diese haben sich aber nicht durchgesetzt. Solche Auseinandersetzungen haben Anton Storch, Theo Blank, Hans Katzer, Norbert Blüm, ich und andere immer führen müssen. Aber es war in der Regel ein erfolgreicher Streit. Alle großen Sozialgesetze der Nachkriegszeit – die Montan-Mitbestimmung, das Betriebsverfassungsgesetz, der Familienlastenausgleich, die große Rentenreform, die Lohnfortzahlung, das Bundessozialhilfegesetz, das Jugendwohlfahrtsgesetz, die Vermögensbildung in Arbeitnehmerhand, die gesamte Sparförderung, der Lastenausgleich für dreizehn Millionen Heimatvertriebene und Flüchtlinge, das Arbeitsförderungsgesetz, die großen Renten- und Krankenversicherungsreformen, das Erziehungsgeld, der Erziehungsurlaub, die Anerkennung von Erziehungsjahren, die Pflegeversicherung, um die Sache abzurunden –, alle diese Gesetze, die das Bild Deutschlands als eines modernen und gleichzeitig sozialen Industriestaates geprägt haben, sind aus der christlichen Soziallehre heraus entwickelt, von der CDU/CSU mit ihren Mehrheiten im Bundestag eingebracht und – zum Teil zusammen mit den Liberalen und den Sozialdemokraten – verabschiedet worden.

Norbert Blüm kann heute schon als der profilierteste und erfolgreichste Sozial- und Arbeitsminister seit 1949 bezeichnet werden. Und was sagen Sie zu Horst Seehofer? Eine ganz neue und sehr sympathische Erscheinung an unserem verdunkelten Politikerhimmel: unabhängig, ein freundlicher Mensch, unbeugsam in der Sache, argumentativ und effizient. Und er hat ein Herz für die kleinen Leute.

Mag sein. Dennoch, die Sozialausschüsse spielen heute keine große Rolle, scheint uns.

Die Sozialausschüsse spielen eine veränderte Rolle. Sie haben es schwerer, sich in der Öffentlichkeit zu profilieren, weil die Union regiert. Aber sie haben auch in den letzten Jahren Erfolge in der Familienpolitik und bei der Renten- und Pflegeversicherung zu verzeichnen. Die Arbeitnehmergruppe in der CDU/CSU-Fraktion mit ihrem Vorsitzenden Scharrenbroich ist kein Verein von Leisetretern.

Deutschland nicht nur den Deutschen –

Von vermeidbarer Migration, wünschenswerter Zuwanderung und multikultureller Zukunft

Seit dem Beginn des Vereinigungsprozesses wird die Auseinandersetzung über die Idee der multikulturellen Gesellschaft feindseliger geführt, aber auch ängstlicher. Sie selbst sehen sich in der eigenen Partei mit Ihren Thesen zum Multikulturalismus einer aggressiven Front gegenüber. Wie erklären Sie diesen emotionalen und politischen Stimmungswandel?

Der Streit um die multikulturelle Gesellschaft wird in der Tat fast erbittert und fundamentalistisch geführt, aber nicht von der Mehrheit der Partei. Die Verschärfung geht von einer aktiven Minderheit aus.

Das beruhigt uns aber nicht.

Das glaube ich Ihnen gerne. Nun werden diejenigen, die Vorbehalte gegen die multikulturelle Gesellschaft haben, immer wieder sagen, sie selber hätten keine Vorurteile gegen Menschen anderer Herkunft, anderer Religion und Hautfarbe. Das heißt, sie akzeptieren einen Neger gerne als schwarzen Bruder. Nur als Schwager hätten sie ihn nicht so gerne.

Man muß aber einräumen: Der Begriff »multikulturelle Gesellschaft«, den ich im politischen Sinne erstmalig in einem Interview mit der ZEIT 1988 verwendet habe, ist in der Tat schillernd. Er ist, wie Daniel Cohn-Bendit und Thomas Schmid in ihrem Buch »Heimat Babylon« schreiben, »spektakulär« und »definitionsbedürftig«. Aber er hat sich im politischen Sprachgebrauch eingebürgert. Jedenfalls wurde für das, worum es geht, bisher noch kein besserer Begriff gefunden. Man könnte vielleicht auch Toleranzgesellschaft sagen, Gleichberechtigungsgesellschaft, aber mir wäre das zu allgemein.

Versuchen Sie eine Definition, die genauer ist.

Der Begriff »multikulturelle Gesellschaft« beschreibt zunächst eine gesellschaftliche Realität in Deutschland. Wir zählen in unserem Land zur Zeit ungefähr 74 Millionen Deutsche und zusätzlich 6,5 Millionen Bürgerinnen und Bürger, die anderer als deutscher Herkunft sind: »Ausländer«, wie man gemeinhin sagt. Durch Familiennachzug und Geburtenentwicklung werden jährlich mehrere Hunderttausend dazukommen. Diese Fakten sind völlig unbestritten und auch nicht wegzudiskutieren. Es geht also nicht um die Frage, ob wir mit diesen sieben, später acht Millionen Ausländern zusammenleben wollen, sondern nur noch darum, wie. Jürgen Rüttgers schreibt in seinem Buch, die entscheidende Frage sei, mit wie vielen. Auch das ist richtig. Dazu will ich nachher etwas sagen. Aber jetzt zu Ihrer gewünschten Definition:

Man kann die multikulturelle Gesellschaft leicht definieren. Sie ist das Gegenteil zum homogenen Nationalstaat, zum völkischen Nationalismus. Wesentliche Kennzeichen sind pluralistische und multikulturelle Formen des Zusammenlebens unter dem Dach der Verfassung.

Die Idee der multikulturellen Gesellschaft ist der Ge-

genentwurf zu dem Konzept »Deutschland den Deutschen«. Das bedeutet erstens, daß die Deutschen in dieser Gesellschaft der Zukunft mit Menschen anderer Herkunft gleichberechtigt, tolerant zusammenleben, ohne sie assimilieren oder germanisieren zu wollen, und diese ihre kulturelle Identität nicht zu verlieren brauchen, sondern behalten können.

Das bedeutet zweitens, daß diese Ausländer – die meisten von ihnen sind schon längst Inländer ohne deutschen Paß und werden auf Dauer hierbleiben – die Verfassungsgrundsätze unseres Landes anerkennen müssen und sich in unserer Sprache verständigen können, weil sonst Kommunikation und Integration in einer hochgradig arbeitsteiligen Wirtschaft und Gesellschaft nicht möglich ist.

Das heißt drittens, daß diejenigen, die diese Bedingungen erfüllen, schnell und leicht deutsche Staatsbürger werden können. Das sind die Bedingungen für die Ausländer in einer multikulturellen Gesellschaft. Das heißt also auch, wer zum Beispiel als fundamentalistischer Moslem die Gleichberechtigung der Frau und die Religions- und Glaubensfreiheit nicht akzeptiert, hat in Deutschland nichts verloren.

Das klingt hart und würde nicht nur vom Islam als »Eurozentrismus« angesehen.

Es ist aber wichtig, um Mißverständnisse zu vermeiden. Ich lehne die dogmatische Vorstellung der falschen Multikulturellen ab, die die kulturelle Identität des Ausländers unabhängig von den Grundregeln unserer Verfassung gelten lassen wollen. Diese falschen Multikulturellen wollen zum Beispiel den Religionsimperialismus von

Sikhs, Hindus oder Moslems innerhalb dieses Landes akzeptieren.

Das hieße aber, das allgemeine öffentliche Schulwesen in Frage zu stellen und anstelle der öffentlich-rechtlich anerkannten Schulen beispielsweise die Koranschule zu etablieren. Die falschen Multikulturellen verlangen auch, daß die Gleichberechtigung der Frau in abgeschlossenen ethnischen Zirkeln innerhalb der Bundesrepublik außer Kraft gesetzt würde, daß sozusagen ein Moslem aus Bottrop auf dem Wege des Familiennachzugs dort einen Harem aufmachen könnte. Kurz und gut, die falschen Multikulturellen wollen, daß auch die kulturellen Eigenarten Bestand haben, die gegen das Erbe der Aufklärung, die Grund- und Menschenrechte verstoßen.

Und damit gegen das Grundgesetz.

Ja. Diese Einschränkung muß gemacht werden. Sie ist konstitutiv und unabdingbar für das friedliche Zusammenleben in unserer Gesellschaft.

Wer sind die »falschen Multikulturellen«, wie Sie sie nennen?

Diese Richtung reicht vom Erfinder des Bildungsnotstandes in den sechziger Jahren, Georg Picht, der schon damals die Menschen anderer Kulturen vor »der Überheblichkeit des Universalitätsanspruches der europäischen Menschenrechtsordnung« schützen wollte, bis hin zu jenen Grünen, die in Deutschland jede verfassungsrechtlich begründete Einschränkung der kulturellen Freiheit ablehnen.

Ist das aber nicht genau das Problem praktischer Kommunalpolitik? In vielen Kommunen nehmen Kommunalpolitiker das tatenlos hin, was Sie als Idee der »falschen Multikulturellen« kritisieren, zum Beispiel eigene Schulen für bestimmte ethnische Gruppen, die getrennt nebeneinander und getrennt von den Deutschen leben.

Das wäre die falsche Konsequenz. Damit Sie mich aber richtig verstehen: Ich schließe nicht aus, daß die Muslime hier Privatschulen gründen, so wie es katholische und evangelische Privatschulen gibt. Die Curricula dieser Privatschulen dürften sich aber nicht am Koran, sie müßten sich vielmehr an den verfassungspolitisch und parlamentarisch legitimierten Vorgaben der Kultusministerien orientieren, so wie das in jeder Waldorfschule und jeder konfessionellen Privatschule auch der Fall ist. Das heißt, der Lehrplan muß ein Mindestpensum an Naturwissenschaften, an Geschichte, an Sprachen enthalten, aber nicht das Auswendiglernen von Suren des Korans.

Vielleicht wird eines Tages der Islam als dritte öffentlich-rechtliche Religionsgemeinschaft anerkannt, neben der evangelischen und der katholischen Kirche. Immerhin ist der Islam inzwischen die drittgrößte Religionsgemeinschaft, nach den Katholiken und den Protestanten, stärker als die jüdische und andere Religionsgemeinschaften.

Welche politischen Konsequenzen ergäben sich daraus?

Wenn die multikulturelle Gesellschaft das tolerante Zusammenleben mit Ausländern auf der Basis der Gleichberechtigung bedeutet, dann gehört dazu der erleichterte Erwerb der Staatsbürgerschaft inklusive einer Erleichterung der doppelten Staatsbürgerschaft. Zur multikulturellen Gesellschaft gibt es unter den realen Gegebenheiten in West- und Mitteleuropa keine vernünftige Alternative. Eine Gesellschaft ohne Toleranz und Gleichberechtigung muß zu großen Konflikten führen. Ein modernes Sparta mit Menschen erster, zweiter und dritter Klasse, also Spartiaten, Periöken und Heloten, würde zu einer Diskriminierungsgesellschaft führen, innerhalb derer Unfriede und Bürgerkriege, wie die Erfahrung zeigt, vorprogrammiert sind.

Um noch einmal ein bißchen Wasser in den Wein zu gießen: Ist das Problem der Zuwanderung nicht dreigeteilt? Erstens sollen die Ausländer, die hier sind, in ein multikulturelles Konzept integriert werden. Das ist schon nicht so einfach, ginge aber noch, wenn nicht zweitens die normal anstehende Zuwanderung zu bewältigen wäre. Das ist eine schwieriger werdende politische Aufgabe. Drittens aber zeichnet »die große Wanderung« sich gerade erst ab, der Einwanderungsdruck auf Europa, Beispiel Bari – die Albaner in Süditalien – oder die Boat-People, die täglich von Nordafrika nach Spanien kommen. Hungerflüchtlinge, Umweltflüchtlinge, Kriegsflüchtlinge, sie alle kommen ja unabhängig davon, wie wir hier in Europa möglichst effektiv die Einwanderung regeln. Das Gesetz, das hier helfen soll, muß schon sehr gut und sehr wirksam sein.

Richtig. Wir sind inzwischen ein Einwanderungsland geworden. In den letzten sechs oder sieben Jahren sind im Schnitt pro Jahr deutlich mehr Menschen aus dem Ausland nach Deutschland gekommen, als dies, pro Einwohner gesehen, der legalen Einwanderungsquote in den

Vereinigten Staaten entspricht. Bei uns sind das – ohne die Aus- und Übersiedler mitzuzählen – rund 300.000 Zuwanderer, in Amerika sind es ungefähr 600.000 bis 700.000 legale Einwanderer pro Jahr. Der Unterschied zwischen den Vereinigten Staaten und uns besteht lediglich darin, daß die Amerikaner ein Konzept haben, und wir haben keines.

Wie sähe denn ein solches Konzept aus, von dem Sie sich Abhilfe versprechen?

Ein migrationspolitisches Gesamtkonzept müßte mindestens vier Punkte enthalten:

Erstens die Trennung des Asylproblems von der allgemeinen Flüchtlingsproblematik, das heißt, eine rechtlich einwandfreie Regelung des Asylproblems, die es erlaubt, das Asylrecht wirklich auf die politisch und religiös Verfolgten zu konzentrieren, und die zweitens eine europäische Regelung zuläßt. Das ist der wesentliche Inhalt des Asylkompromisses vom Mai 1993.

Zweitens müssen die Ursachen der Flüchtlingsströme zumindest vermindert, wenn nicht ganz beseitigt werden. Man braucht nicht weiter zu beweisen, daß die Asylregelung so gut wie keinen Einfluß auf den Bürgerkrieg in Bosnien-Herzegowina hat. Wir könnten das ganze Grundgesetz ändern, dann würde dort trotzdem gebombt und geschossen. Aber die Beendigung der Bomberei und Schießerei und Quälerei würde den massiven Flüchtlingsdruck beseitigen. Die Beseitigung oder Verminderung der Ursachen setzt aber eine grundsätzliche Änderung bestimmter Politikbereiche voraus und eine kolossale Kraftanstrengung, natürlich nicht der Bundesrepublik allein, sondern aller westlichen Industrienationen.

Drittens wäre die Einsicht notwendig, daß wir aufgrund des demographischen Ungleichgewichts spätestens ab der Jahrtausendwende Zuwanderer brauchen werden, um die Renten weiter finanzieren und frei werdende Arbeitsplätze besetzen zu können. Das Institut der deutschen Wirtschaft geht davon aus, daß wir pro Jahr 300.000 Zuwanderer – Angehörige eingerechnet – benötigen, allein wegen des Arbeitsmarktes. Deshalb brauchen wir eine EG-weite gesetzliche Regelung der Zuwanderung, die Kriterien dafür festlegt. Das ist eine der schwierigsten, interessantesten Fragen.

Der Schlußpunkt ist viertens sozusagen als gesellschaftliches Konzept die multikulturelle Gesellschaft.

Das hört sich so an, als wäre das alles relativ leicht zu planen und zu regeln. Die Popularität der multikulturellen Perspektive hält sich aber in Grenzen, und insgesamt droht die weltweite Migration unkontrollierbar zu werden. Die UNO warnt in ihrem jüngsten Bevölkerungsbericht davor, die Wanderungsbewegung könne zur Menschheitskrise unseres Zeitalters werden.

Gerade deshalb muß man zu steuern versuchen. Wenn ich dieses Konzept habe, dann muß ich die Menschen darüber ins Bild setzen. Das bedeutet, den Menschen zum Beispiel zu sagen, daß wir gewaltige Anstrengungen unternehmen müssen, um die Fluchtursachen zu beseitigen. Dazu gehört zum Beispiel die Beendigung des Bürgerkrieges im ehemaligen Jugoslawien. Schließlich muß im eigenen Land den Leuten klargemacht werden, daß wir auch in Zukunft Ausländer brauchen.

Wenn ich die Bevölkerungsentwicklung, wie sie das Statistische Bundesamt im Jahre 1992 berechnet hat, als

Grundlage nehme, so wird sich die Gesamtbevölkerung, also Deutsche plus Ausländer, von 80 Millionen im Jahre 1990 auf 70 Millionen im Jahre 2030 reduzieren.

Der Anteil der über Sechzigjährigen wird von heute zwanzig Prozent dann auf fast vierzig Prozent ansteigen, der Anteil der Kinder und Jugendlichen dagegen von dreißig Prozent auf dreiundzwanzig Prozent sinken. Das bedeutet, daß gleichzeitig der Jugendquotient von 37,4 auf 35,8 zurückgeht, während der Altenquotient von 35,2 auf 72,7 Prozent ansteigt. Anders ausgedrückt: Auf einen Rentner kommen heute drei Beitragszahler, und im Jahre 2030 wird das Verhältnis drei zu vier sein, also fast eins zu eins.

Wenn man sich dies vor Augen hält, dann ergeben sich daraus auch die Kriterien für die Zuwanderer, die wir in Deutschland und darüber hinaus in Europa brauchen. Allerdings ist über die Problematik noch nicht ernsthaft diskutiert worden. Dies hängt damit zusammen, daß die Asyldiskussion alles andere überlagert hat. Aber die Erörterung dieser Fragen ist entscheidend für die ökonomische und soziale Sicherung in Deutschland.

Wir verstehen Ihr Plädoyer für eine Regelung. Es klingt aber, offen gesagt, sehr nutzenorientiert, wie das in der Geschichte der »Fremdarbeiter« und der »Gastarbeiter«, des Familiennachzugs und der Staatsbürgerrechte eigentlich immer der Fall war.

Das ist richtig, aber ohne solche Überlegungen wird eine Zuwanderungsregelung wenig sinnvoll und auch nicht politisch durchsetzbar sein. Eines steht fest: Die Zuwanderungsregelung wird nicht ohne Kontingente auskommen, das heißt, die Zuwanderung wird begrenzt sein.

Ein Kriterium ist der Arbeitsmarkt. Man wird nicht mehr Menschen hereinholen können, als Arbeitsplätze vorhanden sind, wobei sich die Qualität der Arbeitsplätze verändern wird oder besser gesagt, die Struktur der Arbeitsplätze. Der Dienstleistungssektor wird sich erheblich ausweiten, während der Produktionsbereich zurückgehen wird. Das heißt, auch das Kriterium der beruflichen Qualifikation wird eine Rolle spielen.

Natürlich wird die Familienzusammenführung weiter Vorrang haben; Leute, die hier schon Familienangehörige haben, werden eher einwandern können als andere, weil für diese Menschen die Integration leichter ist. Ein ganz wichtiges Kriterium wird das Alter sein.

Wir werden ab dem Jahre 2000 einen Sterbeüberschuß von 200.000 Gestorbenen haben. Das heißt, auf einen deutschen Sterbefall – immer unterstellt, daß die Geburtenrate so bleibt, wie sie jetzt ist, und daran wird sich mit an Sicherheit grenzender Wahrscheinlichkeit nichts ändern – werden zwei Zuwanderer kommen müssen, um das Geburtendefizit und den Sterbeüberschuß ausgleichen zu können. Die Steigerung der Frauenerwerbsquote und die Erhöhung der Produktivität sind in diese Rechnung schon genauso einbezogen wie die Verlängerung der Lebensarbeitszeit ab dem Jahre 2000, die ja bereits beschlossene Sache ist.

Ohne Ihre Zahlen im einzelnen debattieren zu wollen: Ihre Erwartung an die positive demographisch-statistische Auswirkung der Migration kommen uns überhöht vor.

Nehmen Sie das Beispiel Amerika. Wolf Lepenies hat schon 1989 in der ZEIT darauf aufmerksam gemacht, daß die Vereinigten Staaten seit 1970 mehr legale Einwanderer – vor allem aus den asiatischen Ländern – akzeptiert haben als der Rest der Welt zusammengenommen. Während die meisten europäischen Länder, die Bundesrepublik an erster Stelle, ein Antiimmigrationsdenken und eine Fremdenabwehr kultivieren, sehen die Amerikaner in den Einwanderern vornehmlich die Chance zu einer Regeneration der intellektuellen und ökonomischen Ressourcen ihres Landes. In Deutschland haben sich die Geburtenzahlen seit 1970 von einer Million auf heute ungefähr 500.000 bis 600.000 halbiert, bezogen auf Westdeutschland. In Ostdeutschland ist die Situation nicht anders. Diese Halbierung bedeutet gleichzeitig fünfzig Prozent weniger an Innovations- und Regenerationschancen. Eben aus diesen Gründen haben die Amerikaner eine ganz gezielte Verjüngungspolitik ihres Landes betrieben. Schon 1990 hatten die Vereinigten Staaten eine jüngere Bevölkerung als ihre fünf stärksten ökonomischen Rivalen zusammen. Und schon damals gab es in Japan prozentual gesehen doppelt so viele Rentner wie in den Vereinigten Staaten.

Von den hundertvierzehn Amerikanern, die zwischen 1945 und 1984 einen der medizinischen oder naturwissenschaftlichen Nobelpreise erhielten, waren sechsunddreißig nicht in den USA geboren. 1988 stellten die sogenannten Asian-Americans, die insgesamt zwei Prozent der amerikanischen Bevölkerung ausmachen, vierzehn Prozent des Anfängerjahrganges der Harvard-University. Diese Verjüngungs- und Anpassungsfähigkeit hat die amerikanische Gesellschaft schon heute dem alten Europa voraus. Darüber ist überhaupt noch nicht diskutiert worden.

Sie kennen aber das Argument, daß die Quotenregelung de facto heute auch nur eine Ausländerbegrenzungspolitik wäre. Sie könnten die Quoten nie so hoch ansetzen, daß sie der Zahl derjenigen entspricht, die heute ins Land kommen.

Dieser Einwand übersieht aber den Punkt zwei meines Konzeptes: die Ursachenbekämpfung.

Und wenn die nicht funktioniert?

Sie muß funktionieren. Europa kann sonst dem Migrationsdruck in der Tat nicht standhalten. Wir hätten in den letzten Jahren über die Hälfte weniger Asylbewerber gehabt, wenn es den Krieg und die Diskriminierung in Südosteuropa nicht gäbe. Dieser Bürgerkrieg wäre aber vermeidbar gewesen. Völlig richtig hat Ralf Dahrendorf in einem Interview gesagt, spätestens nach der Bombardierung von Dubrovnik hätten die EG und die UNO militärisch eingreifen müssen. Daß die Europäische Gemeinschaft und die Vereinigten Staaten hier schwere Fehler gemacht haben, spricht aber nicht dagegen, daß man es nicht auch hätte anders machen können. Fehlschläge sind oft lehrreicher als Erfolge.

Dem Prinzip der Ursachenbekämpfung ist ein breiter Konsens sicher. Denn daß sich die Verhältnisse in den Herkunftsländern gefälligst ändern sollen, damit die Menschen nicht massenhaft nach Westeuropa wandern, läßt sich relativ leicht fordern. Das erinnert an die alte Formel, wir müßten die Arbeitsplätze dort schaffen, wo die Arbeit ist, und nicht die Arbeitskräfte hierherholen. Da würden Ihnen alle in der CDU und der SPD beipflichten, die gleichzeitig dafür eintreten, daß kein Ausländer mehr ins Land kommt.

Die Weltbank, nicht *amnesty international*, hat festgestellt, daß auf der Welt über eine Milliarde Menschen leben, die pro Tag weniger zum Leben haben als den Gegenwert eines Dollars – um diese Zahl noch einmal zu nennen. Daß dieses Elend nicht durch die Sozialämter in Frankfurt oder Berlin oder Landau beantwortet werden kann, versteht sich von selbst.

Dieses globale und gigantische Problem, das verschärft wird durch die Bevölkerungsexplosion – jede Sekunde kommen drei Menschen auf die Welt –, ist die eigentliche neue soziale Frage. Wer mir zustimmt, muß auch bereit sein, zum Beispiel in der Außenwirtschaftspolitik die Konsequenzen zu ziehen.

Das Elend des Industrieproletariats hatte bekanntlich das Kommunistische Manifest zur Folge: »Ein Gespenst geht um in Europa.« Die letzten Schleierfetzen dieses Gespenstes sind gerade erst vor drei Jahren verschwunden, nachdem es immerhin einhundertfünfzig Jahre sein Unwesen getrieben hatte. Wenn wir mit einer Antwort auf die globale soziale Frage genauso lange brauchen, werden wir es auch wieder mit neuen »Gespenstern« zu tun bekommen.

Entgegen der offiziellen Rhetorik steht das, was Sie vorschlagen, im Widerspruch zur herrschenden Politik. Entwicklungs-Politik ist der absolut blinde Fleck.

Es geht nicht um die Entwicklungshilfe. Die Mittel der Entwicklungshilfe sind Pipifax und Peanuts gegenüber dem, was eigentlich gemacht werden muß. Wir brauchen eine große internationale Anstrengung der Industrieländer, die Öffnung der Märkte, eine Änderung unserer Außenwirtschaftspolitik und die Entschuldung der Länder der Dritten Welt. Dies hat der ermordete Sprecher der Deutschen Bank, Alfred Herrhausen, schon vor sechs Jahren vorgeschlagen. Deutschland hat seinen Teil zu verkraften mit der »Entwicklungshilfe« in den deutschen Osten und darüber hinaus nach Osteuropa. Unsere wirtschaftlichen Leistungen für die GUS-Staaten sind größer als das, was die anderen Länder der Welt zusammen für diese Aufgabe bereitstellen. Man kann von den Deutschen nicht auch noch die Lösung der übrigen Weltprobleme verlangen. Aber zusammen mit den anderen Industrieländern muß es möglich sein, die neue internationale soziale Frage, die eine der wichtigsten Ursachen heutiger und künftiger Flüchtlingsströme ist, zu lösen.

Da sind wir nicht sehr zuversichtlich.

Ich will nicht ausschließen, daß wir heute genauso versagen wie damals die Textilfabrikanten in Manchester und die Ruhrbarone, die das Massenelend der Arbeiter einfach ignoriert haben. Heute sind wir die Reichen, die Deutschen, die Engländer, die Franzosen, die Japaner und die Amerikaner. Und unser Schicksal wird davon abhängen, ob wir die Kraft besitzen, auf die Fakten richtig zu reagieren und mit den richtigen Konzepten zu antworten.

Ich habe Verständnis für alle diejenigen, die hier mehr als ein Fragezeichen an die Lösungsfähigkeit des Westens machen.

Wir machen uns immer leicht lustig über den Sozialismus, dessen Merkmal die Unfähigkeit war, auf erkannte Probleme zu reagieren und sich rechtzeitig anzupassen. Die Frage ist, ob der Westen dazu gegenüber diesen globalen Herausforderungen in der Lage ist. Wir brauchen den Mut, der Wahrheit ins Auge zu sehen. Wenn man den Kopf in den Sand steckt, bleibt doch der Hintern zu sehen, sagt ein afrikanisches Sprichwort.

Das Vorausschauen allein genügt aber nicht, wenn der Hintern im Sand bleibt, um da das Weltproblem von arm und reich auszusitzen.

Besser, der Hintern ist im Sand und der Kopf in der Luft. Schon der alte Diderot hat gesagt, daß es besser wäre, an der Verhütung des Elends zu arbeiten, als die Zufluchtsplätze für die Elenden zu vermehren. Junge Menschen aus der ganzen Welt können auf dem Surfbrett mit Segel in vierzig Minuten die Meerenge von Gibraltar überwinden und damit die Armutsgrenze zwischen Afrika und Europa.

Allen, die sich diese Fakten eingestehen und diese unangenehmen Wahrheiten verkünden, drohen drastische Stimmenverluste bei der eigenen Bevölkerung. Und damit ist der Verlust der Führungsfähigkeit programmiert.

Nur: Neue Wahrheiten sind schon immer gefährlich gewesen. Die Aussage, daß nicht Zeus, sondern die Wolken den Regen bringen, hat Sokrates das Leben gekostet. Aber solche Wahrheiten nicht auszusprechen, wäre ja heute eine noch schlimmere Katastrophe, weil hier ja nicht das Leben eines einzelnen, sondern das von Millionen Menschen auf dem Spiele steht.

Sie beschreiben ein Grundproblem der Demokratie: Ist sie, als System von Mehrheitsentscheidung mit Minderheiten-

schutz, den Entscheidungsnotwendigkeiten der Gegenwart gewachsen? Mehrheiten sind für Paradigmenwechsel sehr schwierig herstellbar.

Nur dann, wenn die politisch Verantwortlichen keinen Mut zur Wahrheit haben. Wir leben nicht mehr im alten Griechenland. Heute ist es umgekehrt: Wenn wir die Wahrheit verleugnen, setzen wir die Existenz der gesamten westlichen Welt aufs Spiel. Es geht nicht nur um den erwähnten Vorschlag Herrhausens, obwohl dies schon eine ganz wichtige Entscheidung wäre, um die Öffnung der Märkte, eine Änderung der Außenwirtschaftspolitik, die Entschuldung der Länder der Dritten Welt. Es stellt sich darüber hinaus doch auch die politische Frage, welche Staatsform, welche Regeln des Zusammenlebens für acht oder zehn Milliarden Menschen in den kommenden Jahrzehnten adäquat sein wird, wieviel Freiheit noch möglich und wieviel Einschränkung notwendig sein wird.

Das World-Watch-Institute weist darauf hin, daß die Schlacht zur Rettung des Planeten den Ost-West-Konflikt ersetzen wird. Wollen wir nicht hoffen, daß es eine Weltregierung erst nach den globalen Katastrophen geben wird, so wie die Europäische Gemeinschaft erst möglich wurde, nachdem die europäischen Länder sich zweimal innerhalb von fünfzig Jahren massakriert haben.

Es gibt nicht wenige, die sagen, daß man sich vom herkömmlichen Entwicklungsmodell verabschieden muß. Ein Ende der Verschwendung sei angezeigt, und ein neuer Luxus, der sich im kulturellen Vergnügen, im sozialen Einsatz manifestiert, sei notwendig. Die alte Weisheit Epikurs kann Leitlinie sein für die Politik von morgen: Nicht die Vermehrung der Habe, sondern die Verringerung der Wünsche ist angezeigt.

Aber von Epikur bis Erich Fromm blieben die Propheten des Seins im Schatten der Populisten des Habens. Warum sollte es Ihnen anders gehen? Eine demokratische Weltregierung können wir uns im übrigen nur schwer vorstellen. Der Versuch angewandter Weltinnenpolitik in Somalia ist nicht gerade vielversprechend.

Trotz aller Rückschläge wird die Bedeutung der UNO als Weltpolizei zunehmen. Es ist schon viel gewonnen, wenn das Problembewußtsein verstärkt wird. Allerdings haben wir nicht mehr viel Zeit. Man muß an die Kraft der Aufklärung und der Information glauben. Jedem verantwortlichen Politiker bleibt auch gar nichts anderes übrig. Denn wenn ich nicht daran glauben würde, daß man durch Information, Aufklärung, durch die Kraft des Wortes und des Geistes die Dinge zum Besseren wenden könnte, dann müßte ich ja wie Erhard Eppler Zyniker werden.

Sie sind als Optimist offensichtlich unerschütterlich. Noch einmal: Das, wovon wir sprechen, hat die konkrete Politik nicht eingelöst. Im Gegenteil. Seit der Entdeckung der Dritten Welt als sozialökonomische und politische Realität hat Nord-Süd bei uns als Kategorie kaum je eine so geringe Rolle gespielt wie jetzt. Das Desinteresse ist allmählich gewachsen. Das begann zu Helmut Schmidts Zeiten und hat sich in den achtziger Jahren beschleunigt. Daran vermochte auch Willy Brandts Nord-Süd-Kommission nichts zu ändern. Somit sind wir heute weitgehend unvorbereitet auf die Aufgaben, die Sie formulieren: Hilfe für die Herkunftsländer in Osteuropa und in der Dritten Welt. Das Bewußtsein hat sich in die gegenteilige Richtung verändert. Und das ist nicht zuletzt die Verantwortung der Politik.

Wenn man die Entwicklungshilfe als Maßstab nimmt, haben Sie recht. Betrachtet man die Außenwirtschaftspolitik, haben Sie nicht mehr so recht. Ich glaube, verglichen mit den siebziger Jahren hat sich zum Beispiel die Politik der Weltbank gegenüber den Ländern der Dritten Welt positiv verändert. Bei den GATT-Verhandlungen heute sind nicht die Vereinigten Staaten der Hauptstörfaktor. Den größten Unfug haben französische Sozialisten und danach französische Konservative getrieben, nicht die deutsche Bundesregierung.

Zu der Empfehlung, die Migrationsursachen am Ort zu bekämpfen, also in der Dritten Welt und zunehmend in Osteuropa, sei es ökonomisch oder sogar militärisch, gibt es mehrfachen Widerspruch. Die politische Gegenposition hat Arnulf Baring am prononciertesten zugespitzt. Er sagt sinngemäß, die Deutschen seien mit internen Problemen derart überfordert, daß sie sich jeden Gedanken daran abschminken sollten, sich nach Osteuropa orientieren und dort helfen zu können. Im Grund geht es aus dieser Sicht darum, eine Art Festung Deutschland auszubauen. Das wäre Anstrengung und Aufgabe genug. Diese Gegenposition scheint uns nicht nur eine akademische Kopfgeburt zu sein, sondern sich derart festzunisten, daß daraus konkrete Politik werden könnte.

Baring ist ein guter Historiker und ein gescheiter und liebenswürdiger Mensch, aber er ist, unter uns gesagt, nicht gerade eine Leuchte der Politik. Ich erinnere daran, daß er der CSU in einem Vortrag in Kreuth die Koalition mit den Republikanern vorgeschlagen hat. Eine Mauer um Deutschland oder um Europa herum zu bauen als Antwort auf die neue internationale soziale Frage ist ungefähr so intelligent wie der Versuch Bismarcks, durch das Sozialistengesetz die alte soziale Frage zu lösen. In einer Welt, die nahe zusammengerückt ist, in der man innerhalb von neun Stunden in Tokio oder in Singapur ist, in einer Zeit, in der sich fünfhundert Satelliten im Weltraum befinden und fünfunddreißigtausend supranationale Unternehmen auf der Welt tätig sind, kann ich keine neue Mauer errichten. Außerdem sind die Migrationsängste, die in Deutschland gehegt und gepflegt werden, stark übertrieben.

Ein Blick auf die Zahlen beweist das. Hätten wir nicht in den letzten zwei Jahren die Migrationswelle aus Südosteuropa gehabt, dann wäre die Asyldebatte nicht in dieser Schärfe geführt worden. Zwei Drittel der Asylbewerber im letzten Jahr sind aus vier Ländern gekommen, die sich alle in Südosteuropa befinden, einschließlich der Türkei. Nur der Rest kam aus Asien und Schwarzafrika: 12.000 aus Vietnam, etwa 30.000 aus Schwarzafrika. Über 120.000 Asylbewerber allein kamen aus dem ehemaligen Jugoslawien.

Wir zählen auf der Welt heute etwa 37 Millionen Flüchtlinge. Natürlich steht dem die schreckliche Zahl von einer Milliarde Hungernder gegenüber. Aber wir reden von den tatsächlichen Flüchtlingen, die sich nicht mehr in ihrem Herkunftsland aufhalten, anhand der Angaben des UN-Flüchtlingskommissars. Rund 90 Prozent dieser Flüchtlinge bewegen sich noch innerhalb der Länder der sogenannten »Dritten Welt« selber. Sie kreisen dort und haben diese Grenzen noch nicht überschritten. Wir haben also noch ein bißchen Zeit, allerdings nicht mehr viel, um das Richtige zu tun.

Das ist aber nicht Barings Argument. Er und mit ihm andere warnen einfach vor der Überforderung unserer Kapazität, neue Krisen zu bewältigen und zusätzliche Aufgaben zu lösen. Wir müssen uns auf uns selbst konzentrieren! Darin steckt eine stark völkische Komponente: Deutschland zuerst! Mit Angst hat das weniger zu tun als mit der Renaissance des Völkisch-Nationalen.

Autismus bleibt auch in der Politik eine schlimme Krankheit. Richtig ist, um dies noch einmal zu wiederholen, daß die Deutschen nicht allein mit den Fluchtursachen fertig werden können. In der Tat sind wir mit Ostdeutschland wirklich gefordert, das braucht unsere ganze Anstrengung. Für die flächendeckende Ursachenbekämpfung ist, wie gesagt, eine gewaltige Kraftanstrengung der Industrieländer nötig. Alle großen Industrieländer müssen sich zusammenschließen und eine Art Marshall-Plan 2000 entwerfen. Nur gemeinsam ist ein solches Problem zu lösen. Das kann ein einzelnes Land nicht.

Ich will eine Zahl nennen. Die Industrieländer leisten insgesamt ungefähr sechzig Milliarden D-Mark an Entwicklungshilfe. Aber der Kapitaldienst, den die Empfängerländer dieser Entwicklungshilfe zur Verzinsung und Abzahlung der Schulden zu leisten haben, ist dreimal so hoch: einhundertachtzig Milliarden Mark. Das bedeutet, daß die ärmeren Länder aus dem Teufelskreis nicht herauskommen, wenn sich die globale Finanzpolitik nicht ändert.

Das ist seit Jahren bekannt, Gegenstand zahlloser internationaler Konferenzen, aber nichts geschieht. Dadurch gewinnen Argumente wie die von Baring unter den heutigen Bedingungen neue Bedeutung. Eine Öffnung der

Märkte ist alles andere als populär, am krassesten ist das in der Landwirtschaft.

Eine Änderung der Außenwirtschaftspolitik hat natürlich Auswirkungen auf die Agrarpolitik. Die Bauern brauchen andere Perspektiven. Es ist beispielsweise völlig sinnlos, geradezu kriminell, wenn die Europäische Gemeinschaft zum Beispiel 1992 einhunderttausend Tonnen Rindfleisch zu einem Preis von einer Mark pro Kilo nach Brasilien exportiert und dadurch die Fleischexportchancen Argentiniens vermindert. Da ließen sich noch andere Beispiele bringen.

Ehrlicherweise müßten Sie den Bauern nicht nur sagen, daß sie »andere Perspektiven« brauchen, sondern daß sie eigentlich gar keine haben. Bei der weltweiten Arbeitsteilung braucht man unsere Landwirtschaft zur Versorgung der Bevölkerung längst nicht mehr in dem Ausmaß wie bisher.

Die Landwirtschaft ist schon geschrumpft. Aber es kann nicht darum gehen, sie ganz kaputtzumachen. Wenn ich mir vorstelle, die Weinberge an der Weinstraße gäbe es nicht mehr – das wäre auch eine Kulturschande. Landwirtschaft hat auch einen kulturellen Auftrag, und der muß erhalten bleiben.

Gleichzeitig muß sie aber auch ökonomisch vernünftig und effizient sein. Sonderkulturen, Obst-, Gemüse- und Weinanbau sind eine Lösung, ebenso nachwachsende Rohstoffe, Produkte für die Industriemärkte: Stärke, Industriealkohol, Industrieöle. Man muß allerdings klar sehen, daß machtvolle Interessen, vor allem die Ölgesellschaften, gegen die Konzeption der nachwachsenden Rohstoffe arbeiten, die übrigens von der Union entwickelt wurde und von der Bundesregierung unterstützt wird.

Wie äußert sich dieser Widerstand der »machtvollen Interessen«? Wird die Bundesregierung unter Druck gesetzt?

Das öffentliche Klima wird verunsichert. Der Druck wird vor allem auf Brüssel ausgeübt. Dennoch wird seit zwei Jahren die Produktion nachwachsender Rohstoffe von Brüssel gefördert. Das war ein Erfolg für Ignaz Kiechle.

Wir reden von den großen Herausforderungen und den Chancen für Europa, während atavistische Entwicklungen und ethnische Kriege in unserer Nachbarschaft neue Sorgen wecken. Manche fürchten, der Prozeß der Barbarei könne auf Westeuropa übergreifen.

Die Gefahr ist groß, wenn die politische Einheit Europas nicht gelingt. Das habe ich vorhin schon begründet. Die Bürgerkriege und Massaker im Bereich des alten sowjetischen Imperiums sind die letzten Verfallserscheinungen der alten Ordnung, die zusammengebrochen ist, die Staaten jedoch, die neu entstanden sind, haben eine neue Ordnung noch nicht gefunden. In dieser Übergangszeit besinnen sich viele Völker auf das Nationale, aber nicht mit dem Ziel, den alten Nationalstaat wiederherzustellen, sondern von der alten Zentrale und der früheren Ideologie loszukommen. Das ist zum Beispiel in den baltischen Staaten klar zu erkennen.

Die noch bestehende Unsicherheit ist eine Herausforderung für die westlichen Industrieländer, die vor allem mit wirtschaftlicher Zusammenarbeit die jungen Demokratien stabilisieren müssen. Auf der anderen Seite werden wir in einer Übergangszeit auch mit weiteren Flüchtlingen, die aus diesen unsicheren Zonen weggehen wollen, rechnen müssen.

Die Angst erscheint also auch Ihnen nicht unbegründet?

Ich fürchte mich nicht vor den Leuten, die draußen vor der Tür stehen, sondern vor der uns schon bekannten Politikersorte der Zetetiker und Aporetiker, also mit anderen Worten vor der Unfähigkeit der westlichen Politik, zu helfen, aktiv in Restjugoslawien einzugreifen und die wirtschaftliche Zusammenarbeit mit Osteuropa und Südosteuropa zu gestalten und statt dessen die simple Scheinlösung zu favorisieren, Mauern um Westeuropa herumzubauen, um so die heile Welt zu bewahren.

Aber jeder im Westen versucht es bereits. Stichwort Bari, seit der brutalen Behandlung albanischer Migranten im Jahre 1991 ein Symbol dafür, wie das reiche Europa sich einbunkert: Ihr italienischer Parteifreund Piero Bassetti, ein angesehener Mann, Chef der Dachorganisation der Industrie- und Handelskammern in Italien, eine Zeitlang auch Mitglied des Abgeordnetenhauses, sagte dazu, wir zitieren aus dem »Kursbuch 107«: »Was hätten wir anders machen sollen? Die Wirkung war an Albanien adressiert, also dieses Verprügeln und auch dieses Zurückschicken, der Betrug an den Leuten, daß man ihnen sagte: Ihr könnt hierbleiben, daß sie tatsächlich aber ins Flugzeug gesetzt und hinübergeflogen wurden. Das sollten die Albaner zu Hause sehen, damit sie merken, daß sie nicht gastlich aufgenommen werden. Dazu hat uns ganz Europa gratuliert: Wie elegant und schnell wir das gelöst haben.« Ihrem sympathischen Traum steht also die aktuelle Realität entgegen.

Das Beispiel hat schon deswegen keine große paradigmatische Bedeutung, weil Italien und Albanien im Grunde Nachbarländer sind. Ich will damit nichts über die Methode des Verprügelns sagen, das ist schlimm gewesen. Wenn man meinen Vorstellungen folgen würde, dann wäre es nicht notwendig, daß die Albaner über die Adria flüchten und in Süditalien in Notunterkünften oder im Sportstadion hausen. Die Europäische Gemeinschaft muß vielmehr ihren Beitrag dazu leisten, die Lebensbedingungen in Albanien entschieden zu verbessern, so daß diese Leute keinen Anlaß mehr haben, aus Albanien zu flüchten. Nur das kann eine sinnvolle Politik sein.

Ich kann keinen Sinn darin sehen, daß die Albaner zur Hälfte nach Italien auswandern. Es muß umgekehrt so sein, daß die Italiener die Federführung oder Patenschaft bei dieser Hilfe übernehmen; genauso wie wir die Patenschaft für Ungarn oder Polen und die Franzosen für den Maghreb haben müßten. Wir müssen zu einer europäischen Arbeitsteilung kommen. Die Europäer müssen sich absprechen über eine sektorale Verantwortung.

Nichts gegen Ihre Utopie, aber zur Beschreibung der Gegenwart erscheint es uns dennoch sehr paradigmatisch, was in Bari passiert ist. Ähnliches passiert gerade in Amerika. Präsident Clinton hatte im Wahlkampf eine offene

Politik in Nordamerika versprochen, Realität ist, daß die Küstenwachen die Haitianer zurückschicken wie gewohnt. Anführen könnte man auch das Beispiel der europäischen Flüchtlingspolitik gegenüber Jugoslawien. Piero Bassetti sagt dazu: »Wir befinden uns auf der Schwelle zwischen Einwanderung und Invasion. Wenn die Masse kommt, und das hat kaum jemand in Europa realisiert, haben wir den Sprung von der Einwanderung zur gewaltsamen und gesetzwidrigen Invasion.« Filmemacher und Autoren beschäftigen sich in ihren Filmen und Büchern bereits mit dieser Invasion, einer großen Völkerwanderung, die den Namen wirklich verdient.

Ich behaupte, daß ich im Gegensatz zu all denen, die jetzt von Invasion reden, eine sehr realistische Konzeption habe. Wenn überhaupt, dann können wir mögliche Invasionen, um diesen Begriff einmal zu verwenden, nur verhindern, indem wir die Fluchtursachen beseitigen. Warum soll das eine Utopie sein? Zu glauben, man könne, wenn die Fluchtursachen bestehen bleiben, die »Invasion« durch administrative Mittel aufhalten, ist nicht nur Dummheit, sondern etwas viel Schlimmeres, nämlich ein existentieller Fehler.

Bari als Politik, das wird scheitern. Die »Invasion«, die als Gespenst an die Wand gemalt wird, kann niemand mit der Polizei aufhalten. Wenn wir eine »Invasion« verhindern wollen, dann müssen wir nicht die Polizei oder den Bundesgrenzschutz verstärken, sondern, wie schon gesagt, zum Beispiel den Import von polnischen Kartoffeln und polnischer Kohle, ungarischen Enten, bulgarischen Himbeeren, albanischen Sauerkirschen und tschechischen Elektrogeräten und Baustoffen ermöglichen.

Das neue Asylgesetz beseitigt nicht Fluchtursachen, sondern hat auch den Charakter von Grenzziehung. Legal ist es für Asylsuchende damit fast unmöglich, ins Land zu kommen. Die Ostgrenzen sollen in Ungarn, in der Slowakei und in Polen befestigt werden, um die Flüchtlinge bereits dort aufzuhalten. Im Grunde ist es eine Verlagerung des Problems, aber schon eine »closed-shop«-Politik.

Mit einer begrenzten Zahl von Zuwanderern kann man mit solchen gesetzgeberischen, administrativen Eingriffen fertig werden. Wenn es aber eine massenhafte, millionenfache »Invasion« gibt, dann können Sie das alles in der Pfeife rauchen, was an Polizei und Elektronik und Asylgesetzgebung zur Verfügung steht.

Hans Magnus Enzensberger spricht von der Großen Wanderung, die es in der Geschichte der Menschheit immer wieder gegeben habe. Die Frage ist, ob da nur ein Schreckensgebilde an die Wand gemalt wird?

Nein, die Gefahr ist aus den genannten Gründen real, vor allem von Osten nach Westen, vorwiegend aus sozialen und wirtschaftlichen Gründen oder auch aus ökologischen Gründen, zum Beispiel als Folge eines zweiten Tschernobyl.

Unterstellt, es wäre so, die Armen der Welt, aus dem Osten und aus dem Süden, stünden plötzlich vor der Tür: Müßten dann die sozialstaatlichen Standards gesenkt werden? Wären akzeptierte Ungleichheit und Verzicht auf gewisse zivilisatorische Standards des Wohlfahrtsstaats die Folge eines solchen Katastrophenszenarios, was so weltfremd ja gar nicht sein muß?

Für den Fall, daß, wie Sie sagen, die »Armen der Welt« plötzlich tatsächlich vor der Tür stünden«, wäre die in Deutschland oder überhaupt in Europa vorhandene Sozialhilfe, die wir hier in friedlichen und normalen Zeiten für unsere Sozialhilfeempfänger zur Verfügung stellen können, nicht mehr in dem Umfang und in der Qualität möglich. Das glaube ich auch.

Man muß sich immer an der Zielsetzung der Sozialhilfe orientieren, nämlich allen, die in Not geraten sind oder die der Hilfe bedürfen, ein menschenwürdiges Leben zu ermöglichen. Für einen Roma aus Rumänien ist das, was er unter menschenwürdigem Leben versteht, er selber auch als menschenwürdiges Leben empfindet, natürlich um Welten verschieden von dem, was ein Deutscher, der hilfebedürftig geworden ist, unter seiner Menschenwürde versteht. Im Bundestag ist die Debatte über den Asylkompromiß auf dem Hintergrund geführt worden, daß zum Beispiel Rumänien, ein Hauptherkunftsland der Asylbewerber, gemessen am Bruttosozialprodukt pro Kopf einunddreißigmal ärmer ist als die Bundesrepublik.

Die Frage ist, ob wir unser Wohlfahrts- und Sozialstaatsdenken zu sehr in die Zukunft fortschreiben und nicht an die gewandelten Ungleichheitsverhältnisse in Europa anpassen.

In dem Moment, in dem einer arbeitet, auch wenn er Flüchtling ist, hat er automatisch dieselben Pflichten und Rechte – mit Ausnahme der Staatsbürgerrechte, was problematischer wird, je länger der Betreffende hier ist –, zahlt er seine Beiträge in die Sozialversicherung, ist krankenversichert, hat Arbeitslosenversicherung und erhält sogar Rente, wenn er die Wartezeit erfüllt, sofern er nur lange genug hier gearbeitet hat. Die Frage mit den unterschiedlichen Standards kann sich nur auf die Leute beziehen, die als Migranten, als Flüchtlinge hier sind und keinen Arbeitsplatz haben.

Was ist mit den Erntehelfern aus Polen in den Pfälzer Weinbergen?

Das ist inzwischen geregelt. Es gibt ein Arbeitsabkommen mit der polnischen Regierung, Werkvertragsarbeitnehmerabkommen, auch mit der Tschechischen Republik und der Slowakei. Und das bedeutet, daß in einem begrenzten Umfange Arbeitnehmer aus Polen und den angrenzenden Republiken bei uns regulär arbeiten können. Dies hat sich im übrigen auch positiv auf die Asylbewerberzahlen aus Polen ausgewirkt. 1988 und 1989 waren über fünfundzwanzig Prozent der Asylbewerber polnische Staatsbürger. Nach Abschluß des Arbeitsabkommens ist die Zahl der polnischen Asylbewerber auf unter zwei Prozent der Gesamtbewerberzahl zurückgegangen.

Wie sieht das im Alltag aus?

Wenn es sich um Saisonarbeiter handelt, wohnen die Leute zum Teil bei den Bauern. Sie müssen einen normalen Lohn bekommen.
 Der niedrigste Stundenlohn für Hilfsarbeiter, die leichte Tätigkeiten ausüben und das achtzehnte Lebensjahr vollendet haben, beträgt laut Tarifvertrag für die landwirtschaftlichen Arbeiter in der Pfalz rund 7,20

DM. Der Arbeitgeber ist verpflichtet, Wohnraum für die Saisonarbeiter nachzuweisen, der allerdings nicht kostenlos sein muß. Sie sind daher nicht mehr darauf angewiesen, daß sie verbotenerweise wild campieren, also in ihren eigenen Autos übernachten oder draußen an den Quellen, die am Gebirgsrand des Pfälzer Waldes entspringen, ihre Lager und Zelte aufstellen müssen.

Und das klappt alles problemlos?

Im Prinzip ja. Ich erzähle Ihnen ein Beispiel. In der Nähe meiner Wohnung wurde bei der Flurbereinigung ein Biotop angelegt, ein Teich und Schilf drumherum. Das hat Klaus Töpfer noch mit mir zusammen durchgesetzt. Es ist ein Konzept im kleinen, ein gutes Beispiel, wie man etwas ökologisch Vernünftiges machen kann. Dort oben gibt es auch eine ziemlich starke Quelle und einen schönen Platz mit Bänken. Die Polen sind mit ihren Autos immer dorthin gefahren, haben an dieser Quelle in den Autos übernachtet und auch die Wäsche gewaschen, wobei die ganzen Detergenzien aus den Waschmitteln in den Teich hineingelaufen sind. Dabei sind natürlich Frösche und Kaulquappen draufgegangen.

Wir haben dann mit den Polen geredet. Das haben die nicht verstanden, als wir gesagt haben: »Ihr dürft da nicht waschen.« »Warum denn?« »Weil da unten die Frösche sind.« Daß man wegen Fröschen nicht mit Seife waschen darf, war für die Polen eine völlig fremde Welt.

Eine schöne Illustration, wie die multikulturelle Konfrontation praktisch aussieht.

Ganz richtig. Aber das Problem ist lösbar. Einer wie Lummer oder Baring würde sofort sagen: »Aha, es funktioniert nicht.« Natürlich funktioniert es! Nach dem zweiten Gespräch haben sie es kapiert.

Viele, die Ihnen da im Prinzip nicht widersprechen wollen, argumentieren gegen dieses Zukunftsmodell einer toleranten Gesellschaft unterschiedlicher Kulturen und auch Lebensformen mit Einwänden aus der Praxis. Sie warnen vor der Überforderung der Gesellschaft und sagen: Das ist ja alles ganz schön und menschenfreundlich, aber es klappt nicht – »das Boot ist voll«.

Die Angst, die hinter diesem Argument steckt, hat oft imaginären Charakter. Es ist ja merkwürdig, daß Ausländerfurcht auch häufig von Leuten geäußert wird, die in ihrem Heimatort noch keinem Asylbewerber begegnet sind und keine Ausländer in der Nachbarschaft haben.

Bei den Übersiedlern 1990 war es ähnlich. Wolfgang Schäuble berichtet, daß sich bei ihm die alte politische Erfahrung bestätigt habe, daß die Ängste der Menschen vor Problemen um so größer sind, je weniger sie unmittelbar davon berührt sind. Er habe in jenen aufregenden Wochen Gesprächspartner, die ihm Vorhaltungen machten wegen seiner mangelnden Bereitschaft, den Übersiedlerstrom zu stoppen, oft gefragt, ob sie denn persönlich in irgendeiner Weise durch die Übersiedler Nachteile erlitten hätten. Auch nicht einer habe davon zu berichten gewußt.

Für die Angst sind amtlich verschuldete Informationsdefizite über die Einwanderer und die Bilder, die über die Einwanderer in Umlauf gesetzt werden, verantwortlich. Wenn die Bilder verfälscht werden – »Das Boot ist voll«, »Die Schwarzen bringen Aids und Drogen und vergewaltigen unsere Frauen« – oder aus der Realität ein Mythos fabriziert wird – »Gastarbeiter sind ein Provisorium« –, dann kann die Wirklichkeit von vielen nur verfälscht zur Kenntnis genommen werden. Daß ein Mitglied der Bundesregierung, nämlich Bundesminister Spranger, ohne Widerspruch zu finden fordern konnte, daß alle Asylbewerber zwangsweise einem Aids-Test unterzogen werden müßten, muß von den Menschen als eine amtliche Bestätigung ihrer Vorurteile aufgefaßt werden und schürt unmittelbar den Fremdenhaß. Das wußte schon der alte Epiktet: »Nicht die Dinge verwirren die Menschen, sondern die Ansichten über die Dinge.«

»Ansichten über Dinge« werden, zugespitzt gesagt, oft Ideologien. Die entstehen aber nicht zufällig, sondern werden in der Parteiendemokratie und Mediengesellschaft bewußt hergestellt.

Natürlich spielen die Verhältnisse eine Rolle. Das kann man nicht bestreiten, und Konflikte können auch nicht wegdiskutiert werden. Aber es ist in der konkreten Situation der Bundesrepublik vor allem ein Problem der Information und der Sprache.

Das beste Beispiel ist die Veränderung des Klimas Mitte 1991. Im Juni 1991 sagten bei einer Umfrage in Baden-Württemberg neun Prozent der Befragten, sie hielten das Asylproblem für wichtig. Im September, also drei Monate später, waren es plötzlich 41 Prozent. Was war in den Monaten Juli und August geschehen? Man könnte sagen: Irgendwann läuft das Faß über. Aber warum dann gerade im August und September und nicht im Mai oder Juni?

Es ist ganz klar, was passiert war: Im August 1991 wurde zum erstenmal bewußt das Asylproblem zum Gegenstand eines Landtagswahlkampfes gemacht mit bundesweitem Echo, und zwar in Bremen. Der Spitzenkandidat der SPD, Klaus Wedemeier, hatte verfassungswidrig Sinti und Roma an den Bremer Stadtgrenzen aufhalten lassen und den Asylunterbringungsnotstand erklärt, was ihn nicht hinderte, gleichzeitig ein öffentliches Luxuspissoir mit Kupferdach im Wert von fast einer Million D-Mark einzuweihen. Die CDU hat nachgelegt, das ist auch keine Frage.

Wie hat sie nachgelegt?

Indem sie erwidert hat. Ein Teil der Medien hat im August zusätzlich eine verheerende Rolle gespielt. Die *Bild*-Zeitung machte im Sommer 1991 fast jeden Tag mit handbreiten Schlagzeilen über Einzelbeispiele von sogenanntem Asylmißbrauch, die zum Teil erfunden waren, Auflage. In Nordrhein-Westfalen hat dasselbe Blatt wochenlang in übermannshohen Leuchtreklamen an Omnibushaltestellen die Asylproblematik dramatisiert: »Asylantenflut im Ruhrgebiet. Wer kann das bezahlen? Wie geht es weiter?«. Der *Spiegel* hat zweimal mit den entsprechenden Titelbildern die »Asylantenflut« hochgezogen.

In diesen zwei, drei Monaten ist eine asylfeindliche Veränderung des Bewußtseins eingetreten, verstärkt und begleitet durch die Tatsache, daß die Asylpolitik immer mehr zu einer Auseinandersetzung zwischen den beiden großen Parteien geworden ist. Die briefliche Aufforderung der Bundesgeschäftsstelle der CDU im August 1991 an alle Parteigliederungen, einen Katalog von Asylfragen, einschließlich der Fragen nach den Kosten, in Stadtrats- und Gemeinderatssitzungen an die Adresse der SPD zu richten, ist Gott sei Dank von den meisten CDU-Stadt- und Gemeinderatsfraktionen nicht befolgt worden.

Der Bild-Zeitung hat Volker Rühe gesagt, wenn die SPD nicht mitmache bei den neuen Gesetzen, vor allem der Grundgesetzänderung, dann sei ab nun jeder Asylant ein SPD-Asylant.

Das würde er heute auch nicht mehr sagen. Aber davon abgesehen: Damit war nur das Gleichgewicht hergestellt. Der Fraktionsvorsitzende der SPD im nordrhein-westfälischen Landtag, Friedhelm Farthmann, hat erklärt, wie seiner Meinung nach das Asylproblem zu lösen sei: »An Kopf und Kragen packen und raus damit.« Und der Münchner SPD-Oberbürgermeister Georg Kronawitter hat mit seinen Geschichten aus München auch nicht an die edelsten Instinkte des Menschen appelliert. Am 17. September 1991 begannen die Krawalle in Hoyerswerda, danach stieg die Zahl der Brand- und Mordanschläge sprunghaft an. Sie waren in den drei letzten Monaten des Jahres 1991 um ein Vielfaches höher als in den neun Monaten davor. Für das Klima in einem Land, auch Ausländern und Asylbewerbern gegenüber, sind eben nicht in erster Linie die Ausländer und Asylbewerber selber, sondern diejenigen verantwortlich, die über die Macht der Entscheidung und die Macht des Wortes verfügen.

Und an dem Klima, sagen Sie, wirken außer den Parteien auch die Medien mit. Damit rennen Sie bei uns offene

Türen ein. Beschreiben Sie uns bitte ein paar Ihrer Beobachtungen.

Verantwortungslos halte ich das journalistische Ausschlachten der Kriminalstatistik, die ich hinsichtlich der Ausländer schon vorhin als eine statistische Lüge bezeichnet habe. Der Journalist Jochen Kummer hat zum Beispiel monatelang jedes Wochenende in *Welt am Sonntag* auf einer ganzen Seite jeweils einen oder zwei Fälle von Ausländerkriminalität dargestellt und die Artikel ausgewalzt mit Überschriften wie »Asylanten schmückten Christbaum mit Hundert-Mark-Scheinen« und so weiter. Vierspaltig wurden jeweils einzelne Straftaten dargestellt, wobei es sich in aller Regel nur um einen Tatverdacht handelte und nicht um ein Strafurteil. Diese Artikel haben dann in den Leserbriefspalten einen vielfältigen Echoeffekt hervorgerufen, indem diese Einzelfälle dann als Beweis dafür genommen wurden, daß wir von ausländischen Verbrechern überflutet würden.

So hat auch am 24. Juni 1993 Hans-Dieter Schwind wieder einmal in der *FAZ* die Berechtigung der »Bedrohtheitsgefühle in Deutschland« dargelegt und sich dabei, was auch in der *FAZ* sehr beliebt ist, auf die Ausländerkriminalität bezogen. Dabei sind die amtlichen Kriminalstatistiken schon deswegen mit Vorsicht zu genießen, weil sie nur die Tatverdächtigen registrieren, aber keine Auskunft geben über die tatsächlichen Verurteilungen.

Die Journalisten machen nicht die Statistik, sie benützen – oder mißbrauchen sie. Was hindert die Politik denn, diesen völkischen Unfug abzuschaffen?

Die Innenminister sind sich eben nicht einig. Nach meiner Auffassung ist es aber höchste Zeit, daß diese Form der Statistik beendet wird, denn die Kriminalstatistik unterscheidet auch sonst nicht zwischen den Straftaten bestimmter Kollektive in der Bevölkerung, also zum Beispiel von Beamten, Brillenträgern und Katholiken im Verhältnis zu ihrem Anteil in der Bevölkerung.

Der nordrhein-westfälische Innenminister Schnoor hat mir in einem Brief vom 21. Juni 1993 bestätigt, daß die kriminalstatistische Unterscheidung nach deutschen und ausländischen Tatverdächtigen keinen Sinn macht. Er sei mit mir der Meinung, daß sie »nur dazu dienten, den Rechtsextremisten Futter zu geben«. Darüber hinaus verschweigt die Kriminalstatistik die nach Alter und Geschlecht unterschiedliche Zusammensetzung der Deutschen und der ausländischen Bevölkerung, differenziert nicht nach den sozialen Lebensumständen und verfälscht zudem die Statistik dadurch, daß sie die von ausländischen Touristen und Angehörigen der Stationierungsstreitkräfte begangenen Straftaten den hier lebenden Ausländern zurechnet.

Sie sprechen von Informationsverschulden. Hängt aber in dem Fall nicht vieles zusammen mit der Vereinigung, vor allem mit irrigen Analysen, falschen Parolen und politischen Unaufrichtigkeiten der Anfangsphase?

Nein, fremdenfeindliche Ressentiments gab und gibt es auch in Westdeutschland. Das haben Hünxe, Mölln und Solingen bewiesen. Die Ostdeutschen sind nur schlechter mit der Flut falscher Informationen fertig geworden, mit *Super* und anderen Blättern. Gerade in Ostdeutschland sind die Probleme noch extrem verschärft worden.

Die *Bild*-Zeitung hat gegenüber *Super* noch ein hohes Niveau gehabt. Aber die Presse trägt für die Gewalttaten gegen Ausländer und Asylbewerber nicht allein die Hauptschuld.

Entscheidend für die Eskalation, die wir bekommen haben, war der sich ständig steigernde asylpolitische Streit zwischen den beiden großen Parteien. Ich könnte als CDU-Mann sagen, die SPD hat leider Gottes über zwei Jahre gebraucht, bis sie in der Asylpolitik zu einem Kompromiß bereit war. Mit einem früheren Einlenken wäre sicher viel Schaden verhindert worden. Aber das Entscheidende war ganz einfach, daß es die beiden großen Parteien in den Augen der Bevölkerung nicht verstanden haben, den Streit zu beenden.

Ja, wollten sie es denn?

Teils, teils. Einige sahen im Asylthema ein politisches Kampfinstrument. Andere sagten – und sie hatten wohl recht –, der Streit um Asyl nütze weder SPD noch CDU/CSU, sondern nur den Rechtsradikalen, also müsse er logischerweise rasch beendet werden. Aber so klar waren die Fronten auch nicht. Die SPD mußte zu dem Kompromiß geradezu geprügelt werden. Ich wurde in meiner eigenen Partei oft angegriffen, weil ich immer wieder gesagt habe, wir müssen den Streit herunterfahren. Als Antwort kam: Unsinn, man muß die Leute dort abholen, wo sie gerade sind. Die Angst sei da und deshalb ein reales politisches Problem.

Ich hatte dafür geworben, den Streit nicht noch weiter eskalieren zu lassen, sondern ihn zu rationalisieren und zu humanisieren, auch in der Austragung und in der Wortwahl. Zwischen der Eskalation des Asylstreits und der Eskalation ausländerfeindlicher Gewalt besteht ein kausaler Zusammenhang. Die Rechtsradikalen, die es schon vorher gegeben hat, waren ja nicht die Antwort auf 200.000 oder 250.000 Asylbewerber, sie wurden aber ermutigt, aus ihrer Schmutzecke hervorzukommen. Sie hatten sich bis dahin nicht getraut, mit ihren ausländerfeindlichen Parolen massiv an die Öffentlichkeit zu treten, weil das Thema tabuisiert war. Die beiden großen Parteien haben es leider verstanden, durch ihren Streit das Ausländerthema, das Thema Fremdenfeindlichkeit zu *enttabuisieren*. Ich habe vorhin auf die wissenschaftliche Untersuchung des Bonner Frauenministeriums hingewiesen, die zu einem ähnlichen Ergebnis kommt. Nachdem die politischen Parteien Tag für Tag dieses Thema ausgepaukt hatten, hat sich niemand mehr genieren müssen, sondern die Rechtsradikalen haben gesagt: Was die können, können wir schon lange, nur noch besser.

Aber steckt nicht auch Angst dahinter, die die Menschen ganz real haben?

Das will ich gar nicht bestreiten. Aber warum soll in einer Mediendemokratie nicht effizient dargelegt werden können, daß diese Angst zwar da, aber unbegründet ist? Warum soll es eigentlich mit der Angst vor Fremden anders sein als mit der Aids-Angst, Russen-Angst, Raketen-Angst, jetzt neuerdings Europa-Angst? Ängste kommen, bleiben einmal kürzer, einmal länger, und die meisten gehen wieder. Sie verschwinden wohl nicht zuletzt, weil die Mehrheit der Menschen, die individueller, klüger und verantwortungsbewußter sind, als manche Soziologen vermuten können, jeweils durch Information und Fakten gesehen hat, daß die Angst nicht begründet ist.

Warum sollte dieses Volk, das im *Spiegel* von dem Frankfurter Soziologie-Professor Karl Otto Hondrich als tumbes, gewalttätiges und irrationales Kollektiv vorgeführt worden ist, aber beruflich und privat in seiner überwiegenden Mehrheit doch wohl aus vernünftigen und tüchtigen Leuten besteht, nicht begreifen können, daß Deutschland ein Einwanderungsland geworden ist? Und daß ein gut Teil der Probleme, die es damit hat, daher kommt, daß diese Realität in der Politik hartnäckig geleugnet wird, statt daß man endlich beginnt, den Umgang mit ihr zu lernen?

Betrifft: Ausländer

Warum sollten die Menschen nicht verstehen können, daß sich die bisherige Einwanderung in die Bundesrepublik seit 1949 insgesamt wirtschaftlich positiv ausgewirkt hat und daß unsere Gesellschaft ohne Zuwanderung auf die Dauer vergreisen würde? Zwei Millionen Arbeitnehmer in der Bundesrepublik sind Ausländer. Die Ausländer erwirtschaften rund 200 Milliarden Mark, also knapp sieben Prozent unseres Bruttosozialprodukts. Sie zahlen jährlich um die 90 Milliarden Mark an Steuern und Sozialabgaben – warum sollte es nicht einsehbar sein, daß sie zu unserem Wohlstand entscheidend beitragen?

1989 zahlten ausländische Arbeitnehmer 12,7 Milliarden Mark in die Rentenversicherung ein, während an Ausländer Renten in Höhe von lediglich 3,7 Milliarden Mark ausbezahlt wurden. Weil angesichts des Geburtendefizits der Deutschen im Jahre 2040 auf einen Rentenbezieher nicht mehr – wie heute – drei, sondern nur noch ein Beitragszahler kommen könnte, befürchtet der Verband der Rentenversicherer Beiträge in Höhe von 40 Prozent des Arbeitseinkommens. Wieso sollten dann die Deutschen nicht verstehen können, daß sie in der Zukunft um der Finanzierbarkeit ihrer eigenen Renten willen auf Zuwanderung angewiesen sind?

Über 700.000 Türken, 400.000 frühere Jugoslawen, 300.000 Italiener, 200.000 Griechen, 100.000 Spanier und 50.000 Portugiesen leben hier bereits 15 Jahre und länger, rund 70 Prozent der bei uns lebenden ausländischen Jugendlichen wurden in der Bundesrepublik geboren. Jede neunte heutzutage in Deutschland geschlossene Ehe ist eine sogenannte binationale Ehe. Wieso soll jemand nicht verstehen können, daß Ausländer in Deutschland nicht Gäste, sondern Mitbürger sind?

Man hat in der Phase der Vereinigung beteuert, die Deutschen seien nicht anfällig, um in Nationalismus zurückzufallen. Aber auf dem Umweg über Ausländer konnte man trotzdem an nationalistische Instinkte appellieren oder sie sich instrumentell nutzbar machen, ohne daß man nach außen hin als nationalistisch erschien. Dieser ausgrenzende Nationalismus scheint uns dort auch hineinzuspielen.

Die Anti-Asylbewegung kam in allen Parteien eher von unten. Die Kommunalpolitiker hatten große Probleme. Es gab aber auch eine Menge Bürgermeister, die wollten mit dem Asylproblem einfach nicht konfrontiert werden. Da mußte man Wohnraum beschaffen, Verpflegung, man hätte mit den Leuten reden müssen – das war vielen zu mühsam. Deshalb hat man das Problem nach oben abgeschoben, die Bundespolitiker haben Druck von unten bekommen. Manche Kommunalpolitiker haben mit Hilfe des Asylthemas auch versucht, von kommunalen Schwierigkeiten, die sie nicht bewältigt hatten, abzulenken.

Es gibt auch genügend Gegenbeispiele. Es gab die wenigsten Probleme dort, wo die Kommunalpolitiker mit den Aufgaben sorgsam umgegangen sind, wo sie die Leute informiert haben, inbesondere dort, wo eben nicht Asylbewerber massenhaft zusammengeballt worden sind in Turnhallen, 100, 150, 200 Leute in Gemeinden mit 800 Einwohnern, sondern wo man die Asylsuchenden dezentralisiert hat, wo man in der Tat nach Quote auf die Dörfer verteilt hat, so daß auf eine 800-Seelen-Gemeinde dann acht oder zehn Asylbewerber gekommen sind, was verkraftbar gewesen ist, aber eben nicht 100.

Dort, wo man es richtig gemacht hat, wo auch die Landesregierung bei der Organisation richtig half, hat man relativ wenig an Aggressionen und politischen Auseinandersetzungen gespürt. Zum Beispiel hat Rheinland-Pfalz pro Kopf der Bevölkerung die geringste Anzahl von Straftaten gegenüber Ausländern.

Das katastrophale Gegenbeispiel wäre dann Rostock mit der zentralen Sammelunterkunft. Das ist im Einigungsvertrag festgelegt worden, ebenso wie die 20-Prozent-Quote für die Ost-Länder: ein kapitaler Fehler, wenn nicht gar Absicht. Denn daß die einzelnen Kommunen besonders im Osten, die die Fremden nicht gewohnt waren, total überfordert sein würden, haben Kenner durchaus prophezeit.

Der Einwand, daß es einen Unterschied mache, ob man mit *einem* Roma oder mit hundert im Dorf zusammenleben muß, ist richtig. Aber das ist ja gerade das Kreuz mit den Sammellagern: Sperrt man hundert Bayern, Schwaben und Pfälzer unter Asylbewerberbedingungen zusammen, schlagen die sich nach acht Tagen auch die Schädel ein; dies hat nichts zu tun mit der Hautfarbe oder Religion, aber sehr viel mit der menschenunwürdigen Unterbringung. Verteilt man die hundert auf die Nachbardörfer, ist das Problem entschärft.

Zumindest die Brandanschläge in Rostock-Lichtenhagen hatten die Behörden mitzuverantworten: Zweihundert Roma mußten ohne sanitäre Einrichtungen, die sonst bei jedem Feuerwehrfest vorhanden sind, im Freien campieren. Nach vierzehn Tagen waren die Vorgärten eine Kloake. Auch das hat nichts mit der Hautfarbe zu tun. Offenbar handelten die Behörden nach dem Sinnspruch: Sie haben nichts zu beißen, also brauchen sie nicht scheißen.

Zentrale Sammelunterkünfte sind in der Tat problematisch. Sammelunterkünfte kann man überhaupt nur dann verantworten, wenn man weiß, daß es für die einzelnen Asylbewerber zeitlich beschränkt ist. Ich habe davor gewarnt, andere auch. Als Dauerzustand sind Sammelunterkünfte, von ganz wenigen Ausnahmen abgesehen, ungeeignet, weil sie in den betroffenen Ortschaften wirklich für Unruhe sorgen. Es gibt auch hier Gegenbeispiele: Sammelunterkünfte, wie das zum Teil in Rheinland-Pfalz der Fall ist, in denen die Leute nicht sich selber überlassen worden sind, sondern wo man vom Land finanzierte Sozialbetreuer einsetzt, wo man versucht, mit den Leuten zu reden, sie auch zu beschäftigen, sie zu öffentlichen Arbeiten heranzuziehen.

Rostock steht für falsche Politik. Stehen die Morde von Mölln und Solingen, die Anschläge auf hier schon lange ansässige türkische Familien, für das Scheitern eines multikulturellen Zusammenlebens?

Natürlich nicht. Das wäre ungefähr so, wie wenn wegen der Giftunfälle bei Hoechst die gesamte Ökologiepolitik als gescheitert erklärt werden würde. Aber vor Mölln und Solingen haben auch einige Freunde zu mir gesagt: Du mußt jetzt das Wort »multikulturelle Gesellschaft« aus dem Verkehr ziehen, das regt die Leute auf.

Wofür stehen Mölln und Solingen? Beides sind Städte im Westen. Darüber gab es, wie wir hören, im Osten geradezu Erleichterung.

Nach Mölln hatte sich das Klima verändert. Sogar in der

von Überfremdungsängsten gepeinigten *FAZ* erschien eine positive Rezension des Buches »Heimat Babylon« von Daniel Cohn-Bendit und Thomas Schmid. Nach den drei Morden in Mölln konnte man offenbar das Wort »multikulturelle Gesellschaft« wieder in den Mund nehmen und darüber reden. Das Gegenmodell »Deutschland den Deutschen« hatte sich eben mit seiner schlimmsten Fratze gezeigt.

Solingen hat tiefste Depressionen verursacht.

Die Frage ist doch wohl berechtigt: Wie ist es eigentlich um die Bewußtseinslage einer Gesellschaft bestellt, die drei bis sieben Morde braucht, um aufzuwachen? Müssen türkische Mütter mit ihren Kindern verbrennen, damit es Lichterketten gibt? Und Friedhelm Farthmann könnte seinen dumpf-dummen Spruch, den ich vorhin zitiert habe, heute auch nicht mehr äußern. Aber die Veränderung des Klimas hat Solingen nicht verhindern können. Offenbar ist die latente Ausländerfeindlichkeit doch weiter verbreitet, als wir uns gedacht haben.

Gerade nach Solingen haben sich die Brandanschläge reihenweise fortgesetzt. Natürlich sind dies auch Nachahmungsdelikte. Neben der überwiegenden Mehrheit, die verantwortungsbewußt, manchmal sogar etwas idealistisch ausländerfreundlich eingestellt ist, gibt es offenbar doch eine große Anzahl von Leuten, die sich, weil sie selber unsicher sind, nach dem richten, was von oben herunter gesagt wird oder was an allgemeiner Meinung vorherrscht.

Gerade Hünxe in Nordrhein-Westfalen ist ein typisches Beispiel. Gut drei Viertel des Dorfes – so hat die ARD es berichtet – ist in Vereinen organisiert. Die haben Uniformen, eine Art Schützentradition wird gepflegt, eigentlich das typische deutsche Vereinsleben, wie es zum dörflichen Alltag gehört. Asylbewerber werden als fremd empfunden, sie haben zum dörflichen Leben praktisch keinen Zugang. Das hat zwar beim Establishment und bei der überwiegenden Mehrheit dieser organisierten Dorfbewohner nicht zu feindseligen Reaktionen geführt, aber viel Gleichgültigkeit erkennen lassen. Man hat sich um die Asylbewerber nicht weiter gekümmert. Sie waren halt da, aber sie gehörten nicht dazu, man hat weggeguckt, und irgendwie war einem das unangenehm.

In dem Klima ist dann die nächtliche Gewalt-Eskapade dieser drei jungen Leute möglich geworden. Alle haben von ihnen gesagt, es seien im Grunde genommen anständige junge Leute gewesen, die rechtsradikale Uniform und den Haarschnitt hätte man nicht ernstgenommen. Drei oder vier Flaschen Bier haben dann alles nach oben befördert, was dumpf in der Gesinnung waberte.

Die positive Änderung des Klimas, von der Sie sprechen, war aber erst wieder die Reaktion auf die Reaktion.

Vor allem aber die Reaktion auf das Entsetzen im Ausland. Man hat das alles nicht so ernst genommen und sich durch ständige Beteuerungen selbst betrogen: »Wir sind ein ausländerfreundliches Land« – als ob man das affirmativ-voluntaristisch erzeugen könnte.

Das großzügige Spendenaufkommen wurde auch gern zitiert.

Spenden für hungernde afrikanische oder bosnische Kinder, die weit weg sind, nicht für diejenigen, die im Dorf leben. Dennoch hat sich nach Mölln doch wieder das Bewußtsein verändert.

Es kam von oben nach unten und traf auf eine Bereitschaft der Menschen insgesamt, eigentlich »ausländerfreundlich« sein zu wollen. Bei der überwiegenden Mehrheit hätte man das von vornherein so erreichen können, wenn die entsprechende politische und geistige Führung vorhanden gewesen wäre, in einer Situation mit einer ungeklärten amorphen Bewußtseinslage, und zwar von oben nach unten: Wenn Bundespräsident, Bundeskanzler, Ministerpräsidenten, Bischöfe, Gewerkschaftsführer, Arbeitgeberpräsidenten, die Fernsehanstalten und sonstige Medien, Regierung und Opposition einmütig eine klare und eindeutige Sprache gefunden hätten, dann wäre das alles so nicht passiert. Aber diese geistige Leistung ist nicht erbracht worden. Erschreckend war dieses Beifallklatschen...

... in Rostock, Hoyerswerda und Quedlinburg und anderswo.

Da fangen Unterschiede an zwischen Ost und West. Die soziale Situation in Ostdeutschland spielt dabei eine wichtige Rolle. Viele Leute haben ihre Arbeit verloren, sorgen sich um ihre Zukunft, finden sich in der Wettbewerbswirtschaft noch nicht zurecht. Ein funktionierendes Vereinswesen, das manches vielleicht auffangen könnte, gibt es nur in Ansätzen, es herrscht viel Perspektivlosigkeit. Daß sich das psychologisch ganz anders auswirkt als im Westen, ist doch klar.

Daraus resultiert eine *underdog*-Mentalität bei nicht

wenigen, das Suchen nach Sündenböcken für die eigene frustrierende Situation, das eigene Unglück, bei dem einen oder anderen auch für das eigene Unvermögen. Wenn es dann zu einer unmittelbaren Konfrontation zwischen Kulturkreisen kommt, dann kann man das zwar nicht rechtfertigen, aber begreifen.

Im Westen hatten die Leute 40 Jahre Erfahrung mit Ausländern, entweder dadurch, daß sie selber schon ins Ausland gefahren sind, oder daß sie eben nun schon seit 20 Jahren oder länger mit sogenannten »Gastarbeitern« zusammengelebt haben. Jedenfalls hatte jeder mit Türken und Italienern und Spaniern zumindest in der Gastronomie schon seine Begegnungen. Das war in Ostdeutschland überhaupt nicht so. In über 40 Jahren DDR gab es praktisch keine Möglichkeit, Ausländer kennenzulernen und mit ihnen auch Freundschaften zu schließen. Honecker, Krenz, Mielke und Konsorten, die haben zwar dauernd von Völkerfreundschaft geredet, aber zugelassen haben sie sie nicht, denn praktizierte Völkerverständigung hätte natürlich die Reisefreiheit zur Voraussetzung gehabt. Aber in Rostock, Quedlinburg und anderswo in den neuen Bundesländern war etwas anderes das eigentlich Merkwürdige: Den Gewalttätern und den Beifallklatschern hat selbst dann das Gewissen noch nicht geschlagen, als die Häuser brannten und die Menschen schon davonliefen wie das gejagte Vieh. Nicht irgendwelche heruntergekommenen Leute, sondern brave junge Mädchen haben gesagt: Die Brandstifter sollen das wieder machen, gut, daß das gemacht worden ist.

Wie erklären Sie das?

Was ich jetzt sage, ist sicherlich nicht die einzige Erklärung. Aber ich meine, wenn Kinder und Jugendliche in ihrem ganzen Leben weder in der Schule noch von ihren Eltern irgend etwas gehört haben von Gott, von den zehn Geboten, von den sittlichen Grundlagen des Zusammenlebens in einer Gesellschaft, vom Erbe der Aufklärung, sondern nur von »Klassenkampf« und »Klassenfeind« und Materialismus, muß man sich auch nicht wundern, daß ihnen das Gewissen hinterher nicht schlägt, wenn Menschen brennen und ihnen das Dach über dem Kopf angezündet worden ist.

In der schulischen Erziehung muß die Information über die Grundwerte unserer Gesellschaft wieder zum Thema Nummer eins werden. Statt die Kinder die erste Strophe des Deutschlandliedes auswendig lernen zu lassen, sollten wieder mehr die deutschen Klassiker gelesen werden und Lehrer und Schüler sich zum Beispiel mit der Ringparabel in Lessings »Nathan der Weise« befassen, die das Zusammenleben von Christen, Muslimen und Juden beschreibt.

Die Deutschen sind zwar kein »gottvergessenes Volk«, wie Kardinal Meißner in seiner Silvesterpredigt 1992 behauptet hat, und wären die Lichterketten ein Gegenbeispiel, könnte man sie auch als tief religiös bezeichnen, was etwas zu viel der Ehre wäre. Aber richtig ist doch wohl, daß zwar der Nationalsozialismus und der Kommunismus überwunden worden sind, aber offenbar noch nicht überall der Rassismus.

Viele, die ihren Kindern zu Hause nicht ausdrücklich die Zehn Gebote vermitteln und nicht die Bibel, vermitteln dennoch Normen und soziale Wertvorstellungen. Das gilt nicht zuletzt für die Eltern aus der sogenannten 68er-Generation, für die das »Lernziel Solidarität« (Horst-Eberhard Richter) ein Leitmotiv war. Gerade aus Ihrer Partei, aber auch aus den Reihen der Grünen und aus der SPD kommt heute eine aggressive Auseinandersetzung gerade mit diesen 68er-Eltern, denen die Hauptschuld an der zunehmenden Intoleranz und Gewaltbereitschaft in der Gesellschaft zugeschrieben wird. Der angebliche Mangel an Erziehung im Gefolge der Umwälzungen in den späten sechziger Jahren – die sogenannte »antiautoritäre Erziehung« der Kinderladenbewegung – wird zur Ursache des angeblichen Werteverfalls erklärt.

Die Erziehung gegen autoritäres Verhalten war sicher in Ordnung, die Erziehung gegen jede Autorität nicht. Es gab im Zusammenhang mit der 68er Bewegung auch diese elitäre Moral, die sich dann später in den Sitzblockaden und in Gewalt gegen Sachen, sogar in Gewalt gegen Personen in Form von Nötigung geäußert hat. Es gab auch eine Gewaltbereitschaft, die immer mit einem Ziel begründet wurde, das von dem Betreffenden selber als höheres Ziel definiert wurde, das infolgedessen auch die Gewaltanwendung rechtfertigte. Das alles hat die Allgemeingültigkeit der Zehn Gebote und den Universalitätsanspruch des Rechtes, nämlich für alle zu gelten, erheblich relativiert.

Ich habe diese Form von Gewaltanwendung im Dienste angeblich höherer Ziele an meinem eigenen Körper bei mehreren Versammlungen an Universitäten spüren müssen. Ob das in Göttingen war oder in Bielefeld oder in Frankfurt, wo nicht nur in einer unerträglichen Form Meinungsfreiheit und Redefreiheit von linken Gruppierungen und Autonomen niedergemacht worden sind, sondern auch in einem erschreckenden Maße Gewalt angewendet wurde, und zwar gegenüber durchaus friedlichen und zivilen Studenten der Gegenseite, die wurden dafür zur Rechenschaft gezogen, daß sie eine andere Meinung hatten. Sie, Herr Perger, haben ja auf dem Evangelischen Kirchentag die entsprechende Geisteshaltung gegenüber dem Ethnologen Eibl-Eibesfeldt ebenfalls erleben können, wie ich der ZEIT entnommen habe. Dabei war das, was dort passiert ist, sicherlich harmlos, verglichen mit dem, was Ende der siebziger und die ganzen achtziger Jahre hindurch von der linken Seite aus praktiziert worden ist.

Es gab Gewaltanwendung in Wackersdorf, an der Startbahn West und anderswo in übelster Form. Auch die Sitzblockaden in Mutlangen gehören dazu. Natürlich wurde diese Form der Nötigung immer begründet mit Naturschutz, Tierschutz oder Atomangst und ähnlichem. Ich will nicht ausschließen, daß Rechtsradikale sich klammheimlich gesagt haben, wenn die Linken den Rechtsstaat und die Polizei herausfordern können, dann können wir das auch. Aber, zugegeben, das ist natürlich bei weitem nicht ausreichend, um das Entstehen des Rechtsradikalismus, vor allem diesen fanatischen Haß gegen Ausländer, zu erklären.

Es ist eine Ausflucht. Damit ist schon gar nicht erklärt, weshalb ausgerechnet die bürgerliche Mitte einer Gesellschaft zu besonders radikalem Verhalten und Ausschlägen neigt. Im Nationalsozialismus war das ähnlich, es waren nicht so oft die wirklich Zukurzgekommenen, sondern es war eine verängstigte soziale Mitte, die zum Extremismus neigt, die kleinbürgerliche Mitte, derer sich auch jetzt wieder die großen Parteien sicher zu sein glauben.

Kleinbürgerlicher Neid und Frust und Underdog-Mentalität spielen sicher eine Rolle. Auf der anderen Seite gab es auch berechtigte soziale Beschwerden in Zusammenhang mit den Asylbewerbern. Das habe ich auch bei mir zu Hause in meinem Wahlkreis erlebt. Die Südpfälzer sind in der Tat, das kann ich sicher sagen, nicht ausländerfeindlich, ganz im Gegenteil. Wie es halt in einer Grenzregion mit einem schweren Schicksal seit Jahrhunderten auch gar nicht anders sein kann.

Aber die Daimler-Benz-Arbeiter, die zur Schicht nach Wörth gefahren sind, haben sich schon ihre Gedanken gemacht, wenn sie dann nachmittags um halb fünf an den Cafés oder Weinwirtschaften zur Arbeit vorbeigefahren sind und haben dann die Asylbewerber dort sitzen sehen. Die Winzer und Bauern, die im Frühjahr und im Herbst Saison-Arbeitskräfte als Erntehelfer brauchen und die auf dem Landauer Arbeitsamt keine Arbeitskräfte vermittelt bekamen, wurden noch bis vor zwei Jahren bestraft, wenn sie Asylbewerber zur Arbeit mit auf den Acker oder in den Weinberg nahmen.

Nicht die Anwesenheit von Asylbewerbern hat die Leute aufgeregt, sondern die Tatsache, daß derselbe Staat, der Asylbewerbern aus ihren Steuermitteln Sozialhilfe bezahlt, gleichzeitig verboten hatte, daß dieselben dafür auch arbeiten dürfen. Nun gut, das ist inzwischen, nicht zuletzt auf mein Drängen hin, wieder geändert worden. Seit Juli 1991 dürfen Asylbewerber arbeiten. Aber sie werden zu den Arbeiten kaum herangezogen.

Natürlich hat die ganze Aufregung etwas mit der *verschämten Altersarmut* zu tun. Die Asylbewerber bekamen die Sozialhilfe ausbezahlt. Wenn es eine größere Familie war mit fünf Personen, Eltern und drei Kinder, dann überstieg die Sozialhilfe schon die Zweitausend-Mark-Grenze. Die Witwe eines Landwirts bekommt von der Landwirtschaftlichen Alterskasse demgegenüber vielleicht eine Altersrente von 400 Mark. Für diese alten Leute war der Vergleich ihrer Rente mit der Sozialhilfe der Asylbewerber eine bittere Erfahrung.

Das macht das Zusammenleben auch nicht leichter.

Das liegt aber nicht daran, daß die Sozialhilfe zu hoch gewesen wäre, sondern daß die Witwe deswegen nicht zu ihrem Recht kam, weil sie sich schämte, auf dem Sozialamt ebenfalls die Sozialhilfe und das Wohngeld in Anspruch zu nehmen.

Deswegen mache ich schon seit langer Zeit den Vorschlag, daß die Rentenversicherungsträger den Gesamtanspruch, also Rente, Sozialhilfe und Wohngeld, für diese alten Leute errechnen, dann die gesamte Summe ausbezahlen und dann mit dem Sozial- und Wohnungsamt die Ausgaben wieder verrechnen. Leider ist das bisher noch nicht geglückt.

Betrifft: Konflikte in einer demokratischen Gesellschaft

Natürlich wäre es blinder Moralismus zu glauben, das Zusammenleben zwischen Einheimischen und Ausländern sei ohne Konflikte. Und jede demokratische Gesellschaft braucht auch ein gemeinsames Verständnis verbindlicher Werte, über die Einigkeit hergestellt werden muß. Aber dieses einigende Band kann nicht eine völkische Idee sein, sondern nur die Verfassung, weil das Völkische zur Ausgrenzung von Millionen von Menschen und damit zu einem modernen Sparta mit zwei oder drei Klassen von Menschen führen würde. Die Ursachen für Bürgerkriege, Mord und Totschlag, wie in Nordirland, Nordspanien, Bosnien-Herzegowina, Berg-Karabach, im Libanon und in Afghanistan, liegen nicht in der biologischen Programmierung des Menschen, sondern im Fundamentalismus und der bewußten rechtlichen und sozialen Diskriminierung der schwächeren Gruppen. Beseitigung der Diskriminierung auf dieser Welt ist der Schlüssel zum Tor für eine friedliche Weltordnung. Konflikte können nicht wegdiskutiert werden, aber demokratische Gesellschaften haben den großen Vorteil, daß sie Konflikte humanisieren können.

Der Konflikt zwischen Kapital und Arbeit stellte früher alle Probleme in den Schatten, die wir heute mit der Ausländerintegration haben. Das Konfliktpotential, die revolutionäre Gefahr infolge von Ausbeutung, inhumanen Arbeitsbedingungen, schlechten Löhnen, Kinderarbeit – Ungerechtigkeiten, die eine große Mehrheit der Bevölkerung, nämlich die Arbeiter und ihre Familien, trafen –, waren weitaus größer als alle denkbaren Konflikte, die im Zusammenleben von 74 Millionen Deutschen mit heute 6,5 und morgen vielleicht acht Millionen Ausländern bestehen können. Und dennoch ist es gelungen, in den modernen europäischen Staaten den Gegensatz zwischen Kapital und Arbeit zu überwinden. Die demokratischen Länder Westeuropas sind den Weg der Konfliktentschärfung durch Partnerschaft zwischen Arbeitgebern und Arbeitnehmern gegangen, die Länder Osteuropas den Weg der Konfliktverschärfung durch Klassenkampf. Das Kapital wurde ideologisch wegdefiniert und seine Eigentümer eliminiert. Die Kommunisten dachten, sie hätten damit das Problem gelöst. In Wirklichkeit sind sie daran gescheitert. So meinen heute manche, das Problem der Ausländer durch deren Eliminierung beseitigen zu können. Wie man sieht, kein intelligenter Vorschlag.

Was im Konflikt zwischen Arbeit und Kapital die marxistische Forderung nach der »Expropriation der Exproprieteure« – übersetzt heißt das soviel wie »Kapitalisten raus« –, ist mit Blick auf mögliche Konflikte zwischen Deutschen und Ausländern die Forderung »Ausländer raus«, also »ethnische Säuberung« mit anderen Mitteln.

Wenn schon Parolen, dann: Partnerschaft statt Klassenkampf, Partnerschaft statt Nationalitätenkampf.

Neid und Frust und der Ärger über unbeschäftigte Asylbewerber reichen aber doch nicht zur Erklärung für den wütenden und kriminellen Widerstand gegen die multikulturelle Entwicklung in Deutschland.

Es gibt aber Modelle, wie es multikulturell funktionieren kann: die Schweiz zum Beispiel, auch die USA. In Kanada gibt es sogar einen Minister für multikulturelle Angelegenheiten. Die Inaugurationsrede von Bill Clinton habe ich als ein Bekenntnis zur multikulturellen Gesellschaft verstanden. Der neue Präsident hat zwar den Begriff nicht verwendet, aber ununterbrochen erklärt, nur gemeinsam werden wir es schaffen, und damit die Schwarzen, die Hispanics und die Weißen gemeint. Und so ist auch seine Regierung zusammengesetzt. Los Angeles ist kein Gegenbeispiel, sondern im Gegenteil ein Beweis dafür, daß multikulturelle Gesellschaft möglich ist. Sie muß sich allerdings immer wieder durchsetzen.

Das müssen Sie jedem, dem die dramatischen Bilder vom Sommer 1992 in Erinnerung sind, erläutern. Los Angeles war immerhin das Zentrum schwerer Konflikte.

Los Angeles ist eine multikulturelle Metropole. Die Bevölkerung dort besteht zu etwa 50 Prozent aus Weißen, 30 Prozent aus Latinos, 10 Prozent aus Schwarzen und 10 Prozent aus Asians. An den Krawallen war eine Minderheit der Einwohner beteiligt – vielleicht maximal 100.000 von über 12 Millionen. Von rund 12.000 Festgenommenen waren über die Hälfte bereits vorbestraft.

Das Gerichtsurteil gegen die Polizisten, die den Schwarzen Rodney King halb totgeschlagen haben, ist auch bei den Weißen in übergroßer Mehrheit auf Ablehnung gestoßen. Die von Schwarzen bewohnten besseren Gegenden blieben von den Krawallen praktisch unberührt.

Die Krawalle hatten sehr viel mehr mit sozialer als rassischer oder ethnischer Diskriminierung zu tun. Das waren keine Rassenkrawalle, sondern soziale Explosionen. Zumindest von den Gesetzen her sind Minderheiten in den USA infolge von Quotenregelungen bei der Vergabe von Arbeits- und Studienplätzen, Anti-Diskriminierungsgesetzen und so weiter deutlich besser gestellt als in Deutschland.

Das eigentliche Problem in Los Angeles und anderen amerikanischen Metropolen besteht in mangelnder staatlicher Initiative für Ghetto-Bewohner in sozialer, wirtschaftlicher und bildungspolitischer Hinsicht. Dazu kommt das damit zusammenhängende Kriminalitäts- und Drogenproblem, auf das praktisch nur mit polizeistaatlichen Mitteln reagiert wird. Das Los Angeles Police Department ist in den Armutsvierteln völlig verhaßt, teilweise berechtigt. Jedes zweite Kind in den schwarzen Armutsvierteln wird unehelich geboren und wächst bei alleinerziehenden, auf Sozialhilfe angewiesenen Müttern auf, von denen wiederum ein großer Teil bei der Geburt des Kindes noch minderjährig ist. Schwarze Einwohner, die es zu etwas gebracht haben, verlassen verständlicherweise die ärmeren Viertel so schnell es geht, schon um ihrer Kinder willen. Es besteht also für diese ärmeren Viertel praktisch keine Chance, ohne politische Hilfe aus dem Teufelskreis von Armut, Gewalt und Rauschgift herauszukommen. Eine politische Organisation für diese Leute gibt es aber praktisch nicht. Wie auch? Sie haben genug damit zu tun, ihre Kinder von Gangs und Drogen fernzuhalten, und oft genug gelingt ihnen das nicht.

Die Analyse konzentriert sich auf das soziale Konfliktpotential. Was heißt das grundsätzlich? Und was bedeutet es für uns?

Das bestärkt meine These, daß Mord und Totschlag und bürgerkriegsähnliche Zustände nicht dort entstehen, wo multikulturelles Zusammenleben einigermaßen funktioniert, sondern da, wo das Gegenteil dominiert, wo Minderheiten durch Mehrheiten unterdrückt und diskriminiert werden, wo wir reine Klassengesellschaften haben, wie in Nordirland, lange Zeit in Südtirol, im Baskenland, in Berg-Karabach und jetzt im früheren Jugoslawien. Wenn die diskriminierten Gruppen dazu auch noch keine wirtschaftlichen und sozialen Perspektiven haben, spätestens dann ist das Feuer an der Lunte.

Die multikulturelle Gesellschaft funktioniert bei uns bei weitem nicht so, wie Sie sie als Modell beschreiben, trotz der demokratischen Verhältnisse. Wir sprachen schon von den Schwierigkeiten in der politischen Praxis: Könnte es nicht passieren, daß es inzwischen zu spät ist für Ihre »Toleranzgesellschaft«? Überfremdungsängste nehmen zu, Modernisierungsdefizite wirken sich aus, eine allgemeine Orientierungslosigkeit wird spürbar. Jetzt rächt sich möglicherweise, daß eine Politik der Aufklärung über die Folgen der Umwälzungen im Osten nicht früher und konsequenter betrieben worden ist.

Ich glaube nicht, daß man es so pessimistisch sehen muß. Es wäre schlimm, wenn es so wäre. Wir haben aber mit der Diskussion, wie diese Gesellschaft organisiert werden soll, überhaupt erst begonnen.

Glauben Sie denn, daß es eine Größenordnung gibt, die eine Art von sozialer Verträglichkeit sichert? Es ist doch sicher leichter, 100.000 Österreicher zu integrieren als 50.000 Angolaner.

Ich bestreite gar nicht, daß die Fähigkeit einer Gesellschaft, Einwanderer aufzunehmen, wie schon gesagt, aus sozialen, arbeitsmarktpolitischen und psychologischen Gründen begrenzt ist. Aber wo ist die Grenze?

Nach Auffassung des Verhaltensforschers Irenäus Eibl-Eibesfeldt sind die Europäer, bei denen es nur hinsichtlich der »Blau- oder Braunäugigen, der Lang- oder Rundschädeligen oder in der Blutgruppenverteilung noch großräumige Unterschiede gibt, nicht das eigentliche Problem«. Nur die Vertreter kulturferner Ethnien würden als Eindringlinge wahrgenommen.

Das müßten dann wohl die zwei Millionen Muslime sein, vor allem die 1,8 Millionen türkischer Nationalität. Aber die Türken sind es nach herrschender Meinung auch wieder nicht, da sie sich ja als Gastarbeiter längst bewährt haben. Wer ist es dann? Also sind es doch die Asylbewerber. Aber von diesen waren in den letzten drei Jahren über siebzig Prozent Europäer, nämlich Flüchtlinge aus Ost- und Südosteuropa. Die Deutschen werden also gar nicht Opfer des massenhaften Zudrangs kraushaariger Diebe und Mörder, womit die imaginären Ängste immer wieder begründet werden.

Ist die Zahl der Flüchtlinge ein Kriterium für die Aufnahmefähigkeit?

Nehmen wir einmal ohne Nationalitätenschlüssel die Zahl von 1,5 Millionen Flüchtlingen, die es am 31. 12.

1992 gegeben hat: Diese Zahl bedeutet, daß der Flüchtlingsanteil, gemessen an der deutschen Bevölkerung, bei 2,03 Prozent liegt. Das hieße zum Beispiel, daß eine Gemeinde mit tausend Einwohnern zwanzig Flüchtlinge zu verkraften hätte. Soll damit in einem zivilisierten Kulturvolk die »Krisensituation« erreicht sein, von der Eibl-Eibesfeldt spricht, von der an »die archaischen Verhaltensmuster der Territorialität und Xenophobie... in Haß umschlagen«?

Verhaltensforscher wie er begründen die Xenophobie mit der angeblich angeborenen archaischen Struktur des Menschen.

Aus dem freundlich-affiliativen Verhalten des Säuglings der Mutter und seinen ängstlichen Abwehrreaktionen einem Fremden gegenüber und dem territorialen Abgrenzungsverhalten der »Tierverwandten« müssen nach deren Auffassung auch *politische* Schlüsse für die Ordnung einer menschlichen Gesellschaft gezogen werden. Das gleichberechtigte multikulturelle Zusammenleben von Einheimischen und Millionen fremder Einwanderer sei biologisch nicht möglich.

Also Deutschland den Deutschen? Ethnologisch begründet?

Wenn die Fahne fliegt, ist der Verstand in der Trompete – ich wiederhole dieses schöne ukrainische Sprichwort. Über die Tatsache, daß die Deutschen nie mehr unter sich sein werden, daß wir mit mehr als sieben Millionen sogenannter Ausländer in der Zukunft zusammenleben müssen und die Deutschen im Altersaufbau gleichzeitig vergreisen, haben wir bereits gesprochen. Es geht doch gar nicht allein darum, daß wir uns als Einwanderungsland *öffnen*, sondern um die verantwortungsvolle Reaktion auf die Tatsache, daß Deutschland Einwanderungsland ist, daß in Europa die Freizügigkeit bereits geltendes Recht ist, daß die europäische Einigung weitere Nichtdeutsche zu uns bringen wird und wir auch in Zukunft Einwanderer *brauchen*. Da man 6,5 Millionen nicht in einen deutschen Schmelztiegel werfen und germanisieren kann, bleibt als Alternative nur, diese Leute wieder hinauszuwerfen oder mit ihnen so zusammenzuleben, daß sie gleichberechtigt – unter Anerkennung unserer Verfassungsgrundsätze, der Glaubens- und Gewissensfreiheit, der Gleichberechtigung der Frau – in diesem Verfassungsstaat ihre religiöse und kulturelle Identität, wenn sie dies wollen, auch bewahren und deutsche Bürger werden können. Eibl-Eibesfeldt nennt dies eine Utopie und begründet es mit der angeborenen Xenophobie.

Eibl-Eibesfeldt wehrt sich allerdings gegen den Vorwurf des Rassismus und auch dagegen, daß »Ausländerraus«-Ideologen sich auf ihn berufen. Fremdenhaß sei etwas anderes als Fremdenfurcht, nicht angeboren, sondern anerzogen.

Daraus folgt dann aber auch, daß man ebenso zu multikultureller Toleranz, zur Fremden- und Nächstenliebe erziehen kann.

Man muß es nur tun!

Dazu erzähle ich Ihnen eine persönliche Geschichte. Ich hatte als Fünfjähriger einen Spielkameraden, der Kajetan Reinhard hieß. Meine Eltern wohnten damals, 1935, mit ihren fünf Kindern in Ravensburg am südlichen Stadtrand.

Kajetan hatte sein zu Hause ein paar hundert Meter von unserer Wohnung entfernt. Man konnte von unserer Wohnung aus die Türme der, wie es damals hieß, oberschwäbischen »Irrenanstalt« Weisenau sehen, während der Nazizeit Sammellager für Zwangsarbeiter. Kajetan und ich waren fast unzertrennlich bei unserem täglichen Spiel im Binsendickicht und den Sandlöchern des Schussentales. Manchmal kamen seine drei Schwestern dazu, dunkelhäutige Mädchen, mit braunen Augen und langen, pechschwarzen Haaren; sie hatten eine laute, freundliche und unglaublich dicke Mutter und einen respekteinflößenden Vater, dem sie aufs Wort gehorchten. Oft holte mich Kajetan morgens ab, und ich kam erst spät am Nachmittag nach Hause. Zu essen bekamen wir bei seiner Mutter. Bei der Einschulung heulte und tobte ich, bis ich mit ihm zusammen in einer Schulbank sitzen durfte. 1938 war er plötzlich verschwunden. Meine Eltern waren bedrückt und gaben ausweichende Antworten. Ich lief hinaus zu den Weiden, wo sie ihren großen, farbigen Wagen stehen hatten; außer ein paar Spuren im Sand war nichts mehr zu sehen.

Kajetan war ein Zigeuner, man sagte damals nicht Sinti oder Roma. 1985, als ich Bundesminister und auch zuständig für diese Bevölkerungsgruppe war, ließ ich nach ihm suchen. Er hatte Birkenau überlebt. Ich traf ihn 1985 wieder bei einer Messe im Speyerer Dom, die der dortige Bischof mit ein paar tausend Sinti und Roma feierte. Ich erfuhr von ihm, daß seine schönen Schwestern und die Eltern umgebracht worden waren.

Ich frage mich natürlich, nachdem ich die Verhaltensforscher gelesen habe, ob ich damals normal gewesen war oder möglicherweise falsch programmiert. Denn die

Mechanismen der Abgrenzung gegenüber artfremden Lebewesen hätten ja auch bei mir in einem angeborenen Programm vorgebildet sein müssen, und bei mir wäre dann auch schon in frühester Kindesentwicklung die Xenophobie vorhanden gewesen oder hätte vorhanden sein müssen. Da muß mit mir und dem Zigeuner irgend etwas schiefgelaufen sein – ein lockeres Gen, falsche Erziehung?

An der Schule kann es nicht gelegen haben: Kajetan wurde ein halbes Jahr nach der Einschulung aus unserer Schulbank geholt und »artgerecht« in der letzten Reihe isoliert, der kindliche Widerstand durch Schläge im Keime erstickt. Dann müssen es meine Eltern gewesen sein, richtig, die nie »Heil Hitler« gesagt haben und mir erlaubten, im Zigeunerwagen zu Mittag zu essen.

Die Politik in Deutschland und auf der Welt darf sich nicht an ethnologisch begründeter Abschottung, Ausgrenzung, Auslese, an archaischen Verhaltensmustern und biologischen Determinanten orientieren. Sie muß sich ausrichten an den humanen und realistischen Modellen der Partnerschaft, des Föderalismus, an dem Universalitätsanspruch der Menschenwürde und der Menschenrechte und dem Primat der Erziehung gegenüber archaischen Phobien. Dieser Primat hat mir dank meiner Eltern drei glückliche Kinderjahre mit einem »Zigeuner« geschenkt.

Ein persönlicher Fragebogen –
Über Konflikte, Extreme, Jesuiten, Gott, Abstürze und die absolute Freiheit des Bergsteigers

Wir möchten über eine Ihrer eher privaten Vergnügungen, Bergsteigen und Gleitschirmfliegen, sprechen. In unserem Gespräch haben Sie immer wieder den Fundamentalismus kritisiert. Ist extremes Bergsteigen nicht auch eine bestimmte Form des Fundamentalismus, nur nach oben statt nach unten?

Es ist sportlicher Rigorismus mit vielen Varianten, vom Spielerischen bis zum Fanatischen. Für mich ist es einfach ein Bestandteil meines Lebens, und zwar des Teils meines Lebens, der mir besonders Freude macht. Der Sport selber ist für mich eine Voraussetzung dafür, daß ich überhaupt Politik machen kann, weil ich dadurch gesund bleibe. Wenn ich dann schon Sport mache, dann den, der gleichzeitig auch Spaß macht.

Und Spaß macht besonders das Gipfelstürmen?

Auch das Gipfelstürmen, aber nicht ausschließlich. Von den Bergtouren, die ich unternommen habe, haben nur 75 Prozent zu einem Gipfelsieg geführt, und bei 25 Prozent bin ich umgekehrt. Das Gipfelstürmen ist nicht allein Sinn der Sache.

Sie sind umgekehrt, weil es zu gefährlich wurde?

Ja, zum Beispiel, weil das Wetter umgeschlagen hat oder weil ich gemerkt habe, die Kondition reicht nicht.

Aber Sie machen auch gern so mal in den Ostalpen, die für Sie weniger Herausforderung sind, drei Dreitausender am Tag. Das ist doch Gipfelstürmerei.

Ja, aber das war wieder Spaß an der Freud'. An einem Tag den Wilden Freiger und den Wilden Pfaff und das Zuckerhütl. Von der Sulzenau-Hütte aus, das war so ein Konditionstest mit meinem Sohn Michael, und der ging ganz leicht. Aber nur deswegen, weil ich mich Wochen vorher im Wallis bewegt hatte. Dort hat es halt Viertausender, und in Österreich, lieber Herr Perger, gibt es halt nur Dreitausender.

Sie selbst suchen sich beim Bergsteigen eben doch die größeren Herausforderungen. Was sind die Probleme, die einer in der Politik haben muß, um diese »individuelle Antwort« zu geben und in die Berge zu gehen?

Bergsteigen setzt nicht Probleme in der Politik voraus. Bei mir ist es eher umgekehrt. Wenn ich nicht in die Berge kann, bekomme ich Probleme in der Politik. Es ist ein Sport, der den ganzen Menschen herausfordert, was zum Beispiel Tennis nicht kann. Extrembergsteigen, Klettern, Skibergsteigen – solche Sportarten sind genau das Gegenteil von Aschenbahnläufen im Stadion. Der alpine Sport ist Hochleistungssport, körperlich gesehen, aber er vollzieht sich in der Regel in einer wunderschönen Landschaft, in einer faszinierenden Umgebung, es werden ganz andere geistige Anforderungen gestellt als beim Tennis- oder beim Fußballspielen. Sie müssen das Wetter beobachten und beurteilen, die Zeit berechnen können, zum Beispiel je nachdem, wie die Sonne steht oder der Mond scheint. Man muß in der Lage sein, Hochgebirgskarten zu lesen, sie zu verstehen, und mit Kompaß und Höhenmesser umzugehen. Sie müssen die Technik beherrschen, wenn's ans Klettern geht, die Knotentechnik, die Seiltechnik. Sie brauchen beachtliche charakterliche Eigenschaften: Rücksicht nehmen, bereit sein zur Kooperation, den Mut haben, umzukehren; auch die innere Kraft, was sehr schwer ist. Das heißt, das Bergsteigen ist deswegen ein Faszinosum, weil es eben nicht nur Muskeln trainiert, sondern gleichzeitig – das klingt manchmal ein bißchen platt, aber es ist in dem Fall gar nicht platt, sondern trifft den Kern der Sache – der ganze Mensch gefordert wird, und zwar zum Teil in extremen Situationen. Man muß auch überleben können, man braucht den Willen zum Überleben. Ich habe oft biwakiert in Notlagen, auch mit meinen Söhnen. Wir haben uns schon gegenseitig das Leben gerettet, sind in schwierige Situationen geraten. Aber es ist trotz allem ein sehr kalkulierbarer Sport.

Es handelt sich aber doch offenbar auch um so etwas wie die Sehnsucht nach Grenzerfahrungen. Das haben Sie durch Ihren Gleitschirmunfall unmittelbar und bitter zu spüren bekommen. Möchten Sie an eigene Grenzen stoßen?

Nein, es ist die Freude am Abenteuer. Eine Sucht, an eigene Grenzen zu stoßen, habe ich nicht. Gut, man nimmt eine solche Herausforderung an. Das Gleitschirmfliegen war für mich nie eine Sache für sich, sondern ein Instrument des Bergsteigens, um...

... um schneller runterzukommen...

... ja, aber richtig. Und dann hat sich allerdings herausgestellt, daß es auch für sich genommen etwas sehr Schönes ist, weil man fliegen kann wie ein Vogel. Und dadurch verselbständigt sich das Fliegen. Aber ich habe immer versucht, den Zusammenhang mit dem Berg beizubehalten. Ich bin von mehr Bergen heruntergeflogen, auf die ich vorher raufgestiegen bin, als von Bergen, auf die ich mit dem Auto oder mit der Kabinenbahn hinaufgefahren bin. Das macht das Gleitschirmfliegen eigentlich erst schön.

Das Abenteuer Berg ist für Sie im Grunde zu Ende, wenn Sie oben sind? Es geht um die Herausforderung des Aufsteigens?

Ja, das Absteigen oder das Abfahren ist schöner, wenn man vorher hochgestiegen ist. Das ist übrigens beim Fliegen genauso. Von zehn Bergen, auf die ich gestiegen bin und von denen ich dann herunterfliegen wollte, habe ich vielleicht in sechs Fällen den Gleitschirm wieder hinuntergetragen.

Weil die Thermik nicht stimmte?

Der Wind hat nicht mehr gestimmt. Das Wetter hat nicht mehr gestimmt. Es ist keine sehr große Erfolgsquote, wenn zwei Drittel der Unternehmungen unter dem Gesichtspunkt des Runterfliegens schiefgehen. Und trotzdem waren auch diese Touren, bei denen ich den Schirm wieder hinuntergetragen habe, für mich fast genauso schön, wie wenn ich hinuntergeflogen wäre.

Ihre Beschreibung erinnert an einen Bericht über ein Schneerad-Marathon, das alljährlich in Alaska stattfindet. Das Motto dieses Marathons heißt im Englischen: »the cowards won't show and the weak will die« – die Feiglinge werden nicht kommen, und die Schwachen werden sterben. Das paßt eigentlich auf alle diese Extremsportarten und in gewisser Weise auch auf das, was Sie erleben, wenn Sie den Berg hochgehen. Die Feiglinge kommen nicht, und die Schwachen werden sterben – ist es das?

Es ist schon die Fähigkeit und Möglichkeit, für sich selber eine Alternative zu öffnen, die andere nicht haben und einen etwas absetzt. Das ist richtig. Deswegen bin ich auch froh, daß der Unfall so verlaufen ist, daß es diese Alternative noch gibt.

Sie werden also wieder auf den Berg steigen?

Ja, natürlich. Die Berge sind für mich eine Zuflucht. Früher habe ich ein paarmal gedacht, daß man ganz weggehen können müßte. Ich habe schwierige Zeiten gehabt. Ich möchte nur an das Jahr 1979 erinnern, als es die Auseinandersetzungen mit Strauß gab. Ich hatte mich damals für Ernst Albrecht als Kanzlerkandidat der Union eingesetzt, und die CSU verlangte dann meine Ablösung als Generalsekretär. Diese Forderung war zwar sinnlos gewesen, aber ich bin damals, das weiß ich noch gut, abgehauen und mit meinen Söhnen ins Wallis gefahren, und wir haben auf einer schwierigen Tour das Aletschhorn bestiegen. Als ich da oben stand, war Bonn ganz weit weg, und da habe ich gewußt, wenn ich die ganze Zeit nur noch in den Bergen sein und Bergsteigen könnte, daß ich dann nicht unglücklich wäre. Das Bergsteigen – darüber war ich mir in dem Moment völlig im klaren – ist für mich immer eine echte Alternative gewesen, sogar als eine Lebenserfüllung. Und ich habe gewußt, solange ich das noch tun kann, kann mir eigentlich vieles andere den Buckel rauf- und runterrutschen. Es macht einen innerlich unabhängig.

Haben Sie denn einmal überlegt, auch andere, neuere Formen extremer Selbstbestätigung zu versuchen? Man kann abspringen aus dem Flugzeug mit einem Snowboard und erst einmal durch die Luft gleiten, bis der Fallschirm sich öffnet, oder Bungee-Springen, sogar aus dem Hubschrauber...

Nein, ich mache Natursport, kein Kunstturnen oder Kunstfliegen.

Aber zu Fuß den Nordpol aufsuchen, in der Kategorie haben Sie noch nie etwas überlegt?

Nein, das wäre wieder etwas anderes. Ich kann die Herausforderung verstehen, einmal zu sehen, wie das überhaupt geht, und sich selber zu testen. Aber das Eigentliche sind für mich schon die Berge. Ich habe auch sehr gerne Handball gespielt und war in der Universitätsmannschaft in Tübingen.

Sie sagen, die Kletterei mache unabhängig. Liefert sie nicht nur eine Illusion von wirklicher Freiheit? Eine Kompensation?

Für mich nicht. Es war für mich immer eine reine Freiheitsfrage, frei zu sein von irgendwelchen Zwängen. Die Überlegung, eben auch in den kommenden Jahren, solange es geht, körperlich so fit und geistig so gesund zu sein, was miteinander zusammenhängt, um das, was einem wirklich Spaß und Freude macht, eben auch noch lange Jahre tun zu können, das gibt einem mehr Freiheit. Wie gesagt, ich kann in den Bergen fast alles vergessen.

Das bleibt aber nicht.

Ja, wenn man runterkommt, dann wird man wieder eingeholt.

Wie lange würden Sie es denn so weit weg und so hoch da oben aushalten?

Ich glaube sehr lange. Wenn ich dauernd in die Berge müßte, es würde mich nicht schrecken. Ich bin ja oft lange, wochenlang im Gebirge gewesen.

Das ist nicht nur die andere Seite der Politik, sondern ein wirkliches Refugium?

Ja.

Wohin sind Sie denn nach dem Bremer Parteitag geeilt?

Nach Guatemala.

Aber nicht zum Bergsteigen.

Nein, nur ein bißchen. Ich bin ein Stück den Fuego hochgestiegen, das ist ein feuerspeiender Vulkan. Aber ich habe keine Zeit gehabt, etwas Ernsthaftes zu machen.

Wir möchten gerne versuchen herauszufinden wie es kommt, daß sie sich mit einer solchen Leidenschaft dieser Beschäftigung, aber auch diesem ganzen Problem widmen. Bergsteigen ist auch ein Stück Naturerfahrung. Inzwischen haben Sie Lobbyfunktionen an der Spitze einer Natursport-Organisation, die erheblich mehr Mitglieder hat als Ihre eigene Partei.

Das kam eigentlich vom Gleitschirmfliegen und auch vom Klettern. Die Auswirkungen unmittelbarer Erfahrungen eines ganz normalen Interessenkonfliktes, nicht zwischen Ökologie und Ökonomie, sondern zwischen Naturschutz und Natursport. Gerade weil ich die Natur sehr liebe, den Wald und die Berge und ich mich über jeden klaren Bach freue, den es Gott sei Dank im Pfälzer Wald noch gibt, ich aber auf der anderen Seite auch die

Menschen sehe, die in dieser Natur Sport treiben, bin ich unmittelbar auf Konflikte gestoßen, die entweder wirklich vorhanden waren oder, was eben leider auch der Fall ist, künstlich erzeugt werden. Gleitschirmflieger, Mountain-Biker, Kletterer, ja sogar Waldläufer haben es manchmal schwer, von Kanufahrern gar nicht zu reden. Es wird dann zum Beispiel behauptet, das Wild würde verscheucht. Aber früher gab es Adler und andere Raubvögel, und da ist das Wild auch gelaufen. Das Wild in den Bergen ist in der Regel Fluchtwild. Nachdem es den Adler nicht mehr gibt ...

... gibt es nichts mehr zu flüchten .....

... hat es keine natürlichen Feinde mehr, sondern nur noch die Menschen. Und deswegen sind diese Naturschutzargumente oft weit hergeholt und falsch. Was mich eigentlich dazu bewogen hat, hier zu einem Ausgleich beizutragen, waren auch Erfahrungen mit dem Biotopschutzgesetz in Baden-Württemberg. Das war zwar von der CDU verabschiedet worden, als sie noch die absolute Mehrheit hatte, es ist aber ein Gesetz, das nahezu jede Geröllhalde zum geschützten Biotop erklärt, was dazu führt, daß in fast allen Bereichen alle Felsen gesperrt werden fürs Klettern. Dazu kommt, daß man in den Wäldern von Baden-Württemberg auf Waldwegen, die schmaler sind als zwei Meter, nicht mehr rad fahren darf.

Das alles hat zu völligem Unverständnis und zu richtigen Frustrationen von Tausenden von Natursportlern, Bergsteigern, Kletterern, Wanderern, Gleitschirmfliegern, Kanusportlern geführt. Der Deutsche Alpenverein ist eines Tages auf mich zugekommen und hat mich gefragt, ob ich nicht den Vorsitz in einem Kuratorium Sport und Natur übernehmen wolle, in dem sich die natursporttreibenden Vereine zusammenschließen, also die deutschen Gebirgs- und Wandervereine, der Deutsche Alpenverein, der Deutsche Hängegleiterverband, die Kanuten, die Ruderer, die Radfahrer, die Interessengemeinschaft Klettern, die Naturfreunde.

Zum Teil verbinden sich da konfligierende Interessen. Es sind doch gerade die Mountain-Biker und die Wanderer, die miteinander im Krieg liegen.

So ist es. Das heißt, es gibt eben nicht nur Interessenkonflikte zwischen Naturschützern, Natur und Natursportlern, sondern es gibt Interessenkonflikte zum Beispiel auch zwischen Radfahrern und Fußgehern, wie man in Österreich sagt. Diese Konflikte müssen aber nicht bis zum Exzeß übertrieben, sondern können ausgeräumt werden. Man kann zum Beispiel das Mitführen von Mountainbikes in Berg- und Seilbahnen verbieten.

Die Zahl der Montainbike-Rowdies wird dadurch drastisch verringert, und man darf annehmen, daß derjenige, der mit eigener Kraft hochgekommen ist, auch anständig wieder herunterfährt. Die Eskalation manchenorts ärgert mich auch deswegen, weil ich zu denjenigen in der CDU gehöre, die zum Beispiel Klaus Töpfer nachhaltig unterstützen, die auch für die verfassungsmäßige Verankerung des Staatszieles Umweltschutz in der Fraktion und im Präsidium der Partei eingetreten sind, und gleichzeitig sehen muß, daß die Natur- und Umweltschützer, um Erfolge zu erzielen, in den Kampf gegen die Natursportler ausweichen und glauben, sie hätten dadurch viel für die Natur erreicht. Wenn man es genau nimmt, ist aber das Verhängen von Kletter- und Startverboten für Kletterer und Gleitschirmflieger, um ein Beispiel zu nennen, eher ein Alibi dafür, daß man gegenüber mächtigen Organisationen und Interessen, die die Natur wirklich zerstören, nichts ausrichten kann. Es ist halt leichter, sich an harmlose Leute wie Gleitschirmflieger zu halten, die keinem was tun, keinen Krach machen, nicht stinken, keine Umwelt zerstören, statt sich mit den Autofahrern anzulegen oder mit der chemischen Industrie, der Energiewirtschaft, dem Massentourismus oder der Verkehrspolitik insgesamt. Das ist viel, viel schwerer.

Indem man den Naturschutz als übertrieben darstellt, vielleicht sogar an manchen Punkten zu Recht, könnte man das Kind mit dem Bad ausschütten und unbewußt das Geschäft der Skilobby mitbetreiben.

Das will ich nun gerade nicht, denn der Alpenverein, der mit die treibende Kraft für das Kuratorium war, ist ganz entschieden dagegen, daß neue Skigebiete erschlossen werden. Schon vor Jahren hat er einen Beschluß gefaßt, daß in den Alpen keine neuen Hütten mehr gebaut werden sollen. Die Einteilung der Alpen in Zonen, die in der Alpenkonvention geplant waren, hätte zum Beispiel bedeutet, daß Drachenflieger oder Gleitschirmflieger, die in Hohenaschau starten, nicht mehr an den Gardasee über den Alpenkamm fliegen könnten oder nach Bregenz, weil irgendwo irgendeine Zone installiert worden wäre, über der man nicht mehr hätte fliegen und innerhalb derer man nicht mehr hätte klettern dürfen, innerhalb derer möglicherweise sogar das Wandern verboten worden wäre. So etwas liefe auf eine Abkehr von einer bisher vernünftig angelegten Naturschutzpolitik hinaus, die vor allem die Errichtung von Nationalparks zum Ziel hatte.

Und überall sonst ist dann Highlife?

Nein, ich sage ausdrücklich, daß man Einschränkungen vornehmen muß, sogar noch intensiver, nur müssen sie gezielt sein. Wenn ich eine Zoneneinteilung mache, ist das wie die pauschale Kürzung von Sozialleistungen. Damit treffen Sie Gerechte, Ungerechte, Dumme und Gescheite und Leute, die man gar nicht bestrafen muß, weil sie nämlich nichts Böses tun. Und die anderen, die man wirklich bestrafen müßte, die werden nur ganz minimal tangiert. Es ist viel vernünftiger, zum Beispiel Fußgängerzonen in den Alpen einzurichten. Man müßte ganze Täler für den Autoverkehr sperren. In das Tal käme man dann nur zu Fuß oder mit einem Elektroauto oder maximal mit einem öffentlichen Verkehrsmittel oder mit dem Fahrrad. Das wäre wirksam. Dann schütze ich die Natur. Aber Zonen zu machen, in denen die Autofahrer unten im Tal nach wie vor die Luft versauen soviel sie wollen, aber hundert Meter höher nichts mehr erlaubt ist, das ist eine typische Alibiveranstaltung.

Sie hätten es wahrscheinlich mit Ihrer Argumentation leichter, wenn wenigstens gelegentlich große Siege in den großen Machtfragen erzielt würden, also wenn zum Beispiel der Verkehr die Alpen nicht kaputtmachen würde. So suchen die Naturschützer eben kleine Siege, nicht immer nur als Alibi.

Das sage ich ja. Aber wenn man den Naturschutz wirklich ernstnimmt, dann muß man seine Truppen sammeln und muß die richtigen Verbündeten suchen. Diese falsche Art von Naturschutzpolitik heute macht tiefe Verbeugungen vor den eigentlichen Umweltzerstörern, die die Umwelt kaputtmachen, und bekämpft diejenigen, die die natürlichen Verbündeten der Naturschützer sind.

Können Sie von sich sagen, wann Sie diese ganze Zukunft der Lebenswelt und Ökologie als auch Ihr Problem entdeckt haben?

Das erlebt man, wenn man von Luzern zum Gotthardtunnel fährt, vom Vierwaldstädter See zum Gotthardpaß. Da sieht man, was eben nicht sein darf: daß eine ganze Landschaft, die Urner Alpen, das Tal unterhalb vom Salbitschin wirklich bankrott gemacht wird. Das Waldsterben kann man optisch erkennen, und die Menschen sterben dabei auch noch. Das ist die Folge einer absolut verfehlten Verkehrspolitik, wobei man der Schweiz nicht mal den ersten Vorwurf machen darf. Es geht vielmehr um die Unfähigkeit der Alpenländer insgesamt, die Verkehrsströme in den Alpen so zu gestalten, daß es möglichst umweltschonend ist.

Die Schweiz kann man sogar als Vorbild nehmen, denn sie hat viel an umweltschonendem Verkehr ermöglicht, und zwar einmal durch die Schiene und zweitens durch Untertunnelung. Tunnelbau ist immer eine landschaftserhaltende und landschaftsschonende Form. Das haben die Schweizer zur Perfektion entwickelt, während wir Hänge abtragen und ganze Wälder roden.

Das war für Sie so ein Aha-Erlebnis?

Ja. Aber das, was man normalerweise als Aha-Erlebnis empfindet, daß beispielsweise auf einem Berggipfel, wirklich wortwörtlich, zweihundert Leute stehen, das habe ich nie erlebt, weil ich auf solche Berge nicht gehe. Die lassen dann auch noch den Abfall da.

Sie sprechen von den Bergwanderern, der »lower class«.

Ja, das ist die zweite Liga. Die muß es auch geben. Ich bin nicht gegen Seilbahnen. Ich bin der Auffassung, auch Behinderte müssen auf die Berge können, und kleine Kinder und alte Menschen, das möchte ich ausdrücklich sagen. Aber man muß das Auto 'raushalten aus den Bergen.

Haben Sie denn manchmal Verständnis für den Zorn der eigenen Kinder-Generation, die der Politik heute schon vorwirft, die ganzen Folgen für die Umwelt gesehen und doch nicht verhindert zu haben?

Ja, nur machen meine Kinder mir den Vorwurf nicht. In diesen Fragen waren wir immer einer Meinung und haben auch Sport immer gemeinsam betrieben. Aber ich weiß, daß der Vorwurf bei den jungen Leuten laut wird, und ich halte ihn auch für völlig berechtigt. Das hat man zu spät erkannt.

Werden Sie noch einmal Gleitschirmfliegen?

Nein. Der Grund ist erstens einmal meine Familie, der ich das nicht mehr zumuten will, was sie mit mir nach dem Unfall hat erleben müssen. Der andere Grund ist auch die Verantwortung den Menschen gegenüber, die mich zum Beispiel in den Bundestag wählen. Die würden das nicht verstehen, wenn ich nochmal ein solches Risiko einginge und wenn mir noch einmal etwas passierte. Nun könnte man sagen, das kann einem egal sein. Aber mir ist es nicht egal. Es gibt ein Vertrauensverhältnis zwischen mir und den Menschen, die mich wählen, mir Vertrauen schenken, das man nicht enttäuschen darf. Das Gleitschirmfliegen ist eben letztendlich doch ein Schuß unkalkulierbarer als das Bergsteigen.

War das eine Turbulenz, die zu Ihrem Unfall führte, oder ein Fehler von Ihnen?

Ich bin in einer Situation gestartet, wo man fliegen konnte, aber man auch einen Grund gefunden hätte, nicht zu starten. Sagen wir mal, es war im Grenzbereich. Ich bin gestartet bei einer Windgeschwindigkeit von 20 Kilometern pro Stunde, und das ist völlig normal. Ich bin auch nicht abgestürzt. Ich bin in keine Turbulenz hineingeraten, aber der Wind ist etwas stärker geworden. Und mit dem Schirm, den ich hatte, habe ich den Landeplatz wegen des etwas stärkeren Gegenwindes nicht mehr erreicht.

War es eine Notlandung?

Ich habe eine Baumlandung versucht. Da kann eigentlich nichts passieren, man bleibt einfach hängen. Das ist an sich eine ganz sichere Sache. Die Schwierigkeit ist dann nur, von dem Baum runterzukommen. Bei mir wäre es kein Problem gewesen, aber ich bin auf dem falschen Baum gelandet, auf einer kaputten Kiefer. Das habe ich der aber von oben nicht angesehen. Die hatte entweder einen Windbruch oder war einfach geschädigt. Die Krone ist abgebrochen, und ich bin dann mit ihr entlang des Baumstammes heruntergefallen. Das ist ein sehr ungewöhnlicher Vorgang, mit dem man eigentlich nicht rechnen muß.

Das Unglück dürfte Ihr Verständnis für die Ökologen aber nochmals intensiviert haben?

Ich habe vierzehn Tage nach meiner Operation einen Beitrag über den Waldschadensbericht von Ignaz Kiechle im Fernsehen gesehen, und da habe ich gedacht: Das war's. Er hat nämlich gesagt, die Kiefer sei der am meisten geschädigte Baum. Wenn ich das gewußt hätte, dann hätte ich vielleicht eine Eiche gesucht, die es aber dort gar nicht gab.

Lassen Sie uns nach der Spur auf den Gipfel nun noch die Spur nach innen verfolgen. Sind Sie ein religiöser Mensch?

Das glaube ich schon. Ich bin jedenfalls einer, der es lieber hätte, wenn Gott existierte, als daß er nicht existierte. Es wäre mir lieber, man könnte das klarer beweisen, als das mit den heute verfügbaren Mitteln der Erkenntnistheorie und Ontologie möglich ist. Es gibt triftige Argumente gegen die Existenz Gottes. Ich meine die alte Frage: Was ist das denn für ein Gott, der all das zuläßt, was auf der Welt geschieht an Leid und Elend?

Gibt es »Gott nach Auschwitz«?

Oder heute gefragt: nach Bosnien? Oder angesichts der Millionen von Tieren, die in – »bestialisch« darf man nicht sagen, da Tiere das ja nicht machen würden –, die also in typisch menschlicher Weise gequält und umgebracht werden. Da ist die Existenz Gottes schwer zu begreifen. Das Christentum bietet für dieses Problem eine Lösung: Dieser Gott hat in seiner eigenen Person dieses ganze Leid auf sich genommen mit der Kreuzigung. Es ist eine üble Folter, einen Menschen auf diese Weise ums Leben zu bringen. Es gibt aber auch andere Gründe, die für Gott sprechen. Es gibt ja nicht nur das Häßliche und das Elende auf dieser Welt. Es gibt auch das Schöne, sei es in der Natur – die Bäume, die Blätter, den Mikrokosmos und den Makrokosmos, natürliche Formen und Existenzen, die so unglaublich wunderbar sind, daß man es in Worten gar nicht beschreiben kann – sei es in den Beziehungen zwischen den Menschen – Dankbarkeit, Liebe, Treue und vieles mehr. Alles das, was das Leben lebenswert macht, muß irgendwo herkommen, das kann nicht aus dem Nichts entstehen. Wenn man das gegeneinander abwägt, gibt es eigentlich mehr Gründe für die Existenz Gottes als dagegen.

Warum wühlt diese Frage der Begründung Gottes, seiner Existenz oder Nichtexistenz in Ihnen? Ist das nicht einfach Glaubenssache? Oder meldet sich da der Aufklärer in Ihnen?

Na ja, blinder Glaube nützt nichts. Man braucht nur ein bißchen nachzudenken, dann kommen Zweifel. Diese Zweifel trägt jeder mit sich herum. Mit ihnen kann man

leben, indem man sie entweder verdrängt oder indem
man versucht, auf den Zweifel eine Antwort zu finden.
Aber selbst wenn man ihn verdrängt, gäbe es genügend
Leute – die eigene Frau oder die eigenen Kinder –, die
einen mit diesem Zweifel ständig konfrontierten. Sie stellen
Fragen, denen man nicht ausweichen kann. Auf die
Frage von Einstein: »Wieviel Entscheidungsfreiheit hatte
Gott bei der Erschaffung des Universums?« antwortete
Hawking: »Keine«, vorausgesetzt, das Universum lasse
sich durch eine einheitliche Theorie beschreiben. Dann
gäbe es auch keinen Gott. Aber möglicherweise ist alles
doch ganz anders. Für mich ist das zu anthropologisch.
Wir sollten uns zum Beispiel mit einer Ameise vergleichen.
Ich sage mir, die Ameise existiert. Auf ihrer
»Bewußtseins«ebene weiß sie, was sie zu tun hat. Sie
»kennt« insoweit ihren Lebenslauf und ihre Lebenswirklichkeit,
aber sie hat keine Ahnung vom Menschen, sie
kann unsere Existenz nicht erfassen. Ist es so im Verhältnis
von uns zu dem ganz anderen? So unwahrscheinlich
ist es nicht. Im Streitgespräch um die Unsterblichkeit der
Seele bei Platon sagte Sokrates sinngemäß: Da man nur
jenen Teil kenne, der vom *phasis* bis zu den Säulen des
Herkules reicht, sind die Menschen wie Ameisen oder
Frösche, die um einen kleinen Teich leben.

*In Ihrem Leben hat die Erziehung durch die Jesuiten eine
große Rolle gespielt.*

Ja, meine letzten drei Schuljahre habe ich im Kolleg St.
Blasien verbracht, einem von Jesuiten geleiteten, humanistischen
Gymnasium.

Wieweit hat Sie diese Jesuitenerziehung persönlich geprägt?

Die Erziehung prägt, glaube ich, vor allem durch die Menschen. Das waren sehr gescheite und menschlich imponierende Persönlichkeiten. Ich erinnere mich, daß ich am Anfang sehr viel Heimweh gehabt habe. Ich bin ein Heimwehkind gewesen. Das war besonders früher sehr stark, als ich noch ein junger Mann war. Ich hatte immer Heimweh, wenn ich weg war, und wollte immer nach Hause zu meiner Mutter. Deswegen war das Internat für mich anfangs eine starke Belastung. Mit der Zeit wurde das Kolleg für mich aber zu einem zweiten Zuhause, nicht zuletzt dank der Menschen, denen ich dort begegnet bin. Die Patres waren für mich sehr überzeugende Persönlichkeiten.

Was war das Besondere an ihnen?

Sie haben nicht das Sakristeichristentum gepredigt. Sie predigten soziale Verantwortung, und sie lehrten geschichtliche Bezüge. Das war eine Religiosität, die umgemünzt wurde in entsprechendes Verhalten anderen Menschen gegenüber. Es war eine Erziehung zur Solidarität. Zugleich wurden aber auch starke Anforderungen im Bereich des Wissens gestellt. Es war keine leichte Schule. Zumindest zu meiner Zeit stand das Gymnasium St. Blasien im Ruf, zu den drei besten Schulen in ganz Baden zu gehören.

Wie beim Bergsteigen und bei anderer Gelegenheit machten Sie es sich also auch da ganz gerne schwer. Das hat offenbar schon früh begonnen.

Ich wollte ja Priester werden. Das war der eigentliche Grund. In unserem kleinen Städtchen, in das wir verschlagen worden waren nach den sieben Strafversetzungen, mit denen die Nazis meinen Vater und die ganze Familie schikaniert hatten, war die Schule nach der sechsten Klasse beendet. Das heißt, ich hätte zwanzig Kilometer hin- und herfahren müssen, um eine weiterführende Schule besuchen zu können. Da ich nunmal Priester werden wollte, sagte ich – da haben Sie insofern recht –, wenn schon, dann was Richtiges. Und so kam ich auf die Jesuiten. Sie waren für mich der imponierendste Orden der Katholischen Kirche.

Sie wollten Jesuit werden, nicht einfach Priester?

Ja, ich wollte Jesuit werden.

Was war das Imponierende speziell an diesem Orden? Seine Geschichte? Sein Gründer, Ignatius von Loyola? Der Mythos?

Alles zusammen. Da war auch Romantik im Spiel. Es war der Ruhm dieses Ordens, die Verfolgung, der er ausgesetzt war, die Taten, die diese Menschen vollbracht haben. Franz Xavier zum Beispiel, der auf der Insel Quemoy vor China im Jahre 1532 starb und der ganz allein bis nach Indien und zu den Molukken gereist war; die Jesuiten, die als Mandarine in China arbeiteten, die an der Seite der Eingeborenen den Kampf gegen die Bourbonen aufgenommen hatten, gegen die Kolonialmächte, denken Sie an den Jesuitenstaat in Paraguay. Die Auflösung des Jesuitenordens im Jahre 1773 als Folge des politischen Drucks der Bourbonen war die Reaktion auf den Widerstand der Jesuiten gegen die üblen Machenschaften der Portugiesen und der Spanier in Indien oder in Lateinamerika. Oder das fortschrittliche Wirken der Jesuiten in China. Mit einem Satz: Das war ein intelligenter und aktiver Orden, und diese historischen Figuren hatten mir imponiert.

Wie kam es zu dem Wunsch, Priester zu werden?

Ich weiß nicht, ob es eine Berufung war. Ich wollte etwas Besonderes tun. Zum Beispiel war oben auf dem Berg in Spaichingen ein kleines Kloster. Da bin ich immer hochgerannt, und dieses Kloster war etwas, was mich damals in der Zeit, als der Krieg zu Ende ging, beeindruckt hat. Man darf auch nicht vergessen, daß ich sehr religiös erzogen worden bin, vor allem auch von meinen Großeltern. Der christliche Glaube war für uns alle ein Rückhalt des Widerstandes. Wir waren fünf Kinder. In dieser ganz schwierigen Zeit haben wir in der Religion, in diesen starken Bindungen zur Kirche wichtigen Halt gefunden. Ich habe das, glaube ich, in unserem Gespräch schon einmal erwähnt.

Ich bin natürlich auch stark durch den Krieg geprägt worden und die Erfahrungen in der Nazizeit. Ich wurde zum Beispiel degradiert, weil ich an Pfingsten statt zum Sternmarsch in die Kirche gegangen bin.

Degradiert? Wo?

Beim Jungvolk. Ich war da Jungzugführer, die hatten eine grüne Schnur. Da ich mich befehlswidrig verhalten hatte, wurde ich degradiert und das war ein Riesentheater. Der Bezugspunkt war dabei immer die Kirche. Ich bin an Pfingsten in die Kirche gegangen oder bei der Fronleichnamsprozession mitmarschiert mit meinen Schwestern. Da hat die Familie zusammengehalten. Dann ist mein ältester Bruder gefallen. Ich erinnere mich noch deutlich an den 20. Juli 1944. Ich war damals 14 Jahre alt. In dem Alter war man damals noch ein Kind; heute sind die Vierzehnjährigen keine Kinder mehr. Übers Radio, ich weiß das noch ganz genau, kam die Nachricht über das Attentat auf Hitler. Dann sah ich, wie meine Eltern sich in den Armen lagen. Sie kannten sich überhaupt nicht mehr vor Freude. Zwei, drei Stunden später hat man dann im Rundfunk Hitler gehört. Da habe ich dann meine Eltern gesehen, fassungslos voller Entsetzen, bleich und total niedergeschlagen, als sie die Stimme im Radio gehört hatten. Das alles hat mich sehr geprägt.

Sie haben Ihren Berufswunsch zunächst verwirklicht. Wie war es im Orden?

Ich war vier Jahre im Orden und hatte bis dahin Philosophie studiert.

Was bewog Sie zur Umkehr?

Im Grunde genommen zwei Punkte. Ich konnte mich schlecht unterordnen, und der Gehorsam gehört zum wichtigsten bei den Jesuiten. Ich gebe zu, im Inneren war ich immer ein Protestler. Deshalb war das schwierig für mich. Und zweitens war mir doch klargeworden, Gott sei Dank, rechtzeitig mit dreiundzwanzig Jahren, daß ich ohne Frau nicht leben konnte. Wenn man das merkt, muß man die Konsequenzen ziehen, und das habe ich getan, im Gegensatz zu vielen anderen, die das zwar auch merken, aber dann dabei bleiben...

... und unglücklich werden...

..., und dann passiert die Katastrophe. Mit vierzig gehen sie dann 'raus, oder sie gehen nicht 'raus und führen ein Doppelleben. Ich meine, daß für die Weltpriester der Zölibat aufgehoben werden sollte.

Und dann entschieden Sie sich für die Politik und gingen in eine neue Kirche, die CDU?

Das war es mit Sicherheit nicht. Ich habe überlegt, was ich werden könnte. Dann wollte ich in Fortsetzung des ursprünglichen Zieles Missionsarzt werden. Meine Eltern waren allerdings keine reichen Leute. Wir hatten nicht viel Geld. Es waren noch drei Kinder da, und die haben alle studiert. Also habe ich mir die Studienzeiten angeguckt, und dann war schon 'mal klar: Medizin dauert mit am längsten, neben Chemie. Also habe ich geschaut, wo kann man am schnellsten fertig werden, und so bin ich auf die Juristerei gekommen. Jurist wurde ich aus der sozialen Lage meiner Familie heraus. Die Politik hatte mit den ursprünglichen Plänen – Orden und Mission – nichts zu tun. Daß ich in die Politik gegangen bin, hatte vor allem mit meinem Vater zu tun. Er gehörte zu den Gründungsmitgliedern der CDU im Kreis Rottweil, und da sind wir dann eben ins Gespräch gekommen. Nach den Erlebnissen unter den Nazis hat's da nicht viel gebraucht, da war ich mit meinem Vater einig. Das war 1953. Ich habe gemeinsam mit Freunden den Kreisverband der Jungen Union Rottweil gegründet. Mit dabei waren auch Erwin Teufel, damals Dekanatsjugendführer, und der frühere Bundestagsabgeordnete Franz Sauter.

So wurden Sie – statt Missionsarzt – Berufspolitiker?

Nein. Ich habe einen ordentlichen Beruf gelernt und mein Studium gemacht; ein politisches Amt, mit Ausnahme des Landesvorsitzes der Jungen Union, hatte ich nicht. Das war damals nicht so bedeutend wie vielleicht heute. Ich war nach dem zweiten Staatsexamen Assessor und Richter, danach Regierungsrat und bin dann erst in die Politik gegangen.

War Machthunger dabei?

Mit Sicherheit: nein.

Sie sagten sich nicht: Ich will das und das werden? Minister? Oder Bundeskanzler?

Ich habe Ihnen schon bei unserer Diskussion über die Glaubwürdigkeitskrise in der Politik gesagt, daß ich die Wahl zum Bundestagsabgeordneten als eine Art Berufung empfunden habe. Das kam mir fast wie eine Priesterweihe vor und war für mich etwas ganz Besonderes: Volksvertreter im Parlament. So bin ich auch erzogen worden. Das hat mein Vater mir auch immer gesagt: Der Reichstag war etwas Besonderes. Für mich gilt das heute noch, auch wenn an deutschen Stammtischen und in Leitartikeln der hierzulande traditionelle Antiparlamentarismus geschürt wird.

Wie kommt es aber, daß Sie bei Ihrer Neigung zum nicht satzungsgemäßen Verhalten doch bei satzungsmäßigen Organisationen landen? Eine Partei wie die CDU ist eine Organisation, die im Grunde Außenseiter nicht sehr liebt und verlangt, daß die Satzung penibel eingehalten wird.

Na ja, wenn das das Problem gewesen wäre, dann wäre das, was ich in der CDU erreicht habe, schlecht möglich gewesen, oder? Ich war Minister und Generalsekretär. Deswegen ist die Rederei vom »Außenseiter« Unsinn. Aber es gibt ein paar Punkte, da bin ich mit der Mehrheitsmeinung nicht einverstanden.

Unbotmäßig sind Sie.

Manchmal muß man das um der Grundsätze willen sein.

Zweifel wie an Ihrer Kirche wollen Sie bei sich an Ihrer Partei nicht aufkommen lassen?

Bei der Kirche handelt es sich um letzte Fragen. Da sind Zweifel immer substantieller als bei Organisationen, die nur vorletzte Fragen beantworten. Das ist da nicht von so großer Bedeutung, und man kann auch mal eher über etwas hinwegsehen. Dabei bin ich, das wissen auch alle, im wesentlichen immer an der Sache orientiert. Ich würde in meiner Partei nichts mitmachen, was nicht mit den Grundsätzen der Partei vereinbar wäre. Bei der Ausländerpolitik ist es hart an der Grenze. Wobei man mal in der Minderheit bleiben können muß. Das gehört auch zur Demokratie.

Interessiert Sie eigentlich das politische Innenleben Ihrer Kirche, hat es Sie früher interessiert? Zum Beispiel das Zweite Vatikanische Konzil, das für viele Katholiken so wichtig war wie für die Linke die 68er-Bewegung: Hat das für Sie damals eine Rolle gespielt? Und danach die Restauration, die bis heute andauert?

Nein, keine große. Ich hatte mich damals für einige Jahre vom unmittelbaren Engagement in der Kirche zurückgezogen. Das hing aber auch wieder mit der Politik zusammen. Die Sonntagsgottesdienste wurden für mich nämlich zu einer Qual. Denn war der Gottesdienst vorbei, dann kam ich nicht mehr nach Hause. Ich war und bin nun mal ein Familienhammel. Damals, als ich in Rheinland-Pfalz Minister geworden war, waren die Kinder klein, und ich wollte mit ihnen auf jeden Fall zum Fußballspielen in den Wald und nicht mit Parteifreunden am Sonntagmorgen noch beim Biertrinken und Palavern die Zeit vertun. Das hat dazu geführt, daß ich streckenweise in Wiesbaden in die Kirche ging. Anderswo habe ich mich für die Belange der Kirche um so mehr engagiert, zum Beispiel im Krankenhausreformgesetz, im Kindergartengesetz, im Bundessozialhilfegesetz und bei den Sozialstationen. Da haben die Kirchen schon genau gewußt, wer auf ihrer Seite stand, wenn's mal zum Konflikt kam. Sie hatten in mir immer einen Verbündeten, auch heute noch, wenn Sie zum Beispiel an die Ausländer- und Asylpolitik oder die Sozialpolitik denken.

Wie konservativ die römische Kirche ist oder wieder wird, das hat Sie nie beschäftigt?

Doch, aber nicht in pastoralen oder liturgischen Fragen. Ich habe es eher bedauert, daß die alte lateinische Messe abgeschafft wurde. In den Sachfragen habe ich immer eine ambivalente Beziehung zur Kirche gehabt. Ich stand stets sehr positiv zu ihren sozialpolitischen Aufgaben – in Krankenhäusern, Kindergärten, Altersheimen – und bin daher ein engagierter Anhänger der Kirchensteuer.

Mit Kirchenpolitik selber oder mit innerkirchlicher Politik habe ich mich nicht sehr beschäftigt. Allerdings habe ich nach wie vor ein Faible für alles, was mit schwarzen Soutanen herumläuft. Ich finde die Leute grundsätzlich gut. Über einzelne Schwächen muß man souverän hinwegsehen. Die Kirche war für mich auch immer eine Art Heimat. Deswegen gab es bei mir nie eine innere Abkehr von der Kirche. Ich freue mich heute noch, wenn ich eine katholische Ordensschwester oder eine Diakonissin sehe. Da freue ich mich einfach.

Erinnerungen?

Nicht nur Erinnerungen. Ich sehe auch, was sie Gutes getan haben und tun. Das hat mich immer fasziniert, und von ihnen habe ich auch viel gelernt. Mein soziales Engagement rührt im Grunde genommen von der Kirche her, von Priestern, von Brüdern, die im Orden engagiert waren, von Leuten, die mich das gelehrt haben. Die ganze moderne katholische Soziallehre – »Rerum Novarum« und »Quadragesimo Anno«, die zwei großen Sozialenzykliken der Päpste –, ist von Jesuiten formuliert worden. Im Falle der zweiten Enzyklika habe ich die Autoren selber noch gekannt, Pater Nell-Breuning S. J. zum Beispiel oder Pater Hirschmann S. J.

Die moderne katholische Soziallehre war und ist letztendlich auch die Grundlage der Sozialpolitik der CDU. Die großen Sozialpolitiker der CDU sind eigentlich alle aus diesem Bereich gekommen, ob das Anton Storch war oder Theo Blank, Hans Katzer und Norbert Blüm. Und insofern war immer eine enge Verbindung da, das gilt bis auf den heutigen Tag. Zur aktuellen Kirchenpolitik bin ich in bestimmten Punkten dann auf Distanz gegangen, wenn ich eine Verengung der Kirchenpolitik auf die Lieblingsthemen des Erzbischofs von Fulda feststellen zu müssen glaubte.

Die Verengung auf den Paragraphen 218?

Ja, und zwar auf das Strafrecht.

Ich war eigentlich auch traurig darüber, daß die Kirchen nicht bereit waren, damit einverstanden zu sein, daß am Pfingstmontag gearbeitet wird, damit zwei Millionen Pflegebedürftige zu ihrem Recht kommen. Das wäre ein Befreiungsschlag gewesen, um von der Fixierung auf das Abtreibungsthema wegzukommen, bei dem die Kirche in den Augen auch vieler junger Christen wegen ihrer Haltung zur Pille nicht gut aussieht. Es ist jetzt an der Zeit, gesellschaftspolitisch etwas für die hilflosen alten Leute zu tun. Über solche kontroversen Fragen bin ich nach wie vor stark mit den Kirchen verbunden – pro und contra. Mich hat auch immer sehr beschäftigt, daß eine nach meiner Auffassung falsche Moraltheologie bis auf den heutigen Tag die Sexualethik bestimmt. Die Folge ist oft ein falsches Rollenverständnis der Frau in der Familie, in der Gesellschaft und in der Kirche selber, das auch nicht naturrechtlich begründet werden kann. Ich hoffe, daß die Kirche das genauso ändert, wie sie Hans Küng wieder die Lehrerlaubnis erteilen sollte.

Zum Schluß, Herr Geißler, was haben Sie vor im Leben, locken neue Gipfel?

Von der Politik will ich nicht reden: Ich will niemandem angst machen. Und sonst: der Aconcagua an der Grenze von Chile und Argentinien.

Heiner Geißler
Biographische Daten

Heiner Geißler, Bundesminister a. D., ist Bundestagsabgeordneter, Stellvertretender Vorsitzender der CDU/CSU-Fraktion und Mitglied des Präsidiums der CDU. Lange Jahre, von 1977 bis 1989, war er Generalsekretär seiner Partei und dreizehn Jahre Landes- und Bundesminister. Er ist am 3. März 1930 geboren, katholisch, verheiratet und hat drei Kinder. Geißler studierte vier Jahre als Mitglied des Jesuitenordens Philosophie in München und studierte dann Rechtswissenschaften in Tübingen. Er promovierte dort zum Dr. jur. mit einer Arbeit über das »Grundrecht der Kriegsdienstverweigerung aus Gewissensgründen«. Er wurde Richter und leitete das Ministerbüro des Arbeits- und Sozialministers von Baden-Württemberg. Im Bundestag vertrat er ab 1965 zunächst den Wahlkreis Tübingen/Reutlingen, heute vertritt er den Wahlkreis Südpfalz. Seit 1967 war er Minister für Soziales, Jugend, Gesundheit und Sport des Landes Rheinland-Pfalz. In diese zehnjährige Tätigkeit fallen wichtige gesetzgeberische und politische Anstöße zurück, beispielsweise die bundesweite Einführung von Sozialstationen. Nach der Bonner »Wende« von 1982 gehörte Heiner Geißler dem ersten Kabinett Kohl bis 1985 als Bundesminister für Jugend, Familie und Gesundheit an. Zu den sozialpolitischen Neuerungen, die er in dieser Eigenschaft durchsetzte, zählt unter anderem die Einführung des Erziehungsgeldes sowie die Reform des Kriegsdienstverweigerungsrechts (Abschaffung der mündlichen Gewissensprüfung).

Besonders geprägt ist Heiner Geißlers politische Laufbahn von seiner Tätigkeit als Generalsekretär der Christlich-Demokratischen Union, wozu er im März 1977 auf Vorschlag des Parteivorsitzenden Kohl vom Parteitag gewählt wurde, als Nachfolger Kurt Biedenkopfs. In seine Amtszeit fielen drei Bundestagswahlen, darunter 1980 die Wahl mit dem Kanzlerkandidaten Franz Josef Strauß, und der Regierungswechsel von 1982. Heiner Geißler machte die CDU zu einer schlagkräftigen politischen Organisation und das »Konrad-Adenauer-Haus« zu einer modernen Parteizentrale, deren Effizienz sein langjähriger politischer Gegenspieler Peter Glotz (SPD) gelegentlich grimmigen Respekt zollte.

Als politische Marksteine seiner Parteiarbeit wertet Heiner Geißler nicht zuletzt den Hamburger »Jugendparteitag« von 1981 – mit 2700 Teilnehmern der bis dahin größte Parteitag in der Geschichte der Bundesrepublik – und den weit über die Parteigrenzen hinaus beachteten Essener Frauenparteitag von 1985. Bereits Mitte der siebziger Jahre prägte er den politischen Begriff *Neue Soziale Frage*. Kern seiner These: Auf Grund des bis dahin wenig beachteten Konflikts zwischen organisierten und nichtorganisierten Grundinteressen in der Gesellschaft sei eine unausgewogene Verteilung sozialer Lasten und Leistungen entstanden, ein objektiver Konflikt, der größere Bedeutung als der klassische Konflikt zwischen Kapital und Arbeit habe. Diese These fand Eingang in die »Mannheimer Erklärung« der Partei im Jahre 1975 und in das Grundsatzprogramm, das unter Heiner Geißlers Federführung 1978 auf dem Parteitag in Ludwigshafen verabschiedet wurde.

Zur politischen Debatte der Bundesrepublik, besonders aber innerhalb der Union, trug Heiner Geißlers öffentlicher Einsatz für die Beachtung der Menschenrechte nicht zuletzt in Chile, Südafrika, El Salvador, Nicaragua, Afghanistan, Polen und der früheren DDR bei. Von der neuen demokratischen Regierung Chiles wurde er, gemeinsam mit Norbert Blüm, für seine Unterstützung der chilenischen Opposition gegen Pinochet mit einem hohen Orden ausgezeichnet. Heiner Geißler war jahrelang Vizepräsident der christlich-demokratischen Internationale. Im Konflikt mit Helmut Kohl 1989 schied Geißler beim Bremer Parteitag aus dem Amt des Generalsekretärs.

Zu seinen zahlreichen Buchveröffentlichungen zählen »Die Neue Soziale Frage«, »Abschied von der Männergesellschaft«. »Mut zur Alternative« und zuletzt »Zugluft – Politik in stürmischer Zeit«.

Personenregister

Im Register werden nur substantielle Nennungen aufgeführt, nicht jede einzelne Erwähnung.

Adam, Konrad 307, 311
Adenauer, Konrad 20, 35, 48, 56, 60, 86, 111, 162f., 228, 233f., 274
Adler, Josefin 15
Albrecht, Ernst 390
Aquin, Thomas von 251
Aristoteles 66
Arminius, der Cherusker 54
Arndt, Ernst Moritz 58
Augstein, Rudolf 20, 24, 28, 70, 86f., 140
Axen, Herrmann 87

Bahr, Egon 87, 235
Barbarossa 54
Baring, Arnulf 24, 42, 61, 70, 341, 343, 353
Barschel, Uwe 123, 135, 277
Barth, Karl 266
Barzel, Rainer 233
Bassetti, Piero 346, 348
Bastian, Gert 283
Becher, Johannes R. 85
Beck, Ludwig 38
Beck, Ulrich 10, 12
Bednarz, Klaus 189f.
Bell, Daniel 113
Biedenkopf, Kurt 96, 120, 160, 201, 295, 302f., 416
Bismarck, Otto von 35, 42, 52, 56, 151, 242, 246, 342
Blank, Theo 322, 413
Blüm, Norbert 106, 205, 230, 278, 322f., 413
Bohley, Bärbel 28f.
Bracher, Karl-Dietrich 42

Brandt, Willy 10, 35, 48, 79, 107ff., 142, 176, 211, 233, 262, 268, 271f., 281, 340
Brecht, Bertolt 259, 265
Breschnew, Leonid 270
Brunnhuber, Georg 153
Busche, Jürgen 72

Ceausescu, Nicolae 51
Chamberlain, Arthur Neville 67
Chasbulatow, Ruslan 67
Churchill, Winston 150, 155, 159
Clemenceau, Georges 58
Clinton, Bill 67, 347, 378
Cohn-Bendit, Daniel 325, 367
Csurka, Istvan 67
Czaja, Herbert 232

Däubler-Gmelin, Herta 141
Dahrendorf, Ralf 61, 70, 151, 236, 335
Daladier, Edouard 67
Dettling, Warnfried 160
Deutsch, Karl W. 147
Diderot, Denis 338
Diepgen, Eberhard 145
Diestel, Peter-Michael 121
Ditfurth, Jutta 213, 282
Dregger, Alfred 28
Dreyfus, Alfred 58

Ebermann, Thomas 213, 282
Eco, Umberto 44
Eggert, Heinz 158

Eibl-Eibesfeldt, Irenäus 63ff., 373, 381ff.
Einstein, Albert 102, 403
Engholm, Björn 135, 259
Enzensberger, Hans Magnus 114, 177, 246, 349
Epiktet 354
Epikur 339f.
Eppelmann, Reiner 29
Eppler, Erhard 18, 234, 262, 272, 340
Erhard, Ludwig 94, 103, 162f., 236
Eucken, Walter 95

Fack, Fritz Ulrich 70, 202
Farthmann, Friedhelm 356, 367
Fischer, Joschka 267, 282
Fontane, Theodor 57, 157
Ford, Henry 140, 185
Friedrich II. 35, 54, 57, 189
Fromm, Erich 340
Fromme, Karl Friedrich 70

Galen, Clemens-August von 39
Gall, Lothar 246
Gauweiler, Peter 20, 24, 91, 210, 216
Genscher, Hans-Dietrich 98f., 131, 228, 233
Gerstenmaier, Eugen 162f.
Glotz, Peter 32, 261, 264f., 317
Glück, Alois 216
Goebbels, Joseph 79
Goethe, Johann Wolfgang 56, 73, 131, 151
Gorbatschow, Michail 30, 110, 228, 246
Gore, Albert 304
Gromyko, Andrej 263
Gruhl, Herbert 158

Habermas, Jürgen 39, 126, 218
Haider, Jörg 90
Haug-Schnabel, Gabriele 63
Havel, Václav 175
Hawking, Stephen 403
Haydn, Josef 56, 85
Hefty, Georg-Paul 67
Hegel, Friedrich 144
Heineken, Fredy 46
Heinemann, Gustav 234
Heitmann, Steffen 67
Herles, Helmut 189
Herrhausen, Alfred 337
Herzog, Roman 290
Hesse, Hermann 55
Hillgruber, Andreas 28
Hintze, Peter 119
Hirschmann, Pater S.J. 413
Hitler, Adolf 38, 49, 61, 65, 241, 261, 385, 407
Hondrich, Karl Otto 361
Honecker, Erich 31, 124, 136, 191, 230, 242, 370
Hugenberg, Alfred 88
Hurd, Douglas 243
Hurrelmann, Klaus 121
Hussein, Saddam 51

Jackson, Michael 180
Jahn, Friedrich Ludwig 58
Jansen, Günther 135
Jaspers, Karl 198
Jaurès, Jean 58
Jelzin, Boris 136

Kästner, Erich 109
Kanther, Manfred 203
Kansy, Dietmar 96
Kant, Immanuel 41, 134, 252, 258
Karadžić, Radovan 67
Karl der Große 54

Katzer, Hans 162, 176, 322, 413
Kelly, Petra 282f.
Kiechle, Ignaz 345, 401
Kiesinger, Kurt-Georg 162
King, Rodney 3779
Kinkel, Klaus 111
Kleist, Heinrich von 58
Klose, Hans-Ulrich 130
Kohl, Helmut 28, 31, 34f., 43, 90, 98ff., 111, 196, 227ff., 252, 272ff., 288ff., 292ff.
Konfuzius 252
Korte, Karl-Rudolf 89
Kraus, Karl 82
Krause, Günther 122, 135, 223
Krause, Rudolf 201
Kreisky, Bruno 266
Krenz, Egon 370
Kronawitter, Georg 356
Küng, Hans 18, 239, 252f., 414
Kummer, Jochen 357

Lafontaine, Oskar 107, 135, 187, 235, 278, 300
Lambsdorff, Otto Graf 99, 131, 213, 277
Le Bon, Gustave 261
LePen, Jean Marie 67
Lepenies, Wolf 333
Lessing, Gotthold Ephraim 73, 371
Leussink, Hans 151
Lorenz, Konrad 64
Loyola, Ignatius von 405
Lummer, Heinrich 201, 232, 353
Luther, Martin 18, 54, 73

Maihofer, Werner 151
Mailer, Norman 27

Maizière, Lothar de 68, 85, 110, 121
Major, John 67
Malraux, André 150
Mann, Golo 37, 52, 59
Mann, Thomas 55
Maria Theresia 35, 55 f.
Mariana, Juan de 51
Maser, Werner 272, 294
Mayer-Vorfelder, Gerhard 202, 204ff.
Meier, Christian 61
Meißner, Joachim Kardinal 371
Merkel, Angela 116
Miegel, Meinhard 160
Mielke, Erich 370
Milošević, Slobodan 67
Milton, John 70
Mitterand, François 43f., 67
Mladić, Ratko 67
Modrow, Hans 28, 31
Mozart, Wolfgang Amadeus 56
Müller, Gebhard 175
Müller-Armack, Alfred 94
Musil, Robert 9

Napoleon 242
Necker, Tyll 203
Nell-Breuning S.J., Oswald von 413
Nietzsche, Friedrich 41
Nilius, Klaus 135
Noelle-Neumann, Elisabeth 86, 130, 154, 290
Noire, Philip 80
Nolte, Ernst 28
Noriega, Manuel Antonio 51

Oberndörfer, Dieter 62, 77, 164
Ortega, Daniel und Humberto 249, 261

Ossietzky, Carl von 259

Palentien, Christian 121
Perschau, Hartmuth 121
Pfeiffer, Reiner 135
Picht, Georg 327
Pinochet, Augusto 207
Platon 403
Pollmer, Käte 121

Ranke, Leopold von 554
Rau, Johannes 65, 234, 281
Reich, Jens 28, 153, 246
Richter, Horst-Eberhard 352
Romberg, Walter 96
Rommel, Manfred 309
Rühe, Volker 96, 232, 356
Rüttgers, Jürgen 101, 118, 325
Russell, Bertrand 261

Saint-Exupéry, Antoine de 102
Sartre, Jean-Paul 27
Sauter, Franz 409
Savoyen, Prinz Eugen von 55
Schäffer, Fritz 162f.
Schäuble, Wolfgang 27, 49, 85f., 96, 106, 111, 119, 232, 353
Scharping, Rudolf 21, 156, 202
Scharrenbroich, Heribert 323
Schewardnadse, Eduard 136
Schiller, Friedrich 56, 73, 241
Schily, Otto 247, 282
Schlomann, Heinrich 313
Schmid, Thomas 325, 367
Schmidt, Helmut 131, 146, 261, 340
Schnoor, Herbert 358
Schönhuber, Franz 34, 67, 80, 91

Scholz, Rupert 293
Schorlemmer, Friedrich 29, 121
Schröder, Gerhard 22
Schubert, Franz 56
Schüttler, Josef 175
Schumacher, Kurt 79
Schwind, Hans-Dieter 357
Sczcypiorski, Andrzej 18
Seebacher-Brandt, Brigitte 24
Seehofer, Horst 323
Seite, Berndt 92, 122
Servan-Schreiber, Jean-Jacques 105
Simmel, Johannes Mario 272
Sokrates 338, 403
Solon 99
Sommer, Theo 187
Späth, Lothar 96, 275
Spranger, Carl-Dieter 354
Sproll, Johann Baptist 39
Staeck, Klaus 262
Stahl, Alexander von 141
Stalin, Josef 234, 241
Stein, Karl Freiherr von und zum 57
Steinkühler, Franz 227
Sternberger, Dolf 40, 80
Stoiber, Edmund 140, 168, 202, 204ff., 210, 216ff.
Stoltenberg, Gerhard 293
Storch, Anton 162
Strauß, Franz Josef 60, 99, 123, 162f., 182, 209f., 212, 233, 262, 280, 284, 390, 416
Strauß, Richard 100
Streibl, Max 216
Stürmer, Michael 43, 243
Süßmuth, Rita 126, 157, 162, 205, 218, 278

Tarde, Gabriel 261
Teltschik, Horst 232

Teufel, Erwin 113, 155, 205, 292, 409
Thatcher, Margret 91, 315
Töpfer, Klaus 237, 279, 352, 395
Treitschke, Heinrich von 54
Tschasow Jewgeni 27

Vaatz, Arnold 67, 121f.
Vogel, Dieter 34
Vogel, Hans-Jochen 262, 271
Vollmer, Antje 267, 282

Waigel, Theo 140, 168, 211, 216f., 285, 293
Walesa, Lech 241
Wallenstein, Albrecht Eusebius Wenzel von 55
Wallmann, Walter 281

Walser, Martin 34
Wayne, John
Weber, Max 37
Wedemeier, Klaus 355
Weidenfeld, Werner 89
Weizsäcker, Richard von 9, 35, 71, 107f., 127, 141, 230
Wilhelm I. 35, 151
Wilhelm II. 35, 61, 130
Willke, Helmut 114
Wilms, Dorothee 232

Xavier, Franz 405

Zimmermann, Friedrich 281, 293
Zola, Emile 58

Die Beispiele aus der griechischen Philosophie-Geschichte stammen aus Diogenes Laertios, Leben und Meinungen berühmter Philosophen, übersetzt von Otto Apelt, Hamburg 1967 und Luciano De Crescenzo, Geschichte der griechischen Philosophie, Zürich 1988.

Sachregister

Abenteuer 388
Abgeordnete 118, 175ff., 183ff.
Abrüstung 270f.
Agrarpolitik 344ff.
aktive Gerechtigkeit 300ff.
Alpen 396
Alpenkonvention 396
Altenquotient 332
Alte soziale Frage 295
Ampel-Koalition 213
Angst 353, 359f.
antiautoritäre Erziehung 372f.
Anti-Diskriminierungsgesetze 379
Antifaschismus 79
Antisemitismus 66
Antitotalitarismus 79
Arbeitsabkommen 351
Arbeitslosigkeit 35, 92, 120, 122, 295, 313f.
Arbeitsmarkt 313, 333
Arbeitsmarktpolitik 106, 314ff.
Arbeitsplätze 104, 331
Arbeitszeit 301
ARD 120, 189f., 288, 367
Armut 138, 302, 379
Armutsgrenze 338
Artikel 23 110, 112
Asylbewerber 24, 342ff., 364ff., 374, 381
Asylkompromiß 139, 182, 207f., 223, 330, 350
Asylpolitik 355f., 359f.
Asylrecht 138f., 330
atomare Waffen 270f.
Atomenergie 280ff.
Aufklärung 58

Auschwitz 24, 34, 78, 81, 260ff., 266ff., 402
Ausländer 325, 362f.
Ausländerfeindlichkeit 367ff.
Ausländerpolitik 411
Außenpolitik 21, 42f., 48ff., 243, 262, 270
Außenwirtschaftspolitik 291, 304, 336ff.

Bergsteigen 386ff.
Berufspolitiker 174
Bevölkerungsexplosion 336
Bevölkerungspolitik 208
Bild am Sonntag 288
Bild-Zeitung 355f., 358
Binnenwahlkampf 98, 284
Biotopschutzgesetz 394
Bonn-Berlin 35ff.
Bosnien-Herzegowina 16, 240, 242, 245, 255
Brand- und Mordanschläge 356
Braunschweiger Parteitag 274
Bremer Parteitag 158
Brüderlichkeit 27, 90, 241, 256
Bündnis 90 283
Bürgerbewegungen 172
Bürgerkrieg 330f., 335, 345
Bürgerrechtler 29f., 121
Bürgertum 151
Bundesanstalt für Arbeit 97
Bundesbank 91
Bundesliste 184
Bundesrat 118f.
Bundestagswahl 1987 283
Bundestagswahl 1990 291f.
Bundestagswahl 1994 23f.
Bundeswehr 49ff., 269f.

Capital 86
CDU 19ff., 56, 60, 79, 87f.,
　95ff., 101, 109, 121f., 125f.,
　130, 135, 141, 143, 145f.,
　149, 153, 155ff., 161ff., 175,
　179f., 185ff., 193, 196, 198f.,
　202f., 205ff., 213f., 215ff.,
　219ff., 261, 267ff., 281ff.,
　291ff., 296, 318f., 323, 335,
　355f., 359, 408ff.
Chancendiskussion 45
Chemische Industrie 396
Christdemokratisierung 202,
　209
christliches Menschen-
　bild 17, 207, 214, 221, 236,
　257, 277
CSU 98f., 149, 182, 186, 198,
　206, 209ff., 268, 276, 284f.,
　323, 341, 359, 390
CSU-Grundsatz-
　programm 217

deduktive Methode 154
demographische Entwick-
　lung 297, 312, 331ff.
Deregulierung 315
Deutsche Interessen 50
Deutsche Presse-Agentur 293
Deutscher 73f.
Deutschlandforen 200ff.,
　205ff., 222
Deutschlandlied 76
Deutschlandpolitik 29, 229ff.
Die Welt 186, 284
Diskriminierungsgesell-
　schaft 329, 376
Disparität 302
Dissident 155
D-Mark 91, 108,, 247
Dresdner Parteitag 14
Düsseldorfer Parteitag 89,
　158

EG-Sozialcharta 315
Eigentum 224
Einbürgerungsrecht 204
Einheit 26f., 100, 228ff.,
　233ff., 245, 287
Einigungsvertrag 107, 111
Einwanderungsland 329ff.,
　361
Energiepolitik 279ff.
Energiesteuer 304
Energiewirtschaft 396
Entsolidarisierungs-
　prozeß 318
Entwicklungshilfe 336ff., 341
Erziehung 371, 385
Essener Parteitag 229
Europa 42, 90, 169, 200, 236,
　245f.
Europa der Regionen 46
europäische Arbeits-
　teilung 347
europäische Gemein-
　schaft 68, 335, 347
europäische Verfassung 71
europäischer Bundesstaat 46,
　75, 88, 91, 217
europäisches Parlament 46,
　71
Europawahl 1989 212
Existenz Gottes 401ff.

Familie 199, 207, 278
Faschismus 67, 75, 123ff.
FDP 92, 94, 98, 123, 135,
　171, 180, 182f., 198, 268,
　275, 279, 284
Fernsehen 189ff.
Festung Deutschland 341
Fluchtursachen 331ff., 348ff.
Flüchtlinge 342, 346ff., 381
Flüchtlingsproblematik 138f.
Fraktionen 119
Frankfurter Allgemeine Zei-
　tung 20, 24, 45, 86ff., 128,

178f., 185ff., 197, 284f., 290,
307, 357, 367
Frauen 15, 116, 253ff., 299
Frauenerwerbsquote 309
Frauenparteitag 126, 188,
268, 277
Frauenpolitik 188, 202,
277ff.
Freiheit 26f., 49, 70, 127, 241,
256ff., 392
Fremdenfeindlichkeit 360
Fremdenhaß 69
Frieden 115, 258
Friedensbewegung 261, 267
Friedenstage 269
friedliche Weltordnung 376
Führung 156
Fundamentalismus 16, 79,
119, 249f., 256, 386
Fußgängerzonen 397

geistig-moralische Wende 199
Generalanzeiger 189
Generalsekretär 264, 267ff.,
274ff., 283ff., 293, 390
gerechte Weltordnung 302
Gerechtigkeit 39f., 90, 244,
247f., 295, 300ff., 321
Geschichtsschreibung 33,
54f., 77
Gesinnungspazifismus 21,
130, 211, 269
Gewalt 116, 193, 214, 372,
379
Glaubwürdigkeit 135
Gleichheit 27, 39f., 241, 256f.
Gleitschirmfliegen 386ff.
Gott 249ff.
Grenzen 74f., 91, 232
Große Koalition 20f.
Grüne 146f., 210f., 213f.,
281ff.
Grundgesetz 40, 53, 60, 327
Grundrisiken 311

Grundsatzprogramm der
CDU 88, 119, 201, 268,
277, 296
Grundwerte 33, 40, 49, 58,
155, 242, 256f., 371
GVP 234

Hamburger Parteitag 230,
268
Heiliges Römisches Reich
Deutscher Nation 51
Heimat 69, 81
Holocaust-Museum 78
Hugenotten 57

Identität, nationale 41, 67,
70f., 77
induktive Methode 154
industrielle Kerne 103
Industriepolitik 35, 96
Informationsdefizite 353
innere Einheit 103ff., 121
innere Sicherheit 24
Investivlohn 225
Islam 119, 255, 326ff.

Jesuiten 51, 57, 403ff.
Juden 66
Jüdische Allgemeine Wochenzeitung 189
Jugoslawien 115
Junge Union 158, 218, 409

Kampagnen 261ff., 264ff.,
273
Kanzlerdemokratie 162
Kapitalismus 31, 95, 143f.,
200ff., 235f., 298, 317
Katholische Kirche 39f.
Katholische Soziallehre 413
Kirche 249ff., 406ff.
Kirchensteuer 412
Klassengesellschaft 380
Klassenkampf 377

Koalitionsausschüsse 118f.
Koalitionsgemeinschaft 213
Kommunalpolitik 171
Kommunismus 27, 67, 115, 371
Kommunistisches Manifest 336
Kompetenz 146f.
Konfliktdemokratie 128ff., 153, 260
Konrad-Adenauer-Haus 30, 179, 268, 273f., 288
Koranschule 327
Korporationsthese 115
Kriminalstatistik 357
Krise des Politischen 134ff., 149ff., 226, 290f.
kulturelle Identität 326, 383

Lichterketten 217, 224f., 263, 367, 371
links 218ff.
Links-Rechts-Schema 170ff., 220
Linksruck 167, 278, 286ff., 292
Listenabgeordnete 183f.
Lohnfortzahlung 319
Loyalität 155ff.

Maastricht 140, 245
Maastrichter Vertrag 43, 86, 217, 315
Macht 42, 132, 147, 154, 289f., 356
Macht der Sprache 185
Machtinteressen 242
Mainzer Parteitag 230
Marshall-Plan 2000 343
Marxismus 246
Massentourismus 396
Medien 185ff., 224, 241, 265, 355ff.
Medienkampagnen 186

Mehrheitsprinzip 227
Menschenbild 256
Menschenrechte 17, 50, 115, 207, 239, 255, 327
Menschenwürde 17, 33, 61, 350, 385
Migrationsängste 342
Migrationsursachen 303, 330f.
Milieu 170, 180
Mitte 23, 152, 166ff., 200ff., 216, 225, 284
Mittelstand 224
Moral 16f., 239ff.
moralisches Paradoxon 270f.
Moralkodex 50
multikulturelle Gesellschaft 139, 208, 324ff., 366ff., 378ff.
Mut 159

Nachrüstung 199, 263, 269
nachwachsende Rohstoffe 344f.
Nah-Ost-Friedensverhandlungen 45
Nation 36f., 41f., 52f., 56ff., 70, 72ff.
Nationale 32ff., 52, 58f., 73ff., 90, 164f., 345
Nationalgefühl 80f.
Nationalismus 25, 28, 34, 47, 61f., 67ff., 79, 90, 214, 222, 364
Nationalkonservative 218
Nationalsozialismus 371
Nationalstaat 27, 29, 33, 36ff., 42ff., 53, 55, 58, 72ff., 77, 88, 91ff., 113, 151, 169, 201, 325, 345
Nationalstaaten 50
Nato 49, 68, 110, 116, 269f., 277, 283
Naturschutz 393ff.
Natursport 391, 393ff.

Neue Arbeit 278
Neue internationale soziale Frage 337ff.
Neue soziale Frage 295, 298, 305
Neutralisierung Deutschlands 234
Niedergang des Politischen 244

Öffnung nach links 285ff.
Ökologie 237f.
ökologische Marktwirtschaft 217
Oligarchie 148
Ordnungspolitik 96, 144
Osteuropa 47, 69, 134, 243, 245
Ost-Politik 233ff.
Ostrakismos 286
Ostverträge 230

Paragraph 218 111, 201, 207f., 250, 257f., 413
Parlament 118, 149f.
Partnerschaft 377, 385
partnerschaftliche Weltordnung 253
Paulskirchen-Parlament 151
Pazifismus 79, 260ff., 266f.
PDS 221
Personenkult 156
Pflegeversicherung 203, 297, 307, 318ff.
Plebiszite 22
Pluralisierung der Lebensstile 308
Politikerrekrutierung 173ff.
Politikverdrossenheit 133, 142
politische Führung 140
polnische Westgrenze 233, 287, 291
Preußen 36ff., 57

private Zwangsversicherung 311
Profil 168, 225, 274

Rassenkrawalle 379
Rassismus 34, 67, 69, 79, 371
Recherchenjournalismus 187
rechts 218ff.
Rechtsextremismus 124
Rechtskonservative 201, 208, 218, 278
rechtskonservative Themen 203
rechtsradikal 222
Rechtsradikale 63, 360
rechtsradikale Parteien 212
Rechtsradikalismus 291, 373
Rechtsruck 23, 198, 203, 209ff., 216f., 222
Rechtsstaat 92, 123, 127, 204, 280, 373
Regierungsarbeit 199
Religion 248ff., 406
Religionsimperialismus 326
Rentenversicherung 97, 307, 311, 362
Republikaner 168, 201, 204, 212, 214f., 221, 283, 341
Rettung des Planeten 339
Revolution 14, 17, 29, 32f., 90, 138, 199, 228f., 241ff., 245ff., 292
Rheinischer Merkur 201
RTL 165, 193

Sakristeichristentum 404
Sammelunterkünfte 365f.
SAT 1 193
Schlechtwettergeld 103
Schlesien 74f.
Schneerad-Marathon 390
Schöpfung 258
SED 31, 79, 108, 121ff., 235
Selbstbestimmungsrecht 59

Single-Haushalte 309
Skigebiete 396
Solidarität 90, 100, 203, 247, 256f.
Solidaritätszuschlag 96f.
Sozialausschüsse 158, 225, 323f.
Sozialdemokratisierung 202, 209, 221, 236
Sozialdumping 316
soziale Dienstleistungen 310
soziale Leistungen 305f.
Soziale Marktwirtschaft 47, 94, 103, 144, 235f., 238
Soziale u. Ökologische Marktwirtschaft 104, 200, 295
Sozialgesetze 322
Sozialhilfe 318, 350, 374
Sozialismus 31, 87, 123ff., 200, 235f., 247f., 337
»Sozialismus mit menschlichem Gesicht« 28
Sozialpolitik 101, 235f., 305, 412
Sozialstaat 295, 318
Sozialversicherungen 307ff., 310f.
Sparta 329
SPD 19ff., 59, 79, 87, 109, 111, 130, 141, 146f., 149, 153, 155f., 161, 164, 172, 179f., 185, 197, 204, 209ff., 220ff., 229, 234ff., 259, 261ff., 271f., 281, 300, 319, 335, 355f., 359
Spiegel 45, 86, 187, 189, 196, 235f., 355
Sport 386ff.
Sprache 131, 354, 369
Stalinismus 27
Stammwähler 168ff., 180, 204
Stern 196
Steuererhöhungen 96ff., 106, 284

Stürmer 260, 262
Stuttgarter Parteitag 229
Subsidiaritätsgedanke 114
Südpfalz 36, 157
Südtirol 74f.
Super 358f.
Symbol der Fahne 83

Talkshows 190ff.
Toskana 82, 157
Treuhand 106, 143
Trifels 37, 80f.
Tschernobyl 281
Tugenden 17
Tyrannenmord 51f.

Überfremdungsängste 380
Ullstein-Verlag 86
Umbau des Sozialstaates 101, 296, 307
Umweltpolitik 113
Umweltschutz 199, 279ff., 304
UNO 21, 50, 335, 340
Unsterblichkeit der Seele 403

Vereinigte Staaten von Europa 20, 40
Vereinigung 26ff., 358
Verfassung 49, 59, 71, 141, 325ff.
Verfassungspatriotismus 40, 68, 80, 83, 165
Verjüngungspolitik 334
Verkehrspolitik 396, 398
Vermögensbildungspolitik 225
Vermögensverteilung 313
verschämte Altersarmut 374
Vierte Partei 210f.
Völkerwanderung 16, 297, 348ff.
Volkspartei 20, 24, 158ff.,

170ff., 179ff., 203ff., 212, 218, 225
Vorwärts 272

Wackersdorf 280
Wählerverhalten 166ff.
Währungs-, Wirtschafts- und Sozialunion 31, 96
Wahlanalyse 1987 166ff., 284ff.
Wahlenthaltung 135
Wahlen zur Volkskammer 109ff.
Wahlkämpfe 181, 185, 273
Wahlkampf 1987 98, 205
Wahlkampfstrategie 98, 212, 284
Wahlkreis 183f.
Wahlsystem 183
Wahrnehmungsblockade 148
Wechselwähler 181
Weimar 224
Weimarer Republik 150
Weltbank 341
Weltbevölkerung 133
Weltethos 18, 252
Weltinnenpolitik 340
Weltregierung 339
Weltreligionen 239, 258

Werteerziehung 117
Westbindung 59, 68, 87f.
Westorientierung 234
Wiedervereinigung 55, 229, 232
Wiesbadener Parteitag 60, 229ff., 279, 287f.
wirtschaftliche Aufholjagd 302f.
Wirtschaftsliberalismus 94
Wirtschaftspolitik 32f., 113, 235f.
Wu-Wei 133f., 136

Xenophobie 63ff., 382ff.

ZDF 120, 195, 288
Zehn Gebote 371
Zehn-Punkte-Plan 107
ZEIT 165, 235, 325, 333, 373
Zeitgeist 144
Zetetiker 45ff., 133, 164, 346
Zivilcourage 129
Zuspitzung 265
Zuwanderung 329ff.
Zuwanderungsregelung 332ff.
Zweidrittel-Gesellschaft 317
zweiter Arbeitsmarkt 316